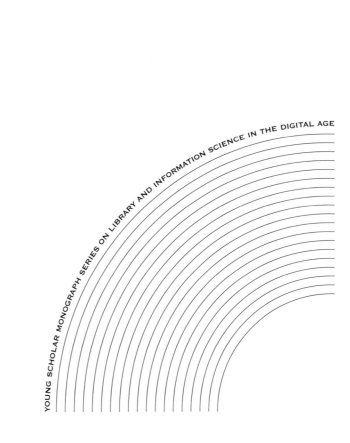

数字时代图书馆学情报学青年论丛（第三辑）

本书为国家社会科学基金青年项目"公共文化服务背景下我国非物质文化遗产档案信息传播研究"最终成果（项目批准号：16CTQ033）

公共文化服务背景下
我国非物质文化遗产档案信息传播研究

Research on the Information Dissemination of Intangible Cultural Heritage Archives
in China With the Background of Public Cultural Service

■ 戴旸　刘婧　著

WUHAN UNIVERSITY PRESS
武汉大学出版社

图书在版编目(CIP)数据

公共文化服务背景下我国非物质文化遗产档案信息传播研究/戴旸,刘婧著.—武汉:武汉大学出版社,2023.9
数字时代图书馆学情报学青年论丛.第三辑
ISBN 978-7-307-23764-3

Ⅰ.公…　Ⅱ.①戴…　②刘…　Ⅲ.信息学—传播学—应用—非物质文化遗产—档案管理—研究—中国　Ⅳ.①G279.2　②G122

中国国家版本馆 CIP 数据核字(2023)第 085118 号

责任编辑:徐胡乡　　责任校对:李孟潇　　　版式设计:马　佳

出版发行:**武汉大学出版社**　　(430072　武昌　珞珈山)
　　　　　(电子邮箱:cbs22@ whu.edu.cn　网址:www.wdp. com.cn)
印刷:武汉中远印务有限公司
开本:720×1000　1/16　印张:30.75　字数:441 千字　插页:3
版次:2023 年 9 月第 1 版　　2023 年 9 月第 1 次印刷
ISBN 978-7-307-23764-3　　定价:122.00 元

戴旸，女，1981年出生，博士，安徽大学管理学院教授、副院长、博士生导师，美国伊利诺伊大学厄巴纳—香槟分校访问学者。中国档案学会档案保护技术委员会委员、安徽省红色资源保护和传承专家委员会委员、安徽省档案学会会员、安徽大学第十届教学督导，入选安徽省社科界青年学术人才库，被评为安徽省高校杰出青年、安徽省高校优秀青年人才、安徽大学至诚至坚优秀人才、安徽大学青年骨干教师。

研究领域：档案学基础理论、档案保护技术学、非物质文化遗产档案管理。

主持国家哲学社会科学基金一般项目1项、青年项目2项，主持教育部人文社科基金青年项目等省部级课题3项，出版著作、教程10余部，发表学术论文70余篇，获2019—2020年度安徽省社会科学奖（社科类）二等奖1项，国家档案局优秀科技成果奖二等奖1项、三等奖2项。

刘婧，女，1985年出生，博士，华中师范大学档案馆副研究馆员、信息管理学院硕士生导师，湖北省档案系列高级职称评审专家，全国青年档案业务骨干。

研究领域：档案学理论与方法、非物质文化遗产档案管理。

主持国家社科基金一般项目1项，参与国家社科基金重大项目、青年项目、教育部人文社科项目、国家档案局科技项目等项目11项。出版档案编研成果3部，参撰学术著作与教材8部，发表论文30余篇。多次获评湖北省高校档案学术研讨会征文一等奖、湖北省高校档案编研工作先进个人。

摘　　要

　　当非物质文化遗产(以下简称"非遗")建档取得阶段性成果之时，在全国乃至全球范围传播、共享非遗档案中的珍贵信息，既是非遗工作科学有序推进的应有趋势，也是传播中华文明、强化中华记忆的重要举措。2006年以来，我国逐步开展起非遗档案信息的传播工作。印刷传播、实体传播、影像传播和互联网传播等传播形式被叠加使用，多角度多层次地传递并展示着我国的非遗档案信息；非遗项目信息、非遗传承人信息和非遗技艺信息成为了传播的主要内容。但是，传播形式的刻板、传播空间的有限、传播对象的狭窄、传播内容的片面化仍是影响非遗档案信息传播效果的突出问题，如何有效地解决这些问题，推进非遗档案信息传播的深入，是非遗档案信息传播研究的重要问题。

　　非遗档案是我国公共文化服务体系中不可替代的文化组成。吸纳、传承与弘扬优秀非遗文化有助于破解公共文化产品和服务单一等难题，而公共文化服务体系也将成为推进和改善我国非遗档案信息传播的重要路径。

　　本书从公共文化服务的时代背景出发，运用多学科的研究成果、技术与方法，遵循"经验梳理(文献调研、实地调查)→现状分析(文献调研、网络检索、实地调查)→理论探索(体制创新)→应用研究(模型构建与实现)→优化与总结"的基本思路，从传播机制、传播模式、传播策略和实施保障四个方面展开理论与应用层面的系统化研究。第一章"绪论"部分论述了本书的研究背景、研究目的、研究意义、国内外研究进展、研究内容、研究思路、研究方法及创新之处。第二章全面阐释了"公共文化服务""非遗档案信息"和"非遗档案信息传播"的相关概念，"档案双元价值论""'5W'传播模式理论""整体互动传播模式理论""'使用与满足'传播效果理论"四个基础理论的理论内涵。第三章综合运用文献调研和网络检索，开展我国非遗档案信息传播现状的调查，在总结成绩与经验的同时，分析传播主体、传播内容、传播形式、传播受众和传播效果五个方面存在的不足。第四章遴选不同地域具有代表性的国家，梳理各国非遗档案信息传播开展的状况，总结各国非遗档案信息传播的共性经验和典型经验，探寻国外经验对我国非遗档案信息传播的借鉴与启发，形成我国非遗档案信息传播优化改进的方向。第五章结合公共文化服务背景、非遗档案信息传播特质，设计公共文化服务背景下非遗档案信息传播机制的基本框架，从战略定位、任务层次和要素关系三方面解析机制框架的内涵。第六章引入分众传播的新模式，借鉴国内外分众传播的经验，形成非遗档案信息分众传播的主要思路，从细分受众、传受互动、整合内容、融合媒介、评估效果五个方面探讨非遗档案信息传播的创新策略。第七章结合公共文化服务背景下非遗档案信息传播的现实需求和客观环境，从政策、资金、权益、安全和动力五个方面探讨公共文化服务背景下非遗档案信息传播实施的保障。本书的研究成果可直接服务于政府文化部门(含文化馆、群艺中心)、档案部门以及其他非遗档案管理相关部门，整体上推动我国非遗档案信息传播水平的提高。

目　　录

第一章　绪论………………………………………………………… 1

一、研究背景………………………………………………………… 1

二、研究目的与研究意义…………………………………………… 4

（一）学术意义……………………………………………………… 5

（二）现实价值……………………………………………………… 6

三、国内外研究现状评述…………………………………………… 7

（一）非遗、非遗传播研究现状与评述…………………………… 7

（二）非遗档案、非遗档案传播研究现状与评述………………… 59

（三）国内外公共文化下的非遗传播研究现状与评述…………… 109

四、研究内容………………………………………………………… 122

（一）我国非遗档案信息传播现状的调查与分析………………… 122

（二）国外非遗档案信息传播经验的总结与启示………………… 123

（三）公共文化服务背景下非遗档案信息传播机制的

　　　创新…………………………………………………………… 123

（四）基于分众传播的非遗档案信息传播策略创新……………… 123

（五）公共文化服务背景下非遗档案信息传播实施的

　　　保障…………………………………………………………… 124

五、研究思路………………………………………………………… 124

六、研究方法………………………………………………………… 126

七、创新之处………………………………………………………… 127

八、本章小结………………………………………………………… 128

第二章　相关概念与理论基础…………………………… 129

一、相关概念………………………………………………… 129

（一）公共文化服务……………………………………… 129

（二）非遗档案信息……………………………………… 140

（三）非遗档案信息传播………………………………… 151

二、理论基础………………………………………………… 156

（一）档案双元价值论…………………………………… 156

（二）"5W"传播模式理论………………………………… 158

（三）整体互动传播模式理论…………………………… 166

（四）"使用与满足"传播效果理论……………………… 169

三、本章小结………………………………………………… 180

第三章　我国非遗档案信息传播现状分析……………… 182

一、我国非遗档案信息传播的政策与实践………………… 183

（一）我国非遗档案信息传播的相关政策……………… 183

（二）"5W"模式下非遗档案信息传播实践考察………… 187

二、我国非遗档案信息传播成绩的总结…………………… 223

（一）以政策扶持保障非遗档案信息传播……………… 223

（二）以多元主体践行非遗档案信息传播……………… 225

（三）以丰富内容充实非遗档案信息传播……………… 228

（四）以科技元素助力非遗档案信息传播……………… 230

三、我国非遗档案信息传播存在的不足…………………… 232

（一）传播主体上的缺陷………………………………… 232

（二）传播内容上的失衡………………………………… 234

（三）传播形式上的雷同………………………………… 235

（四）传播受众上的泛化………………………………… 236

（五）传播效果地域上的差异…………………………… 237

四、本章小结………………………………………………… 238

第四章　国外非遗档案信息传播的经验与启示………… 239

一、国外非遗档案信息传播的实践与经验………………… 239

（一）国外非遗档案信息传播实践……………………… 240

（二）国外非遗档案信息传播经验 ……………… 274

二、国外非遗档案信息传播经验对我国的启示……………… 285

（一）融入公共文化服务 ……………… 285

（二）共同治理 ……………… 288

（三）兼顾"效率"与"公平" ……………… 290

三、本章小结……………… 291

第五章　公共文化服务背景下非遗档案信息传播机制的创新 … 292

一、我国现行非遗档案信息传播机制的审视及优化探索…… 292

（一）非遗档案信息传播机制的概念与内涵 ……… 292

（二）我国现行非遗档案信息传播机制的审视 ……… 294

（三）其他政府主导型国家的传播优势 ……… 301

（四）市场主导型和分权共建型机制国家的建设经验 …… 304

（五）公共文化服务背景下我国非遗档案信息传播机制

优化的探索 ……… 309

二、公共文化服务背景下非遗档案信息传播机制的构建思路

与框架设计 ……… 311

（一）公共文化服务背景下非遗档案信息传播机制构建

原则 ……… 312

（二）公共文化服务背景下非遗档案信息传播机制的建构

思路 ……… 314

（三）公共文化服务背景下非遗档案信息传播机制的基本

框架 ……… 319

（四）公共文化服务背景下非遗档案信息传播机制框架

解析 ……… 320

三、本章小结……………… 344

第六章　分众传播：公共文化服务背景下非遗档案信息传播策略

创新……………… 346

一、分众传播的理论阐释及其在非遗档案信息传播中的适切性

分析 ……… 347

（一）分众传播的理论阐述 ……… 347

（二）分众传播在非遗档案信息传播中的适切性分析 …… 354
二、国内外分众传播经验的借鉴……………………………… 355
（一）国外：美国国家档案与文件署网站的分众信息服务 … 356
（二）国内：南京博物院的分众传播服务 ……………… 359
三、公共文化服务背景下非遗档案信息分众传播的策略…… 361
（一）非遗档案信息分众传播的主要思路 ……………… 361
（二）基于"5W"的非遗档案信息分众传播策略实施 …… 362
四、本章小结………………………………………………… 398

第七章　公共文化服务背景下非遗档案信息传播实施的保障 … 400
一、建立传播规则的政策保障………………………………… 401
（一）政策保障的类型 …………………………………… 401
（二）政策保障的构建 …………………………………… 414
二、保持传播活力的资金保障………………………………… 416
（一）保证资金投入与财政收入联动 …………………… 416
（二）建立多级财政投入分担模式 ……………………… 418
（三）鼓励社会资金多渠道投入 ………………………… 419
三、规整传播秩序的权益保障………………………………… 420
（一）知识产权的保障 …………………………………… 420
（二）隐私权的保障 ……………………………………… 425
四、维持传播稳定的安全保障………………………………… 429
（一）完善非遗档案信息安全传播的基础设施 ………… 430
（二）制定非遗档案信息安全传播的防护策略 ………… 432
（三）培养非遗档案信息安全传播的人才队伍 ………… 434
五、增进传播力量的动力保障………………………………… 436
（一）以非遗保护传承为前驱动力 ……………………… 437
（二）以档案信息共享为引擎动力 ……………………… 442
（三）以网络传播技术为后驱动力 ……………………… 444
六、本章小结………………………………………………… 447

第八章　总结与展望………………………………………… 449
一、研究结论………………………………………………… 449

二、主要贡献 ……………………………………………… 451

三、研究展望 ……………………………………………… 453

附录 ……………………………………………………… 455

参考文献 ………………………………………………… 458

致谢 ……………………………………………………… 472

表 目 录

表 1-1　国外非遗档案研究成果年度分布统计
　　　　（2005—2022 年 9 月）　……………………　59
表 1-2　国内非遗与非遗档案成果统计比较一览表　…………　82
表 1-3　中西话语体系下对等的语词　………………………　110
表 1-4　中西话语体系下相关、相近的语词　………………　110
表 2-1　主流传播模式理论　…………………………………　159
表 2-2　（整体）互动传播模式代表性理论　…………………　166
表 2-3　戴元光和金冠军"五阶段论"传播效果阶段表　……　171
表 2-4　主流传播效果代表性理论内涵　……………………　172
表 2-5　博客使用与满足的动机因素一览表　………………　178
表 3-1　2014—2023 年国家艺术基金舞台艺术创作项目
　　　　申报情况统计表　……………………………………　190
表 3-2　省级非遗保护中心情况表　…………………………　193
表 3-3　省级公共图书馆非遗数据库建设情况统计　………　199
表 3-4　"中国皮影数字博物馆"数据库主要板块及内容　…　207
表 3-5　2012—2018 年全国各类非遗机构举办各类非遗传播
　　　　活动情况　……………………………………………　215
表 3-6　问卷调查受访者基本情况　…………………………　216
表 3-7　公众非遗档案信息差异的卡方检验　………………　219
表 3-8　代表性非遗档案传播活动的主体分析　……………　227
表 4-1　"韩国非遗记录工程"的记录方式与记录内容　………　251

表 4-2 2017—2018 年日本文化艺术振兴基金(JAF)资助
支出表 ………………………………………… 283

表 5-1 国内"信息传播机制"的代表性概念 ………… 293

表 5-2 不同视角下非遗档案传播代表性类型 ……… 297

表 5-3 "广东音乐"非遗信息传播应用媒介分析 …… 298

表 5-4 国外政府主导型非遗档案信息传播价值代表性国家
及其特色、成效 ………………………………… 301

表 5-5 2012 年以来多元主体参与的政策导向 ……… 325

表 5-6 在文化部备案的非遗相关社会组织类型及数量 …… 329

表 5-7 公共文化服务背景下非遗档案信息不同传播主体的
定位与特征比较 ………………………………… 332

表 5-8 联合国教科文组织 ICH-11 表附加的图片、视频
与音频文件技术规格 …………………………… 336

表 5-9 《"十三五"时期文化扶贫工作实施方案》对贫困
地区的扶持措施 ………………………………… 340

表 6-1 国内"分众传播"概念的代表性界定 ………… 350

表 6-2 分众传播与大众传播传播特征比较 ………… 353

表 6-3 NARA 网站信息用户分化及对应服务栏目 … 357

表 6-4 公共文化服务背景下非遗档案信息传播受众影响因素
分析 ……………………………………………… 366

表 6-5 《文化部"十三五"时期公共数字文化建设规划》重点
项目 ……………………………………………… 381

表 6-6 公共文化服务背景下非遗档案信息传播的主流媒体
梳理 ……………………………………………… 386

表 6-7 公共文化服务背景下非遗档案信息传播机制中的媒介
对比 ……………………………………………… 387

表 6-8 公共文化服务背景下非遗档案信息传播效果的评估
标准 ……………………………………………… 394

表 6-9 公共文化服务背景下非遗档案信息传播效果定性和
定量评估比较 …………………………………… 398

表 7-1 我国公共文化服务领域相关政策 …………… 402

表 7-2　我国非遗传播相关政策 ················· 406

表 7-3　国内外信息传播领域代表性政策 ················· 413

表 7-4　联合国教科文组织《权利让与和资料登记》ICH-07 表
　　　　填写示例 ················· 424

表 7-5　我国非遗项目、传承人、保护机构基本情况
　　　　（统计截至 2021 年年底） ················· 438

表 7-6　新疆非遗保护传承前驱动力对非遗档案信息传播的
　　　　驱动体现 ················· 439

表 7-7　主要的网站类型及其适合的非遗档案信息传播
　　　　内容 ················· 446

图 目 录

图 1-1　国外非遗研究文献年度分布图
（2005—2022 年 9 月）……………………………… 8

图 1-2　国外非遗传播研究文献年度分布图
（2006—2022 年 9 月）……………………………… 9

图 1-3　国内非遗研究文献年度分布图
（1997—2022 年 9 月）……………………………… 24

图 1-4　国内非遗传播研究文献年度分布图
（2005—2022 年 9 月）……………………………… 25

图 1-5　国外非遗、非遗档案研究文献年度分布图
（2005—2022 年 9 月）……………………………… 60

图 1-6　国外非遗档案传播研究文献年度分布图
（2008—2022 年 9 月）……………………………… 77

图 1-7　国内非遗档案研究文献年度分布图
（2006—2022 年 9 月）……………………………… 81

图 1-8　国内非遗档案传播研究文献年度分布图
（2010—2022 年 9 月）……………………………… 103

图 1-9　国内公共文化下非遗传播研究文献年度分布图
（2008—2022 年 9 月）……………………………… 112

图 1-10　本书研究思路 ………………………………… 125

图 2-1　非遗档案信息分类表 ………………………… 147

图 2-2　拉斯韦尔公式及相应的传播研究领域 ………… 164

图 2-3 整体互动模式 ………………………………… 168

图 2-4 卡茨传播效果阶段图 ……………………… 170

图 2-5 赛弗林(Werner Sevrin)和坦卡德(James W. Tankard)
传播效果阶段图 ……………………… 170

图 2-6 卡茨的"使用与满足"基本模式图 ……………… 176

图 2-7 竹内郁郎的"使用与满足"基本模式图 ………… 177

图 2-8 传-受互动方格 ……………………… 180

图 3-1 2020 年度申报传播交流推广项目艺术类型分布图 191

图 3-2 2012—2021 年全国主要公共文化机构数量统计 …… 196

图 3-3 公众接受非遗档案信息传播意愿 ……………… 217

图 3-4 公众参与非遗档案信息传播意愿调查 ………… 218

图 3-5 公众对传播非遗档案信息机构的选择 ………… 218

图 3-6 公众获取非遗档案信息传播的渠道 …………… 219

图 3-7 不同职业公众对非遗档案传播信息的选择 ……… 220

图 3-8 不同年龄传播受众对非遗档案信息的选择倾向 … 221

图 3-9 公众接受非遗档案信息传播的主要动机 ……… 222

图 3-10 公众对非遗档案信息传播的满意度 ………… 222

图 3-11 公众对非遗档案信息传播的对策建议 ……… 223

图 5-1 政府主导型非遗档案信息传播机制运行流程 …… 295

图 5-2 公共文化服务的背景对非遗档案传播创新的启示 316

图 5-3 非遗档案信息传播基本要素发展状况及优化方向分析 317

图 5-4 非遗档案信息传播基本要素关系图 …………… 319

图 5-5 公共文化服务背景下非遗档案信息传播机制框架 … 320

图 5-6 公共文化服务背景下非遗档案信息传播主体类型 … 327

图 5-7 广播电视户户通升级工作树立的目标 ………… 342

图 6-1 国外"分众传播"理论发展时间轴 …………… 349

图 6-2 分众传播模式图 ……………………… 352

图 6-3 施拉姆大众传播模式图 ……………………… 353

图 6-4 NARA 网站信息分众服务界面 ……………… 356

图 6-5 NARA 网站信息分众服务模式图 …………… 358

图 6-6 分众传播下非遗档案信息传播要素关系图 …… 362

图 6-7　"公众"概念图解 ···························· 363

图 6-8　公共文化服务背景下非遗档案信息传播受众
　　　　关系图 ································ 370

图 6-9　公共文化服务背景下非遗档案信息传播中传受互动
　　　　理想图式 ······························ 375

图 6-10　"文化上海云"整合公共文化资源满足公众非遗档案
　　　　信息差异化需求 ···················· 380

图 6-11　上海市松江区试点"3+4+X+1"基层综合文化服务
　　　　中心建设模式 ·················· 381

图 6-12　传播效果阶梯模式 ···················· 391

图 6-13　公共文化服务背景下非遗档案信息传播效果评估
　　　　方法的分类 ···················· 396

图 7-1　公共文化服务背景下非遗档案信息传播运行财政
　　　　投入分级模式 ···················· 419

图 7-2　档案信息共享对公共文化服务背景下非遗档案信息
　　　　传播的驱动 ···················· 443

图 7-3　我国互联网信息传播许可申请和办理示意图 ··········· 445

第一章 绪 论

一、研究背景

关于文化的生发，著名的历史文化学家冯天瑜将其喻为"生命机体的新陈代谢"[1]，虽然必定会走过产生、发展、成熟、衰退和消亡的生命历程，但在颓唐式微之时，也可能会因新的机遇而重获生机，在新的环境下再现光华。非物质文化的发展恰恰印证了这一点。在灿烂悠久的农耕时代里，人类以语言传递思想、标识族群；以技艺征服自然、创造生活；以信仰崇祖敬宗、慰藉心灵；以节庆和睦邻里、祈福期冀；以礼仪约束言行、道德教化；以民俗规范秩序、弘扬风尚；以文学思考教益、启迪智慧；以演艺怡情悦性、娱乐休闲……所有这些，在带动人类社会展开不息的生命运动的同时，也在不断积累、流变与传承中凝结成珍贵的非物质文化。但是，随着农耕时代的瓦解，现代化的迅猛发展，人类传统的生活方式发生了改变，人口的流动与迁徙，使得非物质文化失去了赖以生存的土壤，民俗成为"旧俗"，传统被视为"陋习"，非物质文化成为社会的边缘文化。

---

[1] 冯天瑜. 中国文化生成史（上）[M]. 武汉：武汉大学出版社，2013：11.

20 世纪 50 年代,以玻利维亚为代表的拉美国家率先意识到本民族特征的弱化,继而掀起了保护本国非物质文化的运动,以对抗发达国家的文化侵蚀。日韩等全球化进程中强势的现代民族国家也在这一时期开展起对本民族传统的保护与弘扬,以提高本国文化的国际影响力。① 在这两股力量的共同呼吁与影响下,联合国教科文组织认识到非物质文化是"文化多样性的熔炉、可持续发展的保障",② 并在 2003 年颁布《保护非物质文化遗产公约》,在全球范围统一了"非物质文化遗产"(以下简称"非遗")的称谓,组织实施了"人类口头和非遗代表作"计划,清点并发布各国各地区亟需抢救和具有重要意义的非遗项目。北京大学高丙中教授将这一时期视为非物质文化发展的重要转折期,"非物质文化+遗产"的命名赋予了其明确的社会身份和存在价值,也调动和吸引了更多行政力量投身于对其的保护。③

鉴于非遗濒危、碎片化以及传承无力的现状,《保护非遗公约》将"建档"作为确保非遗生命力的重要举措,要求各缔约国遵照执行。为非遗建档,是指综合运用文字记录、照片、录音、录像、数字化等方式将无形的非遗固化至一定载体上,形成非遗档案信息资源,以供研究、宣传、传承与振兴。这是联合国教科文组织及各国在长期实践基础上探索出的最具普适性的保存方式。我国有着丰富的非遗资源,保护民族民间文化的历史也同样悠久,立足于广泛普查、搜集基础上的档案式保护,一直是重要手段之一。2004 年加入《保护非遗公约》后,在联合国教科文组织及我国政府的带领下,为非遗建档成为了我国一项重要的文化工程。十五年的建设历程中,我国非遗建档的理论研究有了长足的进步,非遗建档的实践也从最初的政府及文化行政部门的一力主导,到档案部门、公共文

① 张青仁. 社会动员、民族志方法及全球社会的重建——墨西哥非遗保护的经验与启示[J]. 民族文学研究, 2018(3).

② 钱永平. UNESCO《保护非物质文化遗产公约》述论[M]. 广州:中山大学出版社, 2013:112.

③ 高丙中. 作为公共文化的非物质文化遗产[J]. 文艺研究, 2008(2).

化机构、民间组织、非遗传承人、教育部门、新闻媒体、社区群众等多元主体的共同参与；建档的对象覆盖"国家、省、市、县"四级非遗及其传承人名录；建档的流程囊括普查、收集、编纂、出版和数字化；建档的方式也在前期文本化的基础上融入了录音、录像、数字化等多种方式，形成非遗文本类档案、照片类档案、实物类档案、音频类档案、视频类档案、数字类档案等多种档案类型，非遗档案真正成为记录和展示中华民族精神财富的重要文化资源。

在非遗建档常态化运转并取得斐然成绩之时，面向全国乃至全球的公众，展示非遗建档的成果、传递档案中承载的珍贵而稀有的非遗项目和传承人信息，既是非遗工作科学发展、持续推进的必由之路，也是传播华夏文明、构建社会记忆的重要举措。我国一直都有流转和传递非遗信息的活动，彼时主要通过非遗传承进行，这是发生在师徒、家庭和家族内部的非遗信息流转，传递的信息量小，传递面狭窄，传递的途径也以口口相传为主。非遗档案信息的传播则是在更大空间范围，以多样化的方式或媒介，向着更多的受众，传递更多、更丰富的信息，这是非遗获得不竭动力和生命力的保证，也是扩大非遗文化影响力的重要举措。我国的非遗档案信息传播工作是从 2006 年开始的。印刷传播、实体传播、影像传播和互联网传播，这些主要的传播形式被叠加使用，多角度多层次地传递并展示着我国的非遗档案信息；非遗项目信息、非遗传承人信息和非遗技艺信息成为传播的主要内容。但是，传播形式的刻板、传播空间的有限、传播对象的狭窄、传播内容的片面化仍是影响非遗档案信息传播效果的突出问题，如何有效地解决这些问题，推进非遗档案信息传播的深入，是非遗档案信息传播研究的重要问题。

2005 年是意义非凡的一年，全国范围的非遗建档工作正式启动，"公共文化服务体系"也被正式提出而与其并辔而行。公共文化服务体系是建设、发展和服务我国公共文化的重要工程，对中华传统文化的继承、吸收和弘扬是其建设内容之一。因此，高小康、高丙中、杨洪林、杨竹青纷纷以关联的视角看待非遗建档和公共文化服务体系建设，认为与生俱来的相同特质决定了两者不该被割裂，而应该在融合互促中实现双向提升。作为中华传统文化优秀代表的非遗理应被纳入公共文化服务体系之下，让承载着珍贵非遗信息的非遗档案成为我国公共文化服务体系中不可替代的文化组成部分。随着《中华人民共和国公共文化服务保障法》中"国家鼓励和支持发挥科技在公共文化服务中的作用，推动运用现代信息技术和传播技术"建设战略的提出，笔者认为，将非遗档案信息传播置于公共文化服务的背景之下，以公共文化服务的建设要求、建设经验、建设资源指导并助推我国非遗档案信息传播，将是开拓非遗档案信息传播发展视野、创设更高的非遗档案信息传播发展平台、克服非遗档案信息传播不足、实现非遗档案信息传播持续发展且愈加完善的有益举措；这也是丰富我国公共文化服务体系内涵、充实公共文化服务资源、满足公众多样化文化需求的重要形式。为此，笔者将综合运用档案学、文化学、传播学、公共行政学等多学科理论与研究方法，开展公共文化服务背景下非遗档案信息传播的研究。

二、研究目的与研究意义

《保护非遗公约》将保护非遗的宗旨依次总结为"保护""尊重""相互欣赏"和"援助"。习近平总书记也提出要"让收藏在博物馆里的文物、陈列在广阔大地上的遗产、书写在古籍里的文字都活起来"，① 可见，"传播"从一开始就是非遗系列工作中不可缺少的重要组成，也是非遗、非遗档案珍贵价值的体现和依归。肯定非遗档案信息传播与公共文化服务之间紧密互利、休戚与共的"共同体"关系，将非遗档案信息传播置于公共文化服务的层次来理解，是一项历史和社会需求的使命。

本研究旨在设计并构建出符合我国非遗档案信息传播实际，契合公共文化服务要求的非遗档案信息传播机制；针对现行非遗档案

---

① 潘婧瑶. 习近平谈文物保护工作的三句箴言—人民网［EB/OL］.［2016-4-13］.［2021-9-12］. http://politics.people.com.cn/n1/2016/0413/c1001-28273470-3.html.

信息传播存在的问题与不足，引入分众传播模式，实现非遗档案信息传播范式上的创新；以分众传播的理念、原则与特征为指导，结合"5W"传播模式理论探求非遗档案信息传播的创新策略；围绕公共文化服务背景下非遗档案信息传播的现实需求和客观环境，整合非遗档案信息传播实施的系列保障内容与措施。本书取得的研究成果将具有重要的学术意义和现实价值。

（一）学术意义

非遗是鲜活的文化记忆，是各个国家各个民族独一无二的宝贵文化遗产。现有的非遗档案研究侧重于非遗的建档、非遗档案的管理，忽视了非遗档案珍贵的信息传播价值，以及将非遗档案工作从"建设"深化至"传播"的重要意义。本研究围绕非遗档案信息传播开展的系统研究，开拓了非遗档案领域的研究视野，延伸了非遗档案领域的研究范畴。形成的非遗档案信息传播机制、非遗档案信息分众传播和非遗档案信息传播实施保障的系统成果，将极大地丰富非遗档案理论体系，推动着非遗档案信息传播理论研究的发展。

非遗档案是档案的属类之一，本研究选择以"档案双元价值"理论为指导，以档案的工具价值重申了非遗建档保护的合理性，更以档案的信息价值论证了传播和共享非遗档案信息的必要性，丰富了档案学理论研究的内涵。本研究综合采用档案学、文化遗产学、情报学、传播学等领域的研究成果、研究技术与方法，推动了档案学跨学科研究的进步。

本研究以当前涉及全局、普惠民生的两项文化事业——公共文化服务和非遗档案信息传播为关注点，体现了笔者对"治学为用"学术责任的担当。笔者对公共文化服务与非遗档案信息传播互促关系的明晰，有助于准确形成非遗档案信息传播的战略定位。围绕我国公共文化服务历程、主要特征、典型经验，对非遗档案信息传播的促进和要求的研究成果，也可为公共文化服务背景下非遗档案信息传播路径的提炼提供理论参考。

本研究选用哈罗德·D.拉斯韦尔的"5W"传播模式理论、邵培仁的整体互动传播模式理论和伊莱休·卡茨的"使用与满足"传播效果理论为指导，形成了非遗档案信息传播系统化的研究成果，可以弥补国内相关研究之不足；对传播机制、分众传播、传播要素组成、传播要素间关系等研究对象的提炼，有助于催生出新的生长点，形成的研究观点和研究结论也为后续研究奠定扎实的理论基础。

(二) 现实价值

非遗档案信息依附于非遗、非遗档案而存在，非遗档案信息的传播绝非孤立的，而是与非遗、非遗档案紧密相连。2017 年 5 月的全国非遗保护工作会议上，国家文化部副部长项兆伦提出了"启动实施非遗记录工程""确保记录一个，成功一个，记录成果可以有效利用、有效传播"的工作要求。① 因此，本研究契合国家非遗工作推进的实际需要，有着重要的现实价值。

本研究以国内外非遗档案信息传播现状及经验作为研究起点，以哈罗德·D. 拉斯韦尔的"5W"传播模式理论为纲，从传播主体、传播内容、传播媒介、传播受众和传播效果五个方面梳理了我国非遗档案信息传播现状、存在不足；调查并总结了国外代表性国家非遗档案信息传播的典型经验、传播模式，较为清晰地描绘出当前国内外非遗档案信息传播的实践图景，将为政府、文化行政部门、档案部门等比对传播差异、汲取有益经验、把握传播方向提供行为参考。

本研究从"顶层设计"入手，构建出公共文化服务背景非遗档案信息传播机制，划分出宏观、中观、微观三个层级的战略定位，从背景、导向、核心、协调和目标五个维度制定出机制运行的具体任务，明晰公共文化服务背景下非遗档案信息传播各要素间的合理

---

① 李静. 文化部副部长项兆伦在全国非物质文化遗产保护工作会议上的讲话 [EB/OL]. [2017-6-8]. [2021-9-3]. http：//www. sdsysyjy. com/info. aspx? ai_id = 1093.

关系，将为政府部门协调各方面资源，合理布局传播工作，实现非遗档案信息科学化、规范化、社会化传播提供实施蓝本。

本研究以大众传播的瓶颈为突破口，重申并强调了受众在非遗档案信息传播中的地位和作用，引入的分众传播模式和"以受众为中心"的传播理念，为非遗档案信息传播提供了富有价值的操作范式；细分受众、传受互动、整合资源、融合媒介、效果评估五个方面的创新策略，以及政策、资金、权益、安全和动力五个方面的实施保障，形成了优化非遗档案信息传播切实可行的实践路径，进而助力我国公共文化服务体系的健全与完善。

三、国内外研究现状评述

(一) 非遗、非遗传播研究现状与评述

"非遗"的概念由联合国教科文组织于 2003 年在《保护非物质文化遗产公约》中正式提出，在此之前，日本在 20 世纪 50 年代提出了"无形文化财"和"无形文化遗产"的称谓，我国多称其为"民间传统文化"或"民间文化"。

1. 国外非遗研究进展概述

笔者选择全球知名的人文社会科学领域权威引文数据库 Web of Science 数据库作为数据源，于 2022 年 9 月 1 日，以('intangible' + 'nonphysical' + 'immaterial') * 'cultural heritage' 为检索词，在 Science Citation Index Expanded(科学引文索引，简称 SCI)、Social Sciences Citation Index(社会科学引文索引，简称 SSCI)、Arts & Humanities Citation Index(艺术与人文引文索引，简称 A&HCI)、Conference Proceedings Citation Index-Science(科学会议论文引文索引，简称 CPCI-S)等五大数据库中进行主题检索，筛选后共得外文文献 557 篇，其中期刊论文 331 篇，会议论文 184 篇，专著章节 17 篇，其他类型文献 25 篇。

国外非遗的首个研究成果由 Thomas M. Schmitt 于 2005 年提出，Thomas M. Schmitt 详尽地介绍了联合国教科文组织保护非遗理念产生的历史渊源、时代背景，并以马拉喀什的杰马埃尔夫纳广场为例，探讨了国际组织与地方协同保护非遗的实践。① 此后的十四年里，众多学者从理论与实践层面开展起非遗的研究，每年都有新的研究成果产生（如图 1-1 所示），总体呈现出逐年增长的趋势，其研究主题主要涉及非遗概念与属性的解析、代表性非遗项目及其艺术内涵的介绍、非遗价值的发现及评估、非遗管理模式及实施、非遗保护主体的认定、非遗产业化发展及其旅游开发、非遗保护法律法规的解析、非遗保护技术的探讨与运用、非遗资源的开发与利用、非遗教育的实施与普及九个方面。

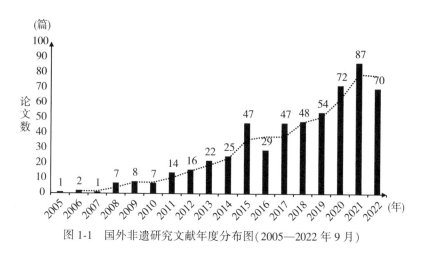

图 1-1　国外非遗研究文献年度分布图（2005—2022 年 9 月）

2. 国外非遗传播研究进展

在整体了解国外非遗研究进展的基础上，笔者对国外"非遗传播"进行了专门研究。笔者以（'intangible' + 'nonphysical' +

---

① Thomas M. Schmitt. UNESCO and Jemaa El Fna Square in Marrakesh: On The Genesis of A Concept for The Global Protection of Intangible Cultural Heritage [J]. Geographische Zeitschrift, 2005, 93(4).

'immaterial') ＊ 'cultural heritage' ＊ ('dissemination' + 'transmit' + 'propagation' + 'communicate' + 'spread')为关键词在 Web of Science 数据库中进行主题检索，筛选后共得文献 126 篇（主要包含期刊论文 69 篇，会议论文 39 篇，专著章节 18 篇），其年度分布如图 1-2 所示。

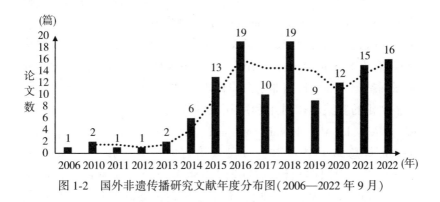

图 1-2　国外非遗传播研究文献年度分布图（2006—2022 年 9 月）

　　国外非遗传播研究属于"非遗开发利用"这一研究领域，从成果所占比例来看，国外非遗传播成果约占国外非遗研究成果的 22.6%，属于关注相对较多的主题。从发文时间看，国外非遗传播的首个研究成果产生于 2006 年，Susan Keitumetse 以博茨瓦纳非洲共同体非遗保护实践为例，重点探究了《保护非遗公约》中对于"非遗传播"的规定，强调了传播作为非遗可持续存在与利用的重要形式，需要社区、团体和个人多元主体的参与。① 可见，在国外非遗研究起步（2005 年出现首个成果）之时，学者们就注意到非遗传播在非遗保护中的重要性。2007—2009 年的三年间，国外没有非遗传播成果产生，从 2010 年开始，每年都有新的文献出现，并在 2016 年达到高峰，其成果增长趋势同非遗研究大致相似。深读这些文献，课程组将国外非遗传播的研究主题总结为非遗传播重要性

①　Susan Keitumetse. UNESCO 2003 Convention on Intangible Heritage： Practical Implications for Heritage Management Approaches In Africa［C］. South African Archaeological Bulletin，2006，61(184)：166.

及其实践的总结、非遗传播主体的认定、非遗传播形式的解析、非遗传播技术的探讨和非遗传播效果的评估五个方面。

（1）非遗传播重要性及其实践的总结

除 Susan Keitumetse（2006）外，2018 年，Selcan Gurcayir Teke 再次结合《保护非遗公约》中的规定，强调了非遗传播、盘点与振兴的重要性。① 同时，一些非遗传播的典型经验也陆续得到总结和推介。Wei Wang，Kun Hong 介绍了云南非遗保护、信息传播与共享的实践，主张构建非遗保护交流平台，以拓宽非遗信息资源的共享渠道。② Sabine Marschall 介绍了"eNanda Online"网站的建设，以及该网站记录并分析南非东海岸德班外以祖鲁语为主的口述历史和民俗文化的实践，探讨了利用互联网收集、传播非遗的缺点与挑战。③ Aisyah Abu Bakar，Mariana Mohamed Osman 和 Syahriah Bachok 等总结了马六甲少数民族语言的传播实践。④ Xianghong Tian 介绍了中国四川滇剧的校园传播实践。⑤ Inge Kral，Jennifer Green，Elizabeth Marrkilyi Ellis 介绍了旨在传播澳大利亚西部沙漠

---

① Selcan Gurcayir Teke. Living Heritages and Fixed Traditions in the Lists of the Convention for the Safeguarding of Intangible Cultural Heritage［J］. Milli Folklor，2018(120).

② Wei Wang，Kun Hong. Build Communication Protection Platform of Intangible Cultural Heritage Expand Channel of Open Access to Shared Information Resources［C］. Proceedings of the 5th International Conference on Cooperation and Promotion of Information Resources in Science and Technology(COINFO10)，2010：111.

③ Sabine Marschall. Enanda Online：Sharing Zulu Cultural Heritage on The Internet［J］. International Journal of Intangible Heritage，2014(9).

④ Aisyah Abu Bakar，Mariana Mohamed Osman，Syahriah Bachok，et al. An Analysis on Transmission of Ethnic Languages in Selected Communities in The World Heritage Site If Malacca，Malaysia［C］. 4th International Conference on Sustainable Future for Human Security Sustain 2013：Procedia Environmental Sciences，2014(20)：612.

⑤ XiangHong Tian. Dian Opera Intangible Cultural Heritage Inheritance Model to Explore［C］. 2016 5th Eem International Conference on Education Science and Social Science （EEM-ESSS 2016）：Advances in Education Research，2016(93)：489.

恩加亚特贾拉人语言艺术的西部沙漠语言艺术项目建设实践。①
Man-U Io 总结了澳门地方政府与粤剧表演者合作运用旅游业开展
的粤剧传播实践。② Xiaoxing Zhang 介绍了非遗传播与湖州市文旅
产业融合发展实践。③ Morán, Juan Francisco Ortega 等设计了针对
老年人群体的非遗传播与开发项目，旨在发挥非遗文化在应对地区
人口老龄化上的积极作用。④

（2）非遗传播主体的认定

在介绍非遗传播实践的基础上，一些学者也探讨了非遗传播的
可能主体。Mei Xie, Rong Zhu 从自然空间、精神空间和社会空间
三个角度分析了博物馆在非遗传播中的作用和影响。⑤ Janet Blake
探讨了博物馆在非遗保护与传播中的重要作用。⑥ Lucia Gasparini
指出博物馆面临的最大风险是将非遗以固态的形式冻结，任其消

① Inge Kral, Jennifer Green, Elizabeth Marrkilyi Ellis. Communication and The Verbal, Arts of Australia's Western Desert [J]. International Journal of Intangible Heritage, 2019(14).

② Man-u Io. Collaboration Between Practitioners and Public Agencies in Preserving and Promoting Musical Heritage in Macao [J]. Journal of Heritage Tourism, 2019, 14 (1).

③ Xiaoxing Zhang. Retracted: Research on the Integrated Development of Intangible Cultural Heritage and Industry in Huzhou[J]. The International Journal of Electrical Engineering & Education, 2021(0).

④ Morán, Juan Francisco Ortega, et al. Awareness of Intangible Cultural Heritage Through Videos Promoting Active Ageing[C]//International Workshop on Gerontechnology. Springer, Cham, 2020: 177-183.

⑤ Mei Xie, Rong Zhu. The Communication of Intangible Cultural Heritage of Museum from the Space Perspective [C]. Proceedings of the 2nd Annual International Conference on Social Science and Contemporary Humanity Development (SSCHD): Advances in Social Science Education and Humanities Research, 2016 (73): 84.

⑥ Janet Blake. Museums and Safeguarding Intangible Cultural Heritage-Facilitating Participation and Strengthening Their Function in Society [J]. International Journal of Intangible Heritage, 2018(13).

亡，进而提出了博物馆正确传播的改进策略。① Monova Zheleva 等指出数字技术和互联网技术广泛应用的背景下，博物馆在非遗传播和保护方面的技术亟待革新，博物馆在积极融入非遗数字展示和保护方面尚有差距和限制。②

此外，一些学者也对社区在非遗传播中的参与予以了关注，Goya Junko 以冲绳县水稻、小米种植仪式传播为例，强调了地方社区与学校在非遗传播中的参与及作用。③ Samir Bhowmik，Lily Diaz 指出利用数字技术、信息通信技术有效创设社区非遗传播环境，促进社区在非遗传播中的参与。④ Harris Rachel，Ablet Kamalov 通过对哈萨克斯坦维吾尔人 Mashrap 聚会的研究，指出社区在传播非遗文化的同时也依赖非遗文化加强社区联结。⑤

（3）非遗传播形式的解析

非遗传播形式是研究成果数量较多的一个主题，国外学者主要探讨并总结了三种传播形式。第一种是利用旅游、网络游戏、创意文化产品等产业化形式开展的非遗传播，这也被认为是最有效的传播形式。Anna Goral 分析了文化旅游在非遗精神风貌、传播非遗精

---

① Lucia Gasparini. The Museums' World Tries to Safeguard and Communicate the Intangible Dimension of Heritage［C］. Best Practices in Heritage Conservation and Management：From the World to Pompeii：Fabbrica Della Conoscenza，2014（46）：292.

② Monova Zheleva，Mariya，Yanislav Zhelev，Evgeniya Nikolova. Intangible Cultural Heritage Presentation and Preservation‐Challenges and Opportunities for Museum Specialists［J］. Digital Presentation and Preservation of Cultural and Scientific Heritage，2020（10）.

③ Goya Junko. Tanedori of Taketomi Island：Intergenerational Transmission of Intangible Heritage［J］. International Journal of Intangible Heritage，2011（6）.

④ Samir Bhowmik，Lily Diaz. Hot Stones and Cool Digitals：Sustainable Contact Zones for Intangible Cultural Heritage in Finland［J］. International Journal of Intangible Heritage，2016（11）.

⑤ Harris Rachel，Ablet Kamalov. Nation，Religion and Social Heat：Heritaging Uyghur Mäshräp in Kazakhstan［J］. Central Asian Survey，2021（40）.

神价值上产生的积极影响。① Nuno Gustavo, Tudorache Petronela, Ying He 等学者先后探讨了以旅游提升非遗传播效果的举措, 如加入解说、讲故事等环节,② 以传统文化充实旅游的内容, 加大非遗旅游网络媒体资源的开发,③ 丰富旅游形式, 如建设民族主题公园, 增加非遗的传播。④ Francesca Maria Dagnino, Michela Ott, Francesca Pozzi 则介绍了 I-Treasure 项目中以开发严肃游戏加大非遗传播的实践。严肃游戏是以教授知识技巧、提供专业训练和模拟为主要内容的电子游艺, I-Treasure 通过观察或模仿专家/表演者运动技巧, 开发出严肃游戏, 支持感官运动, 帮助使用者更好地体验和了解非遗, 增进非遗的传播效果。⑤

A. Grammatikopoulou, S. Laraba, O. Sahbenderoglu 等也关注到游戏技术对非遗传播的积极作用, 他们设计并开发了以身体动作为主的定制类游戏, 用于拉丁舞蹈、希腊传统舞蹈和瓦隆传统舞蹈的展示与传播。⑥ Doriana Dal Palu, Beatrice Lerma, Marco Bozzola 等

———————

① Anna Goral. Research on Cultural Tourism Development in Sacral and Spiritual Sites from the Unesco World Heritage List[C]. Heritage 2010: Heritage and Sustainable Development, 2010(1-2): 405.

② Nuno Gustavo, Fernando Completo, Fernando Joao Moreira, et al. From Tangible Heritage to Intangible Heritage: Dimensions of The Cultural Tourism[C]. Handbook of Research on Entrepreneurial Development and Innovation within Smart Cities: Advances in Environmental Engineering and Green Technologies, 2017: 80.

③ Anastasiya A. Revenko. Online Media Resources as A Tool of Promoting Russian Cultural Heritage in the Process of Culture Globalization[J]. Theoretical and Practical Issues of Journalism, 2016, 5(4).

④ Katharina Massing. Safeguarding Intangible Cultural Heritage in An Ethnic Theme Park Setting — The Case of Binglanggu in Hainan Province, China[J]. International Journal of Heritage Studies, 2018, 24(1).

⑤ Francesca Maria Dagnino, Michela Ott, Francesca Pozzi, et al. Serious Games to Support Learning of Rare 'Intangible' Cultural Expressions[C]. Inted2015: 9th International Technology, Education and Development Conference: Inted Proceedings, 2015: 7184.

⑥ Athina. Grammatikopoulou, Sohaib Laraba, O. Sahbenderoglu, et al. An Adaptive Framework for The Creation of Exergames for Intangible Cultural Heritage (Ich) Education[J]. Journal of Computers in Education, 2019, 6(3).

13

则提出可加大非遗文化创意产品的开发，将非遗制作成新的、低成本的、富有意义的艺术品，在推进非遗产业化发展的同时促进非遗传播。①

第二种是利用节庆等文化活动开展的非遗传播。Takuya Soma，Battulga Sukhee 以阿尔泰哈萨克金鹰节为例，探讨了节庆对于传播非遗的积极作用。② Elena A Orlova 专门介绍了阿尔泰—萨扬地区每年举办的 Chyl-Pazhi 民俗节日和新年庆祝活动。③ Choi Suh-hee，Sharif Shams Imon，Ubaldino Couto 对参与澳门醉龙节的当地居民展开调查，研究结果表明节庆活动所带来的居民文化态度转变是影响非遗持续发展的重要因素。④

第三种是高校、科研院所、非遗中心以教育、培训等形式开展的非遗传播。Pan Zhang 研究了高校公共艺术教育在非遗传播中的作用及实践。⑤ Xiaoting Song，Yongzhong Yang，Ruo Yang 等以成都漆器艺术传播为例，跟踪调查了漆器艺术培训班所开展的非遗传播

---

① Doriana Dal Palu, Beatrice Lerma, Marco Bozzola, et al. Merchandising as A Strategic Tool to Enhance and Spread Intangible Values of Cultural Resources[J]. Sustainability, 2018, 10(7).

② Takuya Soma, Battulga Sukhee. Altai Kazakh Falconry as 'Heritage Tourism': The Golden Eagle Festivals of Western Mongolia [J]. International Journal of Intangible Heritage, 2014(9).

③ Elena A. Orlova. Museification of Intangible Cultural Heritage of The Teleut People: Tomskaya Pisanitsa Museum Reserve Experience [J]. Vestnik Tomskogo Gosudarstvennogo Universiteta-Kulturologiya I Iskusstvovedenie-Tomsk State University Journal of Cultural Studies and Art History, 2015, 18(2).

④ Choi Suh-Hee, Sharif Shams Imon, Ubaldino Coutochoi. Negotiating with Authenticity to Ensure Sustainability of Traditional Cultural Festivals: Residents' Perspectives About Macao's Drunken Dragon Festival[J]. Sustainability, 2020, 12(3).

⑤ Pan Zhang. Unique Advantages of Public Art Education in Colleges and Universities in Inheriting Intangible Cultural Heritage[C]. 2018 4th International Conference on Economics, Management and Humanities Science (ECOMHS 2018), 2018: 399.

状况，提出改进的对策与建议。① Laura Jeffery、Rebecca Rotter 指出保护非遗不该将其冻结为静态元素，而应通过传播、利用等一系列实践使其成为"活"的文化，进而介绍了毛里求斯与英国的 Chagossian 社区举办的遗产传播讲习班，开发了开放获取网站以展示并共享讲习班的资料。② Martínez-Rodríguez，Marta 等肯定了教育对于非遗传播的重要意义，通过调查萨拉戈萨大学和马德里自治大学攻读小学教育学位的学生对音乐文化遗产的价值、意义和可持续性的看法，提出将提高学生对音乐文化遗产的重视程度纳入各教育阶段的教学任务，推动非遗传播。③

（4）非遗传播技术的探讨

除传播形式外，一些学者认识到先进的科学技术给非遗传播带来的机遇和便利，他们介绍了先进技术在非遗传播中的应用实践，也探讨了一些先进技术应用于非遗传播的可行性。这些技术有二维和三维技术、信息存储技术、多感官技术、数字化技术、数据库技术、新媒体技术、信息通信技术、计算机技术、增强现实技术、地理空间技术、影像技术和社交媒体技术、链接数字技术等。Marcello Carrozzino，Alessandra Scucces，Rosario Leonardi 等以意大利托斯卡纳青铜"投铸"工艺的虚拟场景构建为例，研究了运用三维技术构建多媒体平台对传统手工艺类非遗的传播。④ Xiao-fang Huang，Shou-qian Sun，Ke-jun Zhang 等提出将三维人体模型转换

---

① Xiaoting Song, Yongzhong Yang, Ruo Yang, et al. Keeping Watch on Intangible Cultural Heritage: Live Transmission and Sustainable Development of Chinese Lacquer Art[J]. Sustainability, 2019, 11(14).

② Laura Jeffery, Rebecca Rotter. Safeguarding Sega: Transmission, Inscription, and Appropriation of Chagossian Intangible Cultural Heritage [J]. International Journal of Heritage Studies, 2019, 25(10).

③ Martínez-Rodríguez Marta, et al. Musical Heritage as A Means of Sustainable Development: Perceptions in Students Studying for A Degree in Primary Education[J]. Sustainability, 2022, 14(10).

④ Marcello Carrozzino, Alessandra Scucces, Rosario Leonardi, et al. Virtually Preserving The Intangible Heritage of Artistic Handicraft[J]. Journal of Cultural Heritage, 2011, 12(1).

为二维皮影戏人物，生成更逼真、更具吸引力的皮影戏人物和动画，以提升非遗传播效果。① Patrick Lo，Holly H. Y. Chan，Angel W. M. Tang 介绍了博物馆、画廊中运用三维互动媒体技术展览和传播客家功夫的实践。② Chunhui Zheng，Longtao Gai 介绍了基于非遗信息特征和 I-Space 框架模型在信息传播方面的优势，并以黑龙江桦树皮制作技术为例，提出了非遗知识化、符号化传播策略。③ Selmanović Elmedin 等提出可通过三维虚拟重建技术传播非遗文化，并设计了展示波斯尼亚莫斯塔尔桥梁潜水文化的应用程序，为用户提供沉浸式体验非遗文化的工具。④ Kosmas Dimitropoulos，Sotiris Manitsari，Filareti Tsalakanidou 等介绍了 I-Treasure 项目开展的非遗资源的获取、知识的交流和文化传播，超越了文本内容的数字化，通过基于多感官技术的非遗资源分析和建模，将传统的学习与感官运动学习相结合，实现非遗教育与知识转移。⑤ Kosmas Dimitropoulos，Filareti Tsalakanidou，Spiros Nikolopoulos 等提出了基

---

① Xiao-Fang Huang，Shou-Qian Sun，Ke-Jun Zhang，et al. A Method of Shadow Puppet Figure Modeling and Animation [J]. Frontiers of Information Technology & Electronic Engineering，2015，16(5).

② Patrick Lo，Holly H. Y. Chan，Angel W. M. Tang，et al. Visualising and Revitalising Traditional Chinese Martial Arts Visitors' Engagement and Learning Experience at The 300 Years of Hakka Kungfu[J]. Library Hitech，2019，37(2).

③ Chunhui Zheng，Longtao Gai. Research on The Digital Communication Strategy of Intangible Cultural Heritage under The New Media Environment [C]. 2013 3rd International Conference on Social Sciences and Society (ICSSS 2013)，Pt 3：Advances in Education Research，2013(34)：134.

④ Selmanović Elmedin，et al. Improving Accessibility to Intangible Cultural Heritage Preservation Using Virtual Reality[J]. Journal on Computing and Cultural Heritage (JOCCH)，2020，13(2).

⑤ Kosmas Dimitropoulos，Sotiris Manitsaris，Filareti Tsalakanidou，et al. Capturing The Intangible An Introduction to The I-Treasures Project [C]. Proceedings of The 2014 9th International Conference on Computer Vision，Theory and Applications (Visapp 2014)，2014(2)：773.

于多感官捕捉技术的非遗保护与传播新方法。① Fan Rong 研究了数字化技术在青海热贡唐卡数字保存与传播中的运用。② Dong Wang, Chunhui Zheng 介绍了景德镇手工制瓷工艺的数字化建设实践。③ Junxi Chen, Desheng Lyu 分析了数字化技术在中国数字剪纸艺术保护与传播中的应用。④ Yongzhi Li, Tenglong Yin 介绍了河南武术综合信息网络平台的构建对于中原武术传播的积极作用。⑤ Tenglong Yin 指出非遗数字系统应是一个包括数字消费和数字资源收集、存储、管理、生产和传播的综合服务平台，对于非遗传播而言，数字化手段将会拓展传播空间，丰富传播方式，提高非遗传播的效率与效果。⑥ Limin Duan, Hong Zhao 研究了数字技术在非遗展示和传播

---

① Kosmas Dimitropoulos, Filareti Tsalakanidou, Spiros Nikolopoulos, et al. A Multimodal Approach for The Safeguarding and Transmission of Intangible Cultural Heritage: The Case of I-Treasures[J]. IEEE Intelligent Systems, 2018, 33(6).

② Rong Fan. The Key Technology in Digital Preservation and Communication for Re-Gong Thangka [C]. Proceedings of The 2015 International Conference on Intelligent Systems Research and Mechatronics Engineering: Advances in Intelligent Systems Research, 2015(121): 1915.

③ Dong Wang, Chunhui Zheng. Research on The Digitalized Communication Planning of Chinese Intangible Cultural Heritage: Taking Ceramics as An Example [C]. Proceedings of The 2015 International Conference on Education, Management, Information and Medicine (EMIM 2015): Aebmr-Advances in Economics Business and Management Research, 2015(8): 616.

④ Junxi Chen, Desheng Lyu. The Digitalization of Chinese Paper-Cut: Intangible Cultural Heritage Protection and Culture Communication[C]. Proceedings of The 2015 International Conference on Education, Management, Information and Medicine (Emim 2015): Aebmr-Advances in Economics Business and Management Research, 2015(8): 393.

⑤ Yongzhi Li, Tenglong Yin. Information Network Construction on The Inheritance of Central Plains Martial Arts — As An Intangible Cultural Heritage[C]. Proceedings of The International Conference on Chemical, Material and Food Engineering: Aer-Advances in Engineering Research, 2015(22): 597.

⑥ Tenglong Yin. The Application of Digital Technology in The Protection and Inheritance of The Intangible Cultural Heritage of The Martial Arts[C]. Proceedings of The 2015 2nd International Forum on Electrical Engineering and Automation (IFEEA 2015): Aer-Advances in Engineering Research, 2016(54): 185.

中的积极作用。① Muqeem Khan 创建了希腊传统医学数据库和基于 Web 的实验界面，利用"移情设计""设计探索"和"体验原型"，设计出更为直观的界面，以提升传播效果。② Tenglong Yin 提出在"互联网+"时代下建立起中原武术非遗数据库、全方位的数字通信平台将有助于中原武术的传承与传播。③ Jingjing Zhang，Mengmeng Liu 阐述了视觉识别系统在非遗传播中的应用与价值。④ Andrea Gomez Oliva，Joanna Alvarado Uribe，Maria Concepcion Parra Merono 设计了面向游客的渐进式网络应用程度，设计了非遗的智能网游程序。⑤ Li Li，Rong Zhao 提出了新媒体环境高校民族传统体育非遗传播的有效策略。⑥ Zhuo Jin(2016)强调了数字媒体在视觉体验上

① Limin Duan，Hong Zhao. Study on the Digital Design and Practical Application of Intangible Cultural Heritage in Anhui Province — The Case Study of Wuhu Iron Picture[C]. Proceedings of the 2017 4th International Conference on Education，Management and Computing Technology (ICEMCT 2017)：Advances in Social Science Education and Humanities Research，2017(101)：1030.

② Muqeem Khan，Reformulating The Repository，Digital Intangible Heritage，Empathic Design and Greek/Unani Medicinal Practices[C]. 2015 Digital Heritage International Congress，Vol 2：Analysis & Interpretation Theory，Methodologies，Preservation & Standards Digital Heritage Projects & Applications，2015：487.

③ Tenglong Yin. Research on The Network Application of The Central Plain Martial Arts as An Intangible Cultural Heritage in The Internet Plus Era [C]. Proceedings of The 2015 2nd International Forum on Electrical Engineering and Automation (IFEEA 2015)：Aer-Advances in Engineering Research，2016(54)：193.

④ Jingjing Zhang，Mengmeng Liu. Visual Identity System of Intangible Cultural Heritage in Tianjin[C]. Proceedings of The 2018 Euro-Asia Conference on Environment and Csr：Tourism，Society and Education Session. Pt I，2018：82.

⑤ Andrea Gomez-Oliva，Joanna Alvarado-Uribe，Maria Concepcion Parra-Merono. Transforming Communication Channels to The Co-Creation and Diffusion of Intangible Heritage in Smart Tourism Destination：Creation and Testing in Ceuti (Spain)[J]. Sustainability，2019，11(14).

⑥ Li Li，Rong Zhao. Influence of New Media on Traditional National Sports of Intangible Cultural Heritage Spreading in Universities [C]. Proceedings of The 2016 International Conference on Arts，Design and Contemporary Education：Advances in Social Science Education and Humanities Research，2016(64)：937.

的极大优势，有助于增进公众对非遗的理解。① Raffaello Brondi，Marcello Carrozzino，Cristian Lorenzini（2016）运用数字媒体技术设计并开发了沉浸式应用用于非遗传播。② Samir Bhowmik，Lily Diaz 在研究社区参与的非遗传播中，提出运用信息和通信技术创设更好的传播环境，以提升社区公众参与的意愿，提升非遗传播的效果。③ Mara Cerquetti，Concetta Ferrara 研究了通信技术用于改善博物馆非遗传播的用户体验，提升传播效果。④ Melissa Montalvo，Eduardo Calle-Ortiz 总结了社会机器人、人机交互的最新进展，提出可将其作为非遗叙述与传播的工具。⑤ Tao Yang，Ran Zhao 研究了增强现实技术在非遗数字化传播中的应用。⑥ Yiwen Wang，Xi Deng，Kun Zhang 等以海南博物馆非遗展示为例，探讨了增强现实技术用于突

① Zhuo Jin. The Influence of The Intangible Cultural Heritage about Propagation Medium in The Big Data Era［C］. 2016 International Conference on Mechatronics，Manufacturing and Materials Engineering（Mmme 2016）：Matec Web of Conferences，2016(63)：2.

② Raffaello Brondi，Marcello Carrozzino，Cristian Lorenzini，et al. Using Mixed Reality and Natural Interaction in Cultural Heritage Applications［J］. Informatica-Journal of Computing and Informatics，2016，40(3).

③ Samir Bhowmik，Lily Diaz. Hot Stones and Cool Digitals：Sustainable Contact Zones for Intangible Cultural Heritage in Finland［J］. International Journal of Intangible Heritage，2016(11).

④ Mara Cerquetti，Concetta Ferrara. Marketing Research for Cultural Heritage Conservation and Sustainability：Lessons from The Field ［J］. Sustainability，2018，10(3).

⑤ Melissa Montalvo，Eduardo Calle-Ortiz. Programming by Demonstration for The Teaching and Preservation of Intangible Cultural Heritage［C］. Proceedings of The 2017 IEEE XXIV International Conference on Electronics，Electrical Engineering and Computing （Intercon），2017：2，DOI：10. 1109/Intercon. 2017. 8079713.

⑥ Tao Yang，Ran Zhao. Research on Combination of Intangible Cultural Heritage and Augmented Reality ［C］. Proceedingsof The 2nd International Conference on Contemporary Education，Social Sciences and Humanities （ICCESSH 2017）：Advances in Social Science Education and Humanities Research，2017 (124)：536.

破现有传播瓶颈、提升非遗传播效果的积极作用。① Krupa
Rajangam，M. B Rajani 探讨了地理空间技术在非遗传播中的积极作
用。② Camilla Casonato 探讨了纪录片、电影在非遗表达、增强和传
播中的积极作用。③ Arciniegas Martinez，Ana Teresa 研究了非遗交
互视听作品、数字艺术资源(互动纪录片、360 度影像、信息图形)
等在提升非遗传播效果上的积极作用。④ Md Saifuddin Khalid，Md
Saiful Alam Chowdhury 探讨了社交媒体在非遗传播中的作用，实现
非遗策略性表达与传播。⑤ Sheenagh Pietrobruno 以土耳其 Mevlevi
Sema 仪式为例，介绍了以 YouTube 为代表的社交媒体与电视等传
统媒体融合开展的非遗传播实践。⑥ Zhaoyan Huang，Tao Xu 提出
利用链接数据技术对非遗知识进行合理的语义组织，将不同结构的
资源数据进行结构化表达，以促进非遗的传播以及非遗知识管理的

---

① Yiwen Wang, Xi Deng, Kun Zhang, et al. The Intangible Cultural Heritage Show Mode Based on Ar Technology in Museums — Take The Li Nationality Non-Material Cultural Heritage as An Example［C］. 2018 IEEE 3rd International Conference on Image，Vision and Computing（ICIVC），2018：937.

② Krupa Rajangam，M B Rajani. Applications of Geospatial Technology in The Management of Cultural Heritage Sites — Potentials and Challenges for The Indian Region［J］. Current Science，2017，113(10).

③ Camilla Casonato. Intangible Perspectives on Tangible Heritage. A New Way of Understanding and Communicating Architecture：The Case of Francesco Clerici's Works［C］. Putting Tradition into Practice：Heritage, Place and Design：Lecture Notes in Civil Engineering，2018(3)：739.

④ Arciniegas Martinez，Ana Teresa. Interactive Documentary for The Dissemination of The Knowledge and Tasks of Cultural Heritage［C］. Glocal：Codificar, Mediar, Transformar, Vivir，2017：122.

⑤ Md Saifuddin Khalid，Md Saiful Alam Chowdhury. Representation of Intangible Cultural Heritage of Bangladesh Through Social Media［J］. Anatolia-International Journal of Tourism and Hospitality Research，2018，29(2).

⑥ Sheenagh Pietrobruno. Youtube Flow and The Transmission of Heritage：The Interplay of Users，Content，and Algorithms［J］. Convergence-the International Journal of Research into New Media Technologies，2018，24(6).

标准化和规范化。①

除专门研究单项技术外，一些学者在成果中探讨多项技术的综合性运用。Kazuya Kojima，Kohei Furukawa，Mitsuru Maruyama 研究了 CG 技术、VR 技术、实时运动捕捉技术、实时网络传输技术、实时渲染技术对非遗传播的改进。② W. B. Yang，Y. N. Yen 探讨了现代技术在非遗传播中的应用，如基于地理信息系统开发的非遗展示平台、基于故事地图的有形文化遗产导航平台和三维激光扫描、无人机图像、摄影测量、全景、音频/视频、地理信息系统等导航技术。③ Cheng Yang 提出大数据和移动互联网的普及对非遗传播与共享的积极作用。④ Shengli Xu 研究了增强现实技术、数据库技术在非遗传播中的应用及实践。⑤ Pirbazari，Alireza Gholinejad，Sina

———————

① Zhaoyan Huang, Tao Xu. Research on Knowledge Management of Intangible Cultural Heritage Based on Linked Data[J]. Mobile Information Systems, 2022.

② Kazuya Kojima, Kohei Furukawa, Mitsuru Maruyama, et al. Multi-Site Linked Mocap Streaming System for Digital Archive of Intangible Cultural Heritage[C]. 2017 International Conference on Culture and Computing（Culture and Computing），2017：61.

③ Wunbin Yang, Yaning Yen. A Planning by Using Digital Technology in The Reconstruction of Cultural Heritage Sites — A Case Study of Qiong-Lin Settlement in Kinmen Area[C]. ICOMOS/ISPRS International Scientific Committee on Heritage Documentation（CIPA）26th International CIPA Symposium — Digital Workflows for Heritage Conservation：International Archives of The Photogrammetry Remote Sensing and Spatial Information Sciences, 2017, 42-2(W5)：720.

④ Cheng Yang. Collaborative Governance Mechanism for The Safeguarding of Intangible Cultural Heritage in The Internet Age[C]. Proceedings of The 4th Annual International Conference on Social Science and Contemporary Humanity Development（SSCHD 2018）：Advances in Social Science Education and Humanities Research, 2018(281)：45.

⑤ Shengli Xu. Intangible Cultural Heritage Development Based on Augmented Reality Technology[C]. 2018 International Conference on Robots & Intelligent System（ICRIS 2018）：IEEE International Conference on Intelligent Robots and Systems, 2018：353.

Kamali Tabrizi 提出利用互联网技术、三维模型技术、虚拟现实技术以及数字成像等新兴技术在伊朗创建一个在线虚拟博物馆，为公众、研究人员和各领域的专家提供帮助，以改善伊朗非遗保护现状，促进非遗数字化传播。①

（5）非遗传播效果的评估

除上述主题外，一些学者还专门研究了当前非遗传播的效果，Eun Sok Bae，Yoon Ok Park 指出非遗传播有助于强化社区的身份认同。② 一些学者则指出非遗英译的准确性会影响到非遗国际化传播的效果：Li Xiao 以泸州地名翻译为例，通过对源语言和目的语模因构建的研究，对泸州地名翻译进行分类和分析，以更好挖掘泸州地名背后深厚的文化内涵，促进泸州文化的跨文化传播。③ Dan Wu 研究了非遗的翻译原则和翻译策略，以推进非遗的跨文化传播。④ Yulan Wang 解读了非遗传播过程中语言翻译存在的障碍与瓶颈，进而提出改进对策。⑤ Yingfeng Deng 研究了英文翻译和推广在

---

① Pirbazari, Alireza Gholinejad, Sina Kamali. Recordim of Iran's Cultural Heritage Using an Online Virtual Museum, Considering The Coronavirus Pandemic [J]. Acm Journal on Computing and Cultural Heritage (JOCCH), 2022, 15(2).

② EunSok Bae, Yoon Ok. Park. Sokcho Saja Noreum：Transition and Transmission of A North Korean Community's Intangible Cultural Heritage [J]. International Journal of Intangible Heritage, 2018(13).

③ Li Xiao. Research on The English Translation of Luzhou Intangible Cultural Heritage Names in The Memetics Perspective [C]. Proceedings of The 2016 4th International Education, Economics, Social Science, Arts, Sports and Management Engineering Conference (IEESASM 2016)：Aebmr-Advances in Economics Business and Management Research, 2016(22)：168.

④ Dan Wu. Translation Strategies of Culture-Specific Items of Ethnic Groups in Intangible Cultural Heritage Literature [C]. Proceedings of The Fifth Northeast Asia International Symposium on Language, Literature and Translation, 2016：42.

⑤ Yulan Wang. Research on The Public Promotion Translation of Non-Material Cultural Heritage [C]. 2018 4th International Conference on Economics, Management and Humanities Science (ECOMHS 2018), 2018：233.

华山岩石艺术"国际化"传播中的作用。① 还有学者指出，文旅产业的发展与非遗传播效果也有着密切的联系：Lonardi Serena，Yvonne Unterpertinger 对去南蒂罗尔旅游的游客展开结构化或半结构化访谈调查，结果表明，尽管游客去南蒂罗尔旅游并非受文化吸引，但都对南蒂罗尔的非遗文化（如传统生活方式、活动、习俗和语言等）很是着迷，这在一定程度上促进了非遗文化传播。② Shinde Kiran 分析了蓝毗尼圣地旅游开发现状，肯定了旅游开发对非遗传播的积极意义。③

3. 国内非遗研究进展概述

在了解国外非遗、非遗传播研究进展的基础上，笔者以中国知网（CNKI）为数据源，以"非物质文化遗产"或"非遗"为关键词进行主题检索，梳理国内非遗研究状况。检索结果显示，截至 2022 年 9 月 1 日，国内共有非遗方面中文文献 46047 篇，其中期刊论文 36877 篇，博士论文 267 篇，硕士论文 5891 篇，会议论文 2171 篇，学术辑刊论文 841 篇。

国内非遗研究的首个成果是詹正发在 1997 年刊于《武当学刊》的《非物质文化遗产法律保护》一文，文章指出联合国教科文组织虽已颁布《保护非遗公约》，但是国际、国内法都还是空白，以致非遗长期被埋没或被滥用，面临灭绝的危险，进而呼吁尽快实施非遗的法律保护。1997—2022 年，不断有新的研究成果发表，笔者对每年的文献数量统计并制图如图 1-3 所示。

---

① Yingfeng Deng. National Intangible Cultural Heritage Goes Global：A Case Study on The Translation and Promotion of Huashan Rock Art[J]. Archaeofauna, 2018, 27(3).

② Lonardi Serena, Yvonne Unterpertinger. The Relevance of Intangible Cultural Heritage and Traditional Languages for The Tourism Experience：The Case of Ladin in South Tyrol[J]. Sustainability, 2022, 14(5).

③ Shinde Kiran. "Imported Buddhism" or "Co-Creation"？ Buddhist Cultural Heritage and Sustainability of Tourism at The World Heritage Site of Lumbini, Nepal [J]. Sustainability, 2021, 13(11).

可以看到，国内非遗研究成果的数量曲线呈持续上扬的态势。非遗研究成果的首次大量产生是在 2006 年（525 篇），较 2005 年（122 篇）有了数倍的增长，反映出国内的理论研究紧随着实践工作的脚步旋即展开。国内非遗文献的研究主题，早期是对非遗相关国际法、国内法的总结、梳理和解析；国际级、国家级非遗项目的介绍、典型非遗保护工作的总结和对政府、文化行政部门在非遗保护工作中职能任务的明确。随着非遗保护工作的深入开展，非遗的研究内容不断充实，研究主题也在不断拓宽，目前主要集中在非遗概念的界定、非遗特征的分析、非遗价值的认定、非遗保护主体的安排、非遗法律法规的分析、非遗名录的申报、非遗项目的传承、非遗保护模式的总结、非遗的开发利用，以及非遗的数字化建设 10个方面。

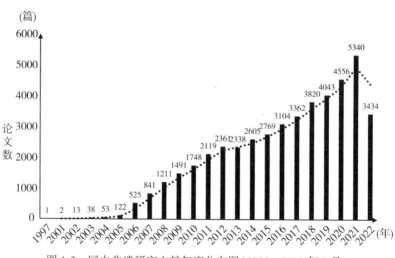

图 1-3　国内非遗研究文献年度分布图（1997—2022 年 9 月）

4. 国内非遗传播研究进展

在此基础上，笔者以"非物质文化遗产 传播"或"非遗 传播"为关键词进行主题检索，筛选剔除重复、不相关文献后得到检索结果7502 篇，具体包括期刊论文 5052 篇，博士论文 98 篇，硕士论文

1963 篇，会议论文 274 篇，学术辑刊 115 篇，其年度分布如图 1-4
所示。

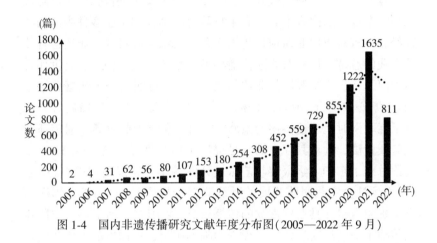

图 1-4　国内非遗传播研究文献年度分布图（2005—2022 年 9 月）

国内非遗开发利用、非遗的数字化建设两个研究主题中都有涉
及非遗传播的成果。从成果所占比例来看，非遗传播的成果数约占
总成果的 16.3%，相对于国外非遗传播成果比例的 22.6%，非遗
传播未能成为国内非遗研究的主要研究对象。从发文时间看，国内
非遗传播的首个研究成果产生于 2005 年，陆穗岗在《非物质文化遗
产的物质传播——民俗精华与现代文明结合的思考》一文中提出
"要改变那种小范围言传身教的传统传播方式，借鉴现代经济的营
销模式，将广泛应用于商业经济中的整合传播方式运用在民俗文化
的传播中"。① 2007 年以来，非遗传播的成果数呈逐年上升的趋
势，体现出国内对于非遗传播这一主题的关注度在不断提升。深读
这些文献，笔者发现，国内非遗传播的研究主要涉及非遗传播实践
的推介、非遗传播特征的总结、非遗传播主体的认定、非遗传播形
式的探索、非遗传播媒介的解析、非遗传播技术的应用、非遗传播
效果的评估以及非遗传播策略的建议八个方面。

25

① 　陆穗岗．非物质文化遗产的物质传播——民俗精华与现代文明结合
的思考：中国民间文化艺术产业建设研讨会［C］．兰州，2005：151．

（1）非遗传播实践的推介

总结非遗传播实践经验的成果是在 2018 年以后出现的，反映出学者们在非遗传播实践开展至一定阶段时及时进行总结、反思及推介的态度，从内容上看，有来自政府、高校和企业多种主体的实践经验，有对单项非遗项目传播实践的总结，有对区域非遗整合传播实践的总结，也有对非遗传播典型项目的关注。杨茜、魏世伟总结了河北传媒学院开展的非遗传播实践。① 杨明委、张朝富总结了"百度匠心中国行"项目的目标受众、传承人和主要传播内容，探讨了互联网时代非遗传播的策略。② 刘伟介绍了鄂伦春非遗传播的经验及做法，针对其存在的不足提出了切实可行的整改策略。③ 李贤德总结了东华大学服装与艺术设计学院学生自发组成的"锦绣东华"专项社会实践团队开展的顾绣非遗传播实践。④ 韦鑫、周潇研究了贵州省台江县苗族古歌的传播现状。⑤ 阳波总结了滩头木版年画传播手法的演变、传播过程中面临的困境，进而以品牌传播的理念探讨了滩头年画传播的创新。⑥ 周芹专门研究了四川非遗的跨文化传播，进而从跨文化传播设计、文化体验与感知、国际化交流与发展以及翻译质量提升四个方面提出了优化建议。⑦ 张敏敏分析了

① 杨茜，魏世伟."互联网+"背景下高校"非遗"传播思路浅析[J].传播力研究，2018(18).

② 杨明委，张朝富."互联网+"时代非物质文化遗产传播研究——以"百度匠心中国行"活动为例[J].当代图书馆，2019(1).

③ 刘伟.鄂伦春非遗传播传承中遇到的问题及对策[J].传播力研究，2019(2).

④ 李贤德.锦绣东华：大学生助力非遗传播[N].中国青年报，2019-8-05(7).

⑤ 韦鑫，周潇.苗族古歌文化传承现状及对策研究——以贵州台江县苗族古歌为例[J].艺术评鉴，2019(16).

⑥ 阳波.非物质文化遗产视角下滩头木版年画的品牌传播研究[J].科技传播，2019(14).

⑦ 周芹.体验经济视角下四川非物质文化遗产的跨文化传播策略研究[J].四川戏剧，2019(5).

广西平南牛歌戏的传播现状，探讨了优化传播的策略。① 闫涛调查并总结了鄂西南建始县"丝弦锣鼓"的传播历史及传播现状，从加强传承人管理、明确传承人的权利和义务、实现传承方式多元化、运用现代化先进媒手段传播等方面提出优化策略。② 何建刚、郭晓园、简妮斯等总结了湖北青砖茶非遗的传播现状，分析了长盛川技艺传播与创新的关系，提出了湖北青砖茶非遗传承与创新的建议。③ 郭琳探究了河南桐柏皮影戏的渊源及艺术特色，总结了其在对外传播路径上的有效措施。④ 谢春总结了绵竹年画传承人的传承与传播方式，分析了非遗传承人的传播实践为文化空间塑造带来的影响。⑤ 汤洋在分析黑龙江省人口较少民族非遗保护与传播面临的困境，进而从传播效能、传播手段、人才培养和融合发展等方面提出了优化策略。⑥

（2）非遗传播特征的总结

在开展非遗传播研究时，一些学者综合运用了文献调查、实地调查和网络调查等方法，对不同主体、不同媒介和不同内容的非遗传播实践的特征进行了认真总结，以期为后续研究奠定基础。陈詠玮将非遗传播划分为元媒介传播时代、第一媒介时代、第二媒介时代，进而分别总结了不同媒介时代的传播特征，着重肯定了第二媒介时代在克服传统电子媒介强制性、撒播式传播的不足，重新构筑

---

① 张敏敏. 广西平南牛歌戏传播现状及优化传播策略［J］. 传播与版权，2019（6）.

② 闫涛. 鄂西南建始县"丝弦锣鼓"的现代传承研究［D］. 恩施：湖北民族大学，2019：12.

③ 何建刚，郭晓园，简妮斯，等. 长盛川湖北青砖茶非遗技艺传承与创新［J］. 现代农业科技，2019（11）.

④ 郭琳. 皮影戏的艺术特色及传播［J］. 河南社会科学，2020（2）.

⑤ 谢春. 非遗传承人的传播实践与文化空间再造——以绵竹年画为例［J］. 现代传播（中国传媒大学学报），2021（9）.

⑥ 汤洋. 黑龙江省人口较少民族非物质文化遗产保护与传播策略研究［J］. 黑龙江民族丛刊，2022（2）.

大众认同上的优越性。^① 赵新艳总结了新媒介环境下非遗传播的特征，包括传播形式从单向平面到交互立体，传播内容从模式化、表面化到深度推广，传播主体从被动参加到主动参与，传播机制从自觉、自发到制度保障。^② 陈思琦总结了非遗直接传播、传统媒体传播和新媒体传播的不同特征，进而提出了提升非遗传播力的对策。^③ 王诗文、陈亮将非遗传播的方式依次划分为亲身传播、实物传播、大众媒体传播和新媒体传播，总结了四种传播方式的不同特征，提出要积极挖掘非遗中悦目的文化、利用 3D 影像动感传递非遗文化、加强对守门人的培训和引导等改进对策。^④ 路敏以土家族代表性曲艺——恩施三棒鼓为例，从传播范围、传播效果两方面入手总结了恩施三棒鼓的传播特征，并指出众多传播方式中尤以人际传播的传播效果最好。^⑤ 房金环指出新媒体环境下的非遗传播呈现出"从静态到动态，从时间到空间"的特征，即从静态的数字化保存到动态开放、多元、共享的数字化开发与利用，在时间与空间上也体现为由注重代际非遗意义的传承到关注空间范围非遗意义的传播研究，同时更注重非遗意义生成的文化空间研究。^⑥ 刘畅、冯雨乔、候雨婷解析了我国皮影戏跨文化传播的时空特征，分析了传播动因，以促进中国传统文化的海外传播。^⑦ 郭炎武则从中国知网的

① 陈詠玮．非物质文化遗产传播——场域传播在不同媒介时代的变化 [D]．福州：福建师范大学，2010.

② 赵新艳．新媒介环境下非物质文化遗产传播中的媒介角色与传播特点[J]．新闻传播，2011(8).

③ 陈思琦．非物质文化遗产传播特点及策略研究[J]．新闻研究导刊，2015(13).

④ 王诗文，陈亮．非物质文化遗产传播特点及策略研究[J]．淮南师范学院学报，2015(1).

⑤ 路敏．土家族曲艺类非物质文化遗产传播特征研究——以恩施三棒鼓为例[D]．武汉：华中师范大学，2017.

⑥ 房金环．从静态到动态、从时间到空间——论新媒体背景下非物质文化遗产传播研究趋势[J]．合肥工业大学学报(社会科学版)，2019(3).

⑦ 刘畅，冯雨乔，候雨亭．非物质文化遗产跨文化传播特征及动因研究——以皮影戏为例[J]．江苏大学学报(社会科学版)，2018(6).

媒介特征分析了潮州非遗文化的传播，体现为文献来源的多样性及检索功能的多样协调。① 解梦伟、侯小锋将数字媒介环境下非遗传播方式划分为建立专题性"非遗"数字档案库、建构传播主体和受众的"非遗共同体"意识和建构"非遗"数字化经济和网络社区，分析了三种传播方式的特点，并从传播层次、传播语义和传播空间三个维度来开拓传播路径。② 张吕、雷雨晴总结了数字化生存语境下非遗传播的传播主体与传承特征，包括电视媒体的传播与主流引领、短视频的具身传播与民众参与、数字图文的精英传播与话语。③ 陈小蓉总结了体育非遗具有传承性、活态性、身体性、地域性、流变性、脆弱性等特征，同时分析了其在承继体育传统文化、塑造体育文化符号和拓展体育文化资源方面的功能。④

（3）非遗传播主体的认定

从数量上看，对非遗传播主体的研究是非遗传播研究中一个重要的主题，很多学者在研究非遗传播时，都会关注何种主体可以或理应参与到非遗传播中，进而探讨这些主体在非遗传播中的参与方式及作用优势。从内容上看，现有的研究成果多探讨单个主体在非遗传播中的作用及参与，基本覆盖了政府、公共文化机构、档案部门、社会组织、高等院校、地方媒体、企业、社区以及社会公众等主要主体类型。对于政府，吴希捷结合国外经验与国内实践论述了政府在少数民族非遗保护与传播中的角色，指出政府应是一个职能明确、作为有效并受责任约束的有效政府。⑤ 王文权、于凤静指出

① 郭炎武.论潮州非物质文化遗产在知网空间的传播特征——以潮州木雕和潮州音乐为例[J].传媒论坛，2019(15).

② 解梦伟，侯小锋.非物质文化遗产数字化传播的反思[J].民族艺术研究，2021(6).

③ 张吕，雷雨晴.数字化生存语境下非遗的传播与传承[J].中国电视，2021(10).

④ 陈小蓉.体育非物质文化遗产：概念、特征、功能、分类[J].体育科学，2022(4).

⑤ 吴希捷.少数民族非物质文化遗产保护中的政府角色探究[D].上海：华东政法大学，2015.

在"直播+非遗"渐显强劲的背景下，政府应适时调整角色定位，发挥其规划师、培训师、助力师和评估师的作用。① 对于公共文化机构，博物馆得到的关注最多。朱莉莉结合2017年修订的《国际博物馆协会章程》，提出博物馆理应成为保护、传播、展示非遗的重要力量。② 徐敏以甘熙宅第暨南京市民俗博物馆为例，研究了"互联网+"模式下小众博物馆在非遗传播中的运营管理和文化传承策略。③ 陈述知结合南京博物馆开展的"我们的节日"系列活动，总结了博物馆开展传统岁时文化元素传播活动实践。④ 潘彬彬指出保护、传承和传播非遗是博物馆充分发挥其社会职能的基础，在"互联网+"的时代背景下，博物馆开展非遗传播的内容与形式也将发生新的变化。⑤ 陈洁贞介绍了博物馆面向青少年开展的非遗文创产品展示实践。⑥ 姚艳燕通过广西民族博物馆"非遗天天见"活态展演的个案研究，阐述了博物馆如何将非遗项目用活态展演的方式向公众进行宣传和教育，以达到保护和传承的目的。⑦ 同时，学者们也对不同类型的图书馆予以了关注。夏有军结合衢州地区公共图书馆实践，探索了公共图书馆在非遗保护与传承中的作用。⑧ 柳林子、

---

① 王文权，于凤静．非遗网络直播中政府部门角色定位的思考——以西南少数民族地区为例[J]．新闻爱好者，2019(2)．

② 朱莉莉．非遗公众活动：强化博物馆非遗传播效应的思考——以南京博物院非物质文化遗产馆为个案分析[J]．民族艺术研究，2018(5)．

③ 徐敏．"互联网+"模式下小众博物馆的发展研究——以甘熙宅第为例[J]．中国商论，2018(30)．

④ 陈述知．博物馆开展传统岁时活动实践探索——以南博"我们的节日"系列活动为例[J]．江苏地方志，2018(6)．

⑤ 潘彬彬．"互联网+"背景下博物馆非遗档案工作探讨[J]．档案与建设，2019(1)．

⑥ 陈洁贞．博物馆青少年非遗文创与服务及开发分析[J]．中国民族博览，2019(4)．

⑦ 姚艳燕．非物质文化遗产在博物馆的活态展示——以广西民族博物馆为例[J]．智库时代，2019(8)．

⑧ 夏有军．公共图书馆在非遗保护与传承中的创新服务研究——以浙江省衢州市为例[J]．图书馆研究与工作，2019(2)．

柳叶、赵力以公共图书馆开展的古琴传播实践为例，探讨了公共图书馆作为文档资料、音视频资料保存主体的功能。① 夏洞明、蒋倩以金陵图书馆为例，指出公共图书馆参与地方非遗的保护和传播，既是法律要求，也是文化担当。② 刘建以上海西郊农民画为例，研究了公共图书馆在延续文化记忆和推进非遗传播上的独特优势。③ 郭幺彦分析了公共图书馆所具有的传播优势，进而从多平台合作、邀请公众参与及创新传播形式三个方面提出非遗传播优化策略。④ 赵燕玲论述了高校图书馆在非遗保护中的角色定位及其参与非遗收集、整理、传播的内容与方式。⑤ 陈淑君建议充分发挥高校图书馆的独特功能与优势，建立起一种让宣传、展示、传播、弘扬与振兴等具体保护得到充分发挥的机制和进程。⑥ 王永胜、吴利群、严云介绍了浙江财经大学图书馆"非遗深度文化之旅"活动及其开创的翻转式阅读推广新模式，指出高校图书馆应该成为非遗传播的重要力量。⑦ 此外，郭瑞、李富荣结合"尼山书院+非遗保护"的模式，指出作为我国古代特有的以刊藏典籍、教化育人、研究传播为主要职责的文化教育机构，书院应在文脉传承、教育传承和人才培养等

① 柳林子，柳叶，赵力. 公共图书馆非物质文化遗产保存与传播调研——以古琴为例[J]. 图书馆研究，2019(4).

② 夏洞明，蒋倩. 公共图书馆对地方非物质文化遗产宣传和保护的实践与思考——以金陵图书馆为例[J]. 图书情报研究，2018(4).

③ 刘建. 文化记忆视角下的公共图书馆与非物质文化遗产传播策略研究[J]. 东南传播，2017(8).

④ 郭幺彦. 基于文化记忆视角下的公共图书馆与非物质文化遗产传播策略[J]. 办公室业务，2019(5).

⑤ 赵燕玲. 高校图书馆在非物质文化遗产保护中的角色定位与实践[J]. 重庆文理学院学报(自然科学版)，2011(5).

⑥ 陈淑君. 论高校图书馆在非遗保护中的参与路径[J]. 广西民族大学学报(哲学社会科学版)，2018(1).

⑦ 王永胜，吴利群，严云. 高校图书馆"非遗"翻转式阅读推广探析[J]. 图书馆建设，2019(2).

方面发挥出重要作用。① 李虹还研究了浙江非遗文献馆的作用，指出其应成为荟萃非遗各类保护成果的宝库以及非遗对外展示和传播的重要窗口。②

对于档案部门，张代琪、锅艳玲提出从增强非遗档案信息内容的系统性、运用新媒体技术提升非遗档案信息展示品质两个维度出发，以优化档案部门通过档案网站传播非遗档案信息的功能。③ 丁琬霖、王运彬分析了档案部门在非遗数字化存档中承担的职责义务，提出了档案部门应推动多元主体协同合作，完善保存机制，共同保护非遗档案资源。④

对于社会组织，杜倩指出社会组织是群众与政府之间的桥梁，应在非遗保护与传播中发挥应有的作用。⑤ 对于高等院校，谷会敏指出作为传播知识与教学的平台，高等院校应与地方政府合作，开发非遗相关课程，申报非遗相关研究课题，成为非遗保护与传播的重要机构。⑥ 沈光明、吴海良也指出高校作为影响力大、知识密集、人才集中的教育机构，理应成为非遗传承和传播的主体。⑦ 常陌塘指出高校的学生应成为非遗传播的主导力量和主力军。⑧ 对于

---

① 郭瑞，李富荣．"尼山书院+非遗保护"模式对传统文化传承与发展的促进作用[J]．人文天下，2016(7)．

② 李虹．浙江非遗文献馆建设规范研究[J]．非物质文化遗产研究集刊，2018(1)．

③ 张代琪，锅艳玲．省级档案网站参与非物质文化遗产档案信息传播的研究[J]．浙江档案，2019(5)．

④ 丁琬霖，王运彬．档案部门在非遗数字化存档中的责任担当和协同路径[J]．浙江档案，2021(10)．

⑤ 杜倩．社会组织在少数民族文化传承中的作用探析——以宁夏回族为例[J]．管理观察，2018(5)．

⑥ 谷会敏．高校在非物质文化遗产的保护与传播中的作用[J]．福建茶叶，2018(12)．

⑦ 沈光明，吴海良．高校与非物质文化遗产传播[J]．科技创业月刊，2010(12)．

⑧ 常陌塘．论高校学生在非遗传播中的话语权——基于在福州地区的实践考察[J]．湖北经济学院学报(人文社会科学版)，2014(10)．

地方媒体，康瑞以"八音坐唱"为例，研究了地方媒体在非遗传播中的作用。① 邹争专门研究了地方电视台在非遗保护中的地位和作用，指出通过电视媒体，很多非遗的文化内涵得以传承，电视理应肩负起延续和传播非遗文化的重任。② 对于社区，卢疏桐、朱家玥、马千里以江苏镇江的非遗项目南乡田歌为例，指出"社区参与"是非遗保护与传播的基本原则，进而探讨传承人、社区成员、村委会和当地学校等非遗保护参与方在秀山号子社区主导型传承中的作用。③ 对于企业，李洋分析了企业在非遗传播中的作用。④ 钱丽娜介绍了 BMW 主办的致力于寻找并传播中国失落已久的传统文化的"BMW 中国文化之旅"，指出保护和传播文化是企业应该承担的社会责任，建议采用赋能的方式实现社会平等和永续发展。⑤ 对于社会公众，廖禹指出公民作为民俗文化传承的重要主体，对民俗活动有着最为真切的体验。为实现民俗类非遗的活态传承与保护，民众参与民俗类非遗的保护与传承有着十分重要的意义。⑥ 马寅秋、蒋天羚指出社会群体的巨大力量是推动非遗自身发展的关键性根本要素，而社会群体的参与来自群体的认知与肯定，目前开始的非遗传播，就是为了增加群体对非遗的认知度和认可度，唤醒参与意识，增加合力。⑦ 王静鑫提出要发挥青少年在传播非遗文化中的纽带和桥梁作用。并以福建省林则徐小学为例，指出林则徐小学已被认定为福建省艺术馆、福建省非遗保护中心"非遗进校园"活动

---

① 康瑞. 地方媒体在非物质文化遗产传播中的作用——以"八音坐唱"报道为例[J]. 新闻窗，2016(3).

② 邹争. 传播与传承——地方台在非物质文化遗产保护中的地位和作用[J]. 声屏世界，2017(3).

③ 卢疏桐，朱家玥，马千里. 社区主导型非遗传承研究——以镇江南乡田歌(秀山号子)为例[J]. 中国艺术时空，2019(4).

④ 李洋. "搬运工"让非遗传播得更远[N]. 北京日报，2018-06-11(12).

⑤ 钱丽娜. BMW 中国文化之旅"玉树之约"：以"赋能"为手段，以创造"共享价值"为目标[J]. 商学院，2018(12).

⑥ 廖禹. 民俗类非物质文化遗产保护中民众参与研究[D]. 重庆：西南政法大学，2017.

⑦ 马寅秋. 扩大非遗传播"朋友圈"[N]. 团结报，2018-07-14(5).

示范基地，并由福建省非遗博览苑的专职讲解员负责常态化的培训。① 谢鑫宇介绍了获得四川省"金熊猫"奖先进个人的成都市非遗保护中心馆员穆天钊在非遗保护与传播中的贡献。② 周灵颖以昆明民间花灯剧团为例，指出群体在非遗传播中的重要性，剖析了群体传播在传统戏剧类"非遗"保护中突显的主体意识和场域特征。③

此外，一些学者还探讨了多主体在非遗传播中的参与。如张志认为中国非遗传播的主导力量应是政府，而各地的文化部门、非遗中心、主流媒体、民间力量也应积极发挥自身的作用。④ 柴颂华、吕尚彬指出非遗传播的主体模式应是以政府为主导，社区、公众多元主体积极参与的格局。⑤ 韩业庭介绍了光明日报非遗传播专家委员会的成立，来自高校、研究所的多位专家成为委员会的主要成员，这些专家共同为《光明日报》、光明网的非遗直播、非遗短视频制作等提供指导和帮助，以提升非遗传播的科学性、准确性。⑥

（4）非遗传播形式的探索

非遗传播形式也是非遗传播研究的又一重要主题，依据现有研究成果，笔者将非遗传播的方式总结为三个方面，分别是依托旅游、网络游戏、动漫、创意文化产品等开展的产业化传播，以文化交流为主的文化传播和依托高等院校和培训班开展的教育传播。产业化传播方面：王宽以西安市非遗传播与城市游憩商业区（RBD）特色化的共生性为研究对象，探讨了在大雁塔游憩商业区开展秦腔

① 王静馨. 福建省非遗博览苑开展小小讲解员培训活动［J］. 艺苑，2017（S1）.

② 谢鑫宇. 为非遗传承发展保驾护航——记四川省"金熊猫"奖先进个人穆天钊［J］. 四川党的建设，2019（13）.

③ 周灵颖. 传统戏剧类"非遗"群体传承研究——以昆明民间花灯剧团为例［J］. 青海民族大学学报（社会科学版），2021（4）.

④ 张志. 独立纪录片与非物质文化遗产传播——以鬼叔中"风土系列影像"为例［D］. 合肥：安徽大学，2015.

⑤ 柴颂华，吕尚彬. 基于"5W"模式下的非物质文化遗产传播研究［J］. 学术论坛，2016（7）：149.

⑥ 韩业庭. 光明日报非遗传播专家委员会成立［N］. 光明日报，2018-11-09（12）.

非遗传播的实践，提出了相关建设，设计并构建了旨在实现商业区特色化与非遗传播"双赢"的实施原则。① 许霏介绍了国家 AAAA级旅游景区、首个驿站文化主题休闲体验地——马嵬驿民俗文化体验园面向游客开展的秦腔传播。② 刘慧研究了北京张家口冬奥会对河北省非遗传播带来的辐射作用。③ 张冠楠指出艺术作品在增加非遗文化大众认知中的积极作用，同时指出应警惕艺术作品对非遗原真性的影响。④ 张立波、张奎分析了"文创兴镇"的新型传播方式，打造由历史文化资源、传统民俗节庆等主导形成的非遗小镇对于传播非遗起到的积极作用。⑤ 张霞儿分析了非遗特色小镇建设中区域协同创新梯次的内涵与价值，提出构建非遗特色小镇建设的区域协同创新体系。⑥ 罗颖研究了广元市旅游文化创意产业的发展，提出以旅游文创促进非遗传播。⑦ 吕志轩通过"慢物质"品牌手作产品探究了非遗的生产性保护与传播。⑧ 单林梦、刘越峰研究了"一带一路"背景下东北地区剪纸旅游纪念品的推广特征及其创新路径。⑨李宁、张焘以国家级非遗项目南通板鹞风筝为切入点，探索了移动

① 王宽. 西安市非物质文化遗产传播与游憩商业区（RBD）设计特色化的共生性研究［D］. 西安：西安建筑科技大学，2010.

② 许霏. 非物质文化遗产传播与马嵬驿民俗文化村空间环境设计研究［D］. 西安：西安建筑科技大学，2016.

③ 刘慧. 北京张家口冬奥会对河北省非物质文化遗产传播的辐射带动作用研究——以蔚县剪纸为例［J］. 新丝路（下旬），2016（9）.

④ 张冠楠. 艺术作品对非物质文化遗产传播的影响［J］. 佳木斯职业学院学报，2017（10）.

⑤ 张立波，张奎. "文创兴镇"视野下非遗小镇发展路径探究［J］. 北京联合大学学报（人文社会科学版），2017（1）.

⑥ 张霞儿. 非遗特色小镇建设中的区域协同创新体系研究［J］. 智库时代，2018（48）.

⑦ 罗颖. 非遗视野下广元旅游文创产品设计与开发策略研究［J］. 四川省干部函授学院学报，2018（3）.

⑧ 吕志轩. 非物质文化手工艺在产品设计中的传承与表达——以"慢物质"品牌为例［J］. 设计，2018（23）.

⑨ 单林梦，刘越峰. 东北地区手工技艺类"非遗"旅游纪念品的推广研究——以东北地区剪纸为例［J］. 中国民族博览，2018（9）.

互联网下非遗传播的创新途径，提出构建基于移动互联网的科普、电商和社交的传播平台，线上线下的文化服务模式、打造非遗品牌、促使文化认同这三大传播路径，以实现非遗的活态传播。[①] 于方提出在非遗保护的语境下，借助 IP 这一全新的综合商业模式进行链接创新，提供一条 IP 介入非遗资源创意领域的途径研究，完成对非遗文化的创造性转化和创新性发展。[②] 何红艳、朱林聪结合安徽省文博会总结了安徽省非遗传播的主要模式，即政府主导，主办方、企业参与，媒介宣传。[③] 王春妮结合中国拉萨雪顿节，探讨了利用节庆展示并传播非遗的方式。[④] 曹湘钘研究了利用非遗主题景区吸引游客、丰富旅游体验以提升非遗传播的效果，并以上虞中华孝德园为例，从加强合作、增加阅读服务、设计文创衍生品和举办大型文化传播活动四个方面总结了优化策略。[⑤] 陈中艳研究了羌族图案艺术及其文创产品的开发以助力非遗的传播。[⑥] 刘文良、谢佳林以湖南木偶艺术为例，介绍了基于"互联网+"的产业新需求，通过个性化定制、数字化转型、智能化包装、VR/AR 技术应用等创新手段，为非遗传播探索一条文化创意产业发展之路。[⑦] 李学云探讨了环塔里木地区非遗旅游开发模式，这是一个实施主体为博物馆的独特模式，相比其他主体组织的旅游开发，该地区的旅游开发

---

① 李宁，张焘. 移动互联网下非物质文化遗产传播困境与创新途径[J]. 大众文艺，2019(6).

② 于方. IP 介入非遗文化创意领域的途径研究[J]. 北京印刷学院学报，2019(7).

③ 何红艳，朱林聪. 安徽省非物质文化遗产保护与传播模式探析——以安徽省文博会为例[J]. 大众文艺，2018(4).

④ 王春妮. 大众传媒对西藏非物质文化遗产的传播——以中国拉萨雪顿节传播为例[J]. 内蒙古统计，2015(5).

⑤ 曹湘钘. 非物质文化主题景区的推广策略研究——以上虞中华孝德园为例[J]. 智库时代，2019(27).

⑥ 陈中艳. 非遗传承视角下的羌绣图案艺术及其在文创产品中的应用研究[D]. 桂林：广西师范大学，2019.

⑦ 刘文良，谢佳林. 互联网+文创：走出传统非遗创新性发展的困境——以湖南木偶艺术为例[J]. 扬州大学学报(人文社会科学版)，2019(3).

在非遗的收藏保存、非遗文化内涵的总结与展示上更富特色。① 王珏探讨了数字动漫在非遗活态保护与传播中的价值、作用和方式。② 詹一虹、陈露以湖南省汝城县高滩畲族为例，分析其市级、县级非遗在文化旅游视域下的价值认知、资源筛选、转化发展及宣传推广等互动实践。③ 卜羽、韩帆、陈曦以皮影戏传播为例，研究了智能网络游戏在非遗传播中的应用。④ 王立超也研究了非遗的动漫化传承与传播。⑤

　　文化传播方面：王越从文化传播的视角提出了潮汕地区非遗传播的可行性策略。⑥ 张静、杜煌、肖玮介绍了北京卫视主办的国内首档传统文化展示真人秀节目《传承者》，总结了该节目的举办理念、举办方式、对非遗及其传承人的选择标准，以及主要的节目风格，即改变"高冷"的主调，通过增加亲和力提高传播效果。⑦ 陶丹丹探究了以情景化叙述、浸入式体验的方式传播非遗，以国际化的叙事话语彰显非遗的价值内涵，进而向海外受众传播非遗。⑧ 夏月曼、朱宇婷以安徽宣传非遗传承为例，探讨了非遗文化元素在快递包装盒上的应用，在增进快递包装品牌文化气息的同时，实现非遗

　　① 李学云. 环塔里木地区非遗旅游开发模式优化研究［D］. 石河子：石河子大学，2019.

　　② 王珏. 数字动漫在非物质文化遗产保护中的价值与运用［J］. 大众文艺，2016（20）.

　　③ 詹一虹，周雨城. 中国民间音乐类非物质文化遗产分类研究［J］. 湖北民族学院学报（哲学社会科学版），2014（3）.

　　④ 卜羽，韩帆，陈曦. 智能设备游戏在非物质文化遗产传承中的应用研究——以皮影戏为例［J］. 戏剧之家，2018（27）.

　　⑤ 王立超. 非物质文化遗产背景下动漫化的传承及其传播的研究［J］. 辽宁科技学院学报，2019（1）.

　　⑥ 王越. 关于潮汕地区非物质文化遗产传播的可行性策略探讨［J］. 美术教育研究，2014（2）.

　　⑦ 张静，杜煌，肖玮. 我国非物质文化遗产的创新传播方式——以《传承者》为例［J］. 中国电视，2016（6）.

　　⑧ 陶丹丹. 情景化叙事："非遗"跨文化传播的有效策略［J］. 东南传播，2018（10）.

的活态传播。① 达妮莎、李雨蒙探讨了非遗在"互联网+"环境下的传播范式，提出建立"非遗网络空间命运共同体"的传播思维，寻求非遗资源整合及传播渠道拓展的途径，最终提升非遗传播效果。② 石晓岚研究了非遗的体验式传播，即将非遗的文化内涵融入体验的直观表现，实现非遗的"活化"传播。③ 周凯、张燕从传播的仪式观出发，分析了非遗旅游在文化传播中的角色定位，总结了其在凝结文化价值、构建共通场域和连接受众情感等方面的突出功能。④

教育传播方面：梁广寒指出从作坊师承到校园教授，是当代中国传统艺术传承方式变迁的主要路径。⑤ 周敏研究了非遗数字博物馆的远程教育，指出其对培植非遗土壤、弘扬非遗文化有着积极的促进作用。⑥ 毛晓莹、夏兰研究了英语教学中的非遗传播，指出应改变重功用轻文化的思想，积极学习和传播中国的非遗。⑦ 孙永琪肯定了博物馆的多媒体展示、旅游文艺展演的动态传播、高校文化推广等多样化传播方式推进了非遗传播的空前发展。⑧ 景璟指出将本土的非遗音乐文化引入高校音乐教育教学中，既是对教育行业发

① 夏月曼，朱宇婷．非遗文化融入快递包装设计的挑战与对策——以安徽宣纸为例[J]．长春工程学院学报(社会科学版)，2018(4)．

② 达妮莎，李雨蒙．互联互通：非遗传播渠道的拓展与效能提升[J]．艺术与设计(理论)，2019(7)．

③ 石晓岚．非物质文化遗产的体验式传播路径研究[J]．通化师范学院学报，2018(9)．

④ 周凯，张燕．仪式观视阈下非遗旅游文化传播的功能与路径[J]．山东大学学报(哲学社会科学版)，2022(4)．

⑤ 梁广寒．从作坊师承到校园教授：当代中国传统艺术传承方式的变迁[J]．民族艺术，2008(3)．

⑥ 周敏．非遗数字博物馆远程教育研究——以苏州数字博物馆为例[J]．兰州教育学院学报，2015(5)．

⑦ 毛晓莹，夏兰．论英语教学在非物质文化遗产传播中的作用[J]．内江科技，2017(11)．

⑧ 孙永琪．黑龙江省非物质文化遗产传播现状[J]．电视指南，2018(8)．

展的促进，也是保护非遗、深化非遗传播的重要途径。① 曹国军以岭南民间舞蹈为例，探究了在初中音乐课堂教学中引进地方艺术资源，进行非遗保护与传播的方式方法。② 张效娟总结了地方高校利用基础学科优势开展非遗传承人培训工作的实践，指出学科建设上的优势有助于从理论角度总结数字化的意义、流程及参数，实践课堂的开设也有助于增进对非遗的感知，达到传播非遗的目的。③ 王莹莹提出在高校开展非遗普及性教学，由非遗传承人主导工艺技能课程，加强对非遗技艺的传播。④ 叶思雨总结了将"二十四节气"融入初中美术课程的实践。⑤ 沈迪修指出动漫艺术设计专业教育是以培养动漫技能人才为主的职业教育，既能为动漫艺术设计专业教育注入中华民族传统文化精神的奥义，同时又能帮助非遗文化进行横向的传播和纵向的传承。⑥ 庞先超探讨了民间美术类非遗文化与地方高校公共艺术教育融合的必要性、可行性，并提出相应融合对策，在弘扬河南非遗、非遗文化的同时，也促进地方高校公共艺术教育的健康发展。⑦ 张盈、王珊以醒狮舞为例，探究了非遗文化在校园传播的具体实践与整体构想。⑧ 王明、程冠华总结了数字智能

---

① 景璟. 本土非遗音乐文化引入高校音乐专业教育的思考[J]. 艺术研究，2019(4).

② 曹国军. 从地方艺术资源进初中音乐课堂谈非遗的保护与传承——以岭南民间舞蹈为例[J]. 当代音乐，2019(5).

③ 张效娟. 从土族盘绣看地方高校在"非遗"保护和传承中的作用[J]. 青海师范大学学报(哲学社会科学版)，2019(2).

④ 王莹莹. 对高校非物质文化遗产课程体系建设的研究[J]. 教育观察，2019(13).

⑤ 叶思雨. 非遗视野下"二十四节气"融入初中美术课程设计与实施[D]. 信阳：信阳师范学院，2019.

⑥ 沈迪修. 非遗文化与动漫艺术设计教学相融合的探索——以苏州民间美术为例[J]. 传媒论坛，2018(24).

⑦ 庞先超. 河南传统美术类非遗文化融入地方高校公共艺术教育探析[J]. 美与时代(中)，2019(1).

⑧ 张盈，王珊. 醒狮舞"非遗进校园"的教学初探[J]. 北京舞蹈学院学报，2021(5).

科技时代非遗绘本的创新性编辑方式，指出通过技术赋能、资源赋值和服务赋智，能实现非遗绘本内容、主体和功能的创新。[①]

(5)非遗传播媒介的解析

除传播形式外，一些学者还对当前非遗传播的主要渠道、载体和工具进行了总结，同时也探究了新媒介应用于非遗传播的可行性及策略。依据媒介特性的不同，得到关注的传播媒介依次有以信件、书籍、报纸、杂志、广告册等为主的纸质媒介，以电视、广播、网络等为主的电子媒介和以手机、无线网络、便携网络等为主的网络数字媒介，以及人际传播、场域传播等。纸质媒介方面：王怀东总结并分析了《河南日报》传播本地非遗的特点及存在问题，进而提出优化路径。[②] 电子媒介方面：谭妍薇介绍了广西广播电视台在2018年推出的广播线性节目《广西记忆·听见非遗》，该节目从小故事入手，重新塑造了非遗文化项目及传承人的形象，运用多种有声语言，多角度挖掘素材，称其为一次有益的尝试。[③] 塔玛拉·尼科利克·杰里奇，刘芯会研究了文化影像记录的发展历史，提出以银版照相为主的影像技术成为非遗感官民族志的主要记录手段，也成为非遗传播的重要形式。[④] 杨年丰指出作为一种非典型的非遗传播方式，影视剧在形象塑造上有其独特的表达方式和表现技巧，能创造一种广泛的传播环境，有助于实现非遗的广泛传播。[⑤] 李雯竺指出将非遗元素融入电视剧成为眼球经济下传播非遗的新路径。[⑥] 吴灏鑫、谭雁以央视《乡土》栏目为例，总结了电视媒介的传

① 王明，程冠华."读图时代"非遗绘本的创意编辑探析[J].编辑学刊，2022(2).

② 王怀东.如何讲好河南故事——基于《河南日报》对本地非物质文化遗产传播的研究[J].新闻爱好者，2018(3).

③ 谭妍薇.非遗文化的声音传播创新路径——以《广西记忆·听见非遗》为例[J].新闻潮，2019(6).

④ 塔玛拉·尼科利克·杰里奇，刘芯会.新媒体和感官民族志在研究与传播非物质文化遗产中的应用[J].民间文化论坛，2018(5).

⑤ 杨年丰.一种非典型的非物质文化遗产传播方式刍议[J].文化与传播，2012(6).

⑥ 李雯竺.眼球经济下的非遗传播新路径[J].人文天下，2015(23).

播优势，探讨了传统民居"非遗"文化的电视传播研究。① 刘国政专门研究了影片《百鸟朝凤》，指出其已不再是单纯的影视作品，而是通过介绍老唢呐艺人技艺传承的历程，建构了一个比电影文学本身更富有戏剧性的故事，引发了人们对于深陷危机的民间技艺保护的思考。② 扎西翁加通过长期田野调查记录了新龙藏历"十三节"，进而探讨了影像记录在非遗保护中的作用。③ 蔡哲以赣南客家非遗文化传播为例，探讨了影视作品对于非遗文化的传播。④ 邵娣、吴冰心探讨了高清数字影像在非遗保护与传播中的应用。⑤ 张衡研究了互联网下非虚拟影像技术在湖北汉绣传播中的应用。⑥ 王瑾介绍了非遗摄影在陕西非遗记录、保存和传播中的应用。⑦ 毛腾飞、李祯以纪录片《我在故宫修文物》为例，分析了非遗记录中的内容建构，揭示了纪录片对非遗保护和传播的重要价值。⑧ 张志指出独立纪录片强烈的个人化表达风格，有助于让更多人了解和关注非遗，成为非遗传播的重要途径。⑨ 崔莹梳理了满族非遗纪录影像的书写历程、创作特征以及纪录影像参与满族非遗保护过程中的伦理悖论

① 吴灏鑫，谭雁．传统民间"非遗"文化的电视传播研究——以央视《乡土》栏目为例[J]．文化与传播，2016(3)．

② 刘国政．"互联网+"推进电影与非遗保护发展的新思路——由非遗题材电影《百鸟朝凤》谈起[J]．电影评介，2017(12)．

③ 扎西翁加．传承之眼："非物质文化遗产"保护的影像记录研究——以新龙藏历"十三节"为例[J]．四川民族学院学报，2019(2)．

④ 蔡哲．符号视野下赣南非遗文化在影视作品中表现[J]．文化创新比较研究，2019(24)．

⑤ 邵娣，吴冰心．高清数字影像在非物质文化遗产保护中的应用研究[J]．宿州教育学院学报，2015(5)．

⑥ 张衡．互联网时代非虚构影像的传播策略研究[D]．武汉：武汉纺织大学，2017．

⑦ 王瑾．文献摄影在陕西非物质文化遗产传承与保护中的创作研究[D]．西安：西安理工大学，2019．

⑧ 毛腾飞，李祯．解读《我在故宫修文物》中的影像表达与文化传承[J]．戏剧之家，2017(15)．

⑨ 张志．独立纪录片与非物质文化遗产传播——以鬼叔中"风土系列影像"为例[D]．合肥：安徽大学，2015．

问题，从媒介价值、社会价值和文化价值探析新媒体时代的纪录影像与满族非遗传播趋势。① 赵婷研究了微电影在非遗传播中的运用及功能。② 谭韵介绍了讲述老北京火绘葫芦技艺与匠人廉毅翔故事的纪录片《葫禄记》，总结出当代"非遗"文化影像传播中的困难与不足，进而提出改进策略。③ 蔡莹莹介绍了《造物者说》系列微纪录片的创作，指出微纪录片是传统纪录片创作形式上的一种继承与创新，利用更加平民化、简洁化的故事会的叙事方式以及不同以往的"微"视听手段，体现着影像应有的人文观照。④ 张健、邵丹丹介绍了电视纪录片《昆曲六百年》，阐述了大众媒体对非遗的传播。⑤ 张卓然研究了纪录片《味之传承》，通过对山西纯手工醋酿技艺的记录与保护，致力于实现对传统文化手艺的传播推广，以保障中国非遗的发展与传承。⑥

网络数字媒介方面：洪诗莹研究了泰山皮影的网络传播，设计出泰山皮影的手机应用，探讨利用手机端移动交互平台开展非遗传播的可行性。⑦ 吕颜婉倩、赵路平、黄琰秋肯定了新媒体在报道形式及传播渠道上的优势，指出应综合运用多媒体手段开展非遗传播。⑧ 郝瑞瑞研究了新媒体在非遗保护与传承中的作用，探讨了新

---

① 崔莹. 纪录影像与满族非物质文化遗产传播研究[D]. 长春：吉林大学，2019.

② 赵婷. 微电影在非遗传播中的运用与功能[J]. 青年记者，2019(23).

③ 谭韵. "非遗"文化的影像化传播探究——基于《葫禄记》的创作论述[J]. 新闻研究导刊，2019(12).

④ 蔡莹莹.《造物者说》系列微纪录片创作研究[D]. 南京：南京航空航天大学，2018.

⑤ 张健，邵丹丹. 非物质文化遗产走进大众传媒的过程与悖论——以电视纪录片《昆曲六百年》为例[J]. 中国电视，2010(4).

⑥ 张卓然. 纪录片《味之传承》的非遗文化传承与传播[D]. 大连：辽宁师范大学，2017.

⑦ 洪诗莹. 网络传播视域下的山东泰山皮影手机应用设计研究[D]. 济南：山东大学，2019.

⑧ 吕颜婉倩，赵路平，黄琰秋. 新媒体环境下基于热点新闻的非物质文化遗产传播研究[J]. 新媒体与社会，2016(1).

媒体下非遗传播路径。① 古吉强以赣南采茶戏为例，研究了新媒体环境下的非遗传播。② 杨俊磊、陈振兴指出新媒体克服了传统媒体的传播缺陷，主张利用新媒体加强非遗传播，以促进重庆市文化产业的繁荣。③ 谭红莲、严思宇以恩施土家族苗族自治区为例，探讨了新媒体环境下民族地区非遗传播与传承的研究。④ 陈辉以神码艺术为例，探讨了新媒体语境下的非遗传播。⑤ 刘利敏、马云专门研究了当前最受欢迎的短视频平台——抖音APP，从短视频平台的特征、传播策略等方面分析了短视频平台对非遗的传播，指出在"互联网+"这一全民信息化时代环境下，短视频应成为崭新而富有前景的传播媒介。⑥ 阎敏分析了"新媒体+非遗"传播模式在传播范围、用户数量、用户参与和互动方面的突出表现，同时总结了新媒体传播在主体媒介素养高低不一、内容格调偏低、无法开展持续性传播等方面的不足，建议从组建志愿者传播团队、深耕传播内容、打造界次化新媒体传播活动等方面着手，构建新媒体与非遗之间持续良性互动的传播模式。⑦ 张嘉星、肖爱云研究了新媒体环境下运城市非遗传播的价值、存在问题及传播策略。⑧ 王诗文、贾海陶探

① 郝瑞瑞. 新媒体在城市文化传播中发挥的作用探究——以非物质文化遗产传播为例[J]. 美与时代(城市版)，2016(9).

② 古吉强. 新媒体环境下的非物质文化遗产传播研究——以赣南采茶戏为例[J]. 新闻研究导刊，2016(4).

③ 杨俊磊，陈振兴. 新媒体环境下重庆市非物质文化遗产传播策略探析[J]. 新闻研究导刊，2017(23).

④ 谭红莲，严思宇. 新媒体环境下民族地区非物质文化遗产传播与传承研究——以恩施少数民族自治州为例[J]. 视听，2017(9).

⑤ 陈辉. 新媒体语境下非物质文化遗产传播分析研究——以神码艺术为例[J]. 长江丛刊，2017(18).

⑥ 刘利敏，马云. 短视频平台对非物质文化遗产传播的影响[J]. 新闻研究导刊，2019(10).

⑦ 阎敏. "新媒体+非遗"传播模式创新研究[J]. 东南传播，2019(5).

⑧ 张嘉星，肖爱云. 新媒体环境下运城市非物质文化遗产传播策略研究[J]. 传播力研究，2019(13).

究了手机 APP 在非遗传播中的应用。① 王征指出新媒体扩大并延续了非遗的传播空间。② 裴张龙总结了移动媒体所具有的便捷性、即时性、广泛性、交互性、融合性等特点，指出其将成为非遗传播的重要渠道，同时介绍了微信公众号在非遗传播中的实践，针对其存在的优缺点，提出应积极吸纳最新的技术和资源，强化用户黏度，完善非遗公众号的功能和栏目，强化协作和配合，以发挥非遗公众号的独特传播优势。③ 张亦嘉以武陵地区为例，探讨了新媒体传播非遗的形式、内容及路径。④ 朱丹彤分析了利用社交媒体传播非遗的可行性和必要性，总结了我国目前社交媒体中非遗的传播现状、存在问题及相应的解决策略。⑤ 王语抒、陈安琪、纪娇、印珠拉·叶思波拉提提出需要利用新媒体提高马氏口弦的知名度，以拓宽其传播渠道，使它被更多人所熟知。⑥ 毕秋灵指出以短视频和直播为代表的新媒体平台使非遗传播呈现出前所未有的发展态势。建议引入 MCN 机构完善产业链，提升"非遗"和各个业态之间的契合度，以保证市场化和原生态的平衡。⑦ 蒋茜悦针对永州表演类非遗新媒体传播的主要阵地——"两微一端"，对传播主体、传播内容、

---

① 王诗文，贾海陶．探究手机 APP 在非物质文化遗产传播中的应用[J]．巢湖学院学报，2015(2)．

② 王征．论新媒体与"非遗"传播价值的提升[A]．全球修辞学会、国家传播学会、安徽师范大学．首届国家传播学高层论坛摘要集[C]．全球修辞学会、国家传播学会、安徽师范大学，2016：1.

③ 裴张龙．微信公众号在非物质文化遗产传播中的发展态势及对策建议[J]．传播与版权，2016 (12)．

④ 张亦嘉．新媒体视域下非物质文化遗产传播探究——基于武陵地区的考察[J]．铜仁学院学报，2018(2)．

⑤ 朱丹彤．社交媒体中的非物质文化遗产传播研究[D]．哈尔滨：黑龙江大学，2018.

⑥ 王语抒，陈安琪，纪娇，印珠拉·叶思波拉提．新媒体时代国家非物质文化遗产传播路径研究——以宁夏灵武市"马氏口弦"为例[J]．新闻前哨，2018(8)．

⑦ 毕秋灵．基于短视频平台的非物质文化遗产传播[J]．文化产业，2018(14)．

传播平台、传播形式四个方面探讨构建符合永州表演艺术类非遗特点的新媒体传播新内容，为欠发达地区非遗新媒体传播建构提供借鉴与思考。① 杜晓晶、徐佶针对非遗传播的要求和挑战，分析了融媒体传播在强化融媒意识、注重高效化传播和突出价值引领三个方面的优势，创新了融媒体时代非遗传播的表达方式。② 李天滢、王欣欣、赵仲意针对河北省非遗传播方式的缺陷，探索了新媒体技术与非遗文创相结合的策略，提出了建设非遗文创 APP 的构想，以促进河北非遗文化的可持续性传播。③

同时，一些学者还对上述三种媒介进行概括性论述与比较，如穆昭阳指出当前大众传媒已经深入普通民众的日常生活，近年更是成为非遗传播的主要形式，以报纸、期刊、书籍为代表的传统媒体和以网络为代表的新媒体纷纷参与到非遗传播活动中，在获得如此众多的展示平台、如此频繁的展示机会后，确实对非遗传播产生了积极有益的作用。④ 王诗萌分析了口语媒介、文字媒介、电子媒介、数字媒介等不同媒介对武术类非遗的传播路径。⑤ 张旭分别从非遗原生地、公共文化场馆、公共旅游场所、大众教育 4 种传统展示媒介入手研究了非遗的传统展示，从基于 PC 的网络平台、智能移动设备、社交网络、公共文化平台的数字化展示媒介入手研究了非遗的数字化展示。⑥ 贾东水、侯艳娜以邯郸市为例，指出应构建

---

① 蒋茜悦. 新媒体时代永州表演艺术类非遗传播模式分析[J]. 新闻研究导刊, 2019(15).

② 杜晓晶, 徐佶. 媒体融合背景下的非遗传播演变和挑战[J]. 当代电视, 2021(6).

③ 李天滢, 王欣欣, 赵仲意. 新媒体视域下河北省非遗数字化保护与传承策略研究——以非遗文创 APP 为例[J]. 河北科技大学学报(社会科学版), 2022(3).

④ 穆昭阳. 大众媒介语境下的非物质文化遗产传播[J]. 长江师范学院学报, 2010(4).

⑤ 王诗萌. 不同媒介下武术非物质文化遗产传播与保护的优势和不足[D]. 沈阳体育学院, 2017.

⑥ 张旭. 非物质文化遗产的数字化展示媒介研究[J]. 包装工程, 2015(10).

和完善多种传播途径、打造互联网视听复合传播途径、打造多种类型的大众媒体传播渠道、创建多形式的教育传播方式，以扩大邯郸非遗的影响力。① 孟志军提出了非遗传播的六项策略：打造立体的大众媒体传播渠道、利用新兴媒体、品牌延伸传播、注重乡村市场的传播、利用影像进行传播，以及海外传播等。② 胡斯璇、龚芳敏指出当下大部分非遗传播仍停留于博物馆陈列、文化展览、传统习授等静态的传统传播方式，使得传播范围覆盖面较窄，经济效益很不显著，指出媒介融合发展的新态势给非遗保护与传播带来新的机遇与挑战。③ 马知遥、周晓飞借由麦克卢汉对传播媒介的划分，分析了口头媒介、印刷媒介、电子媒介、融合媒介等传播媒介对非遗传承的贡献。④

此外，一些学者也对人际传播和场域传播进行了研究。朱莉莉介绍了南京博物馆非遗馆举办的"巧手匠心"手工技艺制作体验、"餐饮大师进南博"、"茶道寄语"茶文化、"百里异俗"民俗体验、配合节日及深度体验课程等六大专题的 221 场特色非遗公众活动，"讲座+体验"的传播模式强化了博物馆非遗传播的效果。⑤ 王侃指出民俗居住与"日常化"的生活文化体验是常见且能被广泛接受的传播方式。⑥ 尹静通过对杭州工艺美术博物馆群个案的重点分析，探求了体验式展示设计在手工艺类非遗博物馆运用中的新思路和方

---

① 贾东水，侯艳娜．试论邯郸非物质文化遗产传播路径的构建[J]．河北工程大学学报(社会科学版)，2011(1)．

② 孟志军．非物质文化遗产传播策略选择[J]．兰台世界，2016(7)．

③ 胡斯璇，龚芳敏．媒介融合 重构"非遗"传播态势[J]．新闻窗，2018(4)．

④ 马知遥，周晓飞．论媒介传播与非物质文化遗产传承[J]．原生态民族文化学刊，2020 (6)．

⑤ 朱莉莉．非遗公众活动：强化博物馆非遗传播效应的思考——以南京博物院非物质文化遗产馆为个案分析[J]．民族艺术研究，2018(5)．

⑥ 王侃．乡村振兴中的民宿经济与非遗传播[J]．创意与设计，2019(3)．

法。① 杨咏、苏婷研究了鄂尔多斯婚礼的信息视觉化呈现，指出信息视觉化是一种以视觉表现形式，将复杂的信息简单化并通过艺术的手段重新展现，非遗在场域中的视觉化呈现，有助于其以更具艺术特色的形式呈现给受众，提高传播的效果。② 尚永娜指出构建"非遗展馆"的专题展示空间，以传播和弘扬非遗文化。③ 邹林鲜重点研究了场馆中的体验式展示，指出要坚持以受众体验为核心的展示理念，合理地将"受众体验"思想运用于展示中，以提高场馆传播的信息与受众接受收信息之间的匹配度。④

（6）非遗传播技术的应用

除传播媒介外，一些学者也总结并推介了应用于非遗传播的科学技术，同时也探讨了一些科学技术应用于非遗传播的可行性，具体包括多媒体网络技术、混合开发技术、R+技术、数字化技术、三维技术等多种技术。王犹建探索了运用多媒体和数字化手段开展非遗网络传播的手段与方法，提出构建非遗信息网络传播平台。⑤迟晓丽、王慧磊提出建立传承人媒体展示平台，打造多媒体立体传播渠道，采用数字化建档、数字化多媒体展示和体育等传播策略，开展湘西手工艺类非遗的传播与传承。⑥ 陆天奕探索了基于多媒体交互网络的非遗传播形式及特点。⑦ 马利刚、徐德志、彭辰璐设计

---

① 尹静．博物馆体验式展示设计在非物质文化遗产保护中的研究［D］．杭州：浙江工业大学，2017．

② 杨咏，苏婷．非物质文化遗产信息视觉化呈现方式的探索——以鄂尔多斯婚礼为例［J］．艺术科技，2019（2）．

③ 尚永娜．非物质文化遗产展馆建设与发展趋势［J］．戏剧之家，2019（22）．

④ 邹林鲜．非遗文化的体验式展示与传播设计［D］．武汉：江汉大学，2019．

⑤ 王犹建．网络时代数字化语境下的非物质文化遗产传播［J］．新闻爱好者，2012（19）．

⑥ 迟晓丽，王慧磊．新媒体背景下湘西手工艺类非物质文化遗产传播策略研究［J］．科技视界，2018（13）．

⑦ 陆天奕．基于多媒体交互网络的非物质文化遗产传播的研究［J］．美术大观，2014（11）．

出"湘西非遗"的 APP，旨在通过手机 APP 的功能加强对湖南湘西"非遗"的宣传力度，扩大受众人群，提升非遗文化的传播。① 王璟研究了多媒体技术在羌族非遗保护与传播中的应用。② 张爱鹏结合天津葛沽宝辇会非遗项目，论述了用现代视觉设计语言转译非遗传统文化内涵的途径。③ 关鑫综合运用移动智能手机技术、计算机技术和互联网技术，以青花瓷纹饰为例，以用户体验为导向，设计出移动传播平台并加以试用，结合试用的结果分析了如何有效提取非遗文化元素以推进非遗知识的传播。④ 邢丽梅、缪冬旦以苏南地区手工艺类非遗为对象，提出以 VR、AR 等"R+技术"，实现非遗"趣味沉浸"式传播。⑤ 李婷婷提出以 AR-VR 技术推动公共空间内的非遗传播，增加非遗资源的受众，为非遗保护和利用提供数字技术支持。⑥ 白建松提出运用移动通信与增强现实技术，建立起博物馆数字化展示模式。⑦ 张婷、陈光喜、黄帆研究了基于增强现实的广西少数民族非遗的展示、交互、传播方法，指出 AR 增强现实技术融合了计算机图形图像、多媒体、数字动画、网络通信和云存储服务系统等现代科技手段，将真实的场景和虚拟的物体进行实时叠

---

① 马利刚，徐德志，彭辰璐. APP 界面设计在传承"非物质文化遗产"中的应用——以湖南湘西"非物质文化遗产"APP 界面设计为例[J]. 智库时代，2018(37).

② 王璟. 多媒体技术在羌族非物质文化遗产保护中的应用研究[D]. 北京：北京工业大学，2012.

③ 张爱鹏. 非物质文化遗产的视觉化设计转译探究[J]. 包装工程，2018(20).

④ 关鑫. 基于 SECI 模型的非物质文化遗产传播策略研究[D]. 哈尔滨：哈尔滨工业大学，2015.

⑤ 邢丽梅，缪冬旦. "R+时代"非物质文化遗产"多元化"传播研究——基于苏南地区手工艺类非遗传播现状调查[J]. 新媒体与社会，2017(2).

⑥ 李婷婷. 环塔里木地区非遗旅游开发模式优化研究[J]. 电子技术与软件工程，2019(12).

⑦ 白建松. 非物质文化遗产内容的博物馆数字化展示模式与产业化研究[J]. 浙江艺术职业学院学报，2011(2).

加，是实现广西少数民族非遗创新传播的有力途径。① 樊传果、孙梓萍指出计算机识别、人机交互、仿真场景搭建等人工智能技术的实用性，探索了传统手工艺非遗智能化传播路径，从而实现传播主体数字化、传播对象关联化、传播内容活态化和传播渠道多元化。②

张楠楠、崔艺瑄结合信息化时代背景，在媒体设备普及、非遗数据智库、网络移动平台和大众媒体传播方面探索非遗保护与传承的新路径。③ 蔡梦虹指出信息化时代数字出版的数字化传播技术在非遗信息化传播中的运用。④ 王晓敏、李晗研究互联网与短视频、VR、AR、博物馆、文创产品数字化再现在非遗传播中的技术可行性，勾画出以建立观念为导向、创新内容为主体、拓宽渠道为载体、动员受众为依托、激活效益为目标的黑龙江省少数民族非遗数字化传播策略布局。⑤ 呼延垚以陕西省非遗及其传承人的传播与传承为例，指出数字博物馆是传播非遗及其传承人的良好平台，综合运用文字、录音、录像等材料，提取关键信息点，构建起相关网站，有助于开展陕西非遗及其传承人信息的传播。⑥

高秀芬研究了三维打印技术在寻甸彝族非遗器物传承与保护中的应用。⑦ 何晓丽、牛加明研究了端砚的三维数字化建设，利用三

① 张婷，陈光喜，黄帆．基于 AR 技术的广西壮族铜鼓非物质文化遗产数字化保护途径研究［J］．设计，2017（12）．

② 樊传果，孙梓萍．人工智能赋能下的传统手工艺非物质文化遗产传播［J］．传媒观察，2021（8）．

③ 张楠楠，崔艺瑄．"一带一路"背景下保定非物质文化遗产数字化保护与传承的研究［J］．文化学刊，2018（10）．

④ 蔡梦虹．非物质文化遗产的数字化传播研究——以数字出版为视角［J］．中国传媒科技，2017（3）．

⑤ 王晓敏，李晗．黑龙江省少数民族非物质文化遗产的数字化传播策略探究——以"互联网+"为视角［J］．黑龙江民族丛刊，2019（2）．

⑥ 呼延垚．陕西濒危非物质文化遗产的数字化传播研究［D］．西安：西安理工大学，2019．

⑦ 高秀芬．3D 打印技术在寻甸彝族非遗器物传承与保护中的应用［D］．昆明：昆明理工大学，2017．

维扫描与数字摄影测量相结合的方法建造出端砚的真实三维纹理虚拟图像。[①]

陈思穗指出可视化技术能以一种更为直观的信息展示方式，提升非遗信息的传播度、辨识度和文化交流程度。[②] 陈路遥、许鑫提出了基于关键事件技术的非遗信息可视化方案，并以两岸同源"歌仔戏"为对象进行了结构化组织和可视化展示。[③] 王伟、许鑫、周凯琪以湖口青阳腔非遗项目为例，探讨了时间维度传承可视化与空间维度传承可视化相结合的新的可视化表达。[④] 邢鹏飞指出虚拟现实技术是数字化技术的分支，其所具有的沉浸性、交互性、想象性特性极度契合了非遗保护本真性、活态性、整体性等特性，进而探究了虚拟现实技术对梁平木版年画相关民俗文化场景的复原与再现。[⑤] 张婷、赵颜研究了以广西壮族铜鼓文化传播为主题的，包括VR视频、VR应用、AR互动媒体在内的一系列虚拟现实展示设计，利用微博、微信公众号、线上商城等新媒体平台，以互联网强大的聚集力，实现非遗文化从"静态展示"向"动态传播"转变。[⑥] 向倩、郭丽瑶、李江波提出了利用虚拟现实技术开展湘西赶秋节数字化传播的解决方案。[⑦] 伍丹、顾汉杰提出将虚拟现实技术应用于

---

① 何晓丽，牛加明．三维数字化技术在非物质文化遗产保护中的应用研究——以肇庆端砚为例[J]．艺术百家，2016(3)．

② 陈思穗．江苏省国家级非物质文化遗产信息可视化设计研究[D]．南京：南京航空航天大学，2018．

③ 陈路遥，许鑫．基于关键事件技术的非物质文化遗产形成及演化分析——以两岸同源"歌仔戏"为例[J]．图书情报工作，2015(14)．

④ 王伟，许鑫，周凯琪．非遗数字资源中基于时空维度的传承可视化研究——以湖口青阳腔为例[J]．图书情报工作，2014(21)．

⑤ 邢鹏飞．梁平木版年画文化虚拟体验设计研究[D]．重庆：重庆大学，2017．

⑥ 张婷，赵颜．广西民间铜鼓博物馆虚拟现实展示设计[J]．美术大观，2019(8)．

⑦ 向倩，郭丽瑶，李江波．基于虚拟现实技术的少数民族非物质文化遗产保护策略研究——以苗族赶秋节为例[J]．电脑知识与技术，2016(25)．

中山非遗的保护和传承，进而设计了中山东凤五人飞艇赛的游戏案例。① 杨佳慧指出以手机、微信公众号、社交媒体为主的新媒体技术已被越来越多地应用到非遗传播中。② 张颖、宋武以泉州提线木偶戏为例，从用户导向设计、体验式设计、用户模型与设计方法等方面探究了交互媒体设计在非遗文化传播中的应用。③ 陈永光综合利用空间信息技术、云计算及客户端聚合服务技术，以淮阳太昊陵为例，构建了基于 G/S 模式的客户端聚合服务平台，并应用 HGML 和 ICHML 方法实现非遗资源中的异构数据整合共享和可视化。④ 谢欣、梁国伟分析了京剧表演的空间层次与网络体感游戏空间的同构性，研究了网络体感游戏空间技术在京剧非遗传播中的应用。⑤ 崔苤总结了省级公共图书馆民间文学数据库建设。⑥ 林志浩、施教芳探讨了数字媒体技术对传统非遗技艺类碎片化素材的标准化开发。⑦ 褚乐阳以昆曲身体表演为例，研究了体感技术、体感交互设计在非遗游戏化设计中的运用。⑧ 董妍研究了基于 Unity 3D 的糖画可接触式交互设计。⑨ 李睿文分析了非遗信息的图形化、动

---

① 伍丹，顾汉杰．基于虚拟现实技术的中山非物质文化遗产保护的研究［J］．中国信息技术教育，2019(1).

② 杨佳慧．基于非物质文化遗产保护与传承的手机 APP 的设计研究［D］．武汉：武汉纺织大学，2018.

③ 张颖，宋武．基于交互媒体的泉州提线木偶戏传播方式研究［J］．工业设计，2019(7).

④ 陈永光．基于 G/S 模式的非物质文化遗产异构数据可视化共享研究［J］．周口师范学院学报，2019(3).

⑤ 谢欣，梁国伟．基于网络体感游戏空间技术的京剧传播研究［J］．文化遗产，2015(2).

⑥ 崔苤．基于读者视角的省级公共图书馆民间文学数据库调查与分析［J］．兰台世界，2019(5).

⑦ 林志浩，施教芳．基于碎片化素材的共享型资源库构建技术——以手工技艺数字资源建设为例［J］．电脑知识与技术，2018(33).

⑧ 褚乐阳．面向非遗传承教育的体感交互型展示资源设计研究［D］．苏州：苏州科技大学，2019.

⑨ 董妍．糖画技艺的可接触式交互设计及用户体验研究［D］．哈尔滨：哈尔滨工业大学，2017.

态化设计。① 翟姗姗、许鑫、夏立新以"楚剧"为例，探讨了语义出版技术在非遗资源建设和信息共享中的应用。② 潘光繁以贵州省国家级非物质文化遗产为研究对象，探究了数字人文技术在非遗数字资源智能分析和文化价值阐释方面的应用研究。③ 申若希、吕林雪分析了元宇宙的技术特征与北京雕漆融合的可行性，探究了北京雕漆在元宇宙中实现文化传播与技艺传承应用场景。④

（7）非遗传播效果的评估

在总结非遗传播形式、技术等基础上，一些学者们也对非遗传播的效果进行评估，如薛梦晨调查了澳大利亚阿德莱德大学孔子学院主持开展的非遗传播活动的效果，提出了效果提升的策略。⑤ 华伟探讨了不同阶段不同媒介对湖北民间文学类非遗传播的影响。⑥ 楼圆玲专门研究了大众传媒对端午节的传播，指出大众传媒的媒介特性能促进端午节文化的传播，但是传播议程的设置也对非遗传播有着影响，传播商业化程度过深也会降低非遗传播的效果，需在以后加以改进。⑦ 王满春分析了影响非遗档案信息传播效果的主要因素，总结和归纳了目前非遗档案信息传播存在的问题，针对问题提

① 李睿文. 信息图形化、动态化设计在江苏非物质文化遗产信息传播中的应用研究［J］. 传播力研究，2018（33）.

② 翟姗姗，许鑫，夏立新，等. 语义出版技术在非遗数字资源共享中的应用研究［J］. 图书情报工作，2017（2）.

③ 潘光繁. 贵州省国家级非物质文化遗产数字人文发展战略路径研究［J］. 贵州民族研究，2022（3）：88.

④ 申若希，吕林雪. 元宇宙在北京雕漆数字化的创新融合应用研究［J］. 包装工程，2022（S1）.

⑤ 薛梦晨. 基于孔子学院平台的非物质文化遗产传播效果研究［D］. 济南：山东大学，2019.

⑥ 华伟. 湖北民间文学类非物质文化遗产传播媒介研究［D］. 长沙：湖南师范大学，2018.

⑦ 楼圆玲. 大众传媒对非物质文化遗产传播的研究——以端午节的传播为例［D］. 杭州：浙江大学，2010.

出优化非遗档案信息传播效果的建议。① 常艳丽以各种类型非遗网站为研究样本，利用链接分析法、灰色关联法与内容分析法分析了非遗网站的内容建设及传播影响力。② 张福银、周晴、牛佳芮指出移动互联网的发展改变了非物质文化遗产的保护和数字化传播形式，总结了非遗网络传播在传播样态、传播路径和传播机制方面的建设内容。③ 贺军以江州女书为例，探究了非遗文化的传播情况，提出了促进非遗文化传播效果提升的策略。④。

值得提出的是，一些学者从语言生态建设方面探究了非遗的国际化传播及其传播效果。邬玲琳指出国际通用语言在景德镇陶瓷文化传播与旅游开发中起到了至关重要的作用。⑤ 梁敏以泾渭茯茶制作技艺为例，探讨了良好的语言生态对非遗传播的积极作用。⑥ 杜敏以河南非遗为例，分析了非遗名称的翻译方法、翻译特点及翻译原则。⑦ 陶丹丹以越地非遗的翻译实践为例，指出译介学能促进非遗的跨文化传播，建议采用异化翻译策略来译介非遗，以确保传播文化的真实性。⑧ 高昂之通过对 NowCorpus 国际新闻语料库中非遗相关报道数据的统计与分析，研究了非遗的外宣翻译与国际传播的

---

① 王满春．非物质文化遗产档案信息传播效果研究［J］．山东档案，2019(3)．

② 常艳丽．非物质文化遗产网站的网络影响力分析［J］．现代情报，2013(9)．

③ 张福银，周晴，牛佳芮．移动互联网语境下非物质文化遗产数字化传播路径［J］．哈尔滨师范大学社会科学学报，2021 (6)．

④ 贺军．非遗文化的新媒体传播策略研究——以江永女书为例［J］．传播与版权，2022(7)．

⑤ 邬玲琳．陶瓷非物质文化遗产传播与旅游开发［J］．青年与社会，2013(11)．

⑥ 梁敏．陕西"非遗"传播的话语构建——以泾渭茯茶制作技艺传播为例［J］．青年记者，2016(14)．

⑦ 杜敏．从传播学视角谈非物质文化遗产名称翻译策略——以河南非遗名称为例［J］．海外英语，2019(9)．

⑧ 陶丹丹．多元共生视角下越地非物质文化遗产的异化翻译［J］．绍兴文理学院学报(哲学社会科学)，2015(5)．

联动机制。① 阮红波探讨了非遗名称英译的原则及方法。② 张艳丽总结并反思了非遗翻译中词汇层面、句法层面、语篇层面存在的问题。③ 陈波、张雷从外宣翻译角度探讨了提升节庆文化类节目对外传播效果的策略。④ 张妍研究了跨文化视域下的非遗英译，提出整合深度翻译等专业记忆、构建移动互联网等的保障措施。⑤

钟安林以新疆喀什非遗翻译为例，从宏观的"翻译生态环境"和"译者责任"对非遗翻译活动进行主客体的整体观照，也对微观局面上文本移植的"三维"转换进行实例探讨。⑥ 洪莉以生态翻译学的"翻译即生态平衡"理念为指导，提出合理重构译语生态环境，维系和谐的"翻译群落"关系，营造良好的翻译外界环境，从而完善非遗外界翻译。⑦ 邱夏子分析了非遗英译教学中存在的问题，并提出改善非遗英译教学的具体措施。⑧ 王艳从译介学视角出发，从译介主体、译介内容、译介途径和译介受众四个方面探讨了非遗的外宣翻译策略，以获得最佳译介效果。⑨ 刘炜从传播学视角出发，结合文化翻译、译介学理论，提出江西非遗文化传播应从翻译水

---

① 高昂之. 非物质文化遗产的外宣翻译与国际传播：现状与策略[J]. 浙江理工大学学报(社会科学版)，2019(2).

② 阮红波. 广西非物质文化遗产名称翻译的原则与方法[J]. 英语广场，2019(3).

③ 张艳丽. 豪斯翻译质量评估模式指导下的《陕西文化发展报告(2018)》英译实践报告[D]. 西安：西安外国语大学，2019：18.

④ 陈波，张雷. 基于节庆文化类节目提升国际传播能力探析[J]. 电视研究，2018(11).

⑤ 张妍. 跨文化视域下中国戏剧类非遗英译策略研究[J]. 四川戏剧，2018(1).

⑥ 钟安林. 生态翻译学对非物质文化遗产翻译的启示——以新疆喀什为例[J]. 喀什大学学报，2019(1).

⑦ 洪莉. 生态平衡视角下的中国非遗外宣翻译[J]. 齐齐哈尔大学学报(哲学社会科学版)，2019(3).

⑧ 邱夏子. 试析非物质文化遗产翻译与英语教学[J]. 吉林广播电视大学学报，2018(11).

⑨ 王艳. 译介学视角下非物质文化遗产外宣翻译研究[J]. 湖北函授大学学报，2016(18).

平、传播媒介和样态、受众意识三个方面入手，以促进江西非遗文化传播效果的提升。①

（8）非遗传播策略的建议

现有的研究成果中，也有对非遗传播策略的建议。周敏指出数字博物馆应秉承"以人为本"的理念，认真解读数字博物馆受众群体构成及其浏览目的，优化设计数字博物馆的内容构建及陈展界面，以为公众提供良好的信息资源共享平台。② 喻小珉研究了大众媒体对川剧的传播情况，进而从大众媒体传承社会遗产的功能、大众传媒的议程设置、大众传媒的媒介特性等方面提出非遗传播的优化建议。③ 朱莉莉以南京博物馆非遗馆非遗传播实践为例，指出要充分尊重非遗传承人的情感认知及劳动，正确地把握非遗传承人、策划者、专家三者之间的关系，加强一线工作人员的服务意识及有效纳入志愿者，是强化非遗公众活动博物馆传播效应的关键所在。④ 周博探究了"一带一路"背景下四川非遗跨区域传播发展策略。⑤ 王富林以南京博物馆为案例，在分析博物馆非遗传播受众类型的基础上，引入"观众拓展"理论，提出改善与提升的思路和建议。⑥ 王慧芳分析了非遗协同创新的必要性，阐明了构建非遗协同创新保护体系的理论基础，并在此基础上提出非遗协同创新的保护措施。⑦ 达妮莎、李雨蒙以"命运共同体"的理念研究了互联网环境

---

① 刘炜.传播学理论下的江西非物质文化遗产译介研究[J].南昌师范学院学报，2022（5）.

② 周敏.基于信息时代下非遗数字博物馆网站受众群体分析[J].科技传播，2014（23）.

③ 喻小珉.大众传媒对非物质文化遗产传播的现状研究——以川剧为例[D].上海：华东师范大学，2011.

④ 朱莉莉.非遗公众活动：强化博物馆非遗传播效应的思考——以南京博物院非物质文化遗产馆为个案分析[J].民族艺术研究，2018（5）.

⑤ 周博."一带一路"背景下四川非物质文化遗产保护策略研究[J].财富时代，2019（8）.

⑥ 王富林.博物馆观众拓展研究[D].济南：山东大学，2019.

⑦ 王慧芳.非物质文化遗产协同创新保护体系研究[J].河南图书馆学刊，2017（3）.

下非遗的传播模式，从传播主体、传播媒介、新技术和传播内容四个方面寻求非遗资源整合及传播渠道拓展的途径，最终达到非遗传播效能的提升。① 刘斌肯定了现代信息技术在非遗保护与传播中的积极作用，在例举了典型性技术及其优势的基础上，指出尽快将这些技术运用于非遗工作中是推进非遗发展的必要路径。② 关鑫结合SECI 模型的理论框架和非遗现有的传承特点，分析了非遗传播的关键环节，提出非遗传播新的组合策略和转化策略。③ 周莉莉依据SOLOMO 理论，分析研究了非遗信息属性，提出引入信息互动反馈机制和奖励机制，以提高非遗的传播效率，增强非遗的推送吸引力。④ 宋佳、王翠玉以纺织类非遗传承和精准扶贫相互融合为切入点，提出构建包含"非遗+政策撬动""非遗+培训增收""非遗+市场孵化""非遗+社区活动"四位一体的"非遗+"精准扶贫路径。⑤ 任塘珂总结了英国体育类非遗的保护路径、传播经验，进而为本国非遗传播提出建议与启示。⑥ 柴昊、赵跃依据 SMCR 模型理论，解构了非遗信息影响因素，针对非遗信息传播过程和机理，从信息源、信息接收者的基本情况、信息本身的存在状态和传播渠道四方面完善传播策略。⑦ 谈国新、何琪敏围绕非遗的数字化传播，从传播模式、传播展示方式、传播受众、传播效果等内容展开讨论，提出了

---

① 达妮莎，李雨蒙. 互联互通：非遗传播渠道的拓展与效能提升[J]. 艺术与设计(理论)，2019(7).

② 刘斌. 基于 G/S 模式的非物质文化遗产异构数据可视化共享机制研究与实现[D]. 成都理工大学，2011：16.

③ 关鑫. 基于 SECI 模型的非物质文化遗产传播策略研究[D]. 哈尔滨：哈尔滨工业大学，2015：16.

④ 周莉莉. 基于 SOLOMO 理念的非物质文化遗产信息推送传播模式研究[J]. 工业设计，2019(8).

⑤ 宋佳，王翠玉. 基于纺织类"非遗+"的精准扶贫路径研究[J]. 文化创新比较研究，2019(24).

⑥ 任塘珂. 英国体育非物质文化遗产保护路径、成功经验及本土化启示[J]. 体育与科学，2019(3).

⑦ 柴昊，赵跃. 非物质文化遗产信息传播策略研究——基于 SMCR 模型的分析[J]. 河南大学学报(社会科学版)，2020 (5).

适合我国非物质文化遗产传播的发展路径。① 周懿榕、黄峥基于非遗抖音账号传播特色以及传播现状，从法律规范、品牌建设和内容创新三方面探索非遗在短视频平台的传播策略。②

5. 国内外非遗、非遗传播研究比较

（1）国内外非遗研究比较

现有的国内外非遗研究成果，从成果数量上看，国内的成果数量明显高于国外，显示出国内学界对非遗的高度关注；从成果的形成时间看，国内首个研究成果出现于 1997 年，早于国外 2005 年发表的首个文献，体现出作为一个有着丰富非遗资源的国家对本国非遗保护的觉醒与关切。但是，1997—2005 年形成的成果数量是有限的，非遗并未真正成为研究的热点和重点。国内非遗研究首个小高潮出现于 2005 年，其后成果数量逐年增长，且增幅较大，反映出我国非遗研究高潮的兴起，一方面来自国内非遗保护现实实践的需求；另一方面也受到国外非遗理论研究与实践的影响。

从研究主题看，国外非遗研究早期侧重于非遗概念与属性的解析、代表性非遗项目的介绍，以及非遗价值评估等基础性研究。随着对非遗保护认识的深入，以及非遗保护实践的推进，研究的主题开始涉及非遗管理、非遗保护主体、非遗产业化、非遗保护法律法规、非遗保护技术、非遗资源的开发，以及非遗教育等非遗保护的主要工作内容。国外研究的一个显著特点是，成果的形成者大多来自非遗保护部门的一线工作者，研究目的旨在厘清概念、总结经验、业务推介和实践探讨。

国内非遗研究成果的撰写者主要来自高校和科研院所，部分学者参与非遗保护的实践，但更多是从学理的角度，结合实地调研、问卷调查展开的研究。国内早期的研究主题偏重于非遗相关法律法

---

① 谈国新，何琪敏. 中国非物质文化遗产数字化传播的研究现状、现实困境及发展路径[J]. 理论月刊，2021（9）.

② 周懿榕，黄峥. 非物质文化遗产在短视频平台的传播策略探析——基于非遗抖音账号的分析[J]. 传媒论坛，2022（20）.

规的摘录与宣传、重要非遗项目的介绍与遴选，以及主要非遗保护主体的认定。随着非遗保护工作的深入，非遗研究内容不断充实，研究主题也在不断拓宽。总体而言，国内和国外的研究成果，在研究主题上基本相似，均涉及法规、实践经验、代表性非遗项目、价值、特征、主体、技术、管理、开发等非遗理论与实践主要层面。但是，国内外的研究也有其特色和侧重，国外研究注重实证，以保护实践和技术研发作为佐证；国内侧重于抽象问题的研究，横向比较研究略显不足，使得国内的研究成果呈现多却杂的状态，此外，我国非遗各个研究组织机构之间的合作不多，尚未形成高效的研究团队。

（2）国内外非遗传播研究比较

国内和国外非遗传播研究的起步分别在 2005 年和 2006 年，表明国内外从开始进行非遗研究时，就关注到了非遗的传播。国外一般在研究非遗开发利用时研究非遗传播，国内则是非遗开发利用和非遗数字化建设两个主题中都涉及非遗传播。从成果数量看，2007年国内非遗传播的成果数量较 2005 年、2006 年有了数倍的增长，此后一直呈现逐年上升的趋势；而国外则直到 2014 年才有了较大增长，此前的 2006—2013 年，每年的成果数量都很少。从成果的绝对数量看，国内每年的成果数都高于国外，但从占总成果比例来看，国外非遗传播的研究成果在非遗整体研究成果中所占比例高于国内。以 2016 年为例，国外非遗研究论文共有 29 篇，其中非遗传播方向论文 19 篇；国内非遗研究论文共有 3104 篇，其中非遗传播方向论文 452 篇，说明国外对非遗传播的关注度更高。

从研究主题看，国内外都总结并介绍了非遗传播的实践经验，认定并解析了非遗传播的主体及其功能，总结了非遗传播的主要形式，研究了非遗传播的典型技术，比较并评估了非遗传播的效果，但是国内还专门总结了非遗传播的特征，梳理非遗传播的媒介，探讨了非遗传播的优化策略。但是，国内对实践经验的总结是从 2018 年才开始，形成的成果数量有限，而国外从一开始就很注意收集并介绍相关实践，这也是国外研究更加注重实证的体现。

(二)非遗档案、非遗档案传播研究现状与评述

在了解了国内外非遗、非遗传播研究进展的基础上,笔者结合本书研究内容,进一步梳理并分析了国内外非遗档案、非遗档案传播的研究进展。

1. 国外非遗档案研究进展

笔者以('intangible' + 'nonphysical' + 'immaterial') * 'cultural heritage' * ('record'+'documentation'+'archiving'+'archives'+'archival')为关键词在 Web of Science 数据库中对国外非遗档案研究成果进行主题检索,筛选后共得文献 146 篇(截至 2022 年 9 月),其中期刊论文 77 篇,会议论文 48 篇,专著章节 21 篇,其年度分布情况见表 1-1。

表 1-1　国外非遗档案研究成果年度分布统计(2005—2022 年 9 月)

年度	数量	成果类型		
		专著章节	会议论文	期刊
2005	1	1	0	0
2008	1	0	1	0
2009	2	1	0	1
2010	3	2	0	1
2011	4	3	0	1
2012	3	1	0	2
2013	12	0	3	9
2014	12	3	4	5
2015	15	4	7	4
2016	12	1	4	7
2017	20	4	8	8

续表

年度	数量	成果类型		
		专著章节	会议论文	期刊
2018	15	1	6	8
2019	15	0	8	7
2020	8	0	3	5
2021	13	0	2	11
2022	10	0	2	8

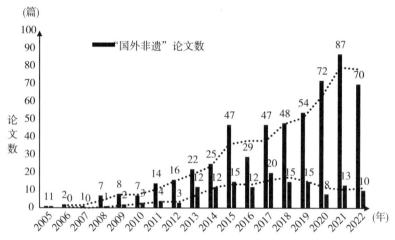

图 1-5　国外非遗、非遗档案研究文献年度分布图(2005—2022 年 9 月)

　　图 1-5 统计并对比了国外非遗、非遗档案研究文献的年度分布，发现非遗档案的研究文献在非遗研究文献中占有较为重要的比重。笔者认为原因可能在于国外对"建档"的泛化理解，"建档"同"文献化""图书化"有着相同的涵义，一定程度上增加了"建档"或"档案"相关成果的数量。

　　国外非遗档案方面的研究成果首次出现于 2005 年，是 Miwa Katayama，Kimihiro Tomiyama，Yutaka Orihara 等撰写的 *A 3D Video System for Archiving of Japanese Traditional Performing Art* 一文，介绍

了日本传统表演艺术三维影像档案管理系统建设实践。① 现有研究成果中，学者们分别从非遗建档代表性项目的介绍、非遗档案建设主体的认定、非遗档案建设模式的总结、非遗档案建设技术的推介和非遗档案建设方法的探讨五个方面展开研究。

（1）非遗建档代表性项目的介绍

全球范围内非遗建档的推行，涌现出一些成功而典型的项目，学者们对这些项目加以介绍，总结出可供推广的经验与做法。Igor Marcio Correa Fernandes Da Cunha，Luiz Renato Vieira，Luiz Carlos. Vieira Tavares，Tania Mara. Vieira Sampaio 从社会记忆的视角总结了巴西"卡波埃拉"建档保护的实践。② Anna Geraci，Filippo Amato，Giuseppe Di Noto，Giuseppe Bazan，Rosario Schicchi 实地调查了入选联合国教科文组织人类非遗代表作名录的地中海烹饪技艺的建档保存。③ Di Franco，Paola Di Giuseppantonio，Winterbottom Mark，Galeazzi Fabrizio 等考察了英国赛义德宫的非遗建档项目，肯定了数字技术对于文化遗产保护的重要价值。④

（2）非遗档案建设主体的认定

对于非遗档案建设主体，学者们认为应同非遗保护与管理的主体一样，得到多个主体多个机构的参与和支持。不同的学者基于不

① Miwa Katayama，Kimihiro Tomiyama，Yutaka Orihara，et al. A 3D Video System for Archiving of Japanese Traditional Performing Art［J］. IDW/AD '05：Proceedings of The 12th International Display Workshops in Conjunction with Asia Display，2005(1-2)：1743.

② Igor Marcio Correa Fernandes Da Cunha，Luiz Renato Vieira，Luiz Carlos Vieira Tavares，et al. Capoeira：The Social Memory Constructed Through The Body［J］. Movimento，2014，20(2).

③ Anna Geraci，Filippo Amato，Giuseppe Di Noto，Giuseppe Bazan，Rosario Schicchi. The Wild Taxa Utilized as Vegetables in Sicily（Italy）：A Traditional Component of The Mediterranean Diet［J］. Journal of Ethnobiology and Ethnomedicine，2018，14(1).

④ Di Franco，Paola Di Giuseppantonio，Winterbottom Mark，Galeazzi Fabrizio，et al. Ksar Said：Building Tunisian Young People's Critical Engagement with Their Heritage［J］. Sustainability，2019，11(5).

同的认识，分别对于不同的机构在非遗档案建设中的优势与职能进行了总结和探究。在国际非遗档案建设工作开展之初，Kenji Yoshida 就指出博物馆应当成为非遗档案建设的主体。[①] Tom G. Svensson 提出人种学博物馆应当成为保存和展示非遗档案的主要场所。[②] Mairi Robertson 指出地方性博物馆及历史学会首先应成为该地区非遗档案的"本地库存"，同时也担负着传递、整理、编制非遗档案，锻造社会记忆的任务。[③] Andree Gendreau 指出社区博物馆和生态博物馆的建立，一些富有悠久文化传统的城市或社区的整体博物馆化，使得博物馆成为西方世界最富活力、最具效率的文化机构。[④] A Duarte 进一步提出作为非遗档案管理的主体，博物馆不应该成为机械地保存过去幸存下来的文件和资料，冰冷如陵墓一般的点缀，而是应该积极投身到当代文化的创新与繁荣上，成为传播当地文化的有益媒介。[⑤] Marilena Alivizatou 则以瓦努阿图"沙画"艺术为例，介绍了梅拉尼西亚群岛博物馆及部分文化研究机构在非遗建档、保护以及管理上的一些做法。[⑥]

　　除了明确博物馆的主体地位外，一些学者也认识到社区公众及

① Kenji Yoshida. The Museum and The Intangible Cultural Heritage[J]. Museum International, 2004, 56(1-2).

② Tom G. Svensson. The Management of Knowledge of The Intangible Heritage in Connection with Traditional Craftmanship at The Ethnographic Museum of The University of Oslo[J]. International Journal of Intangible Heritage, 2008(3).

③ Mairi Robertson. Aite Dachaidh: Re-Connecting People with Place-Island Landscapes and Intangible Heritage[J]. International Journal of Heritage Studies, 2009, 15(2-3).

④ Andree Gendreau. Museums and Media: A View from Canada[J]. Public Historian, 2009, 31(1).

⑤ Duarte A. The Contemporary Way to Protecting Heritage or, The Only Way for Heritage to Serve The Development of Communities[C]. Rogerio Amoeda, Sergio Lira, Cristina Pinheiro. Heritage 2010: Heritage And Sustainable Development, 2010(2): 855.

⑥ Marilena Alivizatou. Debating Heritage Authenticity: Kastom and Development at The Vanuatu Cultural Centre[J]. International Journal of Heritage Studies, 2012, 18(2).

原住居民在非遗档案建设中的重要地位。Guha Shankar 指出形成非遗的社区及其原住民在非遗建档中的话语权常常无法得到保证，一方面是因为国家政府、土著群体、观察员、非政府组织以及社区居民之间的关系未处理好；另一方面则在于社区居民自身的文化素养、管理水平，以及所遭受的来自生存和发展方面的威胁，进而提出世界知识产权组织应采取相关措施，以保障社区居民的话语权以及实施知识的知识产权。①

Cristina Garduno Freeman 指出当前已有更多的社会公众参与到文化遗产的保护中，对悉尼歌剧院的发展和影像共享就是一个典型的例子，这种形式同样也可以用于非遗档案的收集和管理，依托当前的社会网站组成群体，形成自组织社区，开展资料的搜集、汇集、筛选、评价和分类，形成珍贵的非遗档案。② Marilena Alivizatou 也认为依照原有的做法很难实现非遗的保护，需要从新的视角，充分调动和获得当地土著人的理解、尊重与参与，以推进非遗的保护。③ Nakenaka Nakamura 则以日本 Saru 河地区文化影响力评估为例，充分肯定了当地土著居民，尤其是阿伊努族在非遗申报、建档、评估过程中发挥的积极作用，并指出最大限度地避免公众的集体失语是有效开展非遗档案建设的关键。④ Aline Pinheiro Brettas 研究了贝提姆艺术文化基金会制作贝提姆 Nossa Senhora do Rosario 登记档案的实践，肯定了公共行政、市场专业人员等主体

---

① Guha Shankar. From Subject to Producer：Reframing the Indigenous Heritage Through Cultural Documentation Training［J］. International Journal of Intangible Heritage，2010(5).

② Cristina Garduno Freeman. Photosharing on Flickr：Intangible Heritage and Emergent Publics［J］. International Journal of Heritage Studies，2010，16(4-5).

③ Marilena Alivizatou. Debating Heritage Authenticity：Kastom and Development at the Vanuatu Cultural Centre［J］. International Journal of Heritage Studies，2012，18(2).

④ Nakenaka Nakamura. An 'Effective' Involvement of Indigenous People in Environmental Impact Assessment：The Cultural Impact Assessment of The Saru River Region，Japan［J］. Australian Geographer，2008，39(4).

在制定法律、选择和保护非遗标准方面仍发挥着主导作用。①
Elizabeth M. Celi，Richard E. Moore 通过半结构式访谈，研究了国
家档案馆、国家博物馆和马来西亚国家图书馆对麦庸表演艺术馆藏
文献的建设和管理情况。Iftekhar Ahmed 以达卡古城为背景，探讨
了地方参与遗产管理的重要性，指出非正式社区机构开发出的遗产
管理系统比正式的方法更有效。② WunBin Yang，YaNing Yen 介绍
了 I-Treasure 项目中的非遗数字化工作，基于地理信息系统，结合
三维激光扫描、无人机图像、摄影测量、全景、音频/视频等技术
展示平台，实现对公众力量的调查，以平台和工具分享、扩散知
识。③ Istvandity Lauren 通过对澳大利亚昆士兰州音乐类非遗档案建
设情况的调查，肯定了社区档案馆及私人机构在非遗建档工作中的
积极作用。④

（3）非遗档案建设模式的总结

针对非遗资源分布高度分散以及濒临灭绝的现实状况，一些专
家和学者纷纷献计献策，提出他们对于非遗档案建设模式的设计与
构想。联合国教科文组织《保护非物质文化遗产公约》缔约国大会
第一届大会主席穆罕默德·贝贾维（Mohammed Bedjaoui）是直接参
与《保护非物质文化遗产公约》制定与审查工作的主要专家之一，
他指出，由《保护非物质文化遗产公约》为纽带建立的缔约国联盟

① Aline Pinheiro Brettas. The Registration Dossier from Reinado De Nossa Senhora Do Rosario，in Betim：Parallel Discourses or Crossovers？［J］. Transinformacao，2014，26(1).

② Iftekhar Ahmed. Community，Heritage and Social Capital：Informal Heritage Management in Old Dhaka［J］. Open House International，2017，42(1).

③ WunBin Yang，YaNing Yen. A Planning by Using Digital Technology in The Reconstruction of Cultural Heritage Sites — A Case Study of Qiong-Lin Settlement In Kinmen Area［C］. Hayes J，Ouimet C，Quintero M S，Fai S，Smith L. ICOMOS/ISPRS International Scientific Committee on Heritage Documentation，2017，42-2(W5)：720.

④ Istvandity Lauren. How Does Music Heritage Get Lost? Examining Cultural Heritage Loss in Community and Authorised Music Archives［J］. International Journal of Heritage Studies，2021，27(4).

是非遗档案管理的"公约模式"，这一模式的实现需要整个国际社会的精诚团结，将非遗保护与建档视为本国应该坚持的一种惯例，以实现全人类非遗保护与建档的国际化、规范化和科学化，同时也指出，《保护非物质文化遗产公约》的制定，坚持的是清晰、精确和有效的基本原则，以确保非遗保护与建档的指导性和执行力。"公约模式"的主旨是筑造起一道堤坝，将重要的非遗以建档的形式固化保存。贝贾维同时也指出，建档方式将在一定程度上弱化非遗自身的活力和灵活性，但从当前的状态来讲，建档的方式将是一种比较稳妥，且能在全球范围内实行的方式。①

Yong Goo Kim 详细介绍了日本和韩国在非遗保护、建档方面的"参与式"管理模式。日本和韩国很早就认识到技艺传承人和社会公众在非遗保护和建档中的地位与作用，"人间国宝"制度的建立，使得非遗传承人得到了应有的保护，学习班的举办、民俗博物馆的展演、节庆活动的参与，吸引了更多的人认识、学习和参与非遗的建档与传承，使得社会公众树立起非遗保护与建档的责任感和使命感。② Susan Keitumetse 研究了非洲地区以"政府为主，社会参与"的非遗保护与建档模式，建立财产清单和代表名录，由政府设置国家一级的机构来保存和管理非遗档案，评估非遗档案的可信度和可靠性。③ Elisabet M. Nilsson 研究了非遗资源的跨领域协同归档，指出该模式将以一种开放但仍然高度结构化的方式访问和生成存档材料。④ Tutchener David，Turnbull Dan 研究了澳大利亚布努龙

---

① Mohammed Bedjaoui. The "Convention for The Safeguarding of The Intangible Cultural Heritage"：The Legal Framework and Universally Recognized Principles[J]. Museum International, 2004, 56(1-2).

② Yong Goo Kim. The Policy For Intangible Cultural Heritage of Republic of Korea and Japan[J]. Milli Folklor, 2008(78).

③ Susan Keitumetse. Unesco 2003 convention on Intangible Heritage：Practical Implications for Heritage Management Approaches in Africa[C]. South African Archaeological Bulletin, 2006, 61(184)：167.

④ Elisabet M. Nilsson, Prototyping Collaborative (Co-) Archiving Practices from Archival Appraisal to Co-Archival Facilitation[C]. Thwaites H, Lun Ls, Addison A. Proceedings of The 2016 International Conference on Virtual Systems and Multimedia (Vsmm), 2016：314.

地区土著的社会空间以及土著文化价值观的产生和相关记录，提出建立一种将土著文化价值观和西方社会框架相整合的"双向协同"的非遗归档模式，记录这些价值观的背景并将其与社区产生的历史脉络联系起来。①

（4）非遗档案建设技术的推介

随着非遗保护与建档工作的开展和深入，很多专家和学者也对非遗档案管理的技术展开了积极的探讨。Chend Yang，Shouqian Sun，Caiqiang Xu 提出运用虚拟现实技术，通过三维扫描、人物动作捕捉、3D 建模和纹理恢复等方法，模仿和重现传统的历史文化活动、人物及背景，以真实、生动、形象的手法还原和展示传统文化，实现非遗的数字化归档。② Cristina Garduno Freeman 以当前澳大利亚图书馆及博物馆常用的遗产展示平台 Flickr 为例，分析该平台在调动社会公众参与非遗档案收集、分类、筛选和归档上的积极作用。③ Miwa Katayama，Kimihiro Tomiyama，Yukari Orihara，Yuichi Iwadate 将三维视频系统用于日本传统表演艺术——"能剧""歌舞伎"的档案化，结合能剧表演艺术家的现场表演，技术人员采用三维视频系统进行同步图像捕捉和记录，并根据所采集到的多个画面构建起一个三维动态模型，从而全方位、多角度、立体化地构建出能剧、歌舞伎等日本数字艺术档案。④ Laura Solanilla 研究了

① Tutchener David, Turnbull Dan. Aboriginal Cultural Values Framework：Producing and Communicating Bunurong Values and Meanings within Bunurong Country[J]. Cultural Geographies, 2022.

② Chend Yang, Shouqian Sun, Caiqiang Xu. Recovery of Cultural Activity for Digital Safeguarding of Intangible Cultural Heritage[J]. WCICA 2006：Sixth World Congress on Intelligent Control and Automation, Vols 1-12, Conference Proceedings, 2006.

③ Cristina Garduno Freeman. Photosharing on Flickr：Intangible Heritage and Emergent Publics[J]. International Journal of Heritage Studies, 2010, 16(4-5SI).

④ Miwa Katayama, Kimihiro Tomiyama, Yukari Orihara, Yuichi Iwadate. A 3D Video System for Archiving of Japanese Traditional Performing Art[J]. IDW/AD '05：Proceedings of The 12th International Display Workshops in Conjunction with Asia Display, 2005(1-2).

信息通信技术、互联网技术下非遗档案建设的促进，"Cyer-museology"实现了非遗的在线交流，Web2.0 和社会标签开展了非遗档案的集体分类，"卡特里娜的犹太之声（http：//katrina. jwa. org/）"项目成为非遗档案在线收集、虚拟归档的典型案例，对于推动非遗档案建设与管理有着积极意义。① Yaxi Hu 提出将虚拟现实技术作为非遗保护的新方法，以实现非遗的实证化、长治化、特色化、创新性。② Li Qin 研究了民间宗教仪式的数字化建档，对宗教信息采集进行阶段分区和技术探讨，初步收集阶段采用复制技术和数码录音技术完成自然环境、文字资料、采访等方面的收集；现场采集采用传统摄影摄像采集技术，结合 360 度全景影像技术，记录仪式全过程；实验室采集采用三维扫描技术对器具进行采集，利用运动捕捉技术对仪式中的动作进行采集。③ Robert A. Haubt 探讨了澳大利亚岩石艺术数据库的建设实践，探讨了多媒体技术在岩石艺术策划、展示和推广中的应用。④ Walter Schuhr，J. D. Lee 研究了 3D 摄影技术对遗产的清晰记录、可视化保存与修

① Laura Solanilla. The Internet as A Tool for Communicating Life Stories：A New Challenge for 'Memory Institutions'［J］. International Journal of Intangible Heritage，2008(3).

② Yaxi Hu，The Researcher of Virtual Reality Technology Application in Intangible Cultural Heritage Protection［C］. Pan Y H，Sun S Q，Zhou M Q，et al. 2011 IEEE 12th International Conference on Computer-Aided Industrial Design & Conceptual Design，Vols 1 and 2：New Engines For Industrial Design：Intelligence-Interaction-Services，2011：653.

③ Li Qin. The Digital Protection of Folk Religious Rituals in The View of The Intangible Cultural Heritage［C］. Pan Y H，Sun S Q，Zhou M Q，et al. 2011 IEEE 12th International Conference on Computer-Aided Industrial Design & Conceptual Design，Vols 1-2：New Engines for Industrial Design：Intelligence-Interaction-Services，2011：13.

④ Robert A. Haubt. Virtual Heritage Archives：Building a Centralized Australian Rock Art Archive［C］. Grussenmeyer P. XXIV International CIPA Symposium，2013，40-5(W2)：319.

复，有助于提供接近真实的文化，保持非遗档案的原真性。^① Hong Yang 重点分析了非遗数字化录音的优缺点，总结了数字化手段在记录无形、动态非遗资源方面具有不可替代的优势。^② Jung Song Lee，Soon Cheol Park，Han Heeh Hahm 介绍了基于 Web 的非遗百科数据库和 Ichpedia 档案系统的检索功能。^③ Alessandro Pozzebon，Silvia Calamai 研究了智能设备技术在非遗传播中的运用，提出"健康旅游"的框架，开发相应的非遗 APP，拒绝仅仅将智能手机视为一个信息接收的显示器，而是将其作为音频的回放工具存储在声音档案上。^④ Gurkan Gokasan，Erdal Aygenc 研究了数字拼贴技术在塞浦路斯文化场景构建中的运用。^⑤ Yootthapong Tongpaeng，Mongkhol Rattanakhum，Pradorn Sureephong，Satichai Wicha 探究了泰国传统舞蹈中名为"Labanotation"的舞蹈符号被转换为三维动画

---

① Walter Schuhr, J. D. Lee. Filling Gaps in Cultural Heritage Documentation by 3D Photography[C]. Yen Y N, Weng K H, Cheng H M, 25th International CIPA Symposium 2015, 2015, 40-5(W7)：365.

② Hong Yang, The Pros and Cons About The Digital Recording of Intangible Cultural Heritage and Some Strategies[C]. Yen Y N, Weng K H, Cheng H M, 25th International CIPA Symposium 2015, 40-5(W7)：461.

③ Jung Song Lee, Soon Cheol Park, Han Heeh Hahm. Dynamic and Efficient Search System for Digital Encyclopedia of Intangible Cultural Heritage：The Case Study of Ichpedia[C]. Park J J, Pan Y, Chao H C, Yi G. Ubiquitous Computing Application and Wireless Sensor, 2015(331)：679.

④ Alessandro Pozzebo, Silvia Calamai. Smart Devices for Intangible Cultural Heritage Fruition[C]. Guidi G, Torres J C, Scopigno R, Graf H, Remondino F, Brunet P, Barcelo J, Duranti L, Hazan S, 2015 Digital Heritage International Congress, Vol 1：Digitization & Acquisition, Computer Graphics & Interaction, 2015：333.

⑤ Gurkan Gokasan, Erdal Aygenc. Visualisation of The "Denouements" in Cypriot Legends as Cultural Heritage：The Mountain/Well/Plain, and The Sea/Lake/Shore Themed Cypriot Legends[J]. Eurasia Journal of Mathematics Science and Technology Education, 2017, 13(11).

的 实 现 过 程。① Anastasios Doulamis, Athanasios Voulodimos, Nikolaos Doulamis, Sofia Soile, Anastasios Lampropoulos 探讨了三维技术在非遗数字化建档中的运用, 提出在 H2020 欧洲项目 "Terpsichore"的背景下, 将民间舞蹈等非遗转化为有形数字编舞对象的高层次方法, 实现表演艺术类非遗的系统化、数字化。② Shamsuddin Akhtar, Gulsen Akoglu, S. Simon, Holly Rushmeier 介绍了中东地区非遗数字化建档的 ANQA 项目, 该项目通过创建教育网络平台, 通过研究、数字叙事和虚拟体验, 向观众介绍处于濒危的中东和撒哈拉以南非洲地区遗产。③ Wu-Wei Chen 介绍了大足石刻的网络存档 BAE 项目, 该项目以四川省世界文化遗产大足石刻为研究对象, 运用摄影测量和数字雕塑技术, 对大足石刻中选定的壁龛、洞穴及壁画进行网络存档, 并将其转化为高分辨率的三维模型, 开发交互式信息运动界面, 将数字雕塑、投影制图、交互式信息运动和虚拟现实等作为数字遗产叙事的核心技术。④ Ioannis Rallis, Ioannis Georgoulas, Nikolaos Doulamis,

---

① Yootthapong Tongpaeng, Mongkhol Rattanakhum, Pradorn Sureephong, Satichai Wicha. Implementing a Tool for Translating Dance Notation to Display in 3D Animation: A Case Study of Traditional Thai Dance[C]. Benferhat S, Tabia K, Ali M. Advances in Artificial Intelligence: From Theory to Practice, 2017(10351): 24.

② Anastasios Doulamis, Athanasios Voulodimos, Nikolaos Doulamis, Sofia Soile, Anastasios Lampropoulos. Transforming Intangible Folkloric Performing Arts into Tangible Choreographic Digital Objects: The Terpsichore Approach[C]. Imai F, Tremeau A, Braz J. Proceedings of The 12th International Joint Conference on Computer Vision, Imaging and Computer Graphics Theory and Applications, 2017: 451.

③ Akhtar S, Akoglu G, Simon S, Rushmeier H. Project Anqa: Digitizing and Documenting Cultural Heritage in The Middle East[C]. Hayes J, Ouimet C, Quintero M S, Fai S, Smith S. ICOMOS/ISPRS International Scientific Committee on Heritage Documentation, 2017, 42-2(W5): 2.

④ WuWei Chen. Body as Echoes: Cyber Archiving of Dazu Rock Carvings [C]. Hayes J, Ouimet C, Quintero M S, Fai S, Smith S. ICOMOS/ISPRS International Scientific Committee on Heritage Documentation, 2017, 42(2W/5): 122.

Athanasios Voulodimos, Panagiotis Terzopoulos 研究了动作捕捉技术在表演艺术数字化建档中的应用,通过关键姿态的提取,结合舞者骨骼关键的复杂性,提出摘要编排的方法,提取少量图像帧加以编排,以降低处理和存储的复杂性。[1] Kazuya Kojima, Kohei Furukawa, Mitsuru Maruyama, Kozaburo Hachimura 研究了基于先进技术的传统表演艺术、舞蹈艺术的数字档案系统建设,综合运用实时运动捕捉技术、实时网络传承技术和实时渲染技术进行传承人动作捕捉获取运动数据,运用 CG 技术和 VR 技术复制和构建非遗,设计 CG 人物和 CG 场景。[2] Yang Song, Yuan Yan 研究了中国厦门珠绣的数字化采集、数字化归档,数字虚拟博物馆、数字辅助设计系统和数字故事的设计与构建。[3] Doulamis, Ioannis Rallis 研究了非遗档案内容的获取、记录和存储。以舞蹈类非遗为例,提出基于运动学建模的新框架,从舞蹈序列中提出显著的三维人体运动数据,舞蹈视频的录制和动作的捕捉,舞蹈非遗档案的组织、索引、归档、检索和分析与舞蹈相关的文化内容。[4] Xianwei Zhang, Yang Liu 系统回顾了数字保护、仿真训练与教学、影视动画与游戏制

---

[1] Ioannis Rallis, Ioannis Georgoulas, Nikolaos Doulamis, Athanasios Voulodimos, Panagiotis Terzopoulos. Extraction of Key Postures from 3D Human Motion Data for Choreography Summarization[C]. 2017 9th International Conference on Virtual Worlds and Games for Serious Applications, 2017: 95.

[2] Kojima Kazuya, Furukawa Kohei, Mitsuru Maruyama, Kozaburo Hachimura. Multi-Site Linked Mocap Streaming System for Digital Archive of Intangible Cultural Heritage[C]. 2017 International Conference on Culture and Computing, 2017: 61.

[3] Yang Song, Yuan Yan. Digital Protection and Inheritance of Traditional Craft Art Under New Media Context-Taking Intangible Cultural Heritage Project Xiamen Pearl Embroidery for Example[C]. Textile Bioengineering and Informatics Symposium, 2018: 558.

[4] Athanasios Voulodimos, Nikolaos Doulamis, Anastasios Doulamis, Ioannis Rallis. Kinematics-Based Extraction of Salient 3D Human Motion Data for Summarization of Choreographic Sequences[C]. 2018 24th International Conference on Pattern Recognition, 2018: 3013.

作、人体姿态研究、人际工程学研究等方面的成果，介绍了运动捕捉技术的发展历程及其在非遗收集、整理、建档、分类中的运用。① Paola Di Giuseppantonio Di Franco, Mark Winterbottom, Fabrizio Galeazzi, Mike. Gogan 介绍了由英国文化协会资助的，针对突尼斯 19 世纪赛义德宫（Kar Said）有形和无形遗产进行的数字化保护项目——"Ksar Said 数字文档"，项目运用三维虚拟复制技术制作了 Ksar Said 三维模型，采用以用户为中心，引导用户批判性参与文化遗产的虚拟探究式学习。② Partarakis Nikolaos, Zabulis Xenophon, Chatziantoniou Antonis, Patsiouras Nikolaos, Adami Ilia 提出了一种记录人类运动档案的方法，通过引入 Animation Studio（AnimIO）程序，对相关数据进行可视化、编辑和语义注释，并与运动捕捉（MoCap）以及计算机视觉获得的记录兼容。使用 AnimIO，操作者可以从多个同步记录中分离出片段，并以多模态动画文件导出，最终将其转化为多模态数据集和与传统工艺相关的行动和活动的 VR 演示。③

（5）非遗档案建设方法的探讨

对于非遗档案的管理，Susan Keitumetse 以博茨瓦纳地区为例，提出强化非遗档案建设与管理质量控制的必要性，并指出质量控制的依据主要体现在三个方面，第一，建立起来的非遗档案是否就是该非遗项目最原生的文化元素？第二，应该采取何种方式甄别和鉴定既有的非遗档案，以最大限度地确保非遗档案的原真性？第三，应该以何种方式来确保相关利益者能够可持续地开展非遗档案管

① Xianwei Zhang, Yang Liu. Research on Animation and Motion Capture Technology[C]. 2018 5th International Conference on Electrical & Electronics Engineering and Computer Science, 2018: 468.

② Paola Di Giuseppantonio Di Franco, Mark Winterbottom, Fabrizio Galeazzi, Mike Gogan. Ksar Said: Building Tunisian Young People's Critical Engagement with Their Heritage[J]. Sustainability, 2019, 11(5).

③ Partarakis Nikolaos, Zabulis Xenophon, Chatziantoniou Antonis, et al. An approach to The creation and Presentation of Reference Gesture Datasets, for The Preservation of Traditional Crafts[J]. Applied Sciences, 2020, 10(20).

理，并确保社区的广泛参与。而社区运营商和直接托管人的介入，非遗档案管理互动社区的建立，将使非遗档案管理的效率大大提高。① Chandra L. Reedy 通过对我国四川安多地区东部藏族文化区域内的 Bonpo 寺院和附近村庄的田野调查，对富有宗教色彩的仪式手工艺品和雕塑的整体制作工艺及其长期保存的方式方法等都进行了还原和重组。② Guha Shankar 则以 2008 年启动的"创意遗产项目"和"文化遣返计划"为例，指出非遗档案建设和管理的开展，需要加强对社区土著居民归档理念和技术的教育与培训，因为他们才是非遗真正的持有人，但是，土著社区面临的经济上的困窘、祖传土地和社区的位移、文化的损失、语言环境的消失以及随之而来的人口外徙，都给非遗资料的收集、建档带来很大的困难，因此，应在探索知识产权问题、机制的援助下，对非遗进行保护和管理，并促进其发展，通过建立新的网上图书馆，拓宽非遗资料收集、归档渠道，以提高非遗档案建设和管理水平。③ 此外，Laura Solanilla 还以加拉加斯大型国家档案馆为例，提出了非遗档案数字化管理的策略，她通过建立虚拟博物馆或虚拟档案馆，实行非遗档案的数字化保存，开展异质备份，并依据非遗所属历史、科技、地理和文化的不同背景，建立起一个非遗档案分类体系。④ Cristina Garduno. Freeman 指出澳大利亚图书馆、博物馆正开始将流行的

---

① Susan Keitumetse. UNESCO 2003 Convention on Intangible Heritage: Practical Implications for Heritage Management Approaches in Africa[J]. South African Archaeological Bulletin, 2006, 61(12).

② Chandra L. Reedy. Preserving Intangible Aspects of Cultural Materials: Bonpo Ritual Crafts of Amdo, Eastern Tibet[C]. Vandiver P B, McCarthy B, Tykot R H, Ruvalcabasil J L, Casadio F. Material Issues in Art Archaeology Ⅷ, 2008 (1047): 333.

③ Guha Shankar. From Subject to Producer: Reframing The Indigenous Heritage Through Cultural Documentation Training[J]. International Journal of Intangible Heritage, 2010(5).

④ Laura Solanilla. The Internet as A Tool for Communicating Life Stories: A New Challenge for 'Memory Institutions'[J]. International Journal of Intangible Heritage, 2008(3).

"照片共享"网站 Flickr 用于本国遗产资料的展示，用户除了观看图片外，也可组成小组，分享自己的摄影档案，参与对照片质量、照片内容的评价。① Daniel Michon，Yehuda Kalay 研究了多用户虚拟环境（MUVEs）这一新兴媒体，以柬埔寨 Sambor Prei Kuk 庙宇数字化建档为例，指出 MUVEs 对有形和无形遗产的数字化建模，可帮助用户获得对文化更动态的理解。② Hongxia Zhang，Jinbo Sun 从政策的角度探讨黄河三角洲地区体育非物质文化遗产的可持续发展。③ Sheenagh Pietrobruno 介绍了联合国教科文组织利用 YouTube 存储非遗视频的惯常做法。④ Renzo Stanley，Hernan Astudillo 针对建档过程中出现的非遗资料陈旧、不规范等问题，提出引入语义 wiki 参与式目录，吸收用户参与文本的收集、编辑，以提升非遗档案质量。⑤ GenFang Chen 介绍了中国昆曲剧本历史文献的数字化保存，提出以新的可编辑文本表示昆曲歌词多维树状信息结构，以基

---

①　Cristina Garduno Freeman, Photosharing on Flickr：Intangible Heritage and Emergent Publics[J]. International Journal of Heritage Studies, 2010, 16(4-5).

②　Daniel Michon, Yehuda Kalay. Virtual Sambor Prei Kuk：An Interactive Learning Tool[C]. Callaos N, Carrasquero J V, Oropeza A, Tremante A, Welsch F. Imsci'11：The 5th International Multi-Conference on Society, Cybernetics and Informatics, Vol. II, 2012：136.

③　Hongxia Zhang, Jinbo Sun, Study on The Sustainable Development of The Regional Sports Intangible Cultural Heritage from The Policy Perspective-Case Study of Yellow River Delta [C]. Tian Y. Proceedings of The 9th China National Convention on Sports Science, Vol. Ii：Sports Training & Physical Education History, 2012：248.

④　Sheenagh Pietrobruno, YouTube and The Social Archiving of Intangible Heritage[J]. New Media & Society, 2013, 15(8).

⑤　Renzo Stanley, Hernan Astudillo, Ontology and Semantic Wiki for an Intangible Cultural Heritage Inventory[C]. Aguilar J, Cerqueira E. Proceedings of The 2013 XXXIX Latin American Computing Conference (ClEI)：Proceedings of The Latin American Computing Conference, 2013：3.

于数字乐谱的音乐语义标注来适应昆区歌词的音乐特征。① Maria
Teresa Artese，Isabella Gagliardi 提出将 AESS 标签与多字网
（MWN）、AgroVoc 或 DBPedia 中的相应术语链接起来，用于非遗
存档与翻译，以提升非遗档案的质量。② Sheenagh Pietrobruno 结合
联合国教科文组织开展的土耳其 Mevlevi Sema 仪式保护实践，研究
了 YouTube 对于非遗档案建设与管理的积极作用。③ Maria Teresa
Artese，Isabella Gagliardi 设计并实现了伦巴第地区非遗档案数据框
架。④ Dan Bendrups 结合拉帕努伊复活节岛文化的 Fonck 音乐博物
馆建设，重点解析了录音及声音档案建设在非遗建档中的作用与价
值。⑤ Muqeem Khan 研究了基于 Web 的希腊传统医学数字存档。⑥
JrJie Jang，HsiungMing Liao，IChun Fan 介绍了"中央"研究院地理

---

① GenFang Chen. Intangible Cultural Heritage Preservation：An Exploratory
Study of Digitization of The Historical Literature of Chinese Kunqu Opera Librettos
［J］. ACM Journal on Computing and Cultural Heritage，2014，7(1).

② Maria Teresa Artese，Isabella Gagliardi. Multilingual Specialist Glossaries
in A Framework for Intangible Cultural Heritage［C］. Ioannides M，Magnenat
Thalmann N，Fink E，Zarnic R，Yen A Y，Quak E. Digital Heritage：Progress in
Cultural Heritage：Documentation，Preservation，and Protection：Lecture Notes in
Computer Science，2014，8740：767.

③ Sheenagh Pietrobruno. Between Narratives and Lists：Performing Digital
Intangible Heritage Through Global Media［J］. International Journal of Heritage
Studies，2014，20(7-8).

④ Maria Teresa Artese，Isabella Gagliardi. Framework for UNESCO
Intangible Cultural Heritage［C］. Soc Imaging Sci& Technol. Archiving 2014，Final
Program and Proceedings，2014：132.

⑤ Dan Bendrups. Sound Recordings and Cultural Heritage：The Fonck
Museum，The Felbermayer Collection，and Its Relevance to Contemporary Easter
Island Culture［J］. International Journal of Heritage Studies，2015，21(2).

⑥ Muqeem Khan，Reformulating The Repository，Digital Intangible Heritage，
Empathic Design and Greek/Unani Medicinal Practices［C］. Guidi G，Torres J C，
Scopigno R，Graf H，Remondino F，Brunet P，Barcelo J，Duranti L，Hazan S. 2015
Digital Heritage International Congress，Vol 2：Analysis & Interpretation Theory，
Methodologies，Preservation & Standards Digital Heritage Projects & Applications，
2015：487.

信息科学研究中心、人文社会科学研究中心(GIS 中心)主持建成的"中华文明时空基础设施"和"台湾历史文化地图"两个地理信息平台,解析了该平台开展的台湾非遗"风狮神"建设实践,透过内容管理系统添加、编辑、整理及查询资料,建造风狮神元数据和属性数据,构建专题 GIS 系统,形成一个具有文化资源数据和地理空间技术的互动平台。① Pinar Yelmi 结合伊斯坦布尔声音景观项目(GRAPHICS),从声音的角度评价日常生活中的文化和传统,指出非遗中声音元素的归档有助于形成独特的声音文化景观。② Vincenzo Lombardo, Antonio Pizzo, Rossana Damiano 结合 CIDOC-CRM 和 FRBE 探究了戏剧类非遗的抽象编码及可视化建设。③ Yunxia Wang, Lyndel V. Prott 介绍了阿洱羌族文化档案出版物《阿洱档案》,强调了对阿洱村村民知识产权的保护。④ Pinar Yelmi, Huseyin Kuscu, Asim Evren Yantac 探讨了现代技术在音景保存中的运用,介绍了这一方面的两个代表性项目"图书馆存档(伊斯坦布尔音景项目)"和"众包 Web Archive 项目",伊斯坦布尔声音景观项目主要收集和归档城市声音文化,而 Soundslike 项目则是一个众包在线声音建档的项目。⑤ YoonOk Park, EunSok Bae 指出随着数字

① JrJie Jang, HsiungMing Liao, IChun Fan. Spatial Information in Local Society's Cultural Conservation and Research[C]. Yen Y N, Weng K H, Cheng H M. 25th International CIPA Symposium, 2015, 40-5(W7):519.

② Pinar Yelmi. Protecting Contemporary Cultural Soundscapes as Intangible Cultural Heritage:Sounds of Istanbul[J]. International Journal of Heritage Studies, 2016, 22(4).

③ Vincenzo Lombardo, Antonio Pizzo, Rossana Damiano. Safeguarding and Accessing Drama as Intangible Cultural Heritage[J]. ACM Journal on Computing and Cultural Heritage, 2019, 9(1).

④ Yunxia Wang, Lyndel V. Prott. Cultural Revitalisation after Catastrophe:The Qiang Culture in A'er[J]. International Journal of Heritage Studies, 2016, 22(1).

⑤ Pinar Yelmi, Huseyin Kuscu, Asim Evren Yantac. Towards A Sustainable Crowdsourced Sound Heritage Archive by Public Participation:The Soundsslike Project[C]. Proceedings of The Nordichi'16:The 9th Nordic Conference on Human-Computer Interaction-Game Changing Design, 2016:5.

时代的到来和公众互动欲望的扩大，沉浸式体验成为博物馆组织信息展示的新方向，身临其境的场景体验和讲故事将为游客提供丰富而难忘的体验，帮助他们尽快成为积极的文化消费者。① Cecilia Bembibre，Matija Strlic 则关注了历史文献的气味特征，通过对图书馆中历史文献挥发出有机化合物的采集，创建了历史书籍气味论，提出了气味建档的观点。② Chiranthi Wijesundara，Winda Monika，Shigeo Sugimoto 提出了广义的数字环境文化遗产模型（CHDE）。③ Z. Ekim，Efsun Ekenyazici Gueney，Meltem Vatan 提出建立"集体记忆与身份"的建议，以减轻无形遗产管理保护与管理的风险。④ Almo Farina 提出乡村保护区是一个包含人类文化遗产和生物多样性的生态保护机构，建议将录音作为一种侵入性较低的生态调查和长期监测方法。⑤ Antonella Salucci，Giuseppe Marino 研究了阿布鲁佐建筑类非遗影像建档，指出静态或动态的图像是记录和保存多重短暂创造性记录不可替代的媒介。⑥ Griffith Hywelm，Tooth Stephen

---

① YoonOk Park, EunSok Bae. Creating Immersive Experiences in The Sokcho Museum[C]. Advanced Science Letters, 2017, 23(10)：9886.

② Cecilia Bembibre, Matija Strlic. Smell of Heritage：A Framework for The Identification, Analysis and Archival of Historic Odours [J]. Heritage Science, 2017, 5(5).

③ Chiranthi Wijesundara, Winda Monika, Shigeo Sugimoto. A Metadata Model to Organize Cultural Heritage Resources in Heterogeneous Information Environments[C]. Choemprayong S, Crestani F, Cunningham S J. Digital Libraries：Data, Information, and Knowledge for Digital Lives：Lecture Notes in Computer Science, 2017：81.

④ Z. Ekim, Efsun Ekenyazici Gueney, Meltem Vatan. Documenting The Intangible and The Use of "Collective Memory" as A Tool for Risk Mitigation[C]. Hayes J, Ouimet C, Quintero M S, Fai S, Smith L, ICOMOS/ISPRS International Scientific Committee on Heritage Documentation, 2017, 42-2(W5)：201.

⑤ Almo Farina, Rural Sanctuary：An Ecosemiotic Agency to Preserve Human Cultural Heritage and Biodiversity[J]. Biosemiotics, 2018, 11(1).

⑥ Antonella Salucci, Giuseppe Marino. Photography and Video for A Representation of The Intangible Cultural Heritage of Abruzzo[C]. Amoruso G. Putting Tradition into Practice：Heritage, Place and Design, 2018：727.

提出通过与阿根廷巴塔哥尼亚的威尔士殖民地居民的访谈以及对当地博物馆的关键文本进行分析，重建该殖民地 150 年来的洪水和干旱历史档案，使这些洪水或干旱记忆与其他文化和语言的记忆相结合，最终将有助于发展社区对 21 世纪水文气候变化的复原力。①

2. 国外非遗档案传播研究进展

在此基础上，笔者以（'intangible'＋'nonphysical'＋'immaterial'）＊'cultural heritage'＊（'record'＋'documentation'＋'archiving'＋'archives'＋'archival'）＊（'dissemination'＋'transmit'＋'propagation'＋'communicate'＋'spread'）为关键词进行国外非遗档案传播相关成果的统计，筛选后得到外文文献 18 篇（截至 2022 年 9 月），其中期刊论文 14 篇，会议论文 2 篇，专著章节 2 篇，其年度分布如图 1-6 所示：

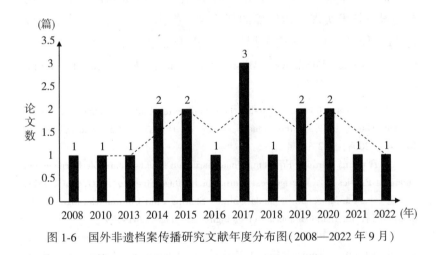

图 1-6　国外非遗档案传播研究文献年度分布图（2008—2022 年 9 月）

深读上述文献后，笔者发现，国外非遗档案传播的研究主题主

---

① Griffiths Hywelm, Tooth Stephen. Remembering and Forgetting Floods and Droughts：Lessons from The Welsh Colony in Patagonia［J］. Cultural Geographies，2021，28(2).

要集中于传播技术的探讨、传播主体的认定以及传播方式的总结三个方面。

(1)非遗档案传播技术的探讨

对于非遗档案的传播技术,众多学者专注于非遗传播中新科学技术的引进,以及科学技术运用经验的总结。Maureen Thomas 提出利用数字媒体延长博物馆的参观时间,以数字互动视听产品提升传播效果。① Cristina Garduno Freeman 介绍了澳大利亚图书馆、博物馆利用 Flickr 吸引公众参与,开展非遗档案传播的实践。② Sabine Marschall 介绍了旨在记录和分享南非东海岸祖鲁人社区口述历史的互动双语(英语和伊苏鲁语)网站"eNanda Online",阐述其如何结合国家和国际重要政策和立法的目标与建议,成为收集、促进和保护非遗的新途径。③ Sheenagh Pietrobruno 介绍了联合国教科文组织利用 YouTube 开展的非遗信息公布,以及对土耳其 Mevlevi Sema 仪式的传播实践。④ Alessandro Pozzebon, Silvia Calamai 研究了利用智能设备技术实现非遗传播的新途径,提出"声音旅游"计划,设计 APP 程序,创设非遗虚拟场景以提升非遗传播效果。⑤ Kazuya Kojima, Kohei Furukawa, Mitsuru Maruyama, Kozaburo Hachimura

---

① Maureen Thomas. Digitality and Immaterial Culture:What Did Viking Women Think?[J]. International Journal of Digital Culture and Electronic Tourism,2008,1(2-3).

② Cristina Garduno Freeman. Photosharing on Flickr:Intangible Heritage and Emergent Publics[J]. International Journal of Heritage Studies,2010,16(4-5SI).

③ Sabine Marschall. Enanda Online:Sharing Zulu Cultural Heritage on The Internet[J]. International Journal of Intangible Heritage,2014,9.

④ Sheenagh Pietrobruno. Between Narratives and Lists:Performing Digital Intangible Heritage Through Global Media[J]. International Journal of Heritage Studies,2014,20(7-8SI).

⑤ Alessandro Pozzebon,Silvia Calamai. Smart Devices for Intangible Cultural Heritage Fruition[C]. Guidi G,Torres J C,Scopigno R,Graf H,Remondino F,Brunet P,Barcelo J,Duranti L,Hazan S. 2015 Digital Heritage International Congress,Vol. 1:Digitization & Acquisition,Computer Graphics & Interaction,2015:336.

介绍了基于先进技术的传统表演艺术数字档案系统，用 MOCAP 系统测量人体运动，收集人体运动数据，运用 CG 模拟人物，构建虚拟场景，运用实时运动捕捉技术、实时网络传输技术和实时绘制技术，将非遗运动传输到世界多地，提升用户体验，强化非遗传播。① Celia M. Q. Ramos，Joao M. F. Rodrigues 提出运用信息和通信技术促进非遗档案的传播，提高情感沉浸与展示，以增强对深层次知识的传播。② Katz Brian F. G，Murphy Damian，Farina Angelo 开发了一个博物馆级别的音乐软件用于传播非遗档案，提供可适应多种平台的沉浸式音频体验，大到场外沉浸式扬声器装置，小到通过智能手机应用的移动 XR。③

（2）非遗档案传播主体的认定

针对非遗档案的传播主体，MyungJin Lee（2015）以韩国光州和吉莲道地区的盘锁里非遗项目为例，从地方政府和传承人角度提出了增加传播力的策略，指出地方政府要制定扶持计划，指定专门人员负责，传承人既要培养个人能力，又要培养保护地方文化的责任感。④ JungSo Kim 调查并总结了现有民间博物馆开展非遗建档及其

① Kazuya Kojima, Kohei Furukawa, Mitsuru Maruyama, Kozaburo Hachimura. Multi-Site Linked Mocap Streaming System for Digital Archive of Intangible Cultural Heritage［C］. 2017 International Conference on Culture and Computing（Culture and Computing），2017：61.

② Celia M. Q. Ramos, Joao M. F. Rodrigues. Tourism and Technology：A Religious Tourist Experience Framework［J］. Rosa Dos Ventos-Turismo E Hospitalidade，2017，9（1）.

③ Katz Brian F. G, Murphy Damian, Farina Angelo. The Past Has Ears （PHE）：XR Explorations of Acoustic Spaces as Cultural Heritage［C］.// International Conference on Augmented Reality, Virtual Reality and Computer Graphics. Springer, Cham, 2020：96.

④ Myungjin Lee. An Effect of Intangible Cultural Heritage System on The Transmission of Pansori-Concerning Gwangjund Jeollanam-Do Area［J］. Journal of Pansori，2015（40）.

传播的实践。① Weijia Guan，Liang Qiao，Kun Chen 从中国海洋历史文化传播现状出发，提出由博物馆、新闻媒体和非遗传承人三方主体共同出力，搭建包含数字虚拟博物馆、微信、微博和移动新媒体终端的数字化传播平台。②

（3）非遗档案传播方式的总结

对于非遗档案的传播方式，Nakhyun Kwak 建议将非遗资料编入教材，以教学助力传播，设置专门的传播中心，强化相关培训。③ Ji-hee Kim，Young Hak Lee 建议重点建设非遗教育与传承培训中心，加强对非遗档案的传播。④ Zoran Radosavljevic，Tijana Ljubisavljevic 指出包括基金会和博物馆在内的塞尔维亚文化机构虽已开展了非遗数字化工作，但是公众对文化事业兴趣的缺乏使得参观人数明显减少，提出将数字化建设与文化旅游发展结合起来，在旅游中加强数字化档案的传播，引入虚拟旅游、增强现实、视频游戏和讲故事等技术与方法，以文化营销带动文化传播。⑤ Bianconi F，Filippucci M，Mommi C 以佩鲁贾 Fontivegge 地区车站设计方案的数字重建工作为例，提出通过研究历史和档案史料收集相关非遗数据，对非遗档案进行语言学重建，重建 3D 模型之后，创建模拟

① JungSo Kim. The Necessity and Building Plan for The Archive of Folk Museum[J]. Yeol-Sang Journal of Classical Studies，2016(51).

② Weijia Guan，Liang Qiao，Kun Chen. Dissemination of Marine History and Culture Based on Virtual Museum Technology[J]. Journal of Coastal Research，2020，110(SI).

③ Nakhyun Kwak. The Transmission Direction and Tasks of Ssireum as A National Intangible Cultural Heritage[J]. Oriental Classical Studies，2017(67).

④ JiHee Kim，Young Hak Lee. A Study on The Documentation Method of Intangible Cultural Heritage and Training Center[J]. The Korean Journal of Archival Studies，2018(56).

⑤ Zoran Radosavljevic，Tijana Ljubisavljevic. Digitization of Cultural Heritage as A Potential for Increasing Museum Attendance in Central Serbia[J]. Bizinfo（Blace）Journal of Economics，Management and Informatics，2019，10(1).

图像和虚拟现实图景，促进非遗档案传播。①

3. 国内非遗档案研究进展

在了解国外非遗档案、非遗档案传播研究进展的同时，笔者又以"非物质文化遗产档案"或"非遗档案"为关键词，在中国知网上进行国内非遗研究的主题检索，筛选后共得文献 886 篇（截至 2022 年 9 月），其中期刊论文 704 篇、会议论文 19 篇，博士论文 16 篇，硕士论文 147 篇，其年度分布如图 1-7 所示。

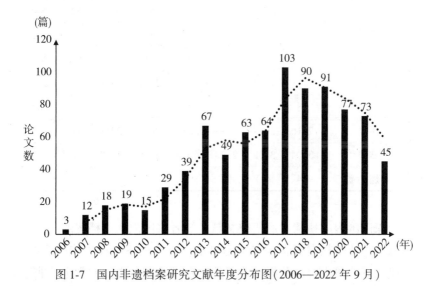

图 1-7　国内非遗档案研究文献年度分布图（2006—2022 年 9 月）

由图 1-7 可知，我国非遗档案方面最早的研究成果是发表于 2006 年的《档案部门应加强对非物质文化遗产档案的收集》一文，这是对档案部门参与非遗档案建设与管理的倡导和呼吁，充分反映出档案部门对非遗建档意识的提高。笔者将我国非遗档案方面的研

---

① Bianconi F, Filippucci M, Mommi C. The Seduction of The Simulation. 3D Modelling and Storytelling of Unrealized Perugia Rail Station［J］. The International Archives of Photogrammetry, Remote Sensing and Spatial Information Sciences, 2022, 43.

究成果与非遗方面的研究成果进行比较(见表1-2),发现不论是论文总数还是年度论文数,非遗档案的研究成果数占比都非常少,说明国内非遗领域对非遗档案的研究是有限的。我国非遗档案的年度成果呈现出稳中有升的发展态势,同非遗研究的高度上扬也有着较大的差别。

表1-2   国内非遗与非遗档案成果统计比较一览表

年度	1997	2001	2002	2003	2004	2005	2006	2007
非遗	1	2	13	38	53	122	525	841
非遗档案	0	0	0	0	0	0	3	12
年度	2008	2009	2010	2011	2012	2013	2014	2015
非遗	1211	1491	1748	2119	2361	2338	2605	2769
非遗档案	18	19	15	29	39	67	49	63
年度	2016	2017	2018	2019	2020	2021	2022	
非遗	3104	3362	3820	4043	4556	5340	3434	
非遗档案	64	103	90	91	77	73	45	

深读国内非遗档案的研究文献,笔者将国内非遗档案的研究主题总结为非遗档案概念与属性的界定、非遗档案建设主体的安排、非遗档案建设内容的分析、非遗档案建设原则与方法的制定、非遗档案建设技术的研发、非遗建档相关法律法规的梳理和非遗档案开发利用七个方面。

(1)非遗档案概念与属性的界定

针对非遗档案的概念,胡芸、顾永贵[1]和席会芬[2]均认为,凡是从保护非遗的目的出发,运用文字、录音、录像等多种形式建立

82

---

[1] 胡芸,顾永贵.如何做好民族民间非物质文化遗产档案管理工作[J].中国档案,2008(5).

[2] 席会芬.论档案库建设参与非物质文化遗产保护的研究[J].兰台世界,2012(20).

起非遗历史记录都是非遗档案。狭义"非遗档案"观的代表是孙展红,他将非遗档案的范畴主要圈定在非遗申报过程中形成的相关材料和支持采录上,认为非遗申报过程中收集、整理、编纂,以及成功申报后对该项目实施管理过程中形成的相关记录,都属于非遗档案主要组成。① 李蔚指出非遗档案是指在非遗活动中形成的具有保存价值的各种载体的档案材料。② 华林、郑荃、杨晓敏专门界定了少数民族非遗档案是少数民族在长期社会历史实践活动中形成的极其珍贵的原始文献。③ 宋夏南指出非遗档案是具有研究和保存价值的非遗本身的载体和表现形式,以及档案工作者在收集非遗过程中所形成的各种文字、图表、声像、实物等不同形式的材料。④ 李树青则对非遗传承人档案的概念、内容、特点、地位与作用进行了专门的界定。⑤ 钟洪林指出非遗档案是人类在非遗实践活动中所形成的具有保存价值的文字、图表、声像以及各种形态的原始记录。⑥

对于非遗档案的特征和价值,国内档案界公认的是原始记录性,这是非遗档案作为档案的基本特性,至于其他特性,不同学者的观点不同,如李英认为非遗档案有着文化特异、内容丰富、载体多样、动态发展和资源稀缺等特点。⑦ 陈祖芬总结出妈祖信俗非遗档案有着内容丰富、载体形式复杂、保存地点分散、生存状态濒危

---

① 孙展红. 浅谈非物质文化遗产档案管理[J]. 黑龙江档案,2009(3).

② 李蔚. 创新思维 积极探索档案资源整合新方法——非物质文化遗产档案征集与管理[J]. 云南档案,2011(2).

③ 华林,郑荃,杨晓敏. 论少数民族非物质档案遗产的抢救问题[J]. 兰台世界,2011(2).

④ 宋夏南. 非物质文化遗产档案收集的若干思考[J]. 浙江档案,2014(9).

⑤ 李树青. 传承人档案:非物质文化遗产档案管理的核心[J]. 山东档案,2014(3).

⑥ 钟洪林. 浅议非物质文化遗产档案标准化[J]. 档案时空,2017(12).

⑦ 李英. 非物质文化遗产档案的特点和建档原则[J]. 档案管理,2012(1).

和整理状况较为零散五个特点。① 郎元智、孙海燕指出非遗档案具有"人本性""文化个性""地域性"等特点。② 吕丽辉、潘松认为非遗档案具有可供旅游开发的独特性与原生性特点。③ 何屹总结出非遗档案有着区域性、多样性、活态性和成套性的特点。④ 陆庆华、吴品才比较了非遗与档案在属性上的相同点，如原始性、真实性、历史性、文化性、社会性与价值性，肯定了非遗是可以被档案化的，同时也指出两者存在着不同，如载体的流变与否、传承能力和真实保障能力等，进而明确非遗应该被档案化。⑤ 赵雪芹、路鑫雯、李天娥、陈瑞总结出非遗档案具有知识多元性、保管分散性和内容活态性的特征。⑥ 朱伶杰、朱娅妮、张倩认为非遗档案具备文化价值、教育价值、经济价值和民族价值，指出新的社会环境中需要创新传播方式来寻求最大程度的非遗档案价值实现。⑦

（2）非遗档案建设主体的安排

对于非遗档案建设主体的研究，笔者将研究内容总结为"应然""实然"和"对策"三方面。"应然"是对非遗档案建设合理主体局面的探讨，"实然"是对非遗档案建设主体现实状况的总结，"对策"则是对如何改变现有瓶颈，构建合理主体局面策略的提出。

围绕非遗档案建设主体的现实状况，很多学者都表达了他们的担忧。周耀林和程齐凯指出在现行的国家政策下，具有专业档案管

① 陈祖芬. 现存妈祖信俗非物质文化遗产档案的特点[J]. 文化遗产，2014(3).

② 郎元智，孙海燕. 建设非物质文化遗产档案的原则及其有效利用[J]. 兰台世界，2014(14).

③ 吕丽辉，潘松. 非物质文化遗产档案旅游开发的利益关系研究[J]. 哈尔滨商业大学学报(社会科学版)，2014(1).

④ 何屹. 非遗档案特点及创新管理[J]. 兰台世界，2015(8).

⑤ 陆庆华，吴品才. 非物质文化遗产与档案的属性比较[J]. 中国档案研究，2017(2).

⑥ 赵雪芹，路鑫雯，李天娥，陈瑞. 领域知识图谱在非遗档案资源知识组织中的应用探索[J]. 档案学通讯，2021(3).

⑦ 朱伶杰，朱娅妮，张倩. 非遗档案的价值理解与主体确认——基于抖音短视频的分析[J]. 档案管理，2021(6).

理水平与能力的档案部门很难很好地参与到非遗档案管理中，民间公益组织以及公众在非遗档案管理中的参与程度也很低。① 李姗姗和周耀林也提出现行的非遗档案管理工作主要是由文化主管部门来负责，但文化部门由于自身的局限不能很好地胜任非遗建档工作。② 陈祖芬认为"现实工作可能主体并未全部成为非遗档案管理的现实主体，这种主体上的缺位带来的是政府主导干涉过多、多头管理、档案分散等问题"。③ 王云庆也直言不讳地提出档案机构在非遗档案管理中已被边缘化了。④ 罗宗奎则指出博物馆、纪念馆、档案馆、各种研究团体、政府文化机构、民间个人等在内的多元档案所有和管理体系的存在，带来的是档案管理的高度分散以及不易控制，很容易造成档案的流失和滥用。⑤ 杨红指出文化部门在非遗保护中对归档重要性的认识程度不够，档案部门又没有实现过程监督，造成档案资料的散失。⑥ 吴芳、宁现伟指出档案机构在我国"非遗"保护中处于名义上被边缘化甚至被忽略的地位，但实际上却发挥着不可替代的重要作用的尴尬地位。⑦ 戴旸提出政府的一力主导是我国非遗建档工作的现实局面。⑧

---

① 周耀林，程齐凯．论基于群体智慧的非物质文化遗产档案管理体制的创新[J]．信息资源管理学报，2011(2)．

② 李姗姗，周耀林，戴旸．非物质文化遗产信息资源档案式管理的瓶颈与突破[J]．信息资源管理学报，2011(3)．

③ 席会芬．高校图书馆加强对非物质文化遗产档案的管理[J]．河南图书馆学刊，2011(3)．

④ 王云庆，陈建．保护非物质文化遗产：警惕档案机构边缘化[J]．档案学通讯，2011(1)．

⑤ 罗宗奎，王芳．知识产权法体系下开发利用非物质文化遗产档案的优势和基本原则[J]．档案学通讯，2012(2)．

⑥ 杨红．非物质文化遗产档案管理法律政策背景研究[J]．中国档案，2012(12)．

⑦ 吴芳，宁现伟．"非遗"保护：档案机构何去何从[J]．兰台世界，2013(32)．

⑧ 戴旸．应然与实然：对我国非物质文化遗产建档主体的思考[J]．档案学通讯，2014(4)．

针对这一问题，学者们认真发现并审视了可能或应该参与到非遗档案建设中的主体。席会芬①、王云庆②和俞仲英③都认为图书馆等文化事业机构都有责任承担起非遗档案建设的任务，通过建立非遗口述档案、建立非遗口述档案数据库等来保护非遗的口述档案。胡怀莲分析了图书馆保护非遗的角色定位，指出公共图书馆应在非遗保护中重新审视自身的功能，充分发挥自身优势，在配合文化机构的基础上走出符合自身特色的路子。④ 郭春玲⑤、刘方、李师龙⑥专门探讨了高校图书馆在非遗数字化建档中的地位、作用及实施途径。刘瑾以长宁社区（街镇）图书馆为例，研究了基层图书馆参与非遗建档的现实意义及参与路径。⑦ 夏有军以衢州地区公共图书馆为例，探索了公共图书馆在非遗建档中的举措。⑧ 弋晓宁分析了档案馆在保护非遗中的作用，包括收集专项非遗资料以便建档保存、拓展非遗档案的收集途径和方式、为专项非遗立档保存、确保有关档案的完整与安全并促进利用等。⑨ 王玉平总结了档案馆对非遗档案保护的内容，包括成立专门机构、积极参与非遗保护活

① 席会芬.高校图书馆加强对非物质文化遗产档案的管理[J].河南图书馆学刊，2011（3）.

② 王云庆.图书馆等文化事业机构保护非物质文化遗产的措施[J].图书情报工作，2007（8）.

③ 俞仲英.非物质文化遗产的记录和保存——档案管理与非遗保护[J].浙江档案，2009（12）.

④ 胡怀莲.公共图书馆参与非物质文化遗产保护的角色辨析[J].四川图书馆学报，2013（2）.

⑤ 郭春玲.非物质文化遗产保护中高校图书馆的定位再研究[J].榆林学院学报，2014（4）.

⑥ 刘方，李师龙.高校图书馆开展非物质文化遗产数字化保护研究[J].情报探索，2016（10）.

⑦ 刘瑾.基层图书馆参与"非遗"传承和保护的初探——以长宁社区（街道）图书馆为例[J].上海高校图书情报工作研究，2018（1）.

⑧ 夏有军.公共图书馆在非遗保护与传承中的创新服务研究——以浙江省衢州市为例[J].图书馆研究与工作，2019（2）.

⑨ 弋晓宁.正视档案馆在保护非物质文化遗产中的作用[J].运城学院学报，2009（2）.

动、提供申遗和为遗产鉴定工作服务、实行分级保护、拓展档案收
集途径等。① 陶少华以重庆市秀山县土家族民族知识精英杨 ZB 为
例，总结了民族精英在民族非遗档案收集整理工作中的语言交流优
势、主位视角优势、人际交往优势和理论知识优势。② 孟俊峰以万
安吴鲁衡罗经老店传承人为例，介绍了传承人在非遗档案的管理与
保护中的优势、作用与实践。③ 施慧以南京市民俗博物馆非遗保护
实践为例，建议非遗保护文博场馆可以凭借自身的优势，建立起非
遗保护档案，进而开展非遗理论研究，传统文化的保护、宣传、传
承及开发利用。④ 潘彬彬以南京市非遗馆为例，探究博物馆在非遗
建档中的参与及实施。⑤ 马千里指出在编制非遗清单过程中，无论
是以政府公共部门为主导，还是以社区或非政府组织为主导，都需
要社区的参与。⑥ 夏洞明、蒋倩以金陵图书馆为例，指出非遗具有
明显的地域性，公共图书馆参与地方非遗的宣传和保护，既是法律
要求，也是其文化担当、自身职责所在。⑦

　　为了构建合理的非遗档案建设主体局面，学者们结合自身的研
究提出了建议。周耀林和程齐凯认为非遗档案建设的主体局面应是
一个囊括各级政府、各级事业单位、各级各类文化事业机构、非遗

　　① 王玉平. 论档案馆对非物质文化遗产档案的管理[J]. 东岳论丛,
2010(7).

　　② 陶少华. 民族精英收集整理民族非物质文化遗产档案的人类学考
察——以杨 ZB 搜集新院子花灯"唢呐皮"档案为例[J]. 四川民族学院学报,
2013(2).

　　③ 孟俊峰. 传承人在"非遗"档案管理与保护中的优势及作用——以吴
鲁衡罗经老店传人为例[J]. 山西档案, 2016(4).

　　④ 施慧. 新时期非遗档案的保护与利用——以南京市民俗(非遗)博物
馆为例[J]. 档案学研究, 2017(S2).

　　⑤ 潘彬彬. 非物质文化遗产博物馆非遗档案工作刍议——以南京市非
物质文化遗产馆为例[J]. 档案与建设, 2017(7).

　　⑥ 马千里. 非物质文化遗产清单编制中的社区参与问题[J]. 民族艺术,
2017(3).

　　⑦ 夏洞明, 蒋倩. 公共图书馆对地方非物质文化遗产宣传和保护的实
践与思考——以金陵图书馆为例[J]. 图书情报研究, 2018(4).

研究性机构以及非遗传承人在内的多元主体群。① 王云庆指出档案机构必要且必须参与到非遗档案建设中，档案机构要警惕自身进一步地被边缘化，同时也应该以更积极的姿态投身到非遗档案建设工作中。② 周耀林和程齐凯提出，要进行管理体制上的改革，在保障文化管理部门管理非遗档案管理工作的同时，发动档案部门实施业务指导，调动公众广泛参与到非遗档案管理工作中去。③ 罗宗奎主张将非遗档案建设纳入知识产权保护的法律框架之下，让传承人真正成为遗产的"所有者"或"所有群体"，提升社会公众参与非遗档案建设与保护的自觉性和主动性。④ 储蕾指出应构建起一个以政府为主导、档案机构为主体、公共文化部门为支持，广大专家和学者联合参与并指导的非遗档案管理主体结构。⑤ 戴旸、胡冰倩、冯丽则认识到公众的参与影响着非遗建档的进程与质量，总结了国外非遗建档收集、宣传、传承诸环节中公众的参与情况，为我国提供借鉴。⑥ 杨红阐释了档案部门参与非遗保护的动因，提出由档案部门主持建设非遗数据库的主张。⑦ 周耀林、程齐凯设计了基于群体智慧的非遗档案管理主体机制。⑧ 陈祖芬指出非遗档案管理主体可立

---

① 周耀林，程齐凯．论基于群体智慧的非物质文化遗产档案管理体制的创新[J]．信息资源管理学报，2011(2)．

② 王云庆，陈建．保护非物质文化遗产：警惕档案机构边缘化[J]．档案学通讯，2011(1)．

③ 周耀林，程齐凯．论基于群体智慧的非物质文化遗产档案管理体制的创新[J]．信息资源管理学报，2011(2)．

④ 罗宗奎，王芳．知识产权法体系下开发利用非物质文化遗产档案的优势和基本原则[J]．档案学通讯，2012(2)．

⑤ 储蕾．非物质文化遗产档案化保护研究[D]．苏州：苏州大学，2012．

⑥ 戴旸，胡冰倩，冯丽．国外公众参与非物质文化遗产建档实践及其借鉴[J]．中州大学学报，2015(1)．

⑦ 杨红．档案部门与非物质文化遗产数据库建设[J]．北京档案，2011(3)．

⑧ 周耀林，程齐凯．论基于群体智慧的非物质文化遗产档案管理体制的创新[J]．信息资源管理学报，2011(2)．

足形成者、档案馆或非遗保护中心，加强合作，优势互补。① 韩娟建议设立非遗协会，开展非遗集体管理，并在非遗协会下设立"保护非遗基金会"。② 黄志强、于宁宁、张园园分析了博物馆在非遗保护中的优势。③ 王巧玲、孙爱萍遴选出非遗档案工作中的九类主体，分析了他们的角色定位，提出各组的工作侧重点。④ 戴旸提出我国非遗建档工作应是一项由多元主体共同参与的事业，提出应引导多元主体参与、激发群体智慧。⑤ 王春华提出非遗精准传播的主体包括政府、档案馆、社会组织、受众等，明确受众结构，善于利用媒体技术，构建起信息反馈机制，并充实整合档案资料。⑥ 锅艳玲、郑艳菊从"民间——政府型"模式出发，分析了"政府主导，公众参与"这一主体原则的应有之义，理顺了公众与政府的关系，并从加强专业指导、优化设计公众参与模式与流程等方面提出改进策略。⑦ 黄体杨针对我国当前非遗建设中的多元主体参与的局面，提出了协调治理的原则，并就主体间的协同与互动提出了具体的建议。⑧ 王巧玲、李希以中国本土化实践为背景，将非遗建档相关主

① 陈祖芬. 非物质文化遗产档案管理主体研究——以妈祖信俗档案管理为例[J]. 档案学通讯, 2011(1).

② 韩娟. 非物质文化遗产数字化的著作权保护——集体管理模式的设想[J]. 法制与社会, 2012(35).

③ 黄志强, 于宁宁, 张园园. 论博物馆在齐齐哈尔非物质文化遗产保护与传承中的作用[J]. 齐齐哈尔大学学报(哲学社会科学版), 2012(4).

④ 王巧玲, 孙爱萍. 非物质文化遗产档案工作相关主体分析[J]. 山西档案, 2013(2).

⑤ 戴旸. 应然与实然: 对我国非物质文化遗产建档主体的思考[J]. 档案学通讯, 2014(4).

⑥ 王春华. "非遗"档案文化的精准传播模式研究[J]. 山西档案, 2017(4).

⑦ 锅艳玲, 郑艳菊. "后申遗时代"非遗档案化保护的公众参与研究[J]. 档案与建设, 2018(8).

⑧ 黄体杨. 非物质文化遗产传承人建档保护: 文本分析与田野调查[J]. 档案学研究, 2018(3).

体细分为 10 类，并深入分析了 10 类建档主体的特性及相互关系。① 饶克俭、高宁指出非遗档案特点的多样性决定了非遗保护、开发及传承需要涉及政府机构、档案机构、非遗机构与个人和社会力量等多个主体，并分析了不同主体功能和作用。②

（3）非遗档案建设内容的分析

非遗档案建设内容的研究主要从两方面进行：一是非遗档案内容与组成的分析；二是非遗档案建设工作的内容。对于非遗档案的内容，赵林林、王云庆从"大档案观"理念出发，将其划分为实物档案、记忆档案和"申遗"档案三部分。③ 何永斌、陈海玉则将非遗档案建设内容分解为非遗发展历程、生存现状、代表性道具、主要传承人及相关活动记录五个部分。④ 陈祖芬具体研究了妈祖信俗档案的组成，指出包括宫庙纪实类档案、海像纪实类档案、祭典纪实类档案和口述实录类档案。⑤ 汤建容将非遗档案分为实物档案、文献书籍档案、人物档案、非遗"申遗"档案和非遗声像档案。⑥ 吕鸿认为口述档案包括"口述历史、口述资料、口头传说和活档案"。⑦ 对于非遗档案建设工作的内容，储蕾将其划分为收集、建档、保管、利用和宣传五个环节。⑧ 李琳、滕志朋指出要推动非遗档案式

① 王巧玲，李希．本土化实践背景下我国非遗建档相关主体分析[J]．档案管理，2021(2)．

② 饶克俭，高宁．共同遗产视域下地方非遗档案资源的多维建构策略研究[J]．档案管理，2022(4)．

③ 王云庆，赵林林．论非物质文化遗产档案及其保护原则[J]．档案学通讯，2008(1)．

④ 何永斌，陈海玉．非物质文化遗产档案工作体系建设刍议[J]．四川档案，2008(6)．

⑤ 陈祖芬，杨燕玉，江丽华，等．《海神妈祖》的非物质文化遗产档案价值[J]．兰台世界，2011(20)．

⑥ 汤建容．武陵山区非物质文化遗产档案及其分类[J]．兰台世界，2012(29)．

⑦ 吕鸿．非物质文化遗产保护视野中的口述档案[J]．甘肃社会科学，2008(3)．

⑧ 储蕾．非物质文化遗产档案化保护研究[D]．苏州：苏州大学，2012．

保护从静态向活态转变，具体做好非遗档案收集整理、非遗档案多媒体数据建设、非遗活态档案建设三方面工作。① 王惠从语言文学类非遗资源的收集、归档范围、整理工作、鉴定与保管以及开发与利用等方面探究非遗建设的内容。② 黄琴将非遗建档总结为"收集—整理—鉴定—保管—利用"五个环节。③ 曾志强、程术兵研究了舞龙舞狮文化建档策略，提出突破传统尊重非遗档案属地、创新全宗非遗档案管理分类、档案数字智能合作共建及规范互通等建设策略。④ 郭慧玲、王云庆以道真仫佬族傩戏为例，探究了非遗档案的管理、保存、传承及利用。⑤ 朱丽、王泽媛以山西省泽州县"牛拉桩"表演为例，总结了民俗技艺档案的建设策略，包括发掘其传承谱系，为非遗传承人"编家谱"、整理其表演形式与文化情境，建立非遗保护项目的"大档案"，民俗表演景观化，打造非遗保护的"景观档案"。⑥ 宋歌以桃花坞木刻年画特色档案为例，从明确建档范围、建档方式以及档案管理应用等多个角度探讨了桃花坞木刻年画特色档案的规范化、科学化发展。⑦ 吴彦洁、张文琦、杨宇、李沂珂针对白族绕三灵非遗档案现状，分析存在的问题，提出了加强非遗档案资源建设、创新特色数据库建设、研发特色产品和开发

① 李琳，滕志朋. 非物质文化遗产档案式保护：从静态走向活态——以仫佬族民歌档案为例[J]. 黑龙江史志，2014(13).

② 王惠. 河南语言文学类非物质文化遗产的档案管理研究[J]. 档案管理，2016(6).

③ 黄琴. 非物质文化遗产建档基本模式探析[J]. 兰台世界，2018(11).

④ 曾志强，程术兵. 地域性非物质文化遗产档案保护研究——以舞龙舞狮文化为例[J]. 山西档案，2018(5).

⑤ 郭慧玲，王云庆. 道真仡佬族傩戏档案化保护策略[J]. 遗产与保护研究，2019(3).

⑥ 朱丽，王泽媛. 民俗技艺档案的建立与保护——以山西省泽州县"牛拉桩"表演为例[J]. 中共山西省委党校学报，2018(1).

⑦ 宋歌. 桃花坞木刻年画特色档案的建设和管理[J]. 档案管理，2021(5).

旅游资源等建设策略。①

　　在此基础上，一些学者还对非遗档案建设工作中的具体环节展开了研究。王云庆、陈建专门研究了非遗档案建设中的展览环节。② 陈萍研究了非遗档案的编研。③ 彭伟以扬州漆器髹饰技艺项目代表性传承人张宇为例，研究了非遗传承人资料的征集与建设。④ 邓冬梅结合大兴区档案馆工作实践，研究了档案部门开展的非遗档案资料征集宣传工作。⑤ 陈哲阐述了满族非遗档案信息管理平台的建设。⑥ 叶鹏、周耀林专门研究了非遗档案的元数据。⑦ 戴旸研究了我国非遗建档标准建设，提出构建非遗建档标准体系的主张。⑧ 钟星、甘超逊专门研究了非遗档案的编研成果——首部融入档案元素非遗口述 AR 影像图书《了不起的非遗》，称其为国内档案部门在非遗保护传承和数字化传播方面的重大创新之举。⑨ 侯西龙、谈国新、庄文杰、唐铭研究并构建了非遗知识关联数据集与知

　　① 吴彦洁，张文琦，杨宇，李沂珂．白族绕三灵非遗档案活态性开发研究[J]．档案管理，2021(4)．

　　② 王云庆，陈建．非物质文化遗产档案展览研究[J]．档案学通讯，2012(4)．

　　③ 陈萍．开展非物质文化遗产档案编研的思考[J]．兰台世界，2012(5)．

　　④ 彭伟．国家级非遗传承人张宇档案资料征集记[J]．档案与建设，2013(8)．

　　⑤ 邓冬梅．大兴区档案局开展非物质文化遗产档案资料征集及宣传工作[J]．兰台世界，2013(22)．

　　⑥ 陈哲．满族非物质文化遗产档案信息管理平台的构建研究[J]．现代情报，2013(1)．

　　⑦ 叶鹏，周耀林．论我国非物质文化遗产档案元数据的创立思路与语意标准[J]．忻州师范学院学报，2014(2)．

　　⑧ 戴旸．非物质文化遗产建档标准的建设：国外经验与中国对策[J]．档案学通讯，2016(6)．

　　⑨ 钟星，甘超逊．全国首部融入档案元素的非遗口述 AR 影像图书《了不起的非遗》首发[J]．档案记忆，2019(5)．

识服务平台。①

（4）非遗档案建设原则与方法的制定

在明确了非遗档案建设内容的基础上，一些学者们也认识到非遗档案建设是一项系统而复杂的工作，需要遵循一定的原则，采纳一定的方法，以提高工作效率。为此，孙展红在非遗档案建设工作启动之初就提出"依项建档、分级建档和抢救性"工作原则。② 李英将非遗建档原则总结为及时性原则、系统性原则、保护性原则和真实性原则四个方面。③ 罗宗奎将知识产权法体系下非遗档案开发利用的原则总结为分类开发利用、激励创新和利益平衡三大原则。④戴旸则总结出非遗档案信息化的原则是"统一领导，分级管理""维护'本真'，适当优先""慎用技术，确保通用""重视效益，保障安全"四个。⑤ 王伟杰论述了非遗保护与开发、传承方式的固守与创新以及利用社区实现动态传承的诸多问题，提出了坚持非遗的可持续发展、本真性保护至上、完整性传承及多样化保护的四大原则。⑥ 王静提出了非遗传承人建档要遵从齐全完整、真实合理、系统整合、优化利用四个原则。⑦

对于非遗档案建设的方法，覃凤琴指出要通过普查→记录→整

① 侯西龙，谈国新，庄文杰，唐铭．基于关联数据的非物质文化遗产知识管理研究[J]．中国图书馆学报，2019(2).

② 孙展红．浅谈非物质文化遗产档案管理[J]．黑龙江档案，2009(3).

③ 李英．非物质文化遗产档案的特点和建档原则[J]．档案管理，2012(1).

④ 罗宗奎，王芳．知识产权法体系下开发利用非物质文化遗产档案的优势和基本原则[J]．档案学通讯，2012(2).

⑤ 戴旸，周耀林．论非物质文化遗产档案信息化建设的原则与方法[J]．图书情报知识，2011(5).

⑥ 王伟杰．激荡与交流：中美非物质文化遗产保护与开发实践的交互式探索[J]．湖北民族学院学报(哲学社会科学版)，2013(2).

⑦ 王静．非遗项目代表性传承人建档工作研究——以山东省为主要研究对象[J]．兰台世界，2021(9).

理→鉴定→立档的过程，实现非遗的档案式保护。① 张艳欣强调要
建立非遗档案管理体系。② 李姗姗、周耀林、戴旸从设置分类层
级、制定非遗建档标准与实施细则、重视档案部门的参与等方面提
出了突破非遗档案管理瓶颈的方法。③ 朴原模介绍了韩国非遗记录
工程的实施主体、实施方式，主要实施阶段及实施内容，以为我国
非遗档案建设提供借鉴。④ 胡艳丽提出利用三省联动、部门合作、
完善架构、多方着手开展侗族非遗档案式整体保护的方法。⑤ 戴
旸、李财富提出了构建非遗建档标准体系的思路与原则，并从"两
条主线""三个维度"勾画出该体系的基本框架。⑥ 王拓从主体论维
度的"技艺经验"和本体论维度的"文化记忆"两方面提出了非遗传
承人口述档案的建设方法。⑦

　　白亮、毕伟大建议将口述档案的建设理念与方法引入非遗档案
建设中。⑧ 何芮专门研究了非遗传承人个人数字存档的方法。⑨ 王
秀真、白颖、赵红霞、赵越以平乐郭氏正骨法为例，探讨了国家非

　　① 覃凤琴. 从"非物质"到"外化物质再现"——非物质文化遗产档案式
保护及其价值考察[J]. 档案与建设，2007(10).

　　② 张艳欣，辛近朱. 非物质文化遗产档案管理体系构建研究[J]. 兰台
世界，2012(5).

　　③ 李姗姗，周耀林，戴旸. 非物质文化遗产信息资源档案式管理的瓶
颈与突破[J]. 信息资源管理学报，2011(3).

　　④ 朴原模. 韩国非物质文化遗产的记录工程与数码档案的构建[J]. 河
南社会科学，2009(4).

　　⑤ 胡艳丽. 侗族"非遗"档案式保护的整体性研究[J]. 兰台世界，2013
(11).

　　⑥ 戴旸，李财富. 我国非物质文化遗产建档标准体系的若干思考[J].
档案学研究，2014(5).

　　⑦ 王拓. 技艺与记忆："非遗"传承人口述史方法论的建构维度——以
中国木版年画传承人口述史档案的建立为例[J]. 内蒙古大学艺术学院学报，
2014(1).

　　⑧ 白亮，毕伟大. 非物质文化遗产保护中口述档案的建档过程研究[J].
兰台世界，2015(34).

　　⑨ 何芮. 非物质文化遗产传承人个人数字存档研究[J]. 云南档案，
2015(10).

遗医药项目档案的整理原则和方法。① 王秋喜、王璞、徐方制定出
陕西非遗建档工作思路。② 周耀林、李丛林构建了我国非遗长期保
存标准体系框架，并围绕非遗项目和非遗传承人两个层面，从管理
标准和技术标准两个维度提出我国非遗资源长期保存标准体系建设
的主要内容。③ 戚序、杨聂昕探讨了"过程全纪录"法在非遗建档中
的应用。④ 尹培丽、姚明研究了非遗口述档案资源建设，建议在充
分调动地方档案馆主动性的基础上，由国家档案馆或档案学会牵
头，按专题分类分级建立全国性"非遗口述档案"资源网络，形成
统一业务规范，实现资源共建共享，促进口述档案的利用。⑤ 王梦
露总结了泉州南音非遗建档保护研究策略，建议政府和档案部门制
定出一系列非遗建档细则与标准规范，明确非遗建档的主体、归档
范围、操作流程等相关标准。⑥

（5）非遗档案建设技术的研发

为推进非遗档案建设工作的顺利进行，一些学者围绕着非遗档
案的建设技术展开了研究。黄怡鹏指出随着多媒体和图形图像处理
技术的发展，数字化技术已成为非遗档案的新方法和新途径。⑦ 彭
毅指出数字化与多媒体技术给非遗档案提供了更大的空间，是非遗

① 王秀真，白颖，赵红霞，赵越．国家级非物质文化遗产档案整理的
原则和方法——以平乐郭氏正骨法为例［J］．中医药管理杂志，2015（12）.

② 王秋喜，王璞，徐方．开展非物质文化遗产建档工作的做法和体会
［J］．陕西档案，2015（1）.

③ 周耀林，李丛林．我国非物质文化遗产资源长期保存标准体系建设
［J］．信息资源管理学报，2016（1）.

④ 戚序，杨聂昕．非物质文化遗产传承中的"过程全记录"档案方法
［J］．山西档案，2018（2）.

⑤ 尹培丽，姚明．非物质文化遗产口述档案资源建设研究［J］．高校图
书馆工作，2019（3）.

⑥ 王梦露．泉州南音非物质文化遗产建档保护研究［J］．兰台世界，
2021（3）.

⑦ 黄怡鹏．数字化时代广西壮剧艺术的保护与传承［J］．广西社会科学，
2008（9）.

档案建设的最好手段。① 高鹏专门阐述了非遗数字化保护的优缺点。②

戴旸从非遗档案网站建设和非遗档案数据库建设两方面探讨了非遗档案信息资源的建设，指出网站重在信息的传播和展示，因此要以公众需求为核心，数据库重在数据的整合与存储，要以长期保存为先导。③ 彭纲指出数字化技术是对以传承人口手相传为核心的传统保护方式的辅助与补充。④ 吴林娟、瞿辉提出了基于 XML/Metadata 框架的非物质文化数字图书馆架构，描绘了实现各部分功能的关键技术。⑤ 徐勤勤研究了浙江省市县地区非遗数据库建设。⑥ 陈彬强探讨了闽台非遗数据库建设以及非遗信息资源的共建共享。⑦ 罗玉洁总结了太原市档案局非遗名录数据库的建设实践。⑧ 李秋生总结了保定市非遗传承人口述数据库建设。⑨ 宋春婷、赵戈研究了体感交互技术在音乐类非遗数字化保护中的开发应

① 彭毅. 非物质文化遗产档案的数字化保护[J]. 档案与建设，2009(1).

② 高鹏. 利用数字化档案技术保护非物质文化遗产[J]. 大众文艺，2010(19).

③ 戴旸，周耀林. 论非物质文化遗产档案信息化建设的原则与方法[J]. 图书情报知识，2011(5).

④ 彭纲. 非物质文化遗产的数字化保护[J]. 非物质文化遗产研究集刊，2009.

⑤ 吴林娟，瞿辉. 基于 XML/Metadata 的非物质文化数字图书馆建设[J]. 图书馆界，2010(3).

⑥ 徐勤勤. 浙江省市县级地区非物质文化遗产数据库建设研究[J]. 图书馆学研究，2011(24).

⑦ 陈彬强. 闽台非物质文化遗产信息资源建设与共同保护研究[J]. 图书馆工作与研究，2013(9).

⑧ 罗玉洁. 太原市档案局(馆)建立非物质文化遗产名录数据库[J]. 兰台世界，2013(13).

⑨ 李秋生. 保定市非物质文化遗产传承人口述数据库研究[J]. 合作经济与科技，2014(23).

用。① 额尔毕黑探讨了电子信息技术、数字化技术在非遗数据库建设中的应用。② 杨项讷研究了手工技艺类非遗的数字化建档。③

许轶璐具体探讨了"香山帮传统建筑营造技艺"的数字化采集。④ 冯丽、戴旸从收集、分类、鉴定和宣传四个环节探讨了Web2.0技术对我国非遗建档保护的促进。⑤ 杨红研究了非遗数字化记录的利弊与策略。⑥ 张玮玲设计并制定出西部民族区域性非遗资源共建共享数据库建设方案及相关细则。⑦ 解赵辉从数字化资源库建设、数字化产品开发和数字化技术开发流程三个维度提出了我国民族传统体育非遗档案的数字化保护。⑧ 熊新研究了已建立的"保护乐山非遗"微信平台的运行情况。⑨ 胡亮以杭集"船村"古村落中民间传统技艺与戏曲音乐品种为例,积极探索传统古村落非遗项目数字化展示、传播应用可行性之路。⑩ 高莹研究了新媒体技术

---

① 宋春婷,赵戈.体感交互技术在音乐类非遗数字化保护方面的开发应用[J].湖北函授大学学报,2014(19).

② 额尔毕黑.现代数字化技术在非物质文化遗产数据库建立的作用[J].鄂尔多斯文化,2014(Z1).

③ 杨项讷.手工技艺类非物质文化遗产数字化档案建立原则的思考[J].非物质文化遗产研究集刊,2015(1).

④ 许轶璐.非遗数字化采集工作实践研究——以"香山帮传统建筑营造技艺"为例[J].大舞台,2015(12).

⑤ 冯丽,戴旸.Web2.0技术下我国非物质文化遗产建档保护促进研究[J].北京档案,2015(5).

⑥ 杨红.非物质文化遗产数字化记录的利弊与策略[J].文化遗产,2015(2).

⑦ 张玮玲.基于"参与式数字化保护"理念的西部民族地区非物质文化遗产数据库建设——以宁夏地区为例[J].图书馆理论与实践,2016(12).

⑧ 解赵辉.我国民族传统体育非物质文化遗产档案数字化保护研究[J].唐山师范学院学报,2016(5).

⑨ 熊新.研究非遗网络化保护的重要性——以微信平台对乐山非遗的保护为例[J].现代经济信息,2016(16).

⑩ 胡亮.传统古村落非遗项目数字化展示、传播应用示范——以杭集"船村"古村落中民间传统技艺与戏曲音乐品种为例[J].艺术评鉴,2016(5).

在非遗保护传承中的策略。① 刘鹏茹、锅艳玲提出构建全国非遗档案资源数据库系统的设想，并对系统内数据库功能模块进行设计，尝试通过数据库系统建设推动非遗的保护与传承。② 王海以普洱澜沧县拉祜族芦笙舞为例，探讨了云南非遗的数字化保护。③ 郭辉以美国 StoryCorps 项目为例，分析了手机 APP 在非遗传承人建档中的应用。④ 胡郑丽提出借助新媒体技术，利用网络开展档案管理工作、加强档案的宣传推广工作、建立非遗专题档案数据库、加强档案立法保护等应对措施。⑤ 王箐提出将区块链技术用于非遗档案管理的优化，以解决非遗档案管理中收集难、鉴定难、合作难、安全难的问题。⑥ 王芹、苏依纹、金颖芸、吕湘铃研究了苏州古桥可视化云端建档的策略。⑦ 邵雅黎、王亚斌研究了非遗档案信息网络建设、非遗档案数据库系统建设，以优化非遗档案的信息化建设。⑧ 徐君康、陈佩君研究了浙江海洋非遗数字化传播平台的建设。⑨ 谢海洋从分类标准体系建设、数据库建设、GIS 技术应用以及网上信息资源的组织与共享机制等方面，探讨了直隶非遗的档案式保护、

① 高莹. 新媒体技术在非物质文化遗产保护中的实践与思考[J]. 新闻研究导刊，2016(2).

② 刘鹏茹，锅艳玲. 我国非物质文化遗产档案资源数据库系统建设研究[J]. 浙江档案，2017(6).

③ 王海. 云南非物质文化数字化保护探析——以普洱澜沧县拉祜族芦笙舞数字化保护为例[J]. 大众文艺，2017(10).

④ 郭辉. 手机 APP 在非物质文化遗产传承人建档中的应用及思路——美国 StoryCorps 项目的启示[J]. 档案与建设，2017(3).

⑤ 胡郑丽. "互联网+"时代非物质文化遗产"档案式保护"的重构与阐释[J]. 浙江档案，2017(1).

⑥ 王菁. 基于区块链技术的非遗档案管理优化探析[J]. 北京档案，2018(10).

⑦ 王芹，苏依纹，金颖芸，吕湘铃. 历史文化名城保护背景下苏州古桥可视化云端建档研究[J]. 档案与建设，2018(10).

⑧ 邵雅黎，王亚斌. 非物质文化遗产档案信息化建设的策略探讨[J]. 智库时代，2018(40).

⑨ 徐君康，陈佩君. 海洋非物质文化遗产数字化传播平台构建思考[J]. 宁波大学学报(人文科学版)，2018(5).

数字化传承与传播策略。① 王郑冬如、范炜从四川非遗名录数据着手，分析了非遗项目的数据现状，提出了非遗数字资源多维、关联建设原则，设计出非遗元数据应用纲要，为提升非遗数字资源的内容质量，打造非遗"互联网+"智慧场景应用，提供数据资源驱动力。② 杨雯、雷晓蓉、刘婉欣提出利用数字化、大数据等现代技术加以辅助实施档案化保护，将更有利于非遗的保护和传承。③ 迟晓丽、王慧磊提出建立传承人媒体展示平台，打造多媒体的立体传播渠道，建立数字化档案、数字化多媒体展示和体验等传播策略，以开展湘西手工艺类非遗的传播传承。④ 刘萍总结了哈萨克族刺绣非遗档案数据库资料的来源，探讨了哈萨克非遗档案资源库的建设策略，研究了哈萨克刺绣文献、照片资源库、刺绣专家及刺绣技艺数据库、刺绣虚拟展示数据库的建设。⑤ 张继蓉、杨励苑、张伟基于协同保障机制的背景，研究了云南少数民族传统手工艺特色档案数据库建设路径。⑥ 张代琪、锅艳玲调研了我国 31 个省级综合档案馆官方网站的传统网页模块及其官方运营的社交媒体传播模块(微博和微信等)，提出需将信息内容质量与传播效果高效融合，激发非遗信息展示的实用性和趣味性，从增强非遗档案信息内容的系统性、运用新媒体技术提升非遗档案信息展示品质两个维度出发，多

① 谢海洋. 档案学语境下直隶非物质文化遗产数字化保护与传播策略研究[J]. 档案学研究，2018(4).

② 王郑冬如，范炜. 四川非物质文化遗产数字资源揭示研究——基于非物质文化遗产名录的数据分析[J]. 四川图书馆学报，2018(4).

③ 杨雯，雷晓蓉，刘婉欣. 非物质文化遗产中的档案化保护[J]. 机电兵船档案，2018(3).

④ 迟晓丽，王慧磊. 新媒体背景下湘西手工艺类非物质文化遗产传播策略研究[J]. 科技视界，2018(13).

⑤ 刘萍. 哈萨克族刺绣非物质文化遗产档案数据库的建设[J]. 山西档案，2018(1).

⑥ 张继蓉，杨励苑，张伟. 基于协同保障机制的云南少数民族传统手工艺特色档案数据库建设[J]. 兰台世界，2019(8).

层次优化档案信息网站传播非遗档案信息的功能。① 由婧涵研究了非遗口述档案信息的数字化存储与传播。② 佘洁华建议打造数字人文网络平台，推进非遗档案开发和高质量发展。③

（6）非遗建档相关法律法规的梳理

为保障非遗建档的顺利进行，一些学者也梳理了国内外非遗建档的相关法律法规，明确联合国教科文组织、国家及地方政府对非遗建档工作的指导。赵爱国、王云庆探讨了法制化框架下非遗档案资源控制的现状、主要内容、目标、思路与方法。④ 周林兴、吴雪飞结合非遗侵权典型案例，从档案部门和非遗两个角度详细论述《档案法》中增设非遗相关规定的必要性。⑤ 常杰、郑美云结合《中华人民共和国非遗法》的规定，探讨了档案馆参与非遗保护的依据。⑥ 陈玉萍、徐拥军研究了非遗档案管理的法规制度和组织体制建设，法规制度建设包括完善非遗保护法规、健全非遗档案知识产权法规、制定非遗档案归档范围及保管期限表；组织体制建设包括健全非遗档案管理行政体制、建立非遗档案管理社会机制。⑦ 周偭指出现阶段的非遗保护体系主要基于私法保护模式，即只是产权保护模式，进而结合实际案例，叙述并分析了这种保护模式的优势和

---

① 张代琪，锅艳玲．省级档案网站参与非物质文化遗产档案信息传播的研究［J］．浙江档案，2019（5）．

② 由婧涵．非遗口述档案信息的数字化存储与传播策略研究［J］．绥化学院学报，2019（2）．

③ 佘洁华．基于数字人文的非遗档案开发现状、问题与策略研究［J］．浙江档案，2021（11）．

④ 赵爱国，王云庆．法制化框架下的非物质文化遗产档案资源控制问题研究［J］．档案学通讯，2009（4）．

⑤ 周林兴，吴雪飞．从非物质文化遗产侵权案谈我国《档案法》的修改［J］．兰台世界，2012（26）．

⑥ 常杰，郑美云．从《非物质文化遗产法》探析档案馆参与非遗保护之依据［J］．山东档案，2012（1）．

⑦ 陈玉萍，徐拥军．非物质文化遗产档案管理制度建设［J］．兰台世界，2014（14）．

缺点，旨在对包括非遗在内的特殊形式档案的保护研究有所裨益。① 王巧玲、辛文琪在梳理相关规范性文件的基础上，指出我国非遗建档正式制度的具体内容主要包括："非遗建档"被明确纳入非遗工作整体框架；建立文化行政部门牵头的多主体协调决策机制和四级非遗工作体制；明确非遗档案的公共物品属性，以及项目保护单位与代表性传承人两个重要的建档主体。②

（7）非遗档案的开发利用

非遗的建档及保护最终是传播非遗的文化内涵，彰显非遗的文化价值。在探索非遗档案收集、整理、编纂等工作之外，一些学者也研究了非遗档案的开发利用。如潘红、毛婧婧、刘勇分析了非遗档案在服务档案文化建设中的地位和作用，进而提出以非遗档案促进档案文化建设的建议。③ 李芳芳研究了非遗档案的公益性开发和商业性开发。④

夏上分别阐述了非遗档案保护利用的前提、基本原则和具体措施。⑤ 张馨元、刘为、王淼哲研究了国家级非遗云南花灯戏档案的收集、分类和开发利用。⑥ 单晓维以丽水文化旅游为例，探讨了如何深度挖掘潜在的、隐性的档案文化，以档案文化铸就本土旅游特色，实现档案文化的旅游价值。⑦ 王亚斌介绍了滁州市非遗资源及

① 周偶. 法律视角下对非物质文化遗产档案管理模式的思考[J]. 档案与建设，2015(3).

② 王巧玲，辛文琪. 我国国家层面非物质文化遗产建档正式制度研究[J]. 浙江档案，2020(12).

③ 潘红，毛婧婧，刘勇. 非物质文化遗产档案在档案文化建设中的地位和作用[J]. 兰台世界，2013(26).

④ 李芳芳. 非物质文化遗产档案保护性开发研究[J]. 兰台世界，2014(26).

⑤ 夏上. 浅谈非物质文化遗产档案的保护和利用[J]. 科技创业家，2014(9).

⑥ 张馨元，刘为，王淼哲. 国家级非物质文化遗产云南花灯戏的建档保护[J]. 档案与建设，2015(9).

⑦ 单晓维. 档案文化在旅游业的价值探讨[J]. 档案管理理论与实践——浙江省基层档案工作者论文集，2016(1).

非遗档案，提出滁州市非遗档案开发策略。① 陈子丹、谯丹、廖可佳探讨了云南少数民族档案资源的开发利用。② 华林、段睿辉、李婧楠研究了云南少数民族传统手工艺非遗档案的活态性开发。③ 杜其蓁、丛佳、邱雨晖分析了国家级非遗云南剑川木雕新媒体开发的意义、优势、问题和对策。④ 伍婉华、苏日娜、王蕾以广东省非遗传承人抢救性记录档案为例，探究了非遗档案管理与开发的现状和存在问题，构建了协同治理理论视角下非遗档案管理与开发的模式。⑤

4. 国内非遗档案传播研究进展

在整体了解国内非遗档案研究进展的基础上，笔者以"非物质文化遗产档案 传播"或"非遗档案 传播"为关键词进行国内非遗档案传播的主题检索，筛选得文献 57 篇，其中期刊论文 44 篇，硕士论文 13 篇，其年度分布如图 1-8 所示。

非遗档案传播的研究成果在非遗档案管理主体、非遗档案管理内容和非遗档案管理技术三个主题中均有体现。从成果所占比例来看，非遗档案传播的成果数仅占非遗档案总成果的 6.4%，说明非遗档案传播尚未成为非遗档案研究的主要方向。从发文时间看，国内非遗档案传播的首个研究成果产生于 2010 年，是周良兵在 2010年发表的硕士论文《促进 DV 参与非物质文化遗产保护的策略研究》，在研究 DV 对于非遗保护的促进作用时，专门阐述了 DV 对

---

① 王亚斌. 滁州市非物质文化遗产档案资源开发策略[J]. 滁州学院学报，2018(3).

② 陈子丹，谯丹，廖可佳. 云南少数民族档案资源开发利用的思考[J]. 档案学通讯，2018(1).

③ 华林，段睿辉，李婧楠. 云南少数民族传统手工艺非遗档案活态性开发研究[J]. 档案学研究，2019(4).

④ 杜其蓁，丛佳，邱雨晖. 国家级非遗项目：云南剑川木雕非遗档案新媒体开发研究[J]. 档案管理，2020(4).

⑤ 伍婉华，苏日娜，王蕾. 协同治理理论视角下非遗档案管理研究[J]. 图书馆建设，2022(1).

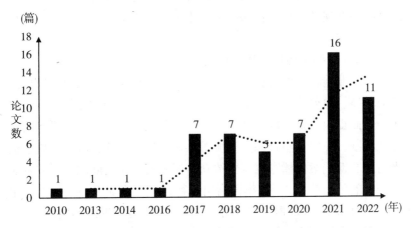

图 1-8　国内非遗档案传播研究文献年度分布图(2010—2022 年 9 月)

于提升非遗传播效果的积极作用。自 2017 年开始，非遗档案传播的成果有了显著的增长，显示出学界关注度的提高。深读这些文献，国内非遗档案传播的研究主题主要涉及非遗档案传播的意义与现状、非遗档案传播主体、非遗档案传播技术、非遗档案传播方式和非遗档案传播效果五个方面。

（1）非遗档案传播的意义与现状

随着非遗档案传播研究的开展，一些学者专门论述了非遗档案传播的意义。张一指出档案部门不应将非遗保护工作仅局限于建档和保存，而应创新工作模式，改变工作思路，积极开展非遗的传承和传播。① 刘婧依据传播学的经典"5W"模式，结合问卷调查，从传播主体、传播内容、传播媒介、传播受众和传播效果五个方面总结了非遗档案信息的传播现状。② 张代琪、锅艳玲调查总结了档案信息网站传播非遗档案信息的现状，指出档案信息网站是传播非遗

103

---

① 张一．从非物质文化遗产的传承和传播看非遗档案的开发利用[J]．北京档案，2013(9)．

② 刘婧．非物质文化遗产档案信息传播调查研究[J]．浙江档案，2018(9)．

档案信息的重要阵地。① 刘婧调查了国外非遗档案信息传播实践，总结我国非遗档案信息传播在传播主体、传播法律和传播内容上存在的问题。②

（2）非遗档案传播主体的认定

针对非遗档案的传播主体，王春华提出应实施非遗档案信息的精准传播，由政府、档案馆、社会组织和受众共同成为传播的主体，进而提出需要明确受众结构，善于利用媒体技术，构建起信息反馈机制，充实与整合档案资源等实施策略。③ 马晨璠、戴旸指出当前的非遗档案传播存在着主体众多但职责不明的问题，影响着非遗档案的传播效果。④ 潘彬彬指出博物馆应成为非遗档案传播的主体，同时指出"互联网+"时代背景下非遗档案呈现出不同的特点，这也对博物馆提出了更高的要求。⑤ 朱伶杰、朱娅妮、张倩指出利用短视频进行非遗档案文化传播，存在参与主体少，缺乏官方主体的认证与协调，认定主体职责划分不明晰，没有形成领导者、执行者和协助者三位一体的多元主体结构等问题，影响非遗档案价值的实现。⑥

（3）非遗档案传播技术的推介

为提升非遗档案的传播效果，众多学者提出将更先进、更成熟、科技含量更多的技术应用于非遗档案传播中。倪晓春、张蓉主张建立起非遗档案的数字资源库，从资源收集、资源整理、资源开

---

① 张代琪，锅艳玲. 省级档案网站参与非物质文化遗产档案信息传播的研究[J]. 浙江档案，2019(5).

② 刘婧. 国外非物质文化遗产档案信息传播的模式及启示[J]. 山西档案，2021(2).

③ 王春华. "非遗"档案文化的精准传播模式研究[J]. 山西档案，2017(4).

④ 马晨璠，戴旸. 我国非物质文化遗产档案传播主体研究[J]. 档案学通讯，2017(2).

⑤ 潘彬彬. "互联网+"背景下博物馆非遗档案工作探讨[J]. 档案与建设，2019(1).

⑥ 朱伶杰，朱娅妮，张倩. 非遗档案的价值理解与主体确认——基于抖音短视频的分析[J]. 档案管理，2021(6).

发和资源传播四个方面进行策略设计，发挥档案专业化管理和数字技术相融合的优势，解决传播上的难题。① 胡郑丽指出在"互联网+"时代背景下，非遗"档案式保护"在传播上呈现出不同的特点，提出借助新媒体技术、利用网络构建非遗专题档案数据库，以加强档案的宣传与传播工作。② 方凌超、戴旸总结了数字化技术、VR技术等先进科学技术，以及"两微一端"等科技媒介在非遗档案传播中的应用，提出坚定科技化传播方向、加大科技化传播的频次以及提升科技化传播质量的对策。③ 王铁飞提出当前非遗档案工作逐渐体现出利用信息技术开展传播的发展趋势，可利用大数据技术提升非遗档案的传播水平。④ 徐君康、陈佩君提出应用数字化技术构建浙江海洋非遗数字传播平台。⑤ 谢海洋探讨了直隶非遗的档案式保护和数字化传播，提出建设基于 GIS 技术的直隶非遗地理信息系统和基于 Tag 技术的直隶非遗网上信息资源的组织与共享机制。⑥ 马晨璠肯定了新媒体技术给非遗档案传播带来的技术创新，同时指出融合新媒体的传播优势，使之与现行仍居主流的传统媒介相结合，有助于从多方面实现非遗档案传播的创新，进而从传播主体、传播受众、传播媒介、传播技术和传播环境五个层面提出传播优化对策。⑦ 杜臻指出以数字化技术开发智能化应用系统平台和网络产

① 倪晓春，张蓉．关于非物质文化遗产档案数字资源库建设的思考[J]．档案学通讯，2017(2)．

② 胡郑丽．"互联网+"时代非物质文化遗产"档案式保护"的重构与阐释[J]．浙江档案，2017(1)．

③ 方凌超，戴旸．我国非物质文化遗产档案科技化传播分析[J]．档案与建设，2018(9)．

④ 王铁飞．非物质遗产的大数据保护与传播[J]．信息记录材料，2018(10)．

⑤ 徐君康，陈佩君．海洋非物质文化遗产数字化传播平台构建思考[J]．宁波大学学报(人文科学版)，2018(5)．

⑥ 谢海洋．档案学语境下直隶非物质文化遗产数字化保护与传播策略研究[J]．档案学研究，2018(4)．

⑦ 马晨璠．新媒体视域下非物质文化遗产档案传播研究[D]．合肥：安徽大学，2018．

品、构建可交互体验的非遗数字化传播平台是非遗数字化档案传播的前进方向。①

（4）非遗档案传播方式的总结

周良兵专门研究了数字视频在非遗档案传播中的运用，同时提出应注意把握好原真性和艺术性、全面和重点两个方向性问题。② 胡亮以杭集"船村"古村落中民间传统技艺与戏曲音乐传播为例，积极探索了非遗的数字化展示与传播之路。③ 马晨璠、戴旸对垂直网站予以了关注，研究了垂直网站与非遗档案传播两者之间的耦合关系，总结出垂直网站的传播特点与现阶段我国非物质文化遗产档案的传播现状，为我国非遗档案垂直网站的进一步优化提出相对应的发展策略。④ 王春华提出应实施非遗档案的精准化传播，既可以满足受众的个性化需求，也能够使日益丰富的档案资源得到充分利用。⑤ 马晨璠、戴旸针对现行非遗档案传播方式偏向笼统与淡化等问题，探讨了分众传播在非遗档案传播中的适用性与迫切性，进而从传播受众、传播形式和传播技术等方面提出实施策略。⑥ 由婧涵提出应优化数字存储，以新媒体强化非遗档案信息的传播。⑦ 叶青、戴旸深入分析了我国 31 个省级档案馆应用社交媒体传播非遗档案信息的总体状况，总结了省级档案馆应用社交媒体传播非遗档

---

① 杜臻. 非遗档案的数字化管理及其价值实现[J]. 非遗传承研究，2022(2).

② 周良兵. 促进 DV 参与非物质文化遗产保护的策略研究[D]. 杭州：浙江师范大学，2010.

③ 胡亮. 传统古村落非遗项目数字化展示、传播应用示范——以杭集"船村"古村落中民间传统技艺与戏曲音乐品种为例[J]. 艺术评鉴，2016(5).

④ 马晨璠，戴旸. 垂直网站下我国非物质文化档案传播研究[J]. 档案与建设，2017(12).

⑤ 王春华. "非遗"档案文化的精准传播模式研究[J]. 山西档案，2017(4).

⑥ 马晨璠，戴旸. 我国非物质文化遗产档案分众传播的若干思考[J]. 档案与建设，2017(5).

⑦ 由婧涵. 非遗口述档案信息的数字化存储与传播策略研究[J]. 绥化学院学报，2019(2).

案信息的策略。①

（5）非遗档案传播效果的评估

郭会娟、庄德红研究了徽州非遗的数字传播，提出应努力提高感官层面的审美体验、交互层面的情感体验和反思层面的文化体验。② 王满春重点研究了非遗档案信息的传播效果，分析了影响非遗档案信息传播效果的主要因素，总结和归纳存在的主要问题，进而提出优化建议。③

5. 国内外非遗档案、非遗档案传播比较

（1）国内外非遗档案研究比较

关于非遗档案的研究，国内外既有相同之处，也有不同之处。从成果所占比重上看，国外非遗档案研究成果在非遗研究成果中占有一定的比重，而在国内，非遗档案研究并未成为非遗研究中的重要领域和方向。从成果增长速度看，国内外非遗档案的研究成果始终保持着稳中有升的增长态势，同非遗的高度上扬有着较大的不同。国内外非遗档案的研究成果，在研究主题上有着许多相似之处，如对于非遗档案建设主体的认定、非遗档案建设技术的研发，以及非遗档案建设方法的选择等。从研究的视角来看，国内外都是基于专家视角开展的研究；在研究方法的采用上，也充分结合具体的案例展开了实际研究。

但从研究的深度与广度来看，国内外的研究仍有一定的分歧和差距。

首先，在"非遗档案"这一概念的认定上，国外将文献化、档案化、实物化和视频化了的非遗资源，都纳入非遗档案的范畴，属于广义上的非遗档案。而国内的非遗档案，则专指档案化了的非遗

107

① 叶青，戴旸. 社交媒体在非遗档案信息传播中的应用调查——以省级档案馆为例[J]. 山西档案，2022(2).

② 郭会娟，庄德红. 徽州非物质文化遗产数字传播的用户体验研究[J]. 艺术百家，2017(6).

③ 王满春. 非物质文化遗产档案信息传播效果研究[J]. 山东档案，2019(3).

资源,属于狭义上的非遗档案,这种基本概念认定上的分歧,带来的是国外非遗档案的关注点较之于国内更加宽泛和分散。

其次,国内外对非遗档案概念及范畴界定的不同,也直接影响到国内外参与非遗档案研究的主体的类型与范畴。从现有成果看,国外从事非遗档案研究的有非遗档案建设的实际工作者,《保护非物质文化遗产公约》的制定者,来自图书馆、博物馆的业务工作者,从事遗产学、人类学和博物馆学研究的众多学者等,来自不同行业不同领域专家学者观点和建议的汇集,本身也是一种群体智慧的体现,对于提高非遗档案研究成果的质量和水平有着重要的意义和价值。而国内从事非遗档案研究的主体则较为单一,以从事档案学研究的学者为主,兼有从事档案工作的业务人员,以及极少数的图书馆工作人员。值得提出的是,我国非遗档案研究主体的格局,也反映出当前档案部门积极承担起非遗档案理论研究的责任,却在实践中被排除在主体之外;文化部门虽在法制框架内被作为实践的主体,但在理论研究和具体实践中的参与度并不高。

最后,在研究方法的选择上,虽然国内也采用了案例分析的方法,但总体而言,仍以定性研究方法为主,属于理论探索,而国外则非常注重定量研究方法的应用,形成的成果以经验介绍、方法总结和技术推广为主,其业务性和可操作性更强。

(2)国内外非遗档案传播研究比较

在非遗档案传播的研究上,国外的起步早于国内,2008—2022年,国外共形成非遗档案传播方面的研究成果18篇;国内的研究始于2010年,目前共有研究成果66篇,从绝对数量看,国内外差别不大。但从相对比例看,国外非遗档案传播成果占总成果比例为12.3%,国内仅为7.4%,说明国外非遗档案研究领域对"传播"更为重视。

从研究主题看,国外18篇成果中,9篇是对非遗档案传播技术的探讨,5篇是对传播方式的总结,3篇是对传播主体功能的研究。国内非遗档案传播技术方面的研究成果同样是最多的(10篇),其次是传播方式(7篇),再次是传播主体(4篇)。此外,国内还总结了非遗档案传播的意义与现状、评估了非遗档案传播的效果,这是国外研究所未曾涉及的。

国内外关注的传播技术基本相似，有数字化技术、网络技术、数据库技术和现代信息技术，国外还专门研究了 Flickr 和 YouTube 的信息共享平台。在传播方式的研究上，国内外有所不同，国内侧重于新媒体传播和精准传播，国外集中在教育、培养和与文化旅游相结合的方式。对于传播主体，国内研究了涵盖政府、档案馆、社会组织和受众的多元主体，也对博物馆予以了专门的关注，国外则主要研究了政府和博物馆两个主要传播主体。

总体而言，国内外非遗档案传播的研究成果都较为有限，需要在相互吸收借鉴的基础上加以充实，才能推动研究的进步。

(三)国内外公共文化下的非遗传播研究现状与评述

在上述研究的基础上，结合本书主题，笔者对国内外公共文化下的非遗传播进行专门研究，为后续研究提供参考与借鉴。

1. 国外公共文化下非遗传播研究进展

笔者以（'intangible'＋'nonphysical'＋'immaterial'）＊'cultural heritage'＊'public culture'＊（'dissemination'＋'transmit'＋'propagation'＋'communicate'＋'spread'）为关键词进行国外公共文化下非遗传播相关成果的统计，筛选后仅得外文文献 11 篇(截至 2022 年 9 月)，其中期刊论文 6 篇，会议论文 3 篇，专著章节 2 篇。

从公共文化的定义和内容来看，"公共文化"是在中国话语体系下一个独特的具有鲜明中国特色的词汇，而在西方的话语体系中，很难找到一个与汉语"公共文化"相对应的词。"Public Culture"是汉语"公共文化"的直译，《不列颠百科全书》(*Encyclopedia Britannica*)是及时反映西方社会大众认知、信息准确且权威的百科全书，并未收录"Public Culture"词条，可见在西方大众认知中，公共文化尚未流行。

虽然在西方大众认知中少见，但是西方的学术话语体系中却并非没有提及，从 1800—2008 年的 200 年里，外文图书中"Public

Culture"一词出现的频次呈逐步上升趋势；通过百度学术对英文学术期刊中出现"Public Culture"的论文进行统计，也可以发现其出现的频次逐渐增多；从 1969 年开始出现相关研究，2008 年达到最热，截至 2015 年共有 125 篇相关论文提及"Public Culture"。值得注意的是，西方学术体系下的"Public Culture"概念，指的是作为公共现象出现的文化，而非我国所指的为国民提供文化消费或文化消费便利条件。

中西方话语体系下的"公共文化"概念和内容指称截然不同，会给从事公共文化研究或国际比较研究的学者带来困扰。因此，笔者试图寻找与中国话语体系中指意明确内容的对等英文词汇作为关键词。如前所述，汉语体系下的"公共文化"既包括独具中国特色的内容，如农家书屋、老年人活动中心，又包括中西话语体系下对等且指意明确的内容，如公共图书馆、博物馆、美术馆等，对于中西话语体系下对等且指意明确的内容，学者可以直接从数据库等信息源中进行检索，表1-3 罗列了中西话语体系下对等的名词。

表 1-3　　　　　　　　　中西话语体系下对等的语词

中文	英文
公共图书馆	Public Library
博物馆	Museum
档案馆	Archive

同时，对于那些不能完全与汉语对等，但是内容和含义上相近，或者有包含(被包含)关系的词，笔者通过以下关键词进行组配检索，表1-4 罗列了中西话语体系下相关、相近的名词。

表 1-4　　　　　　　　　中西话语体系下相关、相近的语词

中文	英文
文化身份	Culture Identity

续表

中文	英文
文化服务	Culture Service(s)
文化传播	Culture Transmission

国外公共文化下非遗传播成果最早出现于 2014 年，Marit Bakke 梳理了 1984—2011 年的《民俗中心新闻》，指出 1976 年颁布的 94-201 公法极大地促进了美国民间艺术和文化遗产的保护与传播。① Mariana Balan，Valentina Vasile 指出非遗文化是一种无形的公共产品，应由社会成员群体共享。② Elizabeth M. Celi，Richard E. Moore 指出对于社区力量的忽视会使欧洲的非遗处于危险之境，主张通过青年就业和公私伙伴关系解决这一问题。Gang Feng，Xiaoling Yu 采用层次分析法和德尔菲法构建了非遗"玛纳斯"公众意识评价体系，综合评价了不同民族公众对"玛纳斯"文化的认知。③ Mei Xie，Rong Zhu 指出博物馆的象征性和公共性使其成为非遗的空间象征，并通过自身的参观仪式，巩固了参观者现有的文化身份，进而探讨了博物馆在非遗传播中的作用和影响。④ Hilal

① Marit Bakke. American Folk Culture：An Analysis of The Folklife Center News，1984-2011［C］. Journal of Arts Management Law and Society，2014，44（1）：4.

② Mariana Balan，Valentina Vasile. Cultural Determinants of Economic Performance in Romania［C］. Vasile V. Heritage as An Alternative Driver for Sustainable Development and Economic Recovery in South East Europe -Project See/B/0016/4. 3/X Sagittarius：Procedia Social and Behavioral Sciences，2015（188）：290.

③ Gang Feng，Xiaoling Yu. Evaluation of Public Awareness of "Manas" Intangible Cultural Heritage Based on Ahp［C］. Zhang H. 2016 3rd International Conference on Management Innovation and Business Innovation（ICMIBI 2016），PT 2：Lecture Notes in Management Science；2016（58）：603.

④ Mei Xie，Rong Zhu. The Communication of Intangible Cultural Heritage of Museum from The Space Perspective［C］. Chen J M. Proceedings of The 2nd Annual International Conference on Social Science and Contemporary Humanity Development（SSCHD）：Advances in Social Science Education and Humanities Research，2016（73）：84.

Erdoan Aksu 以马尼萨·梅西尔节日为例，指出传统节日是公共文化的缩影，传统节日的举办有助于创设一个良好的公共文化空间，提升传播的效果。① Pluszynska Anna 研究了波兰文化机构对所属藏品版权的管理现状，指出非遗属于社会公共财产的一部分，应将非遗文化作为公共文化的重要组成部分对外开放和宣传。②

2. 国内公共文化下非遗传播研究进展

笔者以"公共文化 非物质文化遗产 传播"或"公共文化 非遗 传播"为关键词，在中国知网上进行主题检索，筛选后共得相关文献 78 篇（截至 2022 年 9 月），其中期刊论文 55 篇，博士论文 2 篇，硕士论文 11 篇，会议论文 9 篇，报纸 1 篇，其年度分布如图 1-9 所示。

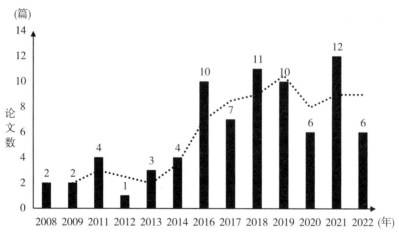

图 1-9　国内公共文化下非遗传播研究文献年度分布图（2008—2022 年 9 月）

---

① Hilal Erdoan Aksu. A Review on The Mesir Macunu Festival of Manisa [J]. Milli Folklor, 2017(115).

② Pluszyńska Anna. Copyright Management by Contemporary Art Exhibition Institutions in Poland：Case Study of The Zachęta National Gallery of Art [J]. Sustainability, 2020, 12(11)：4498.

深读上述文献，笔者将国内公共文化下非遗传播的研究主题划分为非遗公共性的认识、公共文化下非遗发展路径探讨、公共文化下非遗发展的典型实践和公共文化下非遗发展的实施主体四个方面。

（1）非遗公共性的认识

早期对于非遗属性的研究，多关注了非遗的原真性、活态性和草根性。2008年后，置身于公共文化服务的时代背景下，结合振兴传统文化的国家政策，学者们开始以公共文化的视角审视非遗，探讨非遗的公共属性，总的来看有两类观点：

第一，肯定了公共性是非遗与生俱来的基本属性。王志平分析了非遗的准公共品属性。① 史忠平深入探讨了敦煌石窟的公共特性。② 高扬元、梁星从公共文化视角出发，从活态性、地域性、系统性角度论述了梁平木版年画的完整性、关联性和综合性保护。③ 聂鑫指出非遗财产权制度构建需要兼顾非遗的社会属性及公共属性。④ 戴自磊、王越以音乐类非遗"江南丝竹"为例，以公共艺术教育为视角和出发点，从教育内容和教育对象两方面探讨学校传承教育的公共性原则。⑤

第二，认为在非遗存续的不同生命周期里，其公共属性的强弱各不相同，进而深入解析了公共属性原生、弱化、重塑的过程。刘晓春是最早开展这一方面研究的学者，他认为作为"文化"的非遗有着地方性的属性，而当非遗成为"遗产"时，则被赋予了广泛的

① 王志平. 基于准公共品性的非物质文化遗产适度开发研究[J]. 企业经济，2014（12）.

② 史忠平. 由敦煌石窟的公共性看文化服务的内涵[J]. 美术观察，2018（3）.

③ 高扬元，梁星. 公共文化视角下梁平木版年画整体性保护研究[J]. 重庆大学学报（社会科学版），2018（5）.

④ 聂鑫. 制度理性下的非物质文化遗产财产权保护研究[J]. 文化遗产，2021（4）.

⑤ 戴自磊，王越. 非物质文化遗产在学校传承教育的公共性原则——以音乐类"江南丝竹"为例[J]. 艺术教育，2021（8）.

公共性。① 耿波指出在"后申遗"时代，对遗产公共属性的认识有助于强化遗产工作中的公共参与和群体沟通。② 万军、张瑞迪论证了方岩庙会在社会变革中公共性的显性和外化。③ 李刚结合弥渡花灯申遗及弥渡花灯文化的重构，指出申遗是我国非遗保护的一项重要举措，也是一种自上而下的制度安排。申遗的过程就是一种公共文化的产生过程，让非遗从民间文化转变为公共文化。④ 杨洪林以恩施土家女儿会为例，研究了非遗公共性的原生、弱化、重塑的过程，指出公共文化的重塑不仅给基层社会整合带来新的途径，还为全民共建共享的社会治理格局构建开辟了新的路径。⑤ 高丙中回顾了传统日常生活的文化形式与公共文化的关系从同一到排斥再到相融的变化历程，特别论述了遗产的社会命名作为非物质文化成为公共文化的机制及其问题。⑥

（2）公共文化下非遗发展路径探讨

在分析并认定了非遗公共属性后，一些学者肯定了保护非遗、维护其公共属性的基本发展方向。如耿波指出遗产公共性的社会建构应落脚在遗产的"文化再生产"上。⑦ 高扬元、梁星指出可激发创作、生产活力，增强群众参与度，体现其公共文化价值，以实现对

---

① 刘晓春．非物质文化遗产的地方性与公共性[J]．广西民族大学学报（哲学社会科学版），2008（3）．

② 耿波．"后申遗"时代的公共性发生与文化再生产[J]．中南民族大学学报（人文社会科学版），2012（1）．

③ 万军，张瑞迪．从边缘文化到公共文化：方岩庙会的现代传承[J]．温州大学学报（社会科学版），2016（4）．

④ 李刚．非物质文化"申遗"与文化重构——以云南弥渡花灯为例[J]．大理大学学报，2017（7）．

⑤ 杨洪林．非物质文化的历史境遇与公共文化重塑——以恩施土家女儿会为考察中心[J]．中南民族大学学报（人文社会科学版），2018（1）．

⑥ 高丙中．作为公共文化的非物质文化遗产[J]．文艺研究，2008（2）．

⑦ 耿波．"后申遗"时代的公共性发生与文化再生产[J]．中南民族大学学报（人文社会科学版），2012（1）．

梁平木版年画的整体性保护。① 张若辰、代莹、李宁汀等研究了遗产经济侵蚀遗产公共性的背景，结合案例分析了遗产经济与遗产公共性之间的关系，进而提出了如何在发展遗产经济的过程中维护遗产公共性。② 在此基础上，学者们进一步探寻了公共文化下非遗发展的路径，其观点大致分为四种：

第一，保护非遗原本就是我国公共文化建设不可或缺的一部分。如高小康指出从文化发展的意义上进行非遗保护是当代公共文化服务体系建设的一个有机部分。③ 张红英认为非遗保护工作是我国一项最基础的文化建设工作，理应属于公共文化服务体系建设工作中的一部分，同时指出需要以公共文化服务的精神开展非遗的保护。④ 杨竹青指出保护非遗是对文化发展的促进，也是现代公共文化服务工作中的重要组成部分。⑤ 郑义娜以傣族"撮泰吉"保护为例，指出可将其从专属的地域和民族中蔓延出来，成为社会共享的公共文化资源，得到活态的传承与保护。⑥

第二，将非遗保护纳入公共文化服务体系中，突出其公共文化产品属性，探寻更有益的保护路径。如肖建飞、刘海春以少数民族非遗保护为例，指出应该将少数民族的非遗保护工作纳入当地公共

① 高扬元，梁星. 公共文化视角下梁平木版年画整体性保护研究[J]. 重庆大学学报(社会科学版)，2018(5).

② 张若辰，代莹，李宁汀，等. 对遗产经济侵蚀遗产公共性的研究[J]. 城市发展研究，2017(8).

③ 高小康. 非物质文化遗产的保护与公共文化服务[J]. 文化遗产，2009(1).

④ 张红英. 略论非物质文化遗产保护与公共文化服务[J]. 图书馆理论与实践，2009(12).

⑤ 杨竹青. 非物质文化遗产的保护与公共文化服务[A].《决策与信息》杂志社，北京大学经济管理学院."决策论坛——经营管理决策的应用与分析学术研讨会"论文集(下)，2016：1.

⑥ 郑义娜. 作为公共文化资源的"非物质文化遗产"——以彝族"撮泰吉"为例[A]. 贵州民族大学人文科技学院. 贵州民族大学人文科技学院.《人文与科技》(第三辑)，2019：8.

文化服务体系建设工作中，以丰富和延伸非遗保护工作的内涵与外延。① 墨绍山、李莹认为将非遗转化为公共文化产品，建立非遗保护和公共文化产品供给两者有机统一的综合管理体制，是可持续、多元化保护的一种可行路径和机制。② 韩成艳指出非遗的保护必须落实在特定社区，湖北长阳调动公共财政来支持公共文化的发展，使具有代表性的非物质文化在现代的学校体制和传统的社会生态中都能够有效传承，这是将传统的非物质文化纳入现代的公共文化予以制度支持的成功探索。③ 梅英认为非遗"衍生态"的衍生之源与其公共文化属性传播不无相关，以公共文化存在的非遗经由传播后产生的将是一种经过修整的意义。④ 金昱彤通过对土族盘绣这一国家级非遗的个案研究，从国家—市场—社会的三维出发，指出受国家非遗政策、旅游与市场、民间社会变迁的多重影响，民俗文化正逐渐转变成一种公共文化，探讨了国家主导的公共文化政策对非遗保护的影响与促进。⑤ 张青仁指出保护非遗本身就是一项尊重并凸显其"公共性"的工作，保护非遗的目的也就是要恢复非遗的公共性，非遗的价值将在社会流转中得到进一步肯定，也将在社会运行中明确生产的意义。⑥ 杜晓芬介绍了非遗与公共文化服务体系互促的

---

① 肖建飞，刘海春. 非物质文化遗产保护中的少数民族语言保护[J]. 黑龙江民族丛刊，2011(4).

② 墨绍山，李莹，墨绍良. 公共文化供给式非物质文化遗产保护路径探讨[J]. 湖北函授大学学报，2011(6).

③ 韩成艳. 非物质文化遗产作为公共文化的保护——基于对湖北长阳县域实践的考察[J]. 思想战线，2011(3).

④ 梅英. 非物质文化遗产"衍生态"衍生之传播根源探寻[J]. 当代教育与文化，2013(3).

⑤ 金昱彤. 国家、市场、社会三维视角下的非物质文化遗产研究[D]. 兰州：兰州大学，2014.

⑥ 张青仁. 在社会变迁中重构公共文化：对非物质文化遗产属性与保护路径的再思考——基于宁波市非物质文化遗产保护实践的案例观照[J]. 浙江师范大学学报(社会科学版)，2016(4).

"渭南经验"，并将这一模式总结为"嵌入"模式。① 翟海燕指出，将非遗融入公共文化服务体系，不仅能够最大限度地保存丰富的文化个性，又能实现促使非遗保护长足发展的目的。② 陈耿锋指出将福州市非遗文化资源转化为公共文化产品和文化服务项目，不仅是公共文化服务体系建设的题中之意，也是深入推进榕台、闽侨文化交流的迫切需要；公共文化服务体系建设也对非遗的保护和传承起到了促进作用，二者是一种良性互动关系。③ 额尔灯珠拉从现代化的进程分析蒙古族非物质文化遗产的传承价值、现状、问题，从法律法规细化完善、政府保护与社会保护相结合、生产性保护与整体性保护相结合、蒙古族非遗传承人监管、公共文化体系建设六个方面提出了自己的一些建议。④ 杜谆具体研究了非遗与公共文化服务融合互促的举措，如实现文化产品的多样化，从组织、个人、志愿者入手，在主体方面实现文化治理的社会化，从时间和空间入手，打通文化产品和文化治理的关系。⑤ 金昱彤指出公共性扩展是当代非遗发展的迫切要求，在公共民俗学视野下，提出构建非遗保护公共转向关联机制，民族社会工作介入助推非遗从保护性到发展性转变，提出非遗保护整体观视野下文化保护与发展的政策方向。⑥ 李合胜、刘智慧认为非遗属于人的精神遗产，本身就具有公共性，将

---

① 杜晓芬．基于地方特色文化保护的现代公共文化服务体系构建研究[D]．西安：西安建筑科技大学，2016.

② 翟海燕．浅析非物质文化遗产保护和公共文化服务[J]．大众文艺，2016(9).

③ 陈耿锋．福州市非遗文化资源与公共文化服务融合发展浅析[J]．艺术科技，2017(11).

④ 额尔灯珠拉．现代化进程中蒙古族非物质文化遗产传承研究[D]．呼和浩特：内蒙古师范大学，2017.

⑤ 杜谆．建设公共文化服务体系传承中华优秀传统文化[A]．天津市社会科学界联合会．天津市社会科学界联合会．学习贯彻党的十九大精神 推进"五个现代化天津"建设——天津市社会科学界第十三届学术年会优秀论文集(下)，2017：6.

⑥ 金昱彤．扩展公共性——当代非物质文化遗产研究的新范式[J]．青海社会科学，2018(1).

非遗剥离出公共文化服务体系原本就是不妥的，只有将其纳入公共文化服务体系，才是满足非遗保护和公共文化服务体系建设工作发展的现实需求。①

第三种观点则将公共文化的时代背景视为非遗保护的良好契机，建议以公共文化助力非遗保护的进行。袁年兴认为非遗原本就是民间实践活动的产物，当下的非遗保护得到了国家行政力量的极大支持与助力，但是来自民间非遗生发土壤的公众力量也应该成为非遗保护的主力，这种参与是对非遗公共性的持续和保障，也有助于克服国家行政力量的缺陷。② 佟玉权指出实现非遗的当代社会价值，必须壮大基层社会组织，改进传统文化演进的内生机制，逐步建设全覆盖特别是面向基层的公共文化服务体系，把社会主义核心价值体系建设与促进民间社会多元文化发展有机结合。③ 陈惠君认为可以将公共文化服务体系中对群众文化的保护和传承模式用于非遗，以文化的发展促进非遗的传承，以非遗的保护繁荣公共文化。④ 谢林刚、赵艳喜针对文化生态保护区建设进程缓慢的问题，提出可以依托当地的公共文化资源，探索在资源整合、共建共享基础上推进文化生态保护区建设的便捷途径，利用好当地公共文化服务体系是文化生态保护区建设成果的关键所在。⑤ 臧蕾、张斓、宋海沂指出，非遗由于其民族性、区域性、公益性、活态性等基本特征，成为公共文化服务体系的一个重要组成部分，建议将苏北地区非遗资源纳入政府提供的公共文化服务体系，结合苏北地区实际，

---

① 李合胜，刘智慧. 试论非物质文化遗产的保护与公共文化服务[J]. 山西青年，2018(14).

② 袁年兴. 文化的人本寓意与非物质文化遗产的本真性[J]. 中国人民大学学报，2011(2).

③ 佟玉权. 社会和谐的"黏合剂"——论非物质文化遗产的一种当代价值[J]. 学术论坛，2013(8).

④ 陈惠君. 公共文化背景下非物质文化遗产的开发利用[J]. 商业故事，2016(12).

⑤ 谢林刚，赵艳喜. 文化生态保护区依托公共文化资源建设的考察[J]. 广西师范大学学报(哲学社会科学版)，2016(2).

分析了当前非遗资源公共文化服务发展现状和存在的问题，提出了相应的对策和建议，以期对苏北地区非遗资源保护有一定的借鉴作用。① 赵艳喜认为文化生态保护区是对非遗进行区域性整体保护的创举，超越单一的非遗公共属性，呈现出更大范围和更高层次意义上的公共性。我国现行非遗保护制度的不完善极大地限制了文化生态保护区公共性的有效实现，因此需要充分尊重和发挥民间公共性的作用。② 刘妤指出群众文化是构建公共文化服务体系的重要组成部分，非遗的保护传承及利用需要以群众文化活动为主要载体进行，进而对重庆市九龙坡区各乡镇对非物质文化遗产传承和保护的措施进行探讨，详细梳理了群众文化服务中社区文化、校园文化、企业文化等对非物质文化遗产进行保护与传承的方式，以期为非物质文化遗产保护和传承提供新的思路和方法。③ 陈芬静提出公共文化服务是非遗传承发展的重要保证，我国的非遗传承面临着资金保障不足和传承手段单一的问题，从顶层设计、格局建设和平台构建等方面着手，以公共文化服务推动非遗的传承。④

　　第四种观点认为公共文化服务与非遗保护可以互助推进。董庆佳指出公共文化服务是国家公共服务体系的重要组成部分，对非遗的保护与传承具有导向作用，也将解决当前非遗保护存在的问题与不足，深化文化强国战略。⑤ 彭莹指出非遗通过记忆与空间的方式表征城市文化，城市文化建设也为非遗传承提供新的机遇。通过调查发现目前城市文化建设中非遗的融入过于扁平和机械化，非遗传

---

① 臧蕾，张斓，宋海沂. 苏北地区非遗资源与公共文化服务融合研究[J]. 连云港职业技术学院学报，2018(3).

② 赵艳喜. 文化生态保护区的公共性及其发展方向[J]. 文化遗产，2018(4).

③ 刘妤. 群众文化视域下非物质文化遗产保护与传承研究——以重庆市九龙坡区为例[J]. 重庆文理学院学报(社会科学版)，2018(6).

④ 陈芬静. 公共文化服务视域下非物质文化遗产传承研究[J]. 才智，2018(36).

⑤ 董庆佳. 公共文化服务与非物质文化遗产保护传承拟合刍议[J]. 中华文化论坛，2016(1).

承与城市文化建设应该互助推进。一是多规融合,将非遗的保护与传承科学地融入城市文化建设的子项目中;二是建立健全教育宣传长效机制,推动基层非遗传承专业化,提升城市文化知识生产;三是将非遗传承纳入城市公共文化服务体系建设;四是探索多产业链发展模式,引入先进的技术、新的传播方式,强化非遗知识产权的保护,实现非遗工作的跨界融合。① 欧阳锡威指出对民俗舞蹈文化进行剧场舞台化的审美加工,拓展了民俗文化研究群体结构,进而促进公共性的民俗活动发展。② 张中波指出非遗类会展是公共文化服务供给的重要载体,其主要价值体现在为非遗保护搭建公共性平台和促进公共文化服务体系建设。③

(3)公共文化下非遗发展的典型实践

在明确非遗公共属性及基本发展路径的基础上,学者们也尝试总结公共文化下非遗发展的典型实践,从现有研究成果看,主要是陕西省渭南市的360联动互促实践,王前针对非遗保护的原生态保护论和生产性保护论的争论,总结了陕西省渭南市非遗保护与公共文化服务联动互促实践经验,通过建立非遗与公共文化服务联动互促机制,实现二者的相互融合。④ 赵建兰同样研究了渭南市非遗保护与公共文化服务"360"联动实践。⑤ 这也从侧面反映出当前真正将非遗保护与公共文化服务结合起来的实践仍是有限的。

(4)公共文化下非遗发展的实施主体

在明确公共文化下非遗发展的路径后,一些学者尝试从主体的

① 彭莹.非物质文化遗产传承与城市文化建设互助研究[J].韩山师范学院学报,2019(1).

② 欧阳锡威.非遗项目的舞台化传承创新助推乡村振兴[J].戏剧之家,2020(21).

③ 张中波.公共文化服务视域下非遗类文化会展的类型及价值探析[J].商展经济,2021(24).

④ 王前.非物质文化遗产服务性保护研究——陕西省渭南市的调查与思考[J].湘潭大学学报(哲学社会科学版),2014(4).

⑤ 赵建兰.渭南市非遗保护与公共文化服务实现"360"联动[N].中国文化报,2016-1-14.

视角总结各类主体可以何种方式、何种姿态投入具体实践之中。汪丽丽探究了文化馆这一基础性公共文化机构如何在非遗保护中发挥主导作用。① 邵燕发现我国非遗数字化工程虽在如火如荼地进行，但其数字化成果并未在社会生活中得到充分的应用，对公众的影响十分有限，进而指出这是政府在公共文化服务方面工作不足所导致，建议相关政府和部门通过增加传播方式和途径、激励公众参与、引入民间资本、加强非营利性组织建设等多元化手段，促进非遗数字化成果的传播。② 李芳阐述了基层文化馆在构建现代公共文化服务体系、保护非遗中的地位、作用和发展举措。③ 王云庆结合山东省非遗立档保护的基本情况调查，指出在全社会倡导公共文化管理和服务的环境下，作为保存社会记忆主体之一的档案部门必然成为非遗保护及改革文化服务的重要阵地。④

3. 国内外公共文化下非遗传播研究比较

中西方话语体系下"公共文化"概念与内容指称截然不同，使得依据"公共文化"（Public Culture）检索得到的国内外研究成果在研究对象的一致性和匹配度上有所不同。但是，通过对含义对等或相近关键词的检索发现，即使国外没有明确提及公共文化下的非遗传播，但其具体的研究已与该主题相关，他们肯定了非遗的公共产品属性，列举了"玛纳斯"公众文化认知评估，总结了面向公众的博物馆传播策略，肯定了传统节日在营造公共文化空间上的积极作用。因此，笔者认为，国外研究的特点是：数量少、研究主题较为分散，已对相关问题进行了初步探讨，但尚未展开系统研究，也未

① 汪丽丽. 试论在非物质文化遗产保护中文化馆应如何发挥主导性作用[J]. 才智，2013(16).

② 邵燕. 非物质文化遗产数字化传播中的公共服务体系建设[J]. 蚌埠学院学报，2016(1).

③ 李芳. 浅析现代公共文化服务体系建设与文化馆的发展[J]. 大众文艺，2017(12).

④ 王云庆. 山东非物质文化遗产项目及传承人立档保护研究[J]. 档案学通讯，2018 (2).

上升到方法论和模式层面的探讨。

国内研究的深度、广度和系统性明显优于国外。2005 年开始非遗传播研究，2008 年就产生了公共文化下非遗传播的首个成果，表明一些富有远见卓识和学术敏感性的学者很早就意识到非遗的公共性，以及非遗与公共文化服务之间融合互促的关系。现有的研究成果，肯定了公共性是非遗与生俱来的基本属性，明确了将非遗保护纳入公共文化服务体系是有益的保护路径。这些思想和观点都是积极且正确的。在"公共文化下非遗档案传播"相关研究成果很少的情况下，这些观点都值得在本研究中吸收、尊重和深化。

四、研究内容

本书从公共文化服务的时代背景出发，运用多学科的研究成果、技术与方法，围绕非遗档案信息传播的问题，从传播机制、传播模式和实施保障三个方面展开理论与应用层面的系统化研究，具体研究内容有如下几点。

(一) 我国非遗档案信息传播现状的调查与分析

综合运用文献调研和网络检索，全面系统地开展我国非遗档案信息传播现状的调查与分析，梳理我国非遗档案信息传播的相关法规政策，从传播主体、传播内容、传播形式等方面总结我国非遗档案信息的传播特征；通过线上线下的问卷调查，发现非遗档案信息传播的主要受众及其基本特征，了解不同受众接受并参与非遗档案信息传播的意愿，对非遗档案信息的利用需求、选择偏好，以及对当前非遗档案信息传播的总体满意度；在总结成绩与经验的同时，分析传播主体、传播内容、传播形式、传播受众和传播效果五个方面存在的不足，为后续研究奠定基础。

(二) 国外非遗档案信息传播经验的总结与启示

遴选分布于不同地域、在非遗档案信息传播上取得一定经验和成果的国外诸国，结合文献调研和网络检索，梳理各国非遗档案信息传播开展的状况，总结各国非遗档案信息传播的共性经验和典型经验，如有效的法律保障、多渠道的传播途径、各具特色的管理模式、多元化的筹资渠道等，探寻国外经验对我国非遗档案信息传播的借鉴与启发，形成我国非遗档案信息传播优化改进的方向，如宏观环境上融入公共文化服务、主体上的共同治理，以及传播效果上的平等与高效。

(三) 公共文化服务背景下非遗档案信息传播机制的创新

总结我国当前政府主导型非遗档案信息传播机制的特征与不足，在对比其他政府主导型国家，以及市场主导型和分权共建型国家的建设经验与建设特色的基础上，凝练我国公共文化服务背景下机制优化的方向，明确公共文化服务背景下非遗档案信息传播机制的构建原则，结合公共文化服务背景、非遗档案信息传播特质，设计公共文化服务背景下非遗档案信息传播机制的基本框架，从战略定位、任务层次和要素关系三方面设计机制的运行。

(四) 基于分众传播的非遗档案信息传播策略创新

客观认识大众传播在当前非遗档案信息传播中的瓶颈与不足，引入分众传播的新模式，借鉴美国国家档案与文件署和南京博物院分众服务、分众传播的经验，形成非遗档案信息分众传播的主要思路，从细分受众、传受互动、整合内容、融合媒介、评估效果五个方面探讨非遗档案信息传播的创新策略。

(五) 公共文化服务背景下非遗档案信息传播实施的保障

结合我国非遗档案信息传播的现实，以及公共文化服务背景的环境特色，认真总结并探索非遗档案信息传播的政策保障、资金保障、权益保障、安全保障和动力保障。具体来说，以政策保障建立传播规则、以资金保障保持传播活力、以权益保障规整传播秩序、以安全保障维持传播稳定、以动力保障增加传播力量。

五、研究思路

本书的研究源于以下基本认识：

(1)从非遗建档、非遗档案管理到非遗档案信息的传播，这是非遗档案资源建设持续推进的正确方向，也将成为公共文化服务体系中富有特色与价值的重要组成。

(2)构建公共文化服务背景下我国非遗档案信息传播机制是对我国非遗档案信息传播工作的顶层设计，是从全局角度，结合公共文化服务的时代背景，对建设导向、建设核心、建设协同、建设目标等主要层面的科学定位、统筹规划。

(3)公共文化服务背景下我国非遗档案信息传播的实施以科学、合理的模式选择与设计为先导，需要对非遗档案信息传播基本要素的整体优化才能实现非遗档案信息传播的创新。

(4)公共文化服务背景下非遗档案信息传播的顺利实施需要政策、权益、动力等多方面的保障，持续的动力、稳定的秩序、科学的规则、妥善的资金都将有助于非遗档案信息传播的顺利实施。

基于上述认识，本研究将遵循"经验梳理(文献调研、实地调查)→现状分析(文献调研、网络检索、实地调查)→理论探索(体制创新)→应用研究(模型构建与实现)→优化与总结"的基本思路，具体如图 1-10 所示。

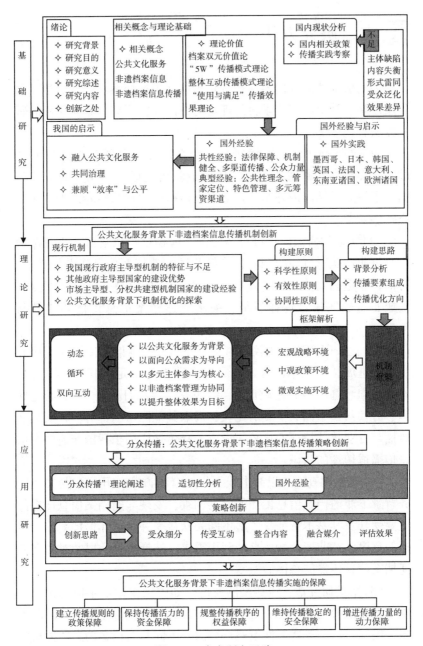

图 1-10　本书研究思路

六、研究方法

为完成上述研究内容，笔者将借鉴并采纳档案学、传播学、文化遗产学、社会学等多学科的理论与方法开展研究，具体采用的研究方法有：

（1）文献调研法。围绕研究主题系统梳理并阅读相关研究文献，收集国内外非遗档案信息传播最新研究成果、相关的统计数据，了解并总结国内外非遗档案信息传播的现状与经验，为论文研究提供参考。

（2）实地调研法。通过对文化馆、博物馆、档案馆、非遗保护中心等非遗执行机构的调查，了解我国非遗档案信息建设的进程、特征，非遗档案信息传播开展的情况，经过系统整理和科学分析，形成非遗档案信息传播特征，揭示非遗档案信息传播的成绩与不足。

（3）比较研究法。比较国内及国外非遗档案信息传播理论研究和实践进展，发现本国理论研究与实践上的不足；开展我国与日本、法国、韩国等其他政府主导型国家实践的比较，与市场主导型、分权共建型国家实践的比较，汲取其他国家的优势；开展大众传播与分众传播特征的比较，形成分众传播应用于我国非遗档案信息传播适切性的认识。

（4）问卷调查法。以线上线下相结合的方式，开展公共文化服务背景下非遗档案信息传播的问卷调查，发现非遗档案信息传播的主要受众及其基本特征，了解不同受众接受并参与非遗档案信息传播的意愿，对非遗档案信息的利用需求、选择偏好，以及对当前非遗档案信息传播的总体满意度。

（5）案例研究法。以典型的案例，如中国皮影数字博物馆、日本小林花祭等为依据描述国内外非遗档案信息传播的现状；以英国、美国、法国等代表性策略总结国外不同非遗档案信息传播机制国家的实施经验与实施特色；以美国国家档案与文件署和南京博物院的分众传播实践总结分众传播的普遍经验，析出富有价值和可行性的创新策略，强化研究的科学性和结论的可靠性。

（6）跨学科研究方法。综合运用档案学、文化学、传播学、公共行政学等多学科的理论与方法开展研究。以档案双元价值论论证非遗档案信息传播的重要性；以传播模式理论和传播效果理论提炼非遗档案信息传播基本要素、设计非遗档案信息传播研究思路；以新公共治理理论指导传受关系的重构；以分众传播模式探索非遗档案信息传播策略的创新。

七、创新之处

笔者认为，本研究可能取得以下四个方面的创新：

（1）将非遗档案研究的范畴从非遗建档、非遗档案管理推进拓展至非遗档案信息的传播，明晰"非遗档案"与"非遗档案信息"之间的联系与区别，引入成熟科学的传播学理论，在实现档案学研究与传播学研究跨界融合的同时，提升了档案学领域非遗档案信息传播研究的系统性和深度。

（2）不局限于定性的文献分析，采用线上与线下相结合的方式开展问卷调查，量化分析我国非遗档案信息传播的受众分布、参与意愿、信息偏好、选择目的，以及对非遗档案信息传播的整体满意度，使研究结论更为科学，更具说服力。

（3）以关联的视角看待非遗档案信息传播与公共文化服务这一宏观的时代背景，认识到公共文化服务背景将为非遗档案信息传播带来的新机遇，也肯定了非遗档案信息传播的优化必将推动公共文化服务，凸显研究的时代价值。

（4）系统性梳理我国非遗档案信息传播现状，形成以"一套机制、一种模式、一套保障"为核心的系统化研究成果，补国内相关研究成果之不足，为文化部门提供实施参考。

八、本章小结

　　本章通过对研究背景、研究意义、研究内容和研究框架等的整体设计与阐述，形成了较为清晰的研究框架和拟取得的研究突破，为后续的研究提供了良好的规划。本章全面解析了国内外"非遗""非遗传播""非遗档案""非遗档案传播"和"公共文化下非遗传播"的研究进展与主题分布，总结出核心观点，以及国内外研究上的差异。对非遗公共属性的肯定、公共文化服务与非遗传播之间关系的解析、部分非遗传播主体功能的分析、传播技术的应用、传播形式的总结……都有助于明确本书的研究方向、整理本书的研究思路和形成本书的基本认识。下一章，笔者将对本研究涉及的相关概念和基础理论进行提炼和解析，以奠定整体研究的理论基础。

第二章　相关概念与理论基础

　　翔实的文献综述描绘出当前非遗档案信息传播的研究图景，系统的研究框架指导着非遗档案信息传播研究的有序开展。研究的开展需要以清晰的概念界定，以科学的基础理论为先导，因此，本章中，笔者将对本研究的主要研究对象及其相关概念进行界定，梳理"档案双元价值论""'5W'传播模式""整体互动传播模式""'使用与满足'传播效果"等档案学、传播学领域成熟理论的理论内核，为本书研究奠定起坚实的理论基础。

一、相关概念

　　基本概念是研究思维赖以延伸的起点，也是理论范式据以建构的支撑。本书的研究中，将会涉及"公共文化服务""非遗档案信息""非遗档案信息传播"等概念，笔者将尝试对这些概念加以阐释，建立起概念间的关联。

(一)公共文化服务

　　"公共文化服务"是本书研究的社会文化背景。准确、全面地界定"公共文化服务"的基本蕴涵、工作内容及工作要求，对于科学认识公共文化服务背景下非遗档案信息传播的发展方向、价值判断和行为方式等有着持续的影响和规定作用。

1. 国外对公共文化服务的界定

"公共文化服务"这一概念是我国在改革开放的大背景下建设社会主义文化的过程中提出的。笔者选择西方公认的能及时反映西方社会大众认知、信息准确且权威的百科全书《大不列颠百科全书》(*Encyclopedia Britannica*),以"公共文化服务"的直译"Public Culture Service"进行词条检索,发现并未收录相关词条,进一步检索后发现,《大不列颠百科全书》甚至没有收录"Public Culture"的词条,可见,在西方的学术话语体系中,并没有"公共文化服务"这一词汇。但是,与之相近的"公共治理""公共服务"等领域的理论与实践仍可为笔者理解和认识"公共文化服务"提供参考。

(1)公共文化

解析公共文化,先从文化入手。

在西方权威的工具书中,《韦伯斯特在线词典》将文化界定为"一个种族、宗教或社会群体的习惯性信仰、社会形式和物质特征;某一地点或时间所共有的日常生活的特征"。《牛津英语词典》将文化定义为"一个社会或群体的独特习俗、成就、生产、观点等;社会或群体的生活方式"。可见,西方社会普遍将文化视为个人或群体身份的表达,既包含文化遗物、语言、宗教和习俗等个人或群体的物质要素,也包含道德、价值观、信仰等精神层面的思想和行为方式。

西方富有影响力的研究成果中,1871 年,英国文化人类学家爱德华·泰勒在其《原始文化》一书中将文化定义为"包括全部的知识、信仰、艺术、道德、法律、风俗以及作为社会成员的人所掌握和接受的任何其他的才能和习惯的复合体"。① 美国人类学家克莱德·克鲁克洪认为泰勒的定义过于宽泛,进而将文化限定为:"某

---

① [英]爱德华·泰勒. 原始文化[M]. 连树声,译. 上海:上海文艺出版社,1992:1.

个人类群体独特的生活方式，他们整套的'生存式样'。"①

顾名思义，公共文化应该是具有公共性质的文化，它是文化特殊而重要的组成，强调的是文化的公共性与共享性。也有学者认为人类社会的文化自诞生之日起就应全都是公共文化，因为公共性是文化的基本属性。"公共"的概念形成于17或18世纪的欧洲发达国家，资本主义制度的建立，私有财产从法律上得到的保护，促成了"公""私"二元的划分。20世纪中叶以来，围绕公共文化的概念与范畴，来自经济学、社会哲学、公共行政管理不同领域的学者，结合自身的研究，提出不同的观点与认识。

①"公共产品"论下的公共文化。

传统思维里，人们对于经济的认识是指物质生产和再生产活动。20世纪中叶，随着西方发达国家第三产业的高速发展，人们开始认识到非物质生产在经济发展中的地位与作用。出于对文化价值的肯定与尊重，人们将文化视为一种"稀缺"的经济资源，并认定其为一种广义的商品，进而引入经济学的理论与方法对其展开研究。

1919年，瑞典学派代表人物林达尔（Erik Robert Lindahl）提出了"公共产品"（Public Goods）概念，1954年，美国诺贝尔经济学奖第一人保罗·萨缪尔森（Paul A. Sanmuelson）对"公共产品"做了经典而标准的界定，纯粹的公共产品或劳务不会导致别人对该种产品或劳务消费的减少。同时指出公共产品或劳务具有与私人产品或劳务三个显著的不同特征，分别是效用的不可分割性、消费的非竞争性和受益的非排他性。萨缪尔森将公共产品理论引入文化领域，依据公共性的高低，将文化商品划分为纯公共文化产品、准公共文化产品和私人文化产品三大类。纯公共文化产品是公共性最高的产品，一般由政府提供；准公共文化产品是指公共性相对较高的产品，一般由政府和市场混合提供；私人文化产品是指公共性较低的产品，主要由市场调节和提供。在此基础上，萨缪尔森进一步提出

131

---

① ［美］克莱德·克鲁克洪，等．文化与个人［M］．高佳，等，译．杭州：浙江人民出版社，1986：6.

公共文化产品特指纯公共文化产品。而 1965 年詹姆斯·布坎南（James M. Buchanan）在修补萨缪尔森的公共产品理论时指出，现实世界中大量存在的是介于纯公共产品和私人产品之间的准公共产品或"混合产品"，主张将公共文化产品纳入准公共文化产品的范畴。

②"公共领域"论下的公共文化。

同一时期，西方社会哲学领域"公共领域"理论的代表人物汉娜·阿伦特（Hannah Arendt）和于尔根·哈贝马斯（Jurgen Habermas）一致认为公共文化同公共领域有着内在的关联。

汉娜·阿伦特是公共领域研究端序的开启者，在《人的境况》一书中，她对私人领域与公共领域进行了划分。私人领域是以家庭为中心的生命活动领域，物质关切与生命延续是其主要的活动内容，非公共性是这一领域的根本特征；公共领域则以人工物品组成的世界为其物质形态，以平等、自由的交往（言行）为其实践形式，例如，古希腊罗马的城邦，17、18 世纪的艺术沙龙及街头咖啡馆。阿伦特认为，私人领域和公共领域都属于世俗领域，与世俗领域相对的，还有宗教超越领域。但是，所谓的"世界"应该是世俗的公共领域，世界是共同持有世界之人的世界，世界之所以是世界，就在于它被众人分享，在它的表述下，所有流行于世俗世界、公共领域的文化都属于公共文化。

相对于阿伦特略显含混的表述，哈贝马斯的观点更为清晰。阿伦特理解的"公共性"是一种公开的状态，在这个场所中任何事物都可以被看到和听到。哈贝马斯的"公共性"则是一种批评性的公共意见与舆论，是有着身份差异的个体们在达成观念共识之前的矛盾运动过程。哈贝马斯构建了一个"市民型公共领域"，这是一个与政治国家相分离的市民社会文化生活，所有的公民可进入该领域，经过对话、讨论形成公共意见、公共观点，这种民间形态的文化就是公共文化，既不需要，也不可能由政府主导。①

---

① ［德］哈贝马斯.公共领域的结构转型[M].曹卫东，等，译.南京：学林出版社，1999：91-92.

③布莱肯瑞吉和阿帕杜莱的公共文化观。

1988 年，美国人类学家、社会学家卡罗尔·布莱肯瑞吉（Carol Brechenridge）和阿尔君·阿帕杜莱（Arjun Appadurai）合作创建了 *Public Culture* 期刊，该期刊由杜克大学出版社出版，是目前西方社会"公共文化"研究较有影响力的一本学术刊物。在刊物网站的首页，刊登了刊物主办者对于"公共文化"涵义的理解。他们突破了哈贝马斯将公共文化等同于市民文化的狭隘观点，以更为包容更为开阔的视野看待公共文化，将其理解为不同国家、不同民族、不同阶层在不同时间和空间中所创造的文化形态，同时指出，这种文化形态是不断变化着的，并可能在变化中形成一种文化潮流或文化趋向。①

④凯尔·马尔卡希的公共文化观。

2017 年，美国路易斯安那州立大学政治学谢尔顿·贝科克杰出教授凯文·马尔卡希出版了名为《公共文化、文化认同与文化政策：比较的观点》的学术专著，马尔卡希将公共文化置于公共政策决策的棱镜之下，在广阔的社会政治和历史框架中认真考虑了公共文化的内涵。

马尔卡希对西方文化的传播与发展进行了历史分期，第一阶段是文艺复兴到 20 世纪，国王、贵族、教师和商业巨擘以文化赞助的方式，通过博物馆、美术馆、画廊等机构向公众开放并展示文化。同哈贝马斯的观点一致，马尔卡希认为这一阶段开放的文化仅仅体现了少数权势人物的品位和鉴赏力，充斥着自我吹捧和昭示国家荣耀的动机，民众的参与被排除在外。第二阶段是第二次世界大战至今，在政治民主化的推动下，西方国家对于文化民主的取向发生了改变，如何服务公众利益成为评价文化政策的重要准则。国家的文化宝藏不应该受阶段环境、教育程度或居住地的限制，而应依托更多的方式、更好的设施，自上而下地将高雅、优秀的文化从中心城市推向边远、文化落后地区，以启蒙大众审美、提升文化尊

---

① Public Culture：About the Journal. ［2021-12-04］. https：//read. dukepress. edu/public-culture/pages/About.

严、促进教育发展。这正是现代公共文化的理念与特点。

马尔卡希认为，政府应是推进公共文化的主体，因为他们是公共政策的制定和推行者。马尔卡希认真比较了当前文化政策以及传统艺术政策各自涵盖的范围，发现艺术政策给予公共支持的对象一般是博物馆、绘画雕塑和陶艺等视觉艺术，以及交响乐、室内乐、合唱乐、现代舞、歌剧、音乐剧、严肃剧等表演艺术。文化政策不仅支持上述活动，图书馆和档案馆、动物园、植物园、水族馆、公园、社区庆祝活动、集市和节日、乡村音乐、民间舞蹈、手工艺等民俗活动、马戏表演、骑术表演和乐队游行活动，以及公立学校和大学开展的艺术和人文教育计划也都涵盖在内。这也正是现代公共文化服务的主要内容。

（2）公共服务

从历史的角度考察，公共服务的概念起源于 19 世纪末的德国。德国社会政策学派的杰出代表阿道夫·瓦格纳（Adolf Wagner）初步提出公共服务的基本理念，认为这是一项理应由政府承担起来的社会文化福利工作。"公共服务"概念的明确提出是在 1912 年，法国公法学者莱昂·狄骥（Leon Duguit）认为掌握着国家权力的人或机构有责任运用这些权力来组织公共服务；进而将"公共服务"的涵义界定为"有利于实现并促进社会团结，必须由政府来规范和控制的活动"。可见，在初步认识"公共服务"时，公共服务就同政府，尤其是国家政府紧密联系在一起，公共服务必须由政府来执行，没有政府的控制与干预，公共服务是无法得到保障的。

除了学者们的探索外，联合国大会、联合国人权委员会等国际组织也以法律的形式，提出并强调了公民享有公共服务的权利。《世界人权宣言》（1948 年）指出，"社会的每个成员都有权享受社会保障，并有权享受他的个人尊严和人格的自由发展所必须的经济、社会和文化权利"①；《经济、社会、文化权利国际公约》（1966 年）也提出："本公约缔约国承认人人有权：参加文化生活、

---

① 《世界人权宣言》全文［EB/OL］.［2021-10-21］. https：//www. un. org/zh/universal-declaration-human-rights/index. html.

享受科学进步及其应用所产生的利益……",同时指出"本公约缔约国各国为充分实现这一权利而采取的步骤应包括为保存、发展和传播科学和文化所必须的步骤"①。

对政府主导的强调影响了西方公共服务理论的研究范式。此后的代表性理论和观点中,研究的中心都是公共服务中的政府职能。诞生于 20 世纪 40 年代的公共选择理论主张赋予公众自由选择公共服务的机会,提出要改变政府垄断的局面,让非政府公共服务机构分担一部分政府责任,以分权、市场介入和社会参与的方式改善公共服务的范围及效率。20 世纪 80 年代的新公共管理理论同样主张将市场竞争机制引入公共服务运作中,遵循"顾客至上"原则,将政府视为提供服务的企业,将公民看作享受或消费服务的顾客与消费者,"企业"以合同的方式向"消费者"做出承诺,"消费者"可以自由选择服务的方式。这一理念下,企业管理领域的一些管理理论和方法,如绩效管理、战略管理、目标管理等皆可用于指导公共服务的理论与实践,新公共管理理论也因此在西方公共行政领域产生了广泛而深入的影响。

21 世纪初,一股批评与反思新公共管理理论的思潮兴起,一些学者认为新公共管理理论弱化了政府的责任,视"政府"为企业,视公民为"顾客",让公共服务沦为一种市场行为,市场介入、顾客至上既损害了公共利益,也无法体现公共精神。因此,新公共管理理论并未充分、彻底地解决保障公民文化权利的问题。2003 年,美国学者珍妮特·V.登哈特与罗伯特·B.登哈特夫妇提出了"重塑政府角色"的主张,认为政府的职能不在于"控制或掌握社会新的发展方向",而是要"引导公民、满足他们的共同利益",这就是新公共服务理论。新公共服务理论克服了新公共管理理论上的缺陷,对公共利益和民主价值予以了极大的肯定与尊重,强调了政府主导的公共行政理应是为公民服务,同时指出,政府不是公共资源的拥有者,他们只是公共资源的"管家",是公共服务活动的组织

135

---

① 经济、社会及文化权利国际公约[EB/OL].[2021-10-21]. https://www.un.org/zh/documents/treaty/files/A-RES-2200-XXI.shtml.

者，政府与公民共享权利，公民的参与是公民权益保障的表现，更是公共服务顺利展开的重要力量。①

（3）公共文化服务

虽然西方的理论成果中没有关于"公共文化服务"的明确界定，但这应该是一个融合"公共文化"与"文化服务"两方面含义的概念，公共文化服务应以公共文化为主要对象，同时隶属于文化服务的范畴。

1959年，法国历史上第一个中央文化管理机构"法国文化部"正式成立，法国成为最早设立专门政府行政部门管理和组织公共文化的国家，只是这一时期的工作更侧重于管理，而非服务。20世纪80年代末，面对日益提高的公众文化需求以及不断上升的国际文化竞争力，西方发达国家开始探索文化管理体制调整与改革，逐渐形成了从"管理"到"服务"的转型。1982年，联合国教科文组织在墨西哥召开"世界文化政策大会"，文化问题被纳入经济、政治和社会发展战略中。1986年12月通过的《世界文化发展十年规划》强调了"要将文化和人的价值恢复到中心的位置上来"，制定公共政策，推动文化发展成为各国政府的重要责任。在《1994—2003年文化商品和文化服务的国际流动》中，联合国教科文组织界定了"文化服务"的含义："政府、私人、半公立机构或公司取得文化礼仪或满足文化需求的活动，不包括其服务所借助的物质形态，只包括艺术表演和其他文化活动，以及为提供和保存文化信息而进行的活动（包括图书馆、档案馆和博物馆等机构的活动）。"概念虽未强调"公共"，但却细化了"文化服务"的范畴，明确了提供服务的主体。

1994年10月30日，澳大利亚联邦政府首次提出了本国的文化政策《创造性的国家：澳大利亚联邦文化政策》，强调了文化对国家认同的重要性，明确了电影、广播、图书馆等公共文化服务方式，肯定了文化与艺术活动的经济潜力，承诺向文化机构提供2.5亿美元的资助。2000年，英国出台《文化与创意十年规划》，芬兰

---

① 丁煌. 西方行政学说史[M]. 武汉：武汉大学出版社，2017：379-380.

颁布了《内容创造启动方案：2000—2004》，美国州立法会议出台了咨询性政策文件《文化投资：州的政策创新》。2012年，法国文化部总秘书处起草《2020年法国文化和传媒——新时代的文化部》，提出"'数字化'政策，逐渐形成各地区文化资源平等的格局，建立一种协调公共文化机构系统的机制，促进建立一种欧洲模式的文化政策建立部际协调机制，促进与'私有领域'的互动，建立一个文化政策行动的创新实验室"。公共文化服务依然是法国文化工作的重点。

从西方各国文化发展战略可以看出，西方公共文化服务大致经历以"管理"为主、"管理和服务"兼顾、以"服务"为本的发展过程，是以政府为主导，旨在满足公众文化需求、保障公众文化权益，以营造开放、共享和公益的城市文化空间，制定开放的文化政策促进社会的参与，建立公正、平等的公共价值体系，促进公共精神成为其主要内容的各种公益性文化机构及服务的总和。

2. 我国公共文化服务体系的概念

我国公共文化服务的理论与实践是在近十几年展开的，虽然受到了西方的新公共管理理论与新公共服务理论的影响与启迪，但从一开始就有着典型的中国属性。我国"公共文化"概念甫一出现，就同"服务体系"密切联系在一起，成为一项由政府主导、有意识开展的政府工程。

（1）我国公共文化服务政策建设历程

1997年10月，我国签署《经济、社会及文化权利国际公约》，承认并承诺保护本国公民的文化权益。2001年2月，全国人大常委会批准《经济、社会及文化权利国际公约》在我国生效，保障公民文化权益正式成为我国的政府事业。2002年11月，党的十六大报告专门论述了文化体制改革，明确提出支持"文化产业和文化事业的发展"。2005年10月，"公共文化服务"的概念首次被提出，《中共中央关于制定国民经济和社会发展第十一个五年规划的建议》决定"加大政府对文化事业的投入，逐步形成覆盖全社会的比较完备的公共文化服务体系"；2006年9月，文化部《国家"十一五"时期文化发展规划纲要》首次以专项规划纲要的形式规划了公共文化服务的建设内容与建设举措,公共文化服务建设蓬勃兴起。

2007年以来,伴随公共文化服务建设的推进,具有里程碑地位的重大政策法规也陆续出台。2007年8月,中共中央办公厅、国务院办公厅印发《关于加强公共文化服务体系建设的若干意见》(中办发〔2007〕21号),明确提出了公共文化服务体系建设的指导思想、目标任务、五项重大公共文化服务工程,以及增强公共文化产品生产供给能力和创新公共文化服务运行机制的发展方向,这是我国第一份最高级别的公共文化服务建设专门文件,以此为标志,党的意志转变为国家政策,公共文化服务体系建设驶入了快车道。2011年10月,十七届六中全会再次提出"满足人民基本文化需求是社会主义建设的基本任务","加强公共文化服务是实现人民基本文化权益的主要途径",要求构建"覆盖城乡、结构合理、实用高效的公共文化服务体系",公共文化服务体系建设的方针政策日益完善。

2013年11月,十八届三中全会发布新一届党和政府的施政纲领——《中共中央关于全面深化改革若干重大问题的决定》,该文件重申了"全面深化改革""推进文化体制机制创新"的工作方针,将"构建现代公共文化服务体系"作为当前及今后重点任务。随后,以十八届三中全会精神为指导,中共中央办公厅、国务院办公厅于2015年1月印发《关于加快构建现代公共文化服务体系的意见》(中办发〔2015〕2号),提出建设现代公共文化服务体系的总体目标、基本原则、重点任务以及保障措施,这是我国第二个最高级别的公共文化服务建设专门文件,也成为现代公共文化服务体系建设的纲领性文件。2016年12月全国人大常委会通过《公共文化服务保障法》(2017年3月起施行),这是我国文化领域一部综合性、全局性、基础性的重要法律,标志着我国公共文化服务体系建设从带有阶段性的政府政策层次上升到带有持久性的国家法律法规层次。[1]

---

[1] 陶东风. 公共文化服务:从民生概念到民权概念[J]. 中国政法大学学报,2015(3).

（2）我国公共文化服务的含义与特征

梳理我国公共文化服务政策建设的历程，可以发现，国家对于公共文化服务的认识经历了早期的"公益性文化事业"到"公共文化服务"，再到"现代公共文化服务体系"逐步演进的过程，服务的内容也从公益性事业保障、基本广覆盖、传统型强供给向着公共性民生性服务、保公平全覆盖、现代性强消费转化及深入，国家已经从早期的局部探索迈向了注重顶层设计，重视体系化、制度化建设。

在这一背景下，2016年12月通过的《公共文化服务保障法》，首次正式界定了公共文化服务的含义，并对其公共文化服务建设原则、建设主体等基础性、纲领性问题进行了明确。《公共文化服务保障法》第二条规定："本法所称公共文化服务，是指由政府主导、社会力量参与，以满足公民基本文化需求为主要目的而提供的公共文化设施、文化产品、文化活动以及其他相关服务。"《公共文化服务保障法》第三条规定："公共文化服务应当坚持社会主义先进文化前进方向，坚持以人民为中心，坚持以社会主义核心价值观为引领；应当按照'百花齐放、百家争鸣'的方针，支持优秀公共文化产品的创作生产，丰富公共文化服务内容"，"按照公益性、基本性、均等性、便利性的要求"。公益性是指政府所提供的公共文化服务不以营利为目的，而是着眼于社会效益，追求社会效益的最大化，因此，公共文化服务是免费的或优惠的；基本性指的是从公共文化服务层次和范围看，公共文化服务满足的是人民群众基本的文化需求，保障的是人民群众基本的文化权益，但基本性也并非一成不变的，随着经济社会发展水平的变化，政府财政保障能力的提高，公共文化服务的内容与层次也相应会得到提高；均等性是建立在基本公民权利基础之上，每个地区、每个公民的基本文化权益都应当得到满足。当前，我国城乡之间、东西部之间、不同群体之间的公共文化服务还存在不平衡、不均等的现象，加快城乡文化一体化发展，消除城乡之间基本公共文化服务数量和质量上的差异是迫切需要正视和解决的问题。便利性是指要不断加强公共文化服务设施场所的建设，扩大相关文化产品的生存，确保人民群体能够方便、快捷、近距离、经常性地享受到公共文化服务的文化产品。

关于建设主体，《公共文化服务保障法》规定"国务院建立公共文化服务综合协调机制，指导、协调、推动全国公共文化服务工作"，"国务院文化主管部门承担综合协调具体职责"，"地方各级人民政府应当加强对公共文化服务的统筹协调，推动实现共建共享"，"国务院文化主管部门承担综合协调具体职责"，"地方各级人民政府应当加强对公共文化服务的统筹协调，推动实现共建共享"，"国务院文化主管部门、新闻出版广电主管部门依照本法和国务院规定的职责负责全国的公共文化服务工作，国务院其他有关部门在各自职责范围内负责相关公共文化服务工作"。同时规定"图书馆、博物馆、文化馆(站)、美术馆、科技馆、纪念馆、体育场馆、工人文化宫、青少年宫、妇女儿童活动中心、老年人活动中心、乡镇(街道)和村(社区)基层综合性文化服务中心、农家(职工)书屋、公共阅报栏(屏)、广播电视播出传输覆盖设施、公共数字文化服务点等"都是提供公共文化服务的设施。①

公共文化服务是本书研究的背景，也是本书研究的推力与动因，在有权威定义的情况下，本书所指的"公共文化服务"皆遵循该定义。

(二)非遗档案信息

"非遗档案信息"是本书的主要研究对象，这是一个衍生自"非遗档案"的概念。笔者发现，现有非遗档案研究中，存在着"非遗档案""非遗档案信息"概念含糊与混淆的问题。《从非物质文化遗产的传承和传播看非遗档案的开发利用》《非遗档案数字化保护的困境与出路》《新媒体视域下非物质文化遗产档案传播研究》《论新媒体发展对非遗档案开发的影响》等成果，研究的是非遗档案信息的整合、存储、开发与传播，但在拟定题名和遴选关键词时却笼统冠之以"非遗档案"。现有研究成果中，明确以"非遗档案信息"为

---

① 中华人民共和国公共文化服务保障法[EB/OL].[2016-12-26].[2021-10-13]. http://www.gov.cn/xinwen/2016-12/26/content_5152772.htm.

研究对象的数量极为有限。为此，笔者将先廓清非遗档案的概念，辨析"非遗档案""非遗档案信息"两者间的区别与联系，清晰划定非遗档案信息的内涵与组成，以确保本研究的严谨与科学。

1. 非遗档案的概念

"非遗"的概念由联合国教科文组织在 2003 年《保护非遗公约》中正式提出，在此之前，"非遗"多被称为"无形文化财""非物质遗产""口头文化遗产"或"民间创作"等。《保护非遗公约》中，非遗被界定为"被各群体、团体，有时为个人视为其文化遗产的各种实践、表演、表现形式、知识和技能及其有关的工具、实物、工艺品和文化场所"①。在我国，2005 年国务院办公厅颁布的《加强我国非遗保护工作的意见》附件《国家级非遗代表作申报评定暂行办法》中指出，"非遗是各族人民世代相承的，与群众生活密切相关的各种传统文化表现形式(如民俗活动、表演艺术、传统知识和技能，以及与之相关的器具、实物、手工制品等)和文化空间"。② 2011年，中华人民共和国第十一届全国人民代表大会常务委员会通过的《中华人民共和国非遗法》给出了非遗的权威性概念"各族人民世代相承并视为其文化遗产组成部分的各种传统文化表现形式，以及与传统文化表现形式相关的实物和场所"③。

抢救和保护濒危的非遗是国际组织和各国共同面对的紧迫任务。联合国教科文组织 1972 年通过的《关于在国家一级保护文化和自然遗产的建议》，提出需要"编纂一份文件和自然遗产的清单"以强化遗产的登记，同时也提出构建专门的档案资料服务机构，用以

---

① Text of the Convention for the Safeguarding of the Intangible Cultural Heritage[EB/OL]. [2019-10-12]. https://ich. unesco. org/en/convention.

② 国务院办公厅关于加强我国非物质文化遗产保护工作的意见[EB/OL]. [2021-10-13]. http://www. gov. cn/gongbao/content/2005/content_63227. htm.

③ 中华人民共和国主席令 第四十二号[EB/OL]. [2011-2-25]. [2021-10-17]. http://www. gov. cn/flfg/2011-02/25/content_1857449. htm.

保存文化和自然遗产档案资料，开展文化和自然遗产资料服务。①1989 年颁布的《保护民间创作建议案》专门论述了"建档"保存民间创作的举措，提出以"建立国家档案机构"作为保存民间创作资料的具体形式，同时组建起国际档案的中心机构。② 上述两份文件是以"建议案"的形式颁布，属于软法律，不具有强制执行的效力，只是对建档方式的建议和推介。而在 2003 年 10 月 17 日颁布的《保护非遗公约》中，作为"非遗"保护的重要和普适性方法，"建档"被正式地提出。③

我国的非遗建档工作在 2005 年启动，随着非遗建档的开展与深入，数量繁富、形式多样的非遗档案得以形成并积累起来。对于非遗档案的概念，学界经历了认识上的变化，这种变化源自对"建档"涵义的不同理解。作为联合国教科文组织写入《保护非遗公约》的唯一举措，起初，一些学者将"建档"等同于"归档"，即将有价值的非遗文件认定为档案，移交至档案部门。由于档案是"直接形成于社会生活"，且"保存以备查考"，因而只有非遗保护工作中相伴产生的各类事务性文件才算是非遗档案。④ 代表性观点包括：孙展红提出"非遗档案是指在申报非遗过程中，申报单位在收集、整理、汇编以及申报成功后管理该项目时形成的具有保存价值的历史记录"⑤。何永斌提出"在非遗保护工作中形成的各类事务性文书档

① 关于在国家一级保护文化和自然遗产的建议：百度百科[EB/OL].[2014-8-13].[2019-10-13]. http：//baike. baidu. com/view/4213519. htm.

② Recommendation on the Safeguarding of Traditional Culture and Folklore：UNESCO[EB/OL].[2014-12-4].[2021-10-17]. http：//portal. unesco. org/en/ev. php-URL_ID＝13141&URL_DO＝DO_TOPIC&URL_SECTION＝201. html.

③ Convention for The Safeguarding of The Intangible Cultural Heritage[EB/OL].[2014-12-10].[2021-10-19]. http：//portal. unesco. org/en/ev. php-URL_ID＝17716&URL_DO＝DO_TOPIC&URL_SECTION＝201. html.

④ 陈兆祦，和宝荣，王英玮. 档案管理学基础[M]. 北京：中国人民大学出版社，2005：10.

⑤ 孙展红. 浅谈非物质文化遗产档案管理[J]. 黑龙江档案，2009(3).

案，也包括遗产项目申报过程中形成的具有档案价值的各种资料"①。陈妙生和陆英认为："非遗项目在调查研究保护传承及申报过程中形成的具有保存价值的文字、图表、照片、声像实物等材料。"②胡郑丽从非遗"档案式"保护的角度定义"相关保护单位对非遗项目、传承人及其与之相关的具有价值的信息进行直接收集、整理、立档、保存、管理并提供利用服务的各项工作的总称"。③

然而，在现实实践中，建档的对象早已超出了"各类事务性文件"这一狭窄的范围，建档任务从未被单一交付给档案部门，文化主管部门、图书馆、博物馆、非政府组织、各社区与群体都参与着非遗的建档。基于此，学界以更为全面和成熟的眼光看待"建档"，指出"建档"旨在传播并推行的是"档案化"的保护理念和管理范式，是要以档案管理的标准与原则实现建档的规范化，以档案的原始性保障非遗的原真性，非遗档案的概念也从"单纯的事务性文件"拓展为"非遗活动过程中形成的所有具有保存价值的原始记录"。④ 代表性观点包括：赵林林和王云庆提出："所有与非遗有关的具有保存价值的各种载体的档案材料，应当包括非遗活动的道具、实物等，以及对非遗进行记录和保护过程中形成的文字记载、声像资料等。"⑤胡芸和顾永贵提出："为保护非遗而运用文字、录音、录像、数字化多媒体等各种形式对非遗进行真实、系统和全面地记录和收集整理而形成的各种不同形式载体的历史记录。"⑥李波指出："所

---

① 何永斌. 谈非物质文化遗产档案工作中的几对关系[J]. 山西档案，2009(3).

② 陈妙生，陆英. 太仓市加强非物质文化遗产档案工作的探索与思考[J]. 档案与建设，2009(2).

③ 胡郑丽. "互联网+"时代非物质文化遗产"档案式保护"的重构与阐释[J]. 浙江档案，2017(1).

④ 何嘉荪. 后保管时代档案学基础理论研究之四——档案化问题研究[J]. 档案学研究，2016(3).

⑤ 赵林林，王云庆. 非物质文化遗产档案的特征和意义[J]. 档案与建设，2007(12).

⑥ 胡芸，顾永贵. 如何做好民族民间非物质文化遗产档案管理工作[J]. 中国档案，2008(5).

有与非遗有关的具有保存价值的各种载体的档案材料，包括非遗活动的道具实物等以及对非遗进行记录和保护过程中形成的文字记载、声像资料等。"①李蔚指出："在非物质文化活动中形成的具有保存价值的各种载体的档案材料，它包括非物质文化活动的道具实物等，以及对非物质文化进行记录和保护过程中形成的文字记载声像资料等。"②徐拥军和王薇指出："通过文字、照片、音像、声像、多媒体等方式对非遗进行记录、存档的物质化成果。"③周耀林和戴旸等认为："非遗档案是见证非遗的传承演变过程及其各个阶段文化的特征，反映非遗的现存状态和续存情况，记录非遗保护与管理工作的各项活动，体现非遗代表性传承人及典型传承群体自然状况、文化背景、文化活动等的各种类型记录材料的总和。"④

笔者也认为，后者的概念更为全面和完善，所有见证非遗传承演变过程及各个阶段文化特征、反映非遗现存状态和存续情况、记录非遗保护和管理开展的相关活动，反映非遗演化、传承等各种类型的记录，都属于非遗档案的范畴。

2. 非遗档案信息的概念

信息作为一个科学的概念，由信息论创始人香农（C. E. Shannon）和控制论奠基人维纳（N. Wiener）在 20 世纪 40 年代提出。在此之前，传统的中西方社会一般将其理解为"消息""音讯""陈述"或"解释"。1982 年，美国信息管理专家霍顿（Forest. W. Horton）和马阐德（Donald. A. Marchand）将信息定义为"按照最终用

---

　　① 李波．非物质文化遗产档案在城市文化旅游中的作用[J]．北京档案，2009(10)．

　　② 李蔚．创新思维积极探索档案资源整合新方法——非物质文化遗产档案征集与管理[J]．云南档案，2011(2)．

　　③ 徐拥军，王薇．做好非物质文化遗产档案工作应增强五种意识[J]．北京档案，2012(2)．

　　④ 周耀林，戴旸，程齐凯．非物质文化遗产档案管理理论与实践[M]．武汉：武汉大学出版社，2013：66.

户决策的需要经过处理和格式化的数据"①。史密斯(Allen. N. Smith)和梅德利(Donald. B. Medley)指出信息是数据处理的最终产品,是经过收集、记录和处理,以可检索形式存储的事实或数据。② 我国学者钟义信从本体论角度出发,提出信息是"事物的存在方式或运动状态,以及这种方式和状态的直接或间接表述"。③ 孟广均先生肯定了这一观点,同时指出"事物"泛指一切可能的研究对象,包括外部世界的物质客体,也包括主观世界的精神现象;"运动"泛指一切意义上的变化;"运动方式"是指事物运动在实践上所呈现的过程和规律;"运动状态"则是事物运动在空间上所展示的形态与态势。④

信息是无形的,它依附于一定的载体而存在,人类只有通过发现、感知、认可信息,才能获得认识和改造世界的知识与能力。结合上述观点,笔者将"非遗档案信息"定义为蕴含于非遗档案之中,具有不同表现形式,能为社会公众所感知、共享的一切知识、意义和价值之和。

信息是庞杂的,非遗档案信息同样如此,只有科学地将其划分归类,才能更好认识、描述并传播它们。目前,国内并未有非遗档案信息分类的成果或方法,笔者将结合现有信息分类、文化遗产信息分类、非遗档案分类的方法加以探讨。

信息分类有很多方法,如依据信息的作用分类、依据信息的地位分类、依据信息的生成领域分类等。岳剑波从本体论和认识论角度出发,将信息划分为本体论层次信息和认识论层次信息两大类。⑤ 祁庆国的"文化遗产信息"观甫一提出时,并未得到关注,近

---

① Forest W. Horton, Donald A. Marchand. Information Management in Public Administration[M]. Virginia:Information Resource Press,1982:25.

② Allen. N. Smith, Donald. B. Medley. Information Resource Management [M]. Cincinnati, OH:South-Western Publishing,1987:45.

③ 钟义信. 信息科学与信息论[J]通讯学报,1990(1).

④ 孟广均,霍国庆,谢阳群,罗曼. 论信息资源及其活动[J]. 情报学进展,1998(0).

⑤ 岳剑波. 信息管理基础[M]. 北京:清华大学出版社,1999:4.

年来，文化遗产领域的少数学者开始研究文化遗产信息，并借鉴岳剑波的信息分类思想，开展文化遗产信息的分类。荆琰清（2016）首先将文化遗产信息划分为本位信息和衍生信息两部分，进而依据文化遗产信息在大众传播中的功能，将文化遗产信息进一步细分为文教科普类信息、品德培养类信息、艺术传承类信息和商业塑造类信息，其中文教科普类信息属于文化遗产的本位信息，品德培养类、艺术传承类和商业塑造类信息属于衍生信息。曹兵武则直接将文化遗产信息划分为本征信息、延伸信息和象征信息三类，其中本征信息包括遗产本体的时间、空间信息、材料构成、工艺技术和形式功能等；延伸信息指其参与人类社会相关的历史等互动信息；象征信息则指其所属文化类型或价值等信息。① 国内档案信息的分类是以档案实体所记录的信息内容为对象进行的分类，《中国档案分类法》是档案信息分类的通用标准。对于非遗档案，周耀林、戴旸、程齐凯（2013）依据来源或事由的原则，将其划分为非遗本体档案、非遗申报与保护工作中形成的档案和非遗传承人档案三类。基于上述分类方法，笔者设计并绘制出非遗档案信息的复式分类表（如图2-1所示）。将非遗档案信息划分为三个层面：

第一层次：遵循非遗档案现有的分类基础，依据来源和事由的原则，将非遗档案信息划分为非遗项目档案信息、非遗申报与保护业务档案信息和非遗传承人档案信息三大类。非遗项目档案信息是描述非遗项目基本特征、发展历史、文化内涵、科技知识以及存在意义和价值的信息。非遗申报与保护业务档案产生于不同级别非遗代表性、非遗代表性传承人申报或是保护过程中，主要包括文化主管部门、档案部门申报非遗名录，以及非遗收集、抢救、建档、保护、管理、开发和弘扬系列活动的信息。非遗传承人档案信息则主要记录并反映着非遗传承人个人基本信息、艺术特色、传承状态等内容。

第二层次：依据信息的价值和重要程度，将第一层次信息进一

---

① 曹兵武. 本体·信息·价值·作用——关于文化遗产保护传承的几个理论问题[J]. 中国文化遗产，2019（1）：49.

步分解为本体信息和衍生信息两大类。本体信息是信息的根基，传递的是非遗项目、非遗传承人的基本特征，以及非遗申报、保护活动的主要状态，旨在让公众了解"何为非遗""谁是非遗传承人"；衍生信息融入了当代人的理解感悟和再次加工，旨在增进公众对非遗、非遗传承人的认识，深化对其历史、文化、艺术价值的体会，进而上升至休闲娱乐、艺术品位和道德修养层面的教化。

第三层次：结合非遗项目、非遗传承人以及非遗申报与保护的不同内容、不同表现形式，细化本位信息、衍生信息的内容。如非遗项目档案信息中的本位信息包括非遗项目的准确名称、所属类型、分布地域、历史渊源、传承现状、风格特色和代表作品等基本信息，衍生信息包括非遗项目蕴含的文化内涵、产生的社会影响，以及所体现的历史、艺术和文化价值；非遗申报与保护业务档案信息中的本位信息包括代表性项目或代表性传承人申报信息、入选公文信息、基本保护和传承信息等，衍生信息则包括保护制度信息、保护标准信息等；非遗传承人档案信息中的本位信息包括非遗传承人的个人信息、学习经历、技艺特点、个人成就、授徒传艺经历、代表作品等，非遗传承人档案信息中的衍生信息包括非遗传承人参与社会公益情况、非遗资料收集情况及传承人对于非遗项目传承所作的贡献等。

147

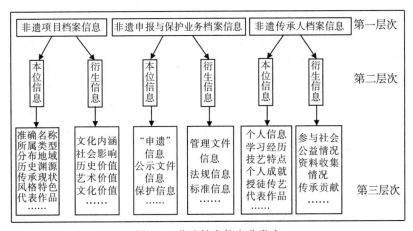

图 2-1　非遗档案信息分类表

3. 非遗档案与非遗档案信息的比较

笔者认为，"非遗档案"与"非遗档案信息"是一对相互依存但又相互区别的概念。遗憾的是，国内尚未有对两者进行辨析的研究成果，相关领域的研究也很少。2009年5月25日至27日举办的首届"文化遗产与传播"论坛上，首都博物馆资料信息研究中心祁庆国在题为"构建全方位传播架构 让文化遗产深入人心"主题发言中，首次提出了"文化遗产信息"的概念，并将其同文化遗产实体进行了比较，肯定了文化遗产信息在传播范围和受众面上的优势。① 荆琰清在《贺兰山岩画文化遗产信息大众传播研究》一文中，也专门总结了文化遗产与文化遗产信息的联系和区别。借鉴这些观点，同时结合非遗、非遗档案的概念与内涵，笔者试对非遗档案、非遗档案信息作出比较。

（1）非遗档案与非遗档案信息的联系

非遗档案是非遗档案信息的载体，是孕育和产生非遗档案信息的土壤，因此，非遗档案与非遗档案信息必定具有共同的属性与特性，分别是原始记录性、完整性、开放性和知识性。

①原始记录性。

档案是与人类生产、生活相伴而产生的，因此，原始记录性是档案的本质属性，也是所有档案应该具有的共同属性。非遗申报与保护业务档案是在非遗代表性项目、代表性传承人申报和保护过程中相伴产生的，是第一手资料，有着毋庸置疑的原始记录性。而对于非遗项目档案和非遗传承人档案这类后期建设的档案，其来源、建设过程的高度可信赖性也保证了它们的原始记录性。现有的非遗档案以文本类、照片类、音频和视频为主，非遗档案信息依附于非遗档案物理载体而存在，因此，非遗档案的原始记录性将决定着非遗档案信息的原始纪录性，表现在信息的真实性上，没有任何虚拟和夸大。

---

① 文化遗产与传播论坛［EB/OL］.［2009-06-11］.［2021-10-20］. https：//news.qq.com/zt/2009/whlt/.

②完整性。

档案是历史面貌或历史进程的记录，具有不可分割的整体性和相互联系性。建设非遗档案，是通过一定的方式和手段，将零散、分散的非遗资料依据其内在联系，分门别类，形成关于某一个非遗项目、某一位非遗传承人或是某项非遗工作的档案。保持全宗完整，系统展示非遗项目的起源、演化脉络、传承代际是非遗档案需要遵循的一条重要原则，也是非遗档案价值之所在。非遗档案的完整性也将影响着非遗档案信息的完整性。对于系统、完整建立起来的某项非遗档案，非遗档案信息的整体性就是对非遗全面、完整地再现；而对于尚不系统、仍在征集建设中的非遗档案，非遗档案信息的完整则体现于现有非遗档案中信息的真实再现。

③开放性。

政治性和机要性一直是档案的重要属性。《中华人民共和国档案法》规定，国家档案馆档案开放日期为形成之日起满三十年，经济、科技类档案可少于三十年，事关国家重大利益或安全的则须多于三十年。但是，对于非遗档案而言，如果在归档保存后不能积极地对外开放，而是为政府和档案部门所封闭存放，那么势必会背离非遗保护的初衷，抛弃非遗原本所应体现出的社会价值和文化意义。因此，即便是档案的一种，非遗档案仍具有别于其他档案的重要属性——开放性。对于非遗档案信息而言，开放与共享是信息的基本属性。非遗档案的开放，不仅是非遗档案物理外形的展示，更多的是其中信息的传递与送达，因此非遗档案与非遗档案信息的开放性是相伴共生的，非遗档案信息的开放直接影响着非遗档案开放的效果。

④知识性。

知识性是档案的一般属性，同时也是信息的基本属性，因此知识性同样也是非遗档案和非遗档案信息的共有属性。非遗档案、非遗档案信息的知识性，大致包含显性知识和隐性知识两大类。显性知识应是非遗所体现出的艺术特色、文化内涵、手工技艺，而隐性知识则是潜藏于深处，孕育一项非遗特定的时代背景、政治氛围以及社会环境，热爱美、创造美的意识与能力，以及尊重互助、坚忍

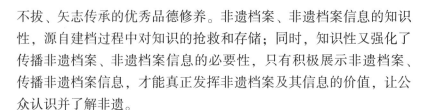

不拔、矢志传承的优秀品德修养。非遗档案、非遗档案信息的知识性，源自建档过程中对知识的抢救和存储；同时，知识性又强化了传播非遗档案、非遗档案信息的必要性，只有积极展示非遗档案、传播非遗档案信息，才能真正发挥非遗档案及其信息的价值，让公众认识并了解非遗。

（2）非遗档案与非遗档案信息的区别

非遗档案与非遗档案信息两者同依同存，相互影响、相互关联。但是，两者之间仍存有一些区别，具体体现在传播方式和信息可再生性两个方面。

传播方式上：非遗档案有着实际的物理外形，传播非遗档案一般以档案实体的展览、展示为主，这种方式虽可以让公众近距离感受到非遗档案的魅力，但传播活动被限制在特定的时间和地点之内，无法在更广泛的范围向着更多受众传播。非遗档案信息的传播需要借助载体，这个载体可能是其原本依附的非遗档案，具体形式有文本类档案、照片类档案、音频类档案和视频类档案，也可通过信息转换、迁移技术，从一种形态转换为另一种形态，例如纸质文本的数字化，进而突破时间和空间上的限制。

信息可再生性上：非遗档案的原始记录性决定了非遗档案大多以孤本的形式存在，即使有备份，数量也是有限的。传播非遗档案不可避免地会消耗非遗档案的物理载体，如纸张、光盘、胶片等，使其发生不可逆转的损害，非遗档案又是不可再生的，因此，档案部门应从保护非遗档案的角度出发，减少非遗档案传播和展示的频次，即使展示，公众与档案近距离接触的机会也是有限的。非遗档案信息却是可以再生的，各种影印技术、数字化技术、信息迁移技术使得非遗档案信息化身千百，传递给更多的受众，信息本身不会减少，也不会被消耗掉，只会在不断复制、传递和共享中实现价值的增值。

传播方式与信息可再生性两方面的区别正好体现了非遗档案信息传播的优越性，也印证了本书选择以非遗档案信息为研究对象的合理性。

（三）非遗档案信息传播

《保护非遗公约》将保护非遗的宗旨依次总结为"保护""尊重""相互欣赏"和"援助"。习近平总书记也提出要"让收藏在博物馆里的文物、陈列在广阔大地上的遗产、书写在古籍里的文字都活起来"，因此，在非遗建档取得阶段性成果之时，在全国乃至全球范围传播、共享非遗档案中的珍贵信息，这既是非遗保护应遵循的工作趋势，也是传播中华文明、强化中华记忆的重要举措。①

1. 非遗档案信息传播的内涵

传播是人类社会特有的现象与活动，传播促进了人际交往和信息交流，实现了物质交换、思想沟通和意义共享，推动着人类社会的文明与进步。汉语中的"传播"是一个联合结构的词，其中"播"是指"传播"，"传"则有"递、送、交、运、给、表达"等多种动态的涵义。英语中的"communication"包含着"通讯、通知、信息、书信；传达、传授、传播、传染；交通、联络；共同、共享"等意思。

20世纪以来，科学研究领域的学者们基于自身的认识对"传播"的定义做出了界定，其数量高达100多条。沃伦·韦弗认为传播是"一个心灵影响另一个心灵的全部程序"（W. Weaver，1949）。美国传播学者霍夫兰·贾尼斯和凯利指出传播是"某个人（传播者）传递刺激（通常是语言的）以影响另一些人（接受者）行为的过程"（C. Hovland，I. Janis & vH. Kelly，1953）。亚历山大·戈德将传播定义为"使原为一个人或数人所有的化为两个或更多人所共有的过程"（A. Gode，1959）。G. 格伯纳认为传播就是"通过信息进行的社会的相互作用"（G. Gerbner，1967）。瓦茨罗维克等也认为"在互

151

---

① 习近平谈文物保护工作的三句箴言—人民网［EB/OL］．［2017-07-20］．［2021-10-20］． http：//politics. people. com. cn/n1/2016/0413/c1001-28273470-3. html.

动的情境中，有信息价值的所有活动都是传播"（Watzlawick 1967）。理兹的看法则是"一个来源透过信息（不管是语文或非语文、记号或符号）的传达，能使接受者引起反应的过程"（L. Rich，1974）。彼德等在《媒介：美国大众传播解析》（Peter，1976）一书中的看法与此相近："大众传播就是通过某种媒介向许多人传递信息、思想和观念的过程"。德弗勒和丹尼斯在《大众传播通论》（L. Defleur，D. Dennis，1988）一书中定义更全面些："大众传播是一个过程，在这个过程中，职业传播者利用机械媒介广泛、迅速、连续不断地发出信息，目的是使人数众多、成分复杂的受众分享传播者要表达的含义，并试图以各种方式影响他们。"上述定义有的侧重于传播的共享，有的侧重于传播的目的和影响，有的强调了传播为受众带来的刺激效果，有的则突出了传播者与受众之间的互动。不论如何，上述定义所共同认同的是传播的过程中必定有信息的流转。

在西方思想的影响下，我国学者也提出对于传播的认识。郭庆光认为传播是"社会信息的传递或社会信息系统的运行"①，邵培仁指出"传播是人类通过符号和媒介交流信息以期发生相应变化的活动"②；胡正荣提出"传播是信息流动的过程。传播包含信息、流动两个要素"③；张国良则认为"传播即传授信息的行为（或过程）"④。基于这些认识，笔者将非遗档案信息传播的概念界定为"围绕非遗档案信息开展的信息交流的系列活动与过程"。

2. 传承与传播：一个值得辨析的问题

研究"传播"，不得不关注另一个概念——"传承"，这是在非遗研究与非遗实践中频繁出现的词汇，同样属于非遗信息流转和传递的活动。从字面上看，"传承"与"传播"两个词，"传"的含义基本上是相通的，含有信息的移动、流转、延续的意思，但是，

①　郭庆光．传播学教程［M］．北京：中国人民大学出版社，2011：4.
②　邵培仁．传播学［M］．北京：高等教育出版社，2015：2.
③　胡正荣．传播学总论［M］．北京：北京广播学院出版社，1997：28.
④　张国良．传播学原理［M］．上海：复旦大学出版社，2009：6.

"承"意指"接受、托着""继续、连续"，偏向于纵向时间维度上信息的延续与承继；"播"意指"撒种""传扬、传播"，体现在空间维度上信息的扩散。

我国素有传承非遗的传统。传承的是非遗中核心的学问、技艺、动作或要领，信息量虽不大，但价值更高，目的也是唯一的，即代代延续，确保非遗的生命力和活力。传承的场域相对狭窄，传承的对象也较为有限，只在师徒、家族和家庭内部进行，传承的形式以口传心授、动作实操等实践为主。值得提出的是，传承活动是建立在传授方与承接方双方认可、价值诉求得到满足的基础上，传授方在学徒群体、家族群体中选择出一定数量的对象，认定其为承接方，承接方同样认可传授方的技艺，愿意接受其主导的传承行为；传承过程中，传授方将符合自身价值诉求的信息传承给承接方，承接方不是盲目地照搬或原封不动地全盘接受，而是结合自身的价值诉求选择性地接受部分信息，并对其作出调整和优化，从信息流向上看，以"传授方—承接方"单向流动为主；此外，从时间上看，传承的过程是稳定且延续的，信息的流转和接受不是一朝一夕就可以完成，而是需要经历一个相对较长的时间，才能完成传承的活动。

与传承相比，传播在上述方面呈现出不同的表现。非遗档案信息的传播主体可以是个人，但更多是文化部、档案馆、图书馆、博物馆等组织机构，他们有着专门的传播经验。非遗档案信息的受众不是少量的个人，而是社会大众，具有面广量大、分布广泛的特征，非遗档案信息传播的目的是弘扬文化、普及知识、展现智慧、提高品位。因此非遗档案信息传播的内容更趋于泛化，以普及性知识偏多。非遗档案信息传播依赖多样化的传播媒介，如报刊、广播、电视、电影等，既有实体的展览，也有依托数字化、虚拟现实技术等技术创设的虚拟场景，如果说传承在促进非遗代际延续的同时还保持一定隐秘性和封闭性的话，传播更重视信息的公共性以及开放性。

刘魁立曾说"传承与传播是非遗保护的两个翅膀"①。笔者认为，传承与传播是彼此影响的，在某些地方也处于交叉的地位。传承是传播的基础，只有非遗被传承延续下去，传播才会成为可能；传播是传承的保障，非遗只有经过传播才能为社会广泛熟知并重视，传承才不会中断，非遗的生命力才可能得到最大可能的延续。

3. 公共文化服务背景下的非遗档案信息传播

公共文化服务体系建设是我国重要的文化工程。从 2002 年至今我国公共文化服务体系建设的系列政策中，"继承民族文化优秀传统""加强公共文化产品和服务供给"等一再被重申和强调，传递出国家构建公共文化服务体系的决心与意愿，民族文化和优秀传统也一再被提升到公共文化服务体系中的重要位置。非遗是我国重要的传统文化资源，传播非遗档案信息，一方面是档案馆对文化事业机构职责的践行；另一方面是对公共文化服务体系建设的积极回应与助力。

公共文化服务体系的构建是一个系统工程，涉及很多机构与部门，既有公共图书馆、博物馆、文化馆等文化事业单位，也有文化部、文联等政府文化部门。《中华人民共和国档案法》（2017 年）第八条规定："中央和县级以上地方各级各类档案馆，是集中管理档案的文化事业机构，负责接收、收集、整理、保管和利用各分管范围内的档案。"②。《中华人民共和国档案法实施办法》（2017 年）第十条同时规定："中央和地方各级各类档案馆，是集中保存、管理档案的文化事业机构。"③这些法规明确了公共档案馆的文化事业机

① 刘魁立：非物质文化遗产既要传承更要传播［EB/OL］．［2019-7-21］．［2021-10-21］．http：//news. eastday. com/eastday/13news/auto/news/china/20190721/u7ai8705654. html.

② 中华人民共和国档案法［EB/OL］．［2020-06-21］．［2021-09-21］．http：//www. gov. cn/xinwen/2020-06/21/content_5520875. htm.

③ 中华人民共和国中央人民政府：中华人民共和国档案法实施办法［EB/OL］．［2017-3-11］［2021-11-19］．http：//www. gov. cn/gongbao/content/2017/content_5219128. htm.

构的合法身份。但是，传统"局馆合一"的体制将档案局和档案馆两种截然不同的机构合并在一起，弱化了档案馆作为文化事业机构的公益性，加重了其行政化的色彩。2018年3月21日，中共中央印发了《深化党和国家机构改革方案》，档案局（馆）从过去同时承担行政管理和档案保管利用两种职责的事业单位，分离成为两个独立的机构，由档案局负责行政管理，档案馆负责档案安全保管和开发利用。"局馆分离"的体制改革肯定了公共档案馆作为公共文化服务设施与机构的地位和职责，为公共档案馆创造出融入社会、参与公共文化服务体系建设的绝好条件。

公共档案馆素有传承、启蒙与积淀文化的职责，因此，公共档案馆发挥自身文化传播主体的作用，以馆藏陈列、展览、讲座等多形式开展的非遗档案信息传播活动，不断展示非遗档案成果，传承非遗知识与文化，将是公众实现公共文化权益、获得文化熏陶以及构建社会先进文化的重要渠道。公共档案馆职责的明确，是对《关于加强公共文化服务体系建设的若干意见》中"加强公共文化产品和服务供给"建设内容的实践，以公共档案馆服务职能的强化去提升公共文化服务效能；非遗档案的建设以及非遗档案信息的传播，是对优秀公共文化产品供给的丰富，以体现中华文化精神、反映中国人审美追求，通过思想性、艺术性、观赏性有机统一的优秀文化产品去强化公共文化产品和服务供给。传播方式和传播技术的创新与研究，有助于加大文化科技创新力度，提升公共文化服务现代传播能力，进而推动公共文化服务与科技的融合发展。

同时，将非遗档案信息传播置于公共文化服务体系之下，也可以拓展出一个全新的公共传播空间，进而以公共文化服务体系建设的宗旨与原则去提升非遗档案信息传播的质量和效果，具有更为丰富的内涵。

第一，公共文化服务的背景让非遗档案信息传播机制所包含的五大要素时代特征更鲜明。公共文化服务背景下的非遗档案信息传播主体，类型更多样；公共文化服务背景下的非遗档案信息传播内容，范围更广泛；公共文化服务背景下的非遗档案信息传播媒介，结构更合理；公共文化服务背景下的非遗档案信息传播受众，指向更明确；公共文化服务背景下的非遗档案信息传播效果，提升更显著。

第二，公共文化服务的背景让非遗档案信息价值在维护公众文化权利中实现。非遗档案信息是公共文化的重要组成部分，其传播也是实现公民基本文化权益的重要途径，2016年12月全国人大常委会颁布的《公共文化服务保障法》对"公共文化服务"的定义，阐明了公共文化服务的主体是"政府主导、社会力量参与"，目的是"以满足公民基本文化需求"，范围是"公共文化设施、文化产品、文化活动以及其他相关服务"。研究公共文化服务背景下的非遗档案信息传播机制是为了协调传播的各个要素，改善当前非遗档案信息传播现状，让广大人民群众共享非遗档案信息资源建设的成果，充分发挥非遗档案信息的价值，保障公众的基本文化权利。

二、理论基础

理论基础是研究赖以展开的依据和支撑。在本书中，笔者选择以档案双元价值理论、"5W"传播模式理论、整体互动传播模式理论和"使用与满足"传播效果理论作为研究的指导，其中，档案双元价值理论是立论的基础，"5W"传播模式理论是贯穿整体研究的主线，整体互动传播模式理论是补充，"使用与满足"传播效果理论是导向。

（一）档案双元价值论

关于档案价值的理论，国际档案学界普遍认可和接受的是美国档案学者谢伦伯格（T. R. Schellenberg）于1956年提出的档案双重价值理论。谢伦伯格将档案界定为"经鉴定值得永久保存以备查考和研究之用，业已藏入或者业已选出准备藏入某一档案机构的任何公私机构的文件”，继而将档案价值划分为原始价值和从属价值。①原始价值又称第一价值，包括行政价值、法律价值、财务价值和科研价值，从属价值又称第二价值，包括证据价值和情报价值。该理论对国际档案学理论产生了重大的影响，被誉为现代档案学理论研究的开展。

2003 年，在借鉴双重价值理论中价值理念的基础上，我国档案学者覃兆刿提出了档案双元价值理论。在重新将档案概念界定为“档案是人类对凭证信息的合目的控制”的基础上，覃教授提出了档案所具有的“双元价值”：“一是作为一种行为方式，人类的初衷在于借助它的结构形式所赋予的功能，称为‘工具价值’；一是作为记录或文献归属的实体(或结构对象实体)，其内容负载的价值，称为‘信息价值’。前者是一种普遍意义的价值，后者是一种个性价值；前者由档案的自然属性赋予，后者由档案的社会属性赋予。”②

我国档案学者任越专门撰文对档案双重价值理论和档案双元价值理论进行了比较。③ 档案双重价值理论形成于 20 世纪中期的美国，是政府文档数量激增、社会科技充分发展时代背景下的产物。档案双重价值理论以文件生命周期理论为基石，依据档案实体在文件生命周期不同阶段价值的大小，划定出原始价值(第一价值)和从属价值(第二价值)。原始价值即第一价值，是文件对其形成机关的使用价值。从属价值即第二价值，是文件对于其他机关和个人研究者的使用和研究价值，又称为文件的档案价值。谢伦伯格将其细分为凭证价值和情报价值，并提出以是否具有第二价值作为判定文件能否成为档案的直接准则，并以第二价值的大小作为档案价值鉴定的标准。

在肯定档案双重价值理论贡献及影响力的同时，任越也总结了

157

① Schellenberg T R. Modern Archives：Principles and Techniques［M］. Chicago：University of Chicago Press, 1956：35.

② 覃兆刿. 中国档案事业的传统与现代化［M］. 北京：中国档案出版社，2003：8.

③ 任越. 双重价值论与双元价值论——两个时代档案学基础理论的对话——双重价值论与双元价值论的比较研究［J］. 山西档案，2009(2).

档案双元价值理论的理论突破及时代适用性。档案双元价值理论形成于 21 世纪初的中国,我国社会由传统向现代转型,电子文件等新型载体档案大量产生,档案部门社会角色发生了转变,工作的内容也从管理向着服务转变,在此背景下,档案双重价值理论逐渐暴露出价值划分明显、忽视社会实践等方面的缺陷。档案双元价值理论突破了文件生命周期理论的束缚,在档案事业发展和档案社会效用的大视野下研究档案价值。档案双元价值理论首先从功能层面承认了档案作为记录凭证与社会管理的工具价值,同时也在内容层面强调了档案反映历史背景与文化知识的信息价值。同档案双重价值理论一样,档案双元价值理论也以价值的大小作为价值判断的标准,并以信息价值作为最终目的之所在。在作用范围上,档案双重价值理论仅对档案鉴定工作有较大的指导作用,而档案双元价值理论更适于从宏观的角度探寻档案事业与社会发展的契合,以"工具价值"凸显"社会责任感",以"信息价值"观照"服务社会公众理念",勾画档案事业的蓝图。

档案双元价值理论被提出后,学界在探究其理论价值的同时,也将其应用于人事档案、家庭档案、民族档案价值的解析,以及传统文化传承、文化建构实践的指导与规划中。在本书中,档案的工具价值告诉我们,没有比档案更值得信赖的记忆工具,为非遗建档,是建构非遗文化记忆,保障非遗信息整体性、凭证性的有力手段,联合国教科文组织及我国开展的非遗"建档"是科学且不可替代的。档案的信息价值告诉我们,档案信息在社会发展中有着重要的作用,档案信息价值的全面实现必然是以档案信息资源的全面共享为前提,以传播实现非遗档案信息的传递和社会共享,满足公共文化服务的需求,是档案部门和档案工作者的责任与义务。

(二)"5W"传播模式理论

1. 西方传播模式理论嬗变

模式研究是传播学研究的重要组成。20 世纪 40 年代末开始,拉斯韦尔、香农、施拉姆、赖利等学者们结合自身对于传播行为的认识，先后建构出传播模式的理论，他们通过绘制图形，简化地描述传播现象，概括并提炼出传播的特征。在选定本书研究指导理论之前，笔者先梳理并总结了主流的传播模式理论，见表 2-1。

表 2-1　　　　　　　　　　主流传播模式理论

理论名称	提出者	提出时间	模式类型	理论内容	
				基本要素	核心观点
演讲模式	亚里士多德	公元前4世纪	线性模式	①演讲者 ②演讲辞 ③听众 ④场合	演讲的重要场合有法庭、公民大会以及各种公开仪式；说服（即传播的效果）必须具备三个条件：演说者的品质、对听众形成某种态度的机会、论点本身所提供的证明
"5W"模式	哈罗德·D.拉斯韦尔	1948年		①Who ②Says What ③In Which Channel ④To Whom ⑤With What Effect	任何传播过程都可以放到"结构"和"功能"两个参考框架中加以分析；"Who"探讨引起并引导传播行为的因素；"Says What"探讨传播的内容；"In Which Channel"分析广播、报刊、电影等传播渠道或媒介；"To Whom"研究接受媒介传播的人；"With What Effect"探讨传播行为对受众的影响①
香农—韦弗数学模式	香农韦弗	1949年		①信源 ②信息 ③发射器 ④信号 ⑤噪音 ⑥接收到的信号 ⑦接收器 ⑧信宿	传播系统，尤其是电报通信系统中的传播是一种直线的单向传播。由五个环节和一个不速之客——噪音构成。信源发出一个信息或一组信息供传播，发射器将信息转换成信号，接收器将信号还原成信息，接收到的信息抵达信宿。整个传播中存在于通道中的噪音干扰可能会导致发出的信号与接受信号之间产生差别，从而使得由信源发出的信息与由接收器还原并到达信宿的信息二者的含义可能不一样②

159

---

① Lasswell Harold D. The Structure and Function of Communication in Society [J]. The Communication of Ideas, NewYork, Harper and Brothers, 1948.

② Claude E. Shannon, Warren Weaver. The Mathematical Theory of Communication[M]. Illinois: University of Illinois Press, 1949: 23.

续表

理论名称	提出者	提出时间	模式类型	理论内容	
				基本要素	核心观点
奥斯古德—施拉姆循环模式	威尔伯·L.施拉姆	1954年	循环模式	①信息②编码者③译码者④释码者	传播活动是围绕信息而进行的循环往复的过程。传播者中的一方在发出最初的传播信息之后，就同样以释码者的身份加入传播过程，对所收到的信息进行译码以理解其意义，在发出信息前进行一定的编码以生产意义，传播就是一个在传播者之间持续进行的信息互动过程①
施拉姆大众传播模式	威尔伯·L.施拉姆	1954年		①信源②信息③信宿	构成传播过程的分别是大众传播与受众，这两者之间存在着传达与反馈的关系。作为传播者的大众媒体与一定的信源相连接，又通过大量复制的信息与作为传播对象的受众相联系。受众是个人的集合体，这些个人又分属于各自的社会群体；个人与个人、个人与群体之间都保持着特定的传播关系②
德弗勒互动过程模式	梅尔文·L.德弗勒	1966年		①大众媒介②信息源③传送器④渠道⑤接收器⑥目的地⑦噪音⑧反馈	在香农-韦弗模式的基础上发展而来，明确补充了反馈的要素、环节和渠道，突出双向性。大众传播是构成社会系统的一个有机组成部分。在闭路循环传播系统中，受传者既是信息的接收者，也是信息的传送者，噪音可以出现于传播过程中的各个环节③
丹斯螺旋模式	弗兰克·E·X.丹斯	1967年		①信源②信者	循环模式将传播过程看做一个反复循环到原点的过程是错误的。传播是一个循环往复、螺旋上升、不断发展的过程。传播过程是不断向前发展的，不存在机械的起点和终点④

① ［英］丹尼斯·麦奎尔，［瑞典］斯文·温德尔.大众传播模式论［M］.祝建华，武伟，译.上海：上海译文出版社，1987：21-22.

② ［英］丹尼斯·麦奎尔，［瑞典］斯文·温德尔.大众传播模式论［M］.祝建华，武伟，译.上海：上海译文出版社，1987：46.

③ ［美］希伦·A.洛厄里，梅尔文·L.德弗勒.大众传播效果研究的里程碑(第三版)［M］.刘海龙，等，译.北京：中国人民大学出版社，2004：2.

④ Communication Theory. Helical Model of Communication. ［EB/OL］.［2021-10-29］. http：//communicationtheory.org/helical-model-of-communication/.

理论名称	提出者	提出时间	模式类型	理论内容	
				基本要素	核心观点
赖利夫妇模式	赖利夫妇	1959年	系统模式	①传播者 ②受传者 ③信息 ④社会系统	多重结构或等级层次结构是传播系统的本质特点。传播者和受众都可以被看做个体系统，这些个体系统各有自己的内在传播活动，即人内传播；个体系统与其他个体系统相互连接，形成人际传播；个体系统又分属于不同的群体系统，形成群体传播；群体系统的运行又是在更大的社会结构和总体社会系统中进行的①
马莱茨克传播模式	马莱茨克	1963年		①传播者 ②信息 ③接收者 ④媒介	传播是一种复杂的社会行为，是一个变量众多的社会互动过程。传播者有主动性，又承受着信息和媒介的压力。接收者与传播者对应，同样受到媒介压力，也不能不对大量信息进行内容选择②
波纹中心模式	R.E.希伯特	1975年		①传者 ②代码 ③把关人 ④媒介 ⑤调节者 ⑥过滤器 ⑦受众	"代码"指文字符号系统，"调节者"指政府、团体、消费者，"过滤器"指文化和社会系统，"信息放大"兼有空间和心理的含义。大众传播过程犹如投石于水池中产生的现象——石子击起波纹，波纹向外扩展到池边时又朝中心反向波动；在扩展和回弹的过程中，波纹（即信息）受到许多因素的影响。此模式强调大众传播同社会、文化等的关系，显示了传播过程的复杂性和动态性③

注：本表依据相关文献资料整理而成。

最早对传播过程进行模式化的描述可以追溯到公元前4世纪的亚里士多德，在其所著的《修辞学》一书中，亚里士多德将早期的传

---

① ［英］丹尼斯·麦奎尔，［瑞典］斯文·温德尔. 大众传播模式论［M］. 祝建华，武伟，译. 上海：上海译文出版社，1987：14.

② 郭庆光. 传播学教程（第二版）［M］. 北京：中国人民大学出版社，2015：57.

③ Communication Theory. Corrugated Center Model［EB/OL］.［2021-10-29］. http：//communicationtheory. org/category/mass-communication.

播形式归纳为宣传与说服，进而研究了特定场合中最有效地说服人的方法。后人将亚里士多德的思想归纳为演讲模式，这也是最早的传播学模式。演讲模式明确了传播者、受传者、信息以及传播情境等要素，绘制出传播的单向线性流向。1948 年，美国政治学家拉斯韦尔提出了"5W"传播模式，该模式将纷繁复杂的传播活动总结为五个环节、五个要素，绘制出传播的概念蓝图。① 1949 年，香农和韦弗从信息理论的角度出发，以电子通讯系统为例，提出了"香农-韦弗模式"。② 香农-韦弗的数学模式提出传播的环境应是开放而非封闭，正如电子通信系统中存在的噪音一样，开放环境中也有很多障碍会干扰信息的传播。同"5W"传播模式一样，香农-韦弗数学模式也是单向线性的模式，这种模式未能关注到反馈的要素与环境，固化了传播者与受传者的角色与关系，不符合人类传播的实际。

基于对线性传播模式缺陷的认识，20 世纪 50 年代提出的传播模式，肯定了传播应是动态相互交流的，重视反馈在传播过程中的巨大作用，研究思路也从直线、单向型思维向着循环、双向型思维转向。这一时期，首先形成的是奥斯古德-施拉姆传播模式，该模式摒弃了之前的"流程论"和"环节论"，将研究重心集中于传播者与受传者，肯定了社会传播的互动性，因而适用于人际传播，学界认为，这一模式的出现，意味着与传统直线性单向传播模式的决裂。但是，该模式认为受传双方的地位完全对等，这是与社会传播现实不符的。③ 因此，施拉姆对这一模式进行了修正，将传播描述为一个相互交织和相互联结的系统过程，这就是大众传播模式。德弗勒借鉴了香农-韦弗的模式理论，在修正其直线单向传播路径缺陷的基础上，设计出更为合理的互动过程传播模式，补充了之前理论中未曾涉及的传播反馈的要素和环节。

---

① ［英］丹尼斯·麦奎尔，［瑞典］斯文·温德尔. 大众传播模式论［M］. 祝建华，武伟，译. 上海：上海译文出版社，1987：17.

② ［英］丹尼斯·麦奎尔，［瑞典］斯文·温德尔. 大众传播模式论［M］. 祝建华，武伟，译. 上海：上海译文出版社，1987：20.

③ ［英］丹尼斯·麦奎尔，［瑞典］斯文·温德尔. 大众传播模式论［M］. 祝建华，武伟，译. 上海：上海译文出版社，1987：21.

早期传播理论中直线的传播路径，描述的是传播过程中最表象的元素，渐趋完善的传播理论中循环的传播曲线则指出了传播双向、互动的特点，但它们都还是在传播过程系统内部的探索和解释，揭示的都是其中的微观环节及要素。之后形成的系统传播模式，不仅描述了微观的传播过程的内部环节，同时也关注到宏观的外部传播环境，认识到传播过程就是整个社会运行系统的一个组成部分。赖利夫妇考察了传播系统与社会系统之间的互动关系，将大众传播研究带入了一个新的时代。马莱兹克从社会心理学角度研究了大众传播，列举了影响和制约传播者、受传者、媒介与信息的因素，遗憾的是没有对这些因素的强度和影响力大小差异进行分析。希伯特的波纹中心传播模式理论则指出传播还同社会环境、文化环境密切相关，传播是一个复杂而动态发展的过程。①

在短短的 30 余年里，传播学者们从不同角度构思并提出了众多的传播模式，揭示出人类传播活动的主要特点，从线性传播到系统传播，从单向流动到双向互动，从微观到宏观，从表征传播过程与结构到表征传播要素，从分析表现到把握本质，学者们的研究视角在不断细化，认识程度也在不断深入。但是，不完整、部分未阐明的缺陷依然存在，传播理论依然在推进和发展着。

2."5W"传播模式的理论内涵

作为最早形成的传播模式理论，"5W"传播模式理论首次准确、清晰而简单地描绘出传播的基本构成要素，搭建了传播学的脚手架；其所形成的"结构-功能"取向也奠定了传播学研究的基本范式。尽管后继的模式理论对其进行了修订、补充与完善，但始终未曾脱离其本质思想。因此，"5W"传播模式理论一直被奉为传播学研究的经典，其构建者哈罗德·拉斯韦尔（Harold Dwight Lasswell）也被施拉姆誉为传播学研究的四大奠基人之首。

"5W"传播模式理论的内涵可从以下三个方面加以阐释：

163

---

① ［英］丹尼斯·麦奎尔，［瑞典］斯文·温德尔. 大众传播模式论［M］.
祝建华，武伟，译. 上海：上海译文出版社，1987：49.

第一，内部结构上，"5W"传播模式理论创造性地构建了"拉斯韦尔公式"，将人类传播活动明确概括为由五个环节和要素构成的过程，这五个要素有着同样的首字母"W"，依次为 Who（谁）→ Says What（说什么）→ In Which Channel（通过什么渠道）→ To Whom（对谁）→ With What Effect（取得什么效果），信息的流向是单向、直线的。在此基础上，拉斯韦尔进一步总结了五个要素对应的传播学研究五个主要领域，分别为"控制研究""内容分析""媒介研究""受众研究"和"效果分析"（如图 2-2 所示），这也是"5W"传播模式理论的精髓。

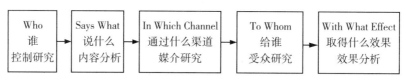

图 2-2　拉斯韦尔公式及相应的传播研究领域①

"Who（谁）"是传播者，也是传播活动的控制者，在传播过程中担负着信息的收集、加工传递的任务。传播者既可以是单个的人，也可以是集体或专门的机构。

"Says What（说什么）"是信息，是传播的内容，它是由一组有意义的符号组成的信息组合。符号包括语言符号和非语言符号。

"In Which Channel（通过什么渠道）"是媒介，是信息传递所必须经过的中介或借助的物质载体，它可以是诸如信件、电话等人与人之间的媒介，也可以是报纸、广播、电视等大众传播媒介。

"To Whom（给谁）"是受传者或受众，是所有受传者如读者、听众、观众等的总称，它是传播的最终对象和目的地。

"With What Effect（取得什么效果）"是传播效果，是信息到达受众后在其任职、情感、行为各层面引起的反应。

拉斯韦尔进一步解释说，研究"Who"的学者探讨的是引起并引

---

① ［英］丹尼斯·麦奎尔，［瑞典］斯文·温德尔. 大众传播模式论［M］. 祝建华，武伟，译. 上海：上海译文出版社，1987：17.

导传播行为的因素。研究"说"什么的专家所从事的工作被称为"内容分析";对广播、报刊、电影等传播渠道的研究被称为"媒介分析";如果研究对象是接受媒介传播的人,就称之为"受众分析";如果是对受众影响的探讨,就是"效果分析"。拉斯韦尔强调了"效果"是检验传播活动是否成功的重要尺度,这一观点也引起了传播学主流对于效果研究的重视。

第二,外部功能上,拉斯韦尔从政治学视角出发,提出了传播的三大功能——监视环境、协调社会以及传承文化。1959年,查尔斯·赖特在此基础上又补充了第四项功能——娱乐功能,自此形成了传播学中的经典学说,这也成为传播学的基础理论知识。①

第三,拉斯韦尔还研究了动物界的信息传播,指出传播已经成为不同等级生物所具有的固有特征,它们同人类社会传播一样,有着"哨兵""部下""刺激信号""传导过程"的角色分工和元素。此外,拉斯韦尔进一步认定了从事传播工作的主体,分别为研究政治环境的外交官、使馆官员和外国记者;研究国家对外部环境的反应的编辑、国内记者和发言人;传播专家以及家庭和学校的教育者。②

"5W"传播模式理论的理论价值及其清晰的理论框架,使得笔者相信其能对认识繁杂的非遗档案信息传播现象提供积极的指导作用。"5W"传播模式提取出的基本传播要素、要素间单向直线的推进关系,及其所对应的研究领域,将为笔者认识繁复的非遗档案信息传播工作、划定出非遗档案信息传播主要层面、凝练非遗档案信息传播基本特征提供依据。据此,笔者将非遗档案信息传播的核心要素依次划分为传播主体、传播内容、传播媒介、传播受众和传播效果。这五个要素的实施情况及其相互间的影响和关联共同构成了非遗档案信息传播的研究框架。而"5W"传播模式理论中对于传播功能的阐释,进一步坚定了公共文化服务背景下非遗档案信息传播在和谐社会、传承文化及娱乐三个层面的积极作用,这是对传播必

165

---

① Shramm M, Roberts D F. The Process and Effects of Mass Communication [M]. Urbana: University of Illinois Press, 1971: 85.

② 宫承波,管璘. 传播学史[M]. 北京:中国广播影视出版社,2014: 56.

要性的再次印证与强调，同时也是非遗档案信息传播必须要坚持的发展方向和建设目标。

（三）整体互动传播模式理论

在明确了"5W"传播模式理论对本研究的基础指导作用后，需要认识到，作为一项早期的线性传播模式理论，"5W"传播模式理论存在着不可忽视的缺陷，如缺乏对受传者反应的表达渠道的描述、未关注传播过程中外部环境的影响等，这些都是笔者在探讨非遗档案信息传播时必须关注的问题，因此，需要与时俱进地吸纳新的传播理论，作为"5W"传播模式理论的补充、完善及提升。

20世纪80年代以后，传播学家们对于传播的受众予以了更多的关注，他们发现传播者与接受者双方一起创造、分享、交流着信息。基于这一认识，传播学家们构建出新的传播模式——互动模式和整体互动模式。互动模式的代表性理论是罗杰斯和金·凯德于1981年提出的"辐合传播模式"理论，整合互动模式的代表性理论有某日本学者提出的"阳光模式"理论和我国学者邵培仁提出的"整体互动模式"理论（1991）。笔者将这三种理论的内涵与特征进行了总结和比较，见表2-2。

表 2-2　　　　　　（整体）互动传播模式代表性理论

特征＼理论名称	辐合传播模式理论①	阳光模式理论②	整体互动模式理论③
提出者	罗杰斯、金·凯德	某日本学者	邵培仁
提出时间	1981年提出 1987年补充		1991年

---

① 周焱．教育传播导论［M］．北京：中国文联出版社，2004：88-90.

② 邵培仁．传播模式论［J］杭州大学学报（哲学社会科学版），1996(2)：164-165.

③ 邵培仁．政治传播学［M］．南京：江苏人民出版社，1991：374.

续表

特征＼理论名称	辐合传播模式理论①	阳光模式理论②	整体互动模式理论③
模式类型	互动传播模式	整体互动传播模式	整体互动传播模式
理论内容　提出背景	个人电脑普及；电脑互传逐渐进入社会成员的日常生活	人类进入信息时代；网络化技术、新传播系统技术日益加速发展	人类进入信息时代；网络化技术、新传播系统技术日益加速发展
理论内容　基本要素	①参与者 A ②参与者 B	①终端机②信息交换设备③信息库④大众媒介⑤信息源⑥社会服务	①三个系统 ②四大圈层因素
理论内容　核心观点	互动传播是一种循环过程；参与双方(A 和 B)一起创造和分享信息、赋予信息意义，以便相互理解	以宏观的整体的眼光所抽象出来的通过信息交换中心（如电信局或网络）连接各大信息系统进行信息创造、分享、互动的结构形式	置于整体互动模式中的认识对象不仅是整体的还是互动的。人际传播系统、大众传播系统和网络传播系统协同并存、互动互进

注：本表依据相关文献资料整理而成。

　　上述三个传播理论中，辐合传播模式理论描述了传播者与受众者之间依托电脑和计算机技术等传播媒介开展的传播信息交互的过程，这是将传播模式研究由人际传播、大众传播向着网络传播延伸的引领。但是，辐合传播模式理论只能是网络传播研究的开端，因为电脑和计算机技术只是网络传播的基础设施，还有更多的网络传播媒介或传播系统有待关注；此外，以电脑关联的传受互动规模不大，以"一对一""一对多"为主，也有少量的"多对多"，大规模的"虚拟巨网"的传播现象，该理论并不适用。

　　对于网络传播和互动传播，"阳光模式"和"整体互动传播模式"的研究视角更为宏观而系统。"阳光模式"不再将网络传播的媒介限定于电脑，而是关注到信息交换中心或信息系统级别的信息分享和互动，对于传播活动的描述和反映也更为准确。"整体互动传

167

播模式"则是从人类社会的视角对人类的传播活动给予了最为完整而全面的诠释。该理论综合研究了人际传播系统、大众传播系统和网络传播系统，依据重要程度和影响力构建起由内而外的四个要素圈层，以"5W"传播模式理论中的五个要素为核心层；以传播信息的特征、信息的译码或解读，以及受众的反馈为次级层；以传播活动参与者的价值取向、传播环境、传播规范、传受两者间的传播经验为边际层；以人为、机械、自然和传播内容等因素的干扰为最外围的干扰层。① 笔者认为，本书所研究的非遗档案信息传播活动也应该是一个集合人际传播、大众传播和网络传播的综合性传播活动，所要探求的公共文化服务背景下非遗档案信息传播效果的最优，也需要综合考虑这些因素层，因此，除"5W"传播模式理论外，邵培仁的"整体互动传播模式"（如图 2-3 所示）理论对本研究也具有现实指导力。

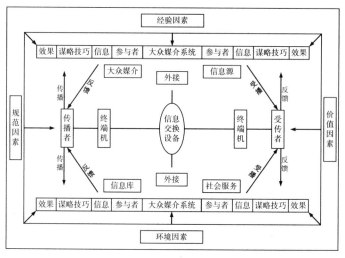

图 2-3 整体互动模式②

---

① 李岚，罗艳，莫桦. 电视评估全攻略——理论、模型与实证[M]. 北京：中国广播电视出版社，2015：247.

② 邵培仁. 关于传播模式的思考与构想[J]. 淮阴师专学报(哲社版)，1991(3).

(四)"使用与满足"传播效果理论

1. 西方传播效果理论嬗变

在梳理并选定传播宏观指导理论的基础上,需要对传播效果的研究予以重点关注。传播效果是传播五要素中研究历史最长、争议最大,也最具现实意义的研究内容,传播学领域视其为传播学研究的核心与基石。对于传播效果的概念,有宏观和微观两个层面的认识。宏观层面的认识认为,传播效果要考量传播活动对传播受众及其所在整个社会的影响及结果;微观层面的认识则专指对传播受众带来的影响,具体包括认知、情感、态度和行为等方面。① 传播效果有大有小,有积极也有消极,一项良好健康的传播活动理应产生大的积极的传播效果。

对于传播效果的研究始于 20 世纪初期。20 世纪 70 年代以后,不少学者开始梳理并总结传播效果的研究成果,形成对于传播效果理论嬗变的系统认识。其代表性观点有三种:

第一种是以色列学者伊莱休·卡茨(Elihu Katz)1977 年提出的"三段三论"(如图 2-4 所示)。② 第一段是 1935—1955 年的"媒介万能论",认为传播媒介威力巨大,传者至受者呈单向传递;第二段是 1950—1960 年的"效果优先论",认为大众传播媒介效果十分有限;第三段是 1960—1977 年的"效果相当强论",认为大众传播媒介并非万能,但效果相当强。

第二种是由美国传播学者赛弗林(Werner Sevrin)和坦卡德(James W. Tankard)于 1981 年提出的"四段论"(如图 2-5 所示),在合理吸收卡茨分期理论的基础上,赛弗林和坦卡德前后延伸了传播效果时间,将传播效果理论概括为"枪弹论""有效效果论""适度

① [美]约翰·费斯克,等. 关键概念:传播与文化研究词典(第 2 版)[M]. 李彬,译. 北京:新华出版社,2004:91.

② 肖沛雄. 新编传播学[M]. 广州:广东人民出版社,2006:140.

效果论"和"强大效果论"四个阶段，四阶段呈现螺旋渐进的特征。

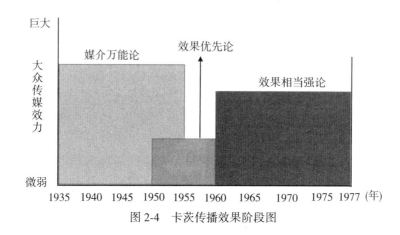

图 2-4　卡茨传播效果阶段图

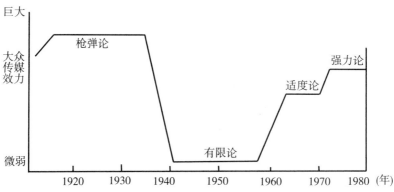

图 2-5　赛弗林(Werner Sevrin)和坦卡德(James W. Tankard)传播效果阶段图

第三种是由我国传播学者戴元光和金冠军于 2000 年提出的"五阶段论"(见表 2-3)。① 第一阶段是 20 世纪初到 30 年代的"超强效果论"，代表理论是"枪弹论"；第二阶段是从 20 世纪 30 年代初到 60 年代佩恩基金会有关电影对儿童影响系列研究所孕育的"有限效果论"；第三阶段是从 20 世纪 60 年代至 70 年代的"适度效果论"；

① 戴元光，金冠军. 传播学通论[M]. 上海：上海交通大学出版社，2000：356.

第四阶段是 20 世纪 70 年代的"强大效果论";第五阶段是 20 世纪 70 年代至 90 年代的"谈判效果论"。

表 2-3 　　戴元光和金冠军"五阶段论"传播效果阶段表

效果研究的力量	超强效果论	有限效果论	适度效果论	强大效果论	谈判效果论
理论存在的时段	20 世纪初到 30 年代	20 世纪 30 年代初到 60 年代	20 世纪 60—70 年代	20 世纪 70 年代中期	20 世纪 70—90 年代
效果强度	特别强	特别低	比较强	相当强	相当强
主要研究者	拉斯韦尔;施拉姆;伯罗;德弗勒;	约瑟夫·克拉伯、霍普·克拉伯、库柏、拉扎斯菲尔德、罗杰斯	赫尔塔·赫佐格、布鲁姆勒、卡茨、格利维奇、罗杰斯、麦斯威尔·麦库姆斯、唐纳德·肖	伊丽莎白·诺利—纽曼门德尔松、麦戈比、法夸尔	麦奎尔、戈特林、盖姆逊、蒙迪克莱尼、凡·左娜
基本观点	大众传媒威力巨大,可以形成舆论,改变信念和生活习惯,并且或多或少按照大众传媒及其内容控制者之意志支配受众行为	传媒并非万能,而是在多种制约因素的互动关系中产生相当有限的效果	大众传播的效果在不同条件下有时威力巨大,有时效果微弱或不明显,有时则介于这两者之间	大众传播有巨大的效果,这种效果是复杂的、间接的、长期的、潜移默化的、宏观的、社会的	在传受双方互动的意象建构过程中,大众传媒产生其效果①
代表性理论	枪弹论皮下注射论	社会分类论、多级传播论、意见领袖理论	创新-文明扩散论;使用与满足论;议题设置论;文化规范论	议题设置理论;培养理论;沉默的螺旋理论	谈判性的传媒效果论

注:本表依据相关文献资料整理而成。

---

① Deris McQuail. Mass Communication Theory［M］. London：Sage Publication，1996：334.

笔者采纳戴元光、金冠军的观点，总结了五个阶段的代表性理论、提出时间、提出者和主要观点，见表 2-4。

表 2-4 　　　　　　　主流传播效果代表性理论内涵

效果认识论	代表性理论		
	理论名称	提出者提出时间	主要观点
超强效果理论	枪弹论	哈罗德·D.拉斯韦尔1927 年	大众传播具有惊人的"枪弹式"的威力；受众消极被动地等待和接受媒介所灌输的各种思想、感情、知识或动机；软弱的受众像射击场上的靶子，无法抗拒子弹袭击；效果强大的刺激得到大众个体成员一致的注意，这些刺激激发了内心欲望、冲动或个人难以自我控制的其他过程；受众对大众传媒的信息产生大致相同的反应
有限效果理论	意见领袖理论	拉扎斯菲尔德、伊莱休·卡茨1940 年	"意见领袖是指在人际传播网络中经常为他人提供信息，同时对他人施加影响的"活跃分子"，他们在大众传播效果的形成过程中起着重要的中介或过滤的作用，由他们将信息扩散给受众，形成信息传递的两级传播"①
适度效果理论	创新与扩散理论	埃弗雷特·罗杰斯1962 年	补充"两级传播"理论，重点研究社会进程中创新成果是怎样为人知晓以及如何在社会系统中得以推广的。"创新的传播包括认知、说服、决定、实施、确认五个步骤，创新扩散的受众分为创新者、早期采用者、早期大众、晚期大众、落后者五类"②

---

① Opinion Leaders-Wikipedia［EB/OL］.［2019-11-3］. https：//en. wikipedia. org/wiki/Opinion_leadership.

② Rogers E M. Diffusion of Innovations［M］// Diffusion of innovations. Free Press，2003：866.

续表

效果认识论	代表性理论		
	理论名称	提出者提出时间	主要观点
适度效果理论	使用与满足理论	伊莱休·卡茨等1974年	从受众角度，强调受众的积极性，指出受众通常根据自身的需求积极主动地选择与使用媒介，而媒介在满足受众需求的过程中，得以实现其功能①
	议程设置理论	马尔科姆·麦肯姆斯和唐纳德·肖1972年	研究媒介有意或无意地构建公共讨论与关注，认为大众传播不能决定公众对某一件事情或者意见的具体看法，但是可以通过提供信息和安排相关的议题来有效左右公众的关注点，安排公众谈论的顺序②
强大效果理论	沉默的螺旋理论	诺埃勒·诺依曼1974年	人们在表达自己想法和观念的时候，如果看到自己赞同的观点受到广泛欢迎，就会积极参与，因而这类观点就会越发大胆地发表和扩散；而人们如果发觉某一观点无人或很少有人理会则会沉默。沉默的一方会让另一方增势，如此循环，形成强势意见的一方声音越来越大，另一方越来越沉默的螺旋发展过程③
谈判效果理论	—	麦奎尔1983年	在一定的社会生活和文化传统的环境里，受传双方基于"谈判"，也即相互商讨和彼此斗争，依据各自的处境、利益、兴趣及意图等，建构媒体所引导的意义系统

注：本表依据相关文献资料整理而成。

---

① Lichtenstein A，Rosenfeld L B. Uses and Misuses of Gratifications Research an Explication of Media Functions[J]. Communication Research，1983，10(1)：97.

② [美]马克斯韦尔·麦库姆斯. 议程设置：大众媒介与舆论[M]. 郭镇之，徐培喜，译. 北京：北京大学出版社，2008：187.

③ Elisabeth Noelle-Neumann. The Spiral of Silence：Public Opinion，Our Social Skin[M]. Chicago：University of Chicago Press，1993：42.

　　传播效果理论发展的五个阶段中，"超强效果理论"是基于生物学上的"刺激——反映论"，以思辨的方法开展的传播效果研究，其缺陷在于未经科学的调查研究。"有限效果论"研究通过社会与心理相结合的视角，运用了社会调查和统计的方法进行研究，但是，后继学者对其多持"否定态度"，认为其集中于短期效果，过分倚重行为主义心理学，未关注更为广阔的社会和体制方面的长期效果，是一种悲观或消极的看法。为此，后继学者们尝试转换研究视角，从关注"传播媒介可以提供什么"转为对"传者该如何利用传播媒介"的研究，"适度效果理论"应运而生。①

　　"适度效果理论"开创了传播效果研究的新纪元。如果说"有限效果理论"忽视传媒的劝服效果，过分重视受众态度的固执性，那么"适度效果理论"则关注并肯定了外部环境对传播者、受传者开展信息传播和信息选择的影响，传播媒介对受传者的影响力也受到受传者自身行为、思想、观念等因素的制约。如果说以为传播效果研究旨在验证个人对传媒内容的接触态度与个人态度、意见、信息获取等变量的相关性，那么，"适度效果论"则将传播效果划分为直接短期效果和间接长期效果，强调在重视前者的基础上，更要关注后者，以传播影响受传者的意识形态、文化观念，营造整体良好的社会氛围。

2. "使用与满足"传播效果理论的内涵

　　"使用与满足"传播效果理论是"适度效果理论"的代表性理论，也被视为传播效果研究历史上的一个重要转折点。早期的传播研究中，无论是"枪弹论"还是"有限效果理论"，关于传播效果和传播影响力的研究与评估都是从传播者角度展开的。"使用与满足"传播效果理论则首次从传播受众或公众视角审视传播效果。该理论认为，受者并不像之前那些传播学研究所认为的那样总是处在被动地位，而是大众媒介内容的积极使用者，他们在多样的动机支配下接

---

　　① [美]Werner J. Severin, James W. Tankard, Jr. 传播理论：起源、方法与应用(第五版)[M]. 郭镇之，译. 北京：中国传媒大学出版社，2006：252.

触媒介，进而考察受众如何运用大众媒介以及这种运用能产生怎样的效果。

"使用与满足"传播效果理论起源于20世纪40年代，形成确认于70年代。早期的研究试图了解人们为什么使用某些媒介内容。社会学家贝雷尔森（Bernard Berelson，1940）首先考察并归纳了公众使用印刷媒介的四种普遍动机——实用动机、休憩动机、夸示动机和逃避动机；随后，贝雷尔森（1949）又以报纸为例，总结了读者阅读报纸的动机，认为读者是基于理性和非理性的多方面因素去阅读报纸的。①

20世纪40年代，拉扎斯菲尔德的弟子，哥伦比亚大学广播研究室的赫佐格（Herta Harzog）研究了日间连续剧为代表的传播媒介对听众提供的使用与满足，包括感情释放（Emotional Release）、愿望的想象（Wishful Thinking，白日梦的替代性满足）和获取建设（Obtaining Advice）。1961年，施拉姆等人公布了关于美国儿童电视使用情况的首次大规模调查报告，认为和成年人观看电视的逃避现实、了解世界或消磨时间不同，儿童使用电视的目的主要是幻想、消遣和获得指导；另外，儿童对电视的使用情况与其家庭等社会关系有关，比如家庭越不和谐，儿童也就越喜欢观看电视上的幻想类节目，以达到逃避现实的目的。

早期的"使用与满足"研究比较简单，在方法上以访谈记录为主，没有形成比较紧密的调查分析程序。20世纪60年代以后，研究者使用了较为严格的调查分析程序，较为有影响的研究是布鲁姆勒和麦奎尔（Blumler & McQuail）对1964年英国大选的研究，根据受众的收视动机将观众分类，试图找出某些从前未能发现的态度转变与收看竞选新闻之间的关系。

1974年，伊莱休·卡茨（Elihu Katz）指出：社会和心理两方面因素使得公众对传播媒介产生了期待，进而试图接触和体验媒介，

175

---

① ［美］希伦·A.洛厄里，等. 大众传播效果研究的里程碑（第三版）[M]. 刘海龙，等，译. 北京：中国人民大学出版社，2009：69.

在接触和体验中获得满足，这就是"使用和满足"的过程。① 在此基础上，卡茨总结出公众使用媒体的动机和需求，分别为信息获得、个人身份、社会交流和娱乐四个方面，同时指出除了这四方面的满足外，还会产生一些其他的结果，这些结果大多是隐性的(如图2-6所示)。

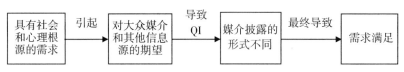

图2-6　卡茨的"使用与满足"基本模式图

　　1977年，日本学者竹内郁郎在卡茨观点的基础上添加"影响需求"和"媒介接触"的变量，进而补充并完善了"使用与满足"的基本过程(如图2-7所示)。② 竹内郁郎指出，社会条件和个人特征是影响公众接触媒介、感知信息的两个重要因素，而公众对拟接触媒介的印象和媒介接触的可能性，也影响着公众接触媒介的实现。例如，老年公众在面对电脑、网络传播媒介时，会依据其对这一媒介的了解和前期的使用经验形成初步的媒介印象，同时也会从自身使用技能、软硬件设施等方面评估接触这一媒介的可能，如媒介印象良好，且具备媒介接触可能，则会选择接触这一传播媒介，在使用过程中获得不同类型的满足，满足的获取也会进一步增加接触这一媒介的好感，形成更为积极的媒介印象，成为更为忠实的受众。反之，如果前期接触体验不佳，媒介印象较差，同时媒介接触可能不具备或较低，公众则会选择其他接触渠道，以此来满足他的使用需求。

　　① Katz E, Blumler J G, Gurevitch M. Uses and Gratifications Research[J]. Public Opinion Quarterly, 1974, 37(4): 509.
　　② 夏志杰，王冰冰. 基于社会化媒体的非常规突发事件应急信息共享研究[M]. 上海：同济大学出版社，2016：72-73.

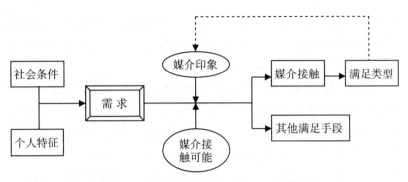

图 2-7　竹内郁郎的"使用与满足"基本模式图

随着互联网的流行和普及，学者开始调查互联网使用的动机因素。"使用与满足"理论在数字技术（如互联网）中的应用是重要的（Newhagen & Rafaeli，1996）。互联网作为一种大众媒体，它能满足人际间的需求（例如，Morris & Ogan，1996；Ruggiero，2000），如信息和社会需求（Trammell et al，2006）。该理论从整体上较适用于研究互联网及其各种具体的应用（Kaye & Johnson，2002），并被提炼修改和延伸而广泛应用于互联网研究，以此来解释互联网使用动机。该理论之所以适用于解释互联网使用，是由许多因素共同决定的，这些因素包括活跃的受众和互动、易变性，互联网的使用消费和在线内容的广泛范围（Mahmoud et al，2008）。

先前研究识别了互联网使用的一般性动机，例如，December（1996）识别出人们为什么使用互联网的三大类因素：沟通、互动和信息。Papacharissi & Rubin（2000）发现娱乐和信息寻找是经常提到的互联网使用的动机因素，便利也是一个重要因素。Ferguson & Perse（2000）识别了五种网站满足因素，它们在一定程度上反映了使用与满足理论的一般动机，这些因素包括娱乐、消费时间、放松、逃避和社会信息。

此外，学者还探究过性别和互联网的使用与满足之间的关系。Harrison & Rainer（1982）认为男女之间计算机技能的水平和性别之间存在一定的关系。Teo & Lim（2000）发现感知易使用、感知有用

177

和感知娱乐在性别上的差异。Weisor(2000)识别了在一些具体网络应用上的性别差异。Ono(2003)的研究表明，女性比男性更少在家上网。

在新媒体领域，使用与满足理论已经成为研究媒体采纳和使用的最广泛被接受的理论框架(Lin，1996)。随着新媒体的普遍被采纳(如虚拟世界、社交网络、博客和微博)，它们已经成为使用和满足理论重要的新方向(Quan-Haase & Young，2010)，这是因为，博客是一个博主知道他或她的动机与观众活跃度的媒体(Nardi et al，2004)。

学者基于使用与满足理论识别博客使用的动机因素，具体分析见表2-5：

表2-5　　　　　博客使用与满足的动机因素一览表①

作者	使用与满足的动机
Stafford & Stafford (2001)	自我表达；自我记录；精神宣泄
Nardi et al. (2004)	记录自己的生活；提供评论和意见；表达情感；表达观点；形成和维持社区论坛
Papacharissi(2004)	自我表达；社会互助
Trammell et al. (2006)	自我表达；社会互动；娱乐；消磨时间；信息；专业提升
Kaye(2005)	信息寻找/媒体检查；便利；个人满足；政治监督；社会监督；表达/归属
Li(2005)	自我记录；改进写作；自我表达；媒体呼吁；信息；消磨时间；社会化
汪名彦(2006)	自我表达；学习性动机；记录生活；网络联系；自我实现；社会提升；工具；评论；娱乐

①　张辉．博客交流互动的机制与行为研究[M]．武汉：华中科技大学出版社，2017：44-45.

续表

作者	使用与满足的动机
孙冉（2006）	社会动机；社会知觉；社会互动；自我表达
Kaye & Johnson（2006）	信息寻找/媒体检查；便利；娱乐
龙又珍等（2008）	表达思想；互动交流；张扬个性；资源共享；知识积累；利益驱动
邵平和亓秀梅（2008）	内向型动机：自我表达；学习；记录成长；娱乐；积累信息；自我实现 外向型动机：社会联系；匿名替代；社会提升；资源共享；公开评论
傅勇涛（2010）	记录生活；表达观点；与人交流；存储信息
李武（2009）	技术门槛较低的应用；自我展示平台；自我掌控平台
王明辉和李宗波（2009）	获取名利；信息共享；情感抒发；人际沟通
Kaye（2010）	便利信息寻找；反传统媒体情绪；表达/归属；指导/意见找寻；博客氛围；自我实现；政治讨论；各种舆论；具体询问
王荣启（2012）	自我表达；自我呈现；自我发展；社会联系；分享；参与评论
林功成和李莹（2012）	情绪宣泄；学习；社交

注：本表依据相关文献资料整理而成。

2004 年，中国人民大学喻国明提出了"传-受互动方格"理论。该理论将传播者和受传者分别放置于二维坐标的横轴和纵轴，将传播者和受传者的关系划分为 9 种类型，并根据不同类型，分析不同"传-受关系"下传播者和受传者的行为倾向，具体如图 2-8 所示。[①]

179

---

① 喻国明．喻国明自选集——别无选择：一个传媒学家的理论告白[M]．上海：复旦大学出版社，2004：51．

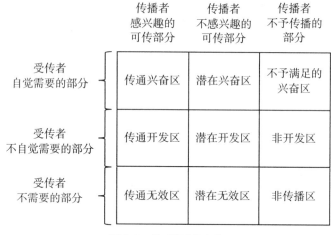

图 2-8　传-受互动方格

笔者认为，"使用与满足"传播效果理论的精髓在于对传播受众的重视，以及以传播受众的需求和满足为核心。这一理论将有助于笔者形成非遗档案信息传播研究的基本认识：

第一，传播受众的需求是影响传播质量和效果的重要因素。开展非遗档案信息传播研究时，传播受众是不可忽视的研究主题。

第二，公共文化服务强调面向社会公众，这与非遗档案信息传播以公众为传播对象不谋而合，因此，公共文化服务下以公众需求为导向的服务经验与举措有助于提升非遗档案信息传播质量与效率。

三、本章小结

本章的研究包括概念界定和理论阐释两部分，属于基础性、铺垫性研究。本章界定了"公共文化服务""非遗档案信息传播""非遗档案信息传播机制"三个主要概念的内涵及特征，阐述档案学的"双元价值"理论与传播学的"五 W"模式、"使用与满足"效果理论的含义及指导价值。"档案双元价值论"明确非遗档案具有工具价值和信息价值，工具价值是非遗档案提供利用的前提，而信息价值则是传播的前提，为非遗档案信息进行传播的可行性和必要性奠定理论基础。"五 W"传播模式理论是传播学基础理论，每个"W"对应公共文化服务背景下非遗档案信息传播机制的一个核心要素，为非遗档案信息传播机制形成提供理论支撑，"五 W"模式所演示的传播过程有明显的先后次序，从传播主体开始进行公共文化服务背景下非遗档案信息传播，通过传播媒介把需要传播的信息传播至受众，取得最终的传播效果，这种次序清晰的动态传播过程与构建机制所需厘清的运动轨迹十分契合。

整体互动传播模式理论是信息时代传播学与时俱进的新理论，在"五 W"直线型传播模式的基础上，综合研究了人际传播系统、大众传播系统和网络传播系统，最为完整而全面地诠释了人类社会的传播活动。该理论将用于指导公共文化服务背景下非遗档案信息传播机制框架的设计与形成。"使用与满足"传播效果理论突出传播过程中受众的地位，即以公众文化需求为导向，强化非遗档案信息传播机制是在公共文化服务背景下形成的。总体而言，本章的研究厘清了后续研究的基本思路，形成了后续研究的推进方向。

第三章 我国非遗档案信息传播现状分析

发现问题是开展创新的先导。从西周时起，人们就通过广泛普查、全面收集，在民歌民谣(《诗经·国风》《诗经·小雅》《乐府诗集》《古今谣》《天籁集》)、歌舞技艺(《乐府杂谈》)、民间故事(《山海经》)、民间传说(《笑林》)、民间文学(《吴越春秋》)、民间风俗(《风俗通义》)等领域陆续编纂出一系列优秀典籍之后,[①]以教化民众、丰富精神生活为主旨的传播工作也随即展开。早期的传播主要依赖口头传播进行,"诵《诗三百》,弦《诗三百》,歌《诗三百》"[②],吟、诵、弦、歌、说、讲,都是口头传播的主要形式。随着文字的产生、纸张的普及,稳定而持久的书面传播进入人们的生活。唐五代以前的书面传播以手抄为主,人们抄写档案与典籍,实现了非遗档案信息异时异地的流转;中晚唐以后,以便捷见长的题壁传播渐趋流行;及至宋代,石刻成为铭刻与传播非遗档案信息的重要方式;[③]明清及以后,镂印传播渐成主流,形成了借阅传抄的人际传播、刊刻售卖的商业传播以及说书艺人的口头传播三足鼎

182

---

① 王文章.非物质文化遗产概论[M].北京：文化艺术出版社,2006：169-174.

② (清)毕沅校注.墨子[M].上海：上海古籍出版社,2014：238.

③ 王兆鹏.宋代文学传播探原[M].武汉：武汉大学出版社,2013：5-6.

立的传播格局。

五四前后，歌谣研究会、民俗学会等主体拉开了我国有组织有计划调查采录、保护、传播民间文学的序幕。中华人民共和国成立后，党和政府高度重视、支持弘扬优秀传统文化，十套"中国民族民间文艺集成志书""中国民间文化遗产抢救工程"，都是富有代表性的成果。2004年，我国加入《保护非遗公约》，"非遗"成为我国民族民间文化的统一称谓，我国的非遗正式融入国际非遗工作的洪流。2005年，中共中央明确提出建设"公共文化服务体系"，我国的公共文化服务体系建设走上了快车道，我国的非遗保护与传播也迎来了高潮时期。本章重点聚焦的就是，这一时期旨在总结在公共文化服务全力推进的背景下，我国非遗档案信息传播的现状，在总结成绩的基础上，发现存在的问题与不足，思考并探索以后改进的方向与对策，为后续研究提供思考。

一、我国非遗档案信息传播的政策与实践

如第一章所说，笔者将选择以拉斯韦尔的"5W"传播模式理论为依据，研究我国非遗档案信息的传播现状。但是，在此之前，笔者将先梳理并总结我国非遗档案信息传播的相关政策，明确我国非遗档案信息传播的总体设计与构化。

(一) 我国非遗档案信息传播的相关政策

政策是实践的先导。2005年以来，当抢救与保护非遗上升为国家一项重要文化战略后，国家以及地方政府很重视相关法规的建设，以此作为实践的指导与依据，这是一个不断探索、积累和循序渐进的过程。但是，笔者发现，"建档""传播""弘扬"等文字从一开始就出现在我国相关立法条文之中，说明"建档"和"传播"一直为我国政府所重视和强调。

183

1. 传播：国际法中的必然要求

作为《保护非遗公约》的缔约国，联合国教科文组织发布的规范对我国有着普遍的指导力和约束力。在联合国教科文组织发布的最具影响力的两部非遗规范——《保护民间创作建议案》和《保护非遗公约》中，都专门提及了"传播"工作。

1989 年 11 月通过的《保护民间创作建议案》（以下简称《建议案》）①是一个划时代的里程碑式文件，赋予了民间文化遗产极高的声誉和地位，也唤醒了世界各国对本国民间文化的关注。《建议案》以很大的篇幅论及了民间文化的"传播"，它首先将"展览"（"在现有博物馆设立民俗展区"）和"信息交流"（科技出版物交流）作为"民俗保护""国际合作"的主要形式，同时从"鼓励和举办国际、国家和区域传播活动"，"利用国家、地区新闻、出版、电视、广播和其他媒体广泛报道民俗材料"，"制作教育材料、制作录像影片"，"通过文献中心、图书馆、博物馆、档案馆以及专门的民俗公报和期刊，提供充分的民俗信息"四个方面规范了民间文化信息传播的方式，奠定了非遗档案信息传播的基本行为范式。

2003 年 10 月通过的《保护非遗公约》（*Convention for the Safeguarding of the Intangible Cultural Heritage*，简称《公约》）②是非遗保护领域最重要的国际法文件。《公约》将"保护"非遗的任务细化为"确认""立档""研究""保护""宣传""弘扬""传承""振兴"几个方面，要求各缔约国应竭力通过"向公众，尤其是向青年进行宣传和传播信息的教育计划""非正规的知识传播手段"去弘扬非遗。

---

① 1989 Recommendation on The Safeguarding of Traditional Culture and Folklore［EB/OL］.［2021-12-28］. http：//www. folklife. si. edu/resources/unesco/1989Recommendation. htm.

② UNESCO Culture Sector-Intangible Heritage-2003 Convention［EB/OL］.［2022-1-3］. http：//www. unesco. org/culture/ich/index. php? lg = en&pg = 00006.

2. 传播：国内法的呼应与跟进

联合国法规文件中的"传播"主旨在我国的非遗立法建设中得到了承接和具体化。2011年2月25日第十一届全国人民代表大会常务委员会第十九次会议通过的《中华人民共和国非物质文化遗产法》(中华人民共和国主席令 第四十二号，简称"非遗法")，以法律的形式专门规范了非遗的传承与传播。鼓励县级以上人民政府及其文化主管部门、学校、公共文化机构、非遗学术研究机构、非遗保护机构、文艺表演团体、演出场所经营单位、公民、法人和其他组织依据各自的业务范围，以宣传、展示、教育、整理、出版、交流等形式传播非遗信息。①

在《非遗法》正式出台之前，行政法规一直是我国非遗保护的法律依据。国家层面，2005年3月，国务院办公厅印发了《关于加强我国非物质文化遗产保护工作的意见》(国办发〔2005〕15号)及其附件《国家级非物质文化遗产代表作申报评定暂行办法》，确保在《非遗法》尚未正式颁布前，对我国非遗工作进行先期的指导和规范。部级层面，2006年7月，财政部和文化部联合制定了《国家非物质文化遗产保护专项资金管理暂行办法》；2006年11月，文化部下发了《国家级非物质文化遗产保护与管理暂行办法》；2007年2月，商务部、文化部联合印发了《关于加强老字号非遗保护工作的通知》；2007年7月，文化部发布了《关于印发中国非物质文化遗产标识管理办法的通知》；2008年5月，文化部颁布了《国家级非遗项目代表性传承人认定与管理暂行办法》。其中《国家级非物质文化遗产保护与管理暂行办法》是综合性法规，是《关于加强我国非物质文化遗产保护工作的意见》和《国家级非物质文化遗产代表作申报评定暂行办法》的实施细则，也是通向《非物质文化遗产法》的过渡性法规。

地方层面，在"先地方，后中央"立法思想的指导下，我国首

185

---

① 曾平.论我国非物质文化遗产保护的基本立场与核心理念——对《中华人民共和国非物质文化遗产法》的学理解读[J].中华文化论坛，2011(3).

部非遗专门性法律法规——《云南省民族民间传统文化条例》于2000年正式颁布，此后，《贵州省民族民间文化保护条例》（2002年）、《福建省民族民间文化保护条例》（2004年）、《广西壮族自治区民族民间传统文化条例》（2005年）也相继出台了保护民族民间传统文化的综合性法规。2006年以后，各地出台的省级保护条例已经改用"非物质文化遗产"的名称，如《宁夏回族自治区非物质文化遗产保护条例》（2006年）、《江苏省非物质文化遗产保护条例》（2006年）、《浙江省非物质文化遗产保护条例》（2007年）、《江西省非物质文化遗产保护与管理暂行办法》（2007年）、《新疆维吾尔自治区非物质文化遗产保护条例》（2008年）。云南省（2013年）、贵州省（2012年）、福建省（2019年）、广西壮族自治区（2016年）四省先后出台了本省的《非物质文化遗产保护条例》，以更新替代原有的《民族民间文化保护条例》，既反映出"民族民间文化"与"非物质文化遗产"的一脉相承，也体现了这四个省份与其他省份保持相同语境的态度。

除综合性法规外，文化部在2008年出台了《国家级非物质文化遗产项目代表性传承人认定与管理暂行办法》。陕西省（2007年）、宁夏回族自治区（2008年）、安徽省（2008年）、山西省（2008年）、重庆市（2008年）、海南省（2009年）、上海市（2009年）、湖南省（2009年）、河北省（2009年）、福建省（2010年）先后出台了本省传承人认定与管理条例。

上述国家、地方的行政规范以及部级规章同样规定了非遗的建档与传播。限于篇幅，笔者不再一一列举具体的法规条文，仅将其内容概括为以下四个方面：

第一，认定了我国非遗、非遗档案传播主体应包括各级政府及其文化行政部门、非遗保护中心、公共文化机构、新闻媒体、教育部门、非遗传承人或传承群体、公民、法人等。

第二，推荐了采用展览、展演、观摩、节日活动、教育、宣传、培训和专业性研讨等形式开展非遗、非遗档案的传播。

第三，列举了以图书报刊、广播电视、音像制品、互联网站、数据库、电子信息库等媒介开展非遗、非遗档案的传播。

第四，提出了开展非遗、非遗档案传播的目的旨在加深公众对非遗的了解和认识，促进非遗的传承和信息的社会共享。

(二)"5W"模式下非遗档案信息传播实践考察

1. 非遗档案信息传播主体

传播主体是"5W"模式中的首要因素"谁"(Who)的研究，这是传播活动的起点，也是决定传播活动是否成功、影响传播效果的基础。拉斯韦尔将传播主体的研究总结为对"激发和引导传播行为的诸因素"的探讨，即"控制分析"。[①] 后续的学者将传播主体解释为"信息的来源和制作者"；[②] 也有学者将其进一步拓宽为收集、加工信息，向公众传递、展示信息的主体。[③] 非遗的国际法、国内法、行政规范和部级规章中，都明确了传播主体包括各级政府及其文化行政部门、非遗学术机构、非遗保护机构、公共文化机构、新闻媒体、学校、非遗传承人或传承群体、公民等。通过现实实践的调查，笔者发现，上述主体确实参与到非遗、非遗档案信息的传播之中，只是依据其自身业务范围在侧重点上略有不同。

(1)各级政府及其文化行政部门

当抢救与保护非遗成为一项由国家主导的文化行政活动时，政府必然会成为发起、组织并施行这项活动的主体力量，这是缘于它作为国家公共行政权力的象征，所拥有的凌驾于其他一切社会组织之上的权威性和强制力，也是缘于它肩负着满足人民日益增长的文化生活需求、依法实施文化事业管理的文化职责。纵观我国非遗档案信息传播的发展历程，中央和地方各级政府及其文化行政部门扮

187

---

① 张国良. 20 世纪传播学经典文本 [M]. 上海：复旦大学出版社，2005：199.

② 费明胜. 公共关系学 (第 2 版)[M]. 广州：中山大学出版社，2015：101.

③ 谢清果. 大道上的老子《道德经》与大众传播学 [M]. 北京：九州出版社，2016：31.

演着十分重要的角色，起到了积极的作用。

①立法：传播规则的制定者。

对政府而言，传播不仅是一项业务活动，更是一种管理行为。当政府试图在全国范围内自上而下地倡导并推进传播活动时，需要以立法的方式，制定传播的基本规则。位于顶层位置的中央政府——国务院制定了《关于加强我国非物质文化遗产工作的意见》及其附件《国家非物质文化遗产代表作申报评定暂行办法》，从传播主体、传播形式、传播媒介等层面对全国的非遗、非遗档案传播工作进行了"顶层设计"；云南省政府、福建省政府、贵州省政府、江苏省政府等地方政府一方面执行并传达着国务院关于非遗、非遗传播的方针与思想；另一方面也将这种思想融入地方政策中，制定出符合地方实际的地方性非遗行政法规。作为非遗、非遗档案传播的具体执行者，各级政府的文化行政部门也制定了更详细、更具可操作性的法规，如《国家级非物质文化遗产保护与管理暂行办法》《国家级非遗项目代表性传承人认定与管理暂行办法》《海南省非物质文化遗产项目代表性传承人认定与管理暂行办法》《重庆市非物质文化遗产项目代表性传承人认定与管理暂行办法》，补充并细化政府的行政法规。

②建档：传播资源的调集者。

充实的传播资源是保证传播效果的基础与前提。各级政府及其文化行政部门是非遗普查、收集与建档的首倡者及实施者。1986年原文化部、国家民族事务委员会、中国音乐协会（1979年）、中国民间文艺研究会先后参与的"十套中国民族民间文艺集成志书"，是我国系统抢救和全面普查、整理口头语言类非遗最为壮观的一项文化工程，为非遗建档保护的后续工作树立了良好的典范。①2005—2009年，原文化部组织开展了第一次全国性的非遗普查工作，普查出近87万项的非遗资源，明确了非遗资源的生存现状，划分出等级，制定出名录体系，逐步开展非遗抢救性记录与建档工

①　陈子丹. 民族档案史料编纂学概要［M］. 昆明：云南大学出版社，2009：88.

作。为提高非遗普查效率，改善非遗资源收集的质量与效果，2006年，原文化部委托中国艺术研究院设计开发了"中国非遗数据库普查管理系统软件"，并于同年9月举办"中国非遗数据库普查管理系统软件培训班"，对全国非遗资源普查、建档工作者进行集中培训。① 2010年，原文化部正式启动"中国非遗数字化保护工程"，开展非遗档案的数字化采集、资源建设。② 在国家政府及原文化部的影响与带领下，各省、市、县政府也将非遗普查、建档工作列入政府工作日程，委托文化行政部门全面普查区域内非遗资源，摸清家底，发现珍贵、濒危的非遗项目，遴选优秀非遗传承人，积极开展非遗项目和传承人的建档，积累起丰富而珍贵的非遗档案资源。

③助资：传播工作的支持者。

为鼓励和保证非遗、非遗档案传播工作的开展，各级政府将非遗保护、保存工作纳入本级国民经济和社会发展规划，在本级财政预算中明确列出非遗保护、保存的经费，用于支持非遗的调查、保护、宣传出版、数据库建设、资料征集及传播等工作。鼓励并支持非遗代表性项目传承人的传承与传播活动，开辟专项资金对传承人所开展的收徒、授艺、登台表演、非遗资料的整理、保存以及共享和交流活动予以资助。2013年12月30日成立的国家艺术基金会可以说是我国政府及其文化行政部门支持并资助非遗、非遗档案传播工作的典范。作为一项公益性基金，国家艺术基金的资金来源以中央财政拨款为主，同时，国内其他组织或个人的捐赠也是重要的补充。国家艺术基金资助的重点是戏曲、民族歌舞类非遗项目，依据项目本身及传承活动规模的大小、资助的金额大小不等，跨度很大（见表3-1）。为鼓励并支持非遗的传播活动，自2016年起，国家艺术基金专门开设了"传播交流推广资助项目"，重点资助美术、

189

① 我国非遗保护工作行稳致远［EB/OL］．［2022-1-4］．http：//www.gov.cn/xinwen/2018-04/08/content_5280567.htm.

② "中国非物质文化遗产数字化保护工程(一期)"项目研讨会在京召开——渭南市人民政府［EB/OL］．［2021-12-14］．http：//top.weinan.gov.cn/fwzwhyc/bhdt/15139.htm.

摄影、网络文艺、舞台艺术等作品的表演和展示活动，鼓励将现代科学技术、信息技术平台和新兴传播媒介运用于传统非遗、文化艺术的展示。① 各级各类艺术机构、单位和广大艺术工作者热情响应，积极申报(如图3-1所示)，形成活跃而积极的传播学术研究与实践氛围。

表3-1　　**2014—2023年国家艺术基金舞台艺术创作项目**
申报情况统计表②　　　　(单位：项)

年度 项目	2014 年	2015 年	2016 年	2017 年	2018 年	2019 年	2020 年	2022 年	2023 年
大型舞台剧和 作品创作项目	1056	1138	1106	966	981	1119	1129	1146	956
小型剧(节) 目和作品创作 项目	942	789	1389	1467	1629	2179	2424	2335	1890

注：2015年度大型舞台剧和作品创作项目中，317项为重大加工修改提高项目。

④展演：传播行动的实施者。

除了对传播工作的倡导、组织与管理外，各级政府及其文化行政部门也是传播工作的积极实施者。文化与旅游部非遗司是我国非遗保护工作的主管业务司局，负责组织非遗的研究、宣传和传播等工作。2006年1月12日至3月16日，由原文化部、发展改革委、教育部、国家民委、财政部、建设部、国家旅游局、国家宗教事务

---

① 国家艺术基金(一般项目)2020年度传播交流推广资助项目申报指南[EB/OL]．[2021-1-2]．http：//www.cnaf.cn/gjysjjw/jjsbzn/201812/fdc38455608d4ce6ae71a821c0fea1cb.shtml.

② 国家艺术基金2020年度资助项目申报情况报告[EB/OL]．[2022-1-2]．http：//www.cnaf.cn/gjysjjw/tztg/201908/94cf2c41fdc1486b942b4fd3bd7c6c59.shtml.

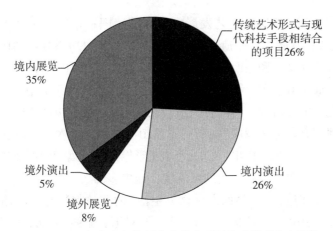

图 3-1 2020 年度申报传播交流推广项目艺术类型分布图①

局、国家文物局主办，由中国艺术研究院、中国国家博物馆承办的全面反映非遗保护成果的大规模展览——"中国非物质文化遗产保护成果展"成功举办；② 2007 年 6 月，"中国非物质文化遗产专题展"在中华世纪坛开幕；③ 2014 年 1 月 9 日至 26 日，由原文化部主办，中国非遗保护中心、中共北京市石景山区委、北京市石景山区人民政府承办的"中国非遗年俗文化展示周"在北京石景山体育馆开幕，展会集中展示了与年节文化密切相关的剪纸、年画、灯彩、风筝、面人、泥塑、香包、织锦、陶瓷、漆器、茶叶制作等近 80个传统美术和传统技艺类非遗项目，80 多位代表性传承人现场展示了精湛的技艺。④ 2018 年 6 月 7 日至 9 日，由文化和旅游部非遗

① 国家艺术基金 2020 年度资助项目申报情况报告［EB/OL］.［2022-1-2］. http：//www. cnaf. cn/gjysjjw/tztg/201908/94cf2c41fdc1486b942b4fd3bd7c6c59. shtml.

② 非物质文化遗产保护成果展今日在京启幕—人民网［EB/OL］.［2021-12-14］. http：//culture. people. com. cn/GB/22219/4095763. html.

③ 中国非物质文化遗产专题展（组图）［EB/OL］.［2021-12-14］. http：//www. yznews. com. cn/zjyz/2007-06/10/content_726684. htm.

④ 中国非遗年俗文化展示周［EB/OL］.［2022-1-4］. http：//www. dzwww. com/xinwen/guoneixinwen/201401/t20140120_9546758. htm.

司、文化部民族民间文艺发展中心和国家图书馆联合主办的首届"文化和自然遗产日非遗影像展"在山西平遥成功举办；2019 年 6 月 7 日，在文化和旅游部非遗司指导下，由文化和旅游部民族民间文艺发展中心、国家图书馆联合主办，浙江省非遗保护中心、宁波市文化广电旅游局、浙江省象山县人民政府承办的第二届"文化和自然遗产日非遗影像展"在浙江省象山县开幕，两次展会旨在通过集中展映已出版、播出、公映的非遗影像作品，展示中国非遗保护工作实践经验，提高非遗的可见度，让更多的人了解非遗、认识非遗、珍爱非遗，推动"见人见物见生活"的非遗保护理念不断深入人心。① 2018 年 6 月 9 日至 13 日，由文化和旅游部、天津市人民政府主办，文化和旅游部非遗司、文化和旅游部艺术司、天津市文化广播影视局承办的"曲动乐心——全国非遗曲艺保护成果图文展"在天津美术馆举办，展览共分"地方传承单元""学研文献单元""视听体验单元"和"天津传承单元"，展示了《绣像玉堂春》等曲艺唱本，1929 年上海高亭唱片公司出品的金万昌的梅花大鼓《黛玉葬花》、天津市曲艺馆保存的部分手稿，以及《倪钟之曲艺文选》《刘兰芳评传》等非遗档案。②

（2）非遗保护中心

2003 年的《保护非遗公约》曾规定，为确保非遗保护的落实，各缔约国需建立一个或数个非遗保护的主管机构。③ 我国非遗保护的专业机构就是非遗保护中心，这是由文化主管部门设立，承担着非遗普查、认定、宣传、展示等多项职能的机构。在我国非遗、非遗档案的传播中，非遗保护中心也是一支重要的力量。

---

① 2019 年文化和自然遗产日非遗影像展开幕［EB/OL］. ［2022-1-4］. https：//www. 360kuai. com/pc/92b321091a1f8de9d？cota＝4&kuai＿so＝1&tj＿url＝so_rec&sign＝360_57c3bbd1&refer_scene＝so_1.

② 曲动乐心——全国非遗曲艺保护成果图文展［EB/OL］. ［2022-1-4］. http：//www. ihchina. cn/Article/Index/detail？id＝398.

③ UNESCO Culture Sector-Intangible Heritage—2003 Convention ［EB/OL］. ［2022-1-3］. http：//www. unesco. org/culture/ich/index. php？lg＝en&pg＝00006.

中国非遗保护中心成立于 2006 年，是我国国家级的非遗保护
机构，肩负着对内组织各项非遗保护工作，对外履行《保护非遗公
约》缔约国义务，行使各项权利的职责。此后，省一级、市一级甚
至县一级非遗保护中心相继成立(见表 3-2)，其工作内容涵盖了非
遗普查、非遗代表性项目、代表性传承人、传承基地的组织申报、
非遗记录的抢救性保存、非遗资料的收集整理与出版、非遗数字化
转化、非遗档案的展陈、非遗保护的培训、非遗进校园、非遗进社
区等宣传活动。其中，非遗档案的数字化建设和展示开展得最多。

表 3-2 　　　　　　　　　省级非遗保护中心情况表①

机构名称	所在省 (区、市)	成立 时间	建制	挂靠单位
湖北省非遗保护中心	湖北省	2003 年	挂靠	湖北省群众艺术馆
河北省非遗保护中心	河北省	2004 年	独立	—
黑龙江省非遗保护中心	黑龙江省	2005 年	2014 年 独立	—
重庆市非遗保护中心	重庆市	2005 年	挂靠	重庆市文化艺术研究院
广东省非遗保护中心	广东省	2005 年	挂靠	广东省文化馆
宁夏回族自治区非遗保护中心	宁夏回族自治区	2005 年	挂靠	宁夏回族自治区文化馆
新疆维吾尔自治区非遗保护中心	新疆维吾尔自治区	2005 年	挂靠	新疆维吾尔自治区艺术研究所
江西省非遗研究保护中心	江西省	2006 年	2014 年 独立	—
广西壮族自治区非遗保护中心	广西壮族自治区	2006 年	独立	—
山西省非遗保护中心	山西省	2006 年	独立	—

193

----

　　① 阮成玉. 浅谈非物质文化遗产保护中心及其职能的发挥[J]. 自然与
文化遗产研究, 2019(9).

续表

机构名称	所在省（区、市）	成立时间	建制	挂靠单位
贵州省非遗保护中心	贵州省	2006 年	独立	—
上海市非遗保护中心	上海市	2006 年	挂靠	上海市群众艺术馆
吉林省非遗保护中心	吉林省	2007 年	挂靠	吉林省艺术研究院
青海省非遗保护中心	青海省	2007 年	挂靠	青海省艺术研究所
山东省非遗保护中心	山东省	2007 年	挂靠	山东省文化馆
海南省非遗保护中心	海南省	2007 年	挂靠	海南省群众艺术馆
湖南省非遗保护中心	湖南省	2007 年	挂靠	湖南省文化馆
江苏省非遗保护中心	江苏省	2007 年	挂靠	江苏省文化馆
陕西省非遗保护中心	陕西省	2007 年	挂靠	陕西省艺术馆
辽宁省非遗保护中心	辽宁省	2008 年	2010 年独立	—
云南省非遗保护中心	云南省	2008 年	2011 年独立	—
浙江省非遗保护中心	浙江省	2008 年	独立	—
福建省非遗保护中心	福建省	2008 年	挂靠	福建省艺术馆
内蒙古自治区非遗保护中心	内蒙古自治区	2009 年	独立	—
四川省非遗保护中心	四川省	2009 年	独立	—
北京非遗保护中心	北京市	2009 年	独立	—
天津市非遗保护中心	天津市	2009 年	挂靠	天津市群众艺术馆
安徽省非遗保护中心	安徽省	2011 年	独立	—
西藏自治区非遗保护中心	西藏自治区	2011 年	挂靠	西藏自治区群众艺术馆
河南省非遗保护中心	河南省	2011 年	独立	—

　　中国非遗保护中心挂靠中国艺术研究院。中国艺术研究院的专

家们长期致力于非遗资料的抢救与收集。20 世纪 50 年代初，他们在田野调查过中发现并抢救了著名二胡曲《二泉映月》，中华民族优秀的音乐类文化遗产得以保存传世。2006 年中国非遗保护中心成立后，承担并完成了系列重要非遗成果及理论研究成果的编纂与出版工作，如非遗理论研究的奠基之作——《非物质文化遗产概论》，非遗资源的汇编《国家级非遗名录图典》（第一批至第三批）、《国家级非遗项目代表性传承人大典》（第一批至第三批）、《中国非遗年鉴》等。该中心还承担了"中国非遗数字化保护工程"项目的研究，利用数字技术全面、真实、系统地记录非遗代表性项目的相关情况，生成文、图、音、视、三维动画等多类型的数字资源成果，建立相关数据库，并从中归纳提炼，形成具有专业指导意义的数字资源采集标准规范，为全国非遗资源互通共享奠定坚实基础。中心还建设完成"中国非遗网·中国非遗数字博物馆"数据库，作为展示和传播非遗档案信息的重要平台。

省市一级的非遗保护中心则通过创办非遗杂志，出版非遗书籍、举办非遗展览的方式传播非遗档案信息。贵州省非遗保护中心就创办了《贵州非遗》杂志，利用非遗档案资料编纂出版了《德江傩堂戏》《古乐傩声》《水族马尾绣》等书籍；四川省非遗保护中心创办了《四川非遗》杂志；山东省非遗中心设立了网上展厅，展示和传播非遗数字化档案及其信息；福建省非遗保护中心于 2013 年同福建省艺术职业学院《艺苑》杂志社联合主办了"非遗博览苑"栏目，每期推出一两个非遗编纂成果，宣传和传播本省珍贵非遗资源。

（3）公共文化机构

公共文化机构是指向社会提供公共文化产品和公共文化服务的公益性文化单位，具体包括享受政府财政支持或补贴的各级各类图书馆、博物馆、展览馆、群艺馆、科技馆、美术馆、文化馆、纪念馆、文化活动中心等（如图 3-2 所示）。国务院办公厅颁布的《关于加强我国非物质文化遗产保护工作的意见》明确要求"各级图书馆、文化馆、博物馆、科技馆等公共文化机构要积极开展对非物质文化遗产的传播和展示"。现实实践中，这些机构依托公共文化活动场所，凭借图书、文物、艺术品、歌舞、科技等具有公共性、公益

195

性、共享性的文化产品及服务，积极开展着非遗档案信息的展示和传播。

（单位：个）

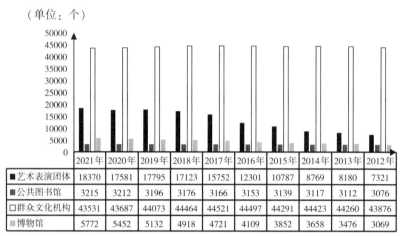

	2021年	2020年	2019年	2018年	2017年	2016年	2015年	2014年	2013年	2012年
■艺术表演团体	18370	17581	17795	17123	15752	12301	10787	8769	8180	7321
■公共图书馆	3215	3212	3196	3176	3166	3153	3139	3117	3112	3076
□群众文化机构	43531	43687	44073	44464	44521	44497	44291	44423	44260	43876
▨博物馆	5772	5452	5132	4918	4721	4109	3852	3658	3476	3069

图 3-2　2012—2021 年全国主要公共文化机构数量统计

数据来源：《中华人民共和国文化部 2012—2021 年历年文化发展统计公报》

①博物馆。

作为一个专业性的文化遗产保护机构，博物馆在国际和国内非遗建档与传播方面一直扮演着十分重要的角色，这一方面是因为国际、国内非遗保护相关法律法规的认定和指派；另一方面则是缘于其自身有着保护非遗的强烈意识。2002 年国际博物馆协会亚太地区大会上通过的《上海宪章》，明确提出了博物馆负有"制定全面开展博物馆和遗产保护实践活动的档案记录方法与标准；开展试点项目，为建立社区参与制定非遗资源清单的方法做出示范；努力确保以符合地方特色的方式，真实地保护、展示、诠释遗产资源；利用印刷品、视听、影视、数字化和电子通讯技术等各种媒体形式"等职责。① 2015 年 1 月国务院通过的《博物馆条例》（中华人民共和国

---

① 陈燮君.《上海宪章》的庄严承诺——博物馆应负起保护无形文化遗产的重任[J]. 中国博物馆，2002(4).

国务院令 第 659 号）将博物馆定义为"以教育、研究和欣赏为目的，收藏、保护并向公众展示人类活动和自然环境的见证物，经登记管理机关依法登记的非营利组织"。① 其中"人类活动的见证物"就包括非遗的实物资料和档案记录。

基于博物馆科学的展示空间设置、成熟的展示理念、专业的人才队伍，以及稳定的资金来源，国际、国内的非遗法规都将博物馆传播非遗的功能定位于"展示"。从现实实践看，综合博物馆、专题博物馆和生态博物馆均结合自身的工作特色，承担着传播非遗档案信息的职责。② 综合博物馆一般会专门设置非遗展厅，如北京市首都博物馆中的"老北京民俗展"、上海市博物馆的"中国少数民族工艺馆"、浙江省博物馆的"越地唱歌展厅"、南京博物馆的"江南锦绣馆"和"'江苏省非遗概览'展馆"、云南省博物馆的"非遗展厅"等，实物展示、图文展板、多媒体数字展示、真人展演、观众体验等是他们展示的主要形式。③ 相对于综合博物馆，专题博物馆在传播非遗项目及其档案信息上更具专业性和单一性，不同专题的非遗博物馆群使得我国非遗档案信息的传播更加丰富和深化。如四川省夹江县的手工造纸博物馆专门展示了明清两代夹江手工纸的纸样；完全依靠民间力量组建起来的中国曲艺非遗博物馆系统展示了北京评书、北京琴书、连珠快书、梅花大鼓等曲艺的代表性作品及名家说唱录音；由皖南皮影戏第九代唯一传承人何泽华自费开办的皖南皮影戏博物馆展示了皖南皮影的相关资料与实物；蓝夹缬的传承人王河生创建的蓝夹缬博物馆也展示了蓝夹缬的历代展品及技艺流程。自 1998 年 10 月我国乃至亚洲第一个生态博物馆——梭戛生态博物馆建成并对外开放后，生态博物馆也成为整体展示非遗、传播非遗档案信息的重要主体。生态博物馆中一般设有资料信息中

197

---

① 博物馆条例［EB/OL］．［2022-1-5］．http：//www.sach.gov.cn/col/col1806/index.html.

② 黄智燕，李伟华，曾清清．基于非物质文化遗产展示的博物馆类型研究［J］．安徽建筑，2018（3）.

③ 谢小娟．博物馆与非遗展示［J］．东南文化，2015（5）.

心，专门收集、记录和存储本社区的文化信息。如梭戛生态博物馆的苗族资料信息中心就存放着与本地非遗相关的文字资料、具有特殊意义的实物、文化遗产登记清单和其他本社区内的遗产等，民族服饰、生活用具、民族发展图片资料、生活场景陈列、民族文物等；东兴京族生态博物馆的京族信息资料中心集中展示了"京族民俗服务、字喃风采、生产生活工具、独弦琴、居住环境、民间信仰、婚恋礼俗、地图资料等，成为展现京族传统文化魅力、体现国家民族政策的一个重要窗口"。此外，依托数据库技术、互联网技术和数字技术建构起来的数字博物馆也是传播和展示非遗档案信息的重要平台，中国非遗数字博物馆通过对一系列实体展览的数字化，突破了传统展览地域、时间和空间上的局限，更好地实现了展品、参展方与参观者之间的信息共享、内容共建和体验共享。

②图书馆。

图书馆可以说是大众最为接近的公共文化机构。作为社会的信息中心，图书馆拥有较为全面完备的信息资源、先进的服务手段和科学的管理措施，其本身就具有较为丰富的非遗文献资源馆藏，因而在非遗建档、非遗档案信息传播上有着先天的优势。通过调研，笔者发现，公共图书馆是传播非遗档案信息的一支重要力量。国家图书馆、各省、自治区、直辖市图书馆以及市、县一级的图书馆，纷纷通过举办非遗文献展、出版或非正式出版非遗出版物、建设非遗资源库的形式，积极开展着非遗档案信息的传播。以非遗资源数据库建设为例，2009 年，学者邓安东曾调查并统计了省级公共图书馆非遗资源数据库建设情况，发现 31 个省级公共图书馆中，11个建立了非遗资源数据库；① 2015 年年底，徐军华、刘灿姣、杨丹再度进行了调查，建立非遗资源数据库的公共图书馆增至 14 人。② 2019 年年底，笔者调查发现，已有 26 个公共图书馆建立非遗资源

---

① 邓爱东．我国公共图书馆非物质文化遗产数据库建设调研[J]．图书馆学研究，2010(10)．

② 徐军华，刘灿姣，杨丹．我国省级公共图书馆非物质文化遗产数据库建设的调研与分析[J]．图书馆，2016(2)．

数据库(见表 3-3),非遗资源的建设与展示得到越来越多公共图书馆的重视,同时,上述省级公共图书馆还同地方文化信息资源共享工程完整建立链接,分享地方或研究机构优秀的非遗数据库,如首都图书馆链接到北京大学、北京爱如生数字化技术研究中心联合开发的"中国民俗文库";山东省图书馆链接到东营市图书馆建设的《传统民俗文化艺术体验课》等,引导用户方便快捷地获取优质非遗资源,提高传播效果。

表 3-3　　　　省级公共图书馆非遗数据库建设情况统计

图书馆	自建非遗资源数据库
首都图书馆	北京记忆
上海图书馆	松江民俗文化专题片
天津图书馆	天津曲艺数据库
重庆图书馆	重庆地方特色数据库(戏曲动漫)
黑龙江图书馆	龙江剧特色资源库、望奎皮影欣赏与互动、海伦剪纸、望奎皮影戏、黑龙江非遗(赫哲族卷)、龙江木工—木雕艺术
吉林省图书馆	中国朝鲜专题数据库、吉林省非遗数据库、吉剧文化多媒体资源库、吉林二人转数据库、萨满文化数据库
辽宁省图书馆	辽宁满族文化多媒体资源库
内蒙古图书馆	达斡尔资源库、蒙古族传统医药
新疆数字图书馆	新疆美食、非遗展播、新疆之文化宝库
青海省图书馆	无
甘肃省图书馆	丝绸之路文献叙录
陕西省图书馆	陕西非遗数据库、陕西民间美术数据库、秦腔秦韵数据库
宁夏图书馆	无
山西省图书馆	山西春节年俗活动、山西春节年食篇、守望家园·山西传统手工技艺、非物质文化遗产·山西戏曲
山东省图书馆	山东文化记忆——民俗民间文化

199

续表

图书馆	自建非遗资源数据库
西藏图书馆	无
四川省图书馆	绵竹年画资源库、藏族唐卡资源库、美味四川资源库、金钱板资源库、四川清音资源库
贵州省图书馆	贵州彝族铃铛舞
云南省图书馆	云南独有少数民族多媒体资源库
广西壮族自治区图书馆	广西戏剧专题资源
河南省图书馆	中州文化览胜数据库、河南地方戏曲数据库
安徽省图书馆	安徽戏曲艺术普及、安徽美术、安徽古建筑、徽派建筑、安徽非遗、安徽花鼓灯、安徽民间工艺、安徽戏曲
南京图书馆	江苏非物质文化遗产数据库、中华民族风情图片数据库
湖北省图书馆	湖北省戏曲多媒体资源库、湖北地方特色数据资源库
湖南图书馆	湖南非遗资源库
江西省图书馆	景德镇陶瓷资源库、江西地方戏曲资源、江西非遗资源库、陶瓷文化艺术互动学习体验库
福建省图书馆	电子书《妈祖信俗》
广东省立中山图书馆	无
海南省图书馆	无
河北省图书馆	河北戏曲、民间遗产、河北杂技、手工技艺、唐山皮影
浙江图书馆	畲族文化数据库、杭州西湖龙井茶文化资源库、浙江图书馆戏曲动漫视频数据库、中国戏曲扮相脸谱数据库、浙江地方戏曲多媒体资源库、意匠生辉——浙江传统美术与技艺多媒体资源库、越剧资料库、余音绕梁——浙江地方戏曲多媒体资源库

　　除了公共图书馆，高校图书馆也积极承担着传播非遗文化的职责。高校图书馆同教学院系合作，将非遗文化融入课程教学之中，

开设专门的课程，以丰富而翔实的教学素材进行深入的宣教；高校图书馆也会邀请传承人进校园，进行专门的展演，或是联合相关单位举办非遗展览，此外，部分高校也以自发或联合的方式开发非遗数据库，如湖南大学图书馆开发的"湖南民俗数据库"，重庆文理学院图书馆协助非遗研究中心建设的全国第一个非遗虚拟博物馆——重庆非遗虚拟博物馆，以数字化的形式，生动、鲜活地展示非遗，传播非遗档案信息。

③群艺馆和文化馆。

除了博物馆和图书馆外，群艺馆和文化馆在公共文化机构中也居于重要的位置。群艺馆是国家设立的省、自治区、直辖市、州（盟）一级的文化事业机构，是向广大人民群众进行宣传教育，研究文化活动规律，创作文艺作品，组织群众开展文化活动的公益性文化机构。文化馆则是在县市一级建立起来的群众文化事业单位，主要功能是开展群众文化活动，提高群众文化素质。在我国非遗档案工作中，群艺馆和文化馆都承担着普查、收集、整理非遗资料，保护并传播非遗的职责。群艺馆建设的非遗档案以群众文化艺术档案为主，同时还负有对群众业务艺术组织进行业务辅导，推动群众业余艺术活动开展和提高的职责。荆州市群艺馆长期关注并帮扶当地传统戏曲——荆河戏的传承与发展，先后接收了荆河戏国家级非遗项目传承人谭复秀、荆河戏省级非遗项目传承人陈顺珍和荆河戏科班出身的名票演员向群寿捐赠的共计 421 个手抄戏本，① 荆州市群艺馆对这些档案进行整理后，在 2018 年首届荆楚文化旅游节中展出，增进公众对荆楚文化的认知。文化馆是基层的文化机构，也是当地民众开展文化活动、艺术展演的主要场所。文化馆扎根于人民群众的文化生活，与地方文化建设密切相关，有着得天独厚的地域优势和文化优势。文化馆具有教育的功能，它通过举办各类展览、讲座和培训的形式，不断给公众普及非遗知识，开展非遗教育；文化馆同时也是集中收藏、研究和展示非遗的重要场所，可以

201

---

① 庞小凡. 荆州市群艺馆藏荆河戏三国戏手抄本研究[D]. 合肥：安徽大学，2016.

近距离、以更接地气的方式传播非遗，展示非遗。广东省四会市文化馆积极传播造纸印刷、装帧传统技艺，设置民间古法造纸文化传承区域，以图文相结合的方式介绍古法造纸的流程，展示古法造纸的主要工具和器物。① 总体而言，作为基层文化部门，群艺馆和文化馆都是人民群众文化活动的窗口，它与生长在民间的非遗接触更为密切，使得其在获取第一资料，宣传和普及非遗方面具有很强的优势。

④科技馆和美术馆。

此外，科技馆和美术馆在非遗档案的展示和传播上也发挥着一定的作用。其中科技馆主要通过常设和短期的展览，以参与、体验、互动性的展品及辅助性展示手段，对公众进行非遗的宣传，但科技馆功能侧重于科技体验，没有收藏研究的功能。美术馆是专门负责收集、保存、展览和研究美术作品的机构，以展示非遗视觉艺术档案为主，如 2008 年 6 月，中国美术馆就与中央民族大学联合举办了"美在民间——中国美术馆藏民间剪纸、刺绣精品展"。② 2012 年 4 月，深圳述古堂美术馆和广州藏梦文化共同主办了"世界非物质文化遗产——唐卡艺术展"，观众通过 100 多幅作品领略了唐卡的艺术与精神。③ 2018 年 6 月 1 日，由江西省文化厅主办的"多彩非遗，美好生活——江西非物质文化遗产展"在江西省美术馆开展，主要包括传统表演项目展演、传统工艺项目展示、非遗保护成果图片展、非遗摄影精品展、非遗出版成果展、非遗饮食产品展等多项内容，取得了不错的效果。④

---

① 　谢华辉. 基层文化馆在保护传承当地非遗的功能作用[J]. 戏剧之家，2018(17).

② 　非物质文化遗产走进中央民族大学—新华网［EB/OL］.［2021-2-22］. http：//news. xinhuanet. com/newscenter/2008-06/11/content_834 3609. htm.

③ 　世界非物质文化遗产 唐卡艺术展深圳隆重开幕—人民网［EB/OL］.［2022-2-22］. http：//sx. people. com. cn/n/2012/0423/c189144-16970429. html.

④ 　江西非物质文化遗产展在江西省美术馆开展向市民免费开放［EB/OL］.［2022-1-6］http：//www. ncnews. com. cn/xwzx/ncxw/bwzg _ rd/201806/t20180601_1282799. html.

（4）档案馆

在现行法律法规之中，除《保护民间创作建议案》专门提及了档案馆，后续的《保护非遗公约》及国内的《非遗法》和其他规章都将档案馆排除在非遗保护、非遗建档及传播的法定主体之外，但在具体传播实践中，档案馆却始终以一种积极和主动的姿态投身到非遗建档及非遗档案信息的传播中。

在非遗建档的实践中，全国各级档案馆根据各自区域内非遗分布情况，建立起各具特色的非遗档案。2006—2019年的十余年间，各级档案馆，如贵州省、浙江省等省级档案馆；江苏省扬州市、江苏省无锡市、福建省泉州市、广东省深圳市、广西壮族自治区柳州市、湖北省武汉市、甘肃省临夏州等市级档案馆；江苏省南京市秦淮区档案馆、湖南省永州市零陵区档案馆、浙江省海盐县档案馆、甘肃省永昌县档案馆、浙江省丽水市莲都区档案馆等区县级档案馆，十分重视非遗资料的收集与建档。临夏州档案馆主动拍摄完成了《松鸣岩花儿会传承人马金山》《松鸣岩花儿会》《莲花山花儿会》三部专题片。浙江省档案馆下属的《浙江档案》杂志社于2011年编纂完成《传人：浙江省国家级非物质文化遗产传承人口述档案集萃》一书；南京市秦淮区档案馆围绕"淮风光带""秦淮旅游""秦淮饮食""秦淮文化"等主题建立了具有区域特色的非遗档案，共收藏特色文书档案270卷，文化艺术档案207件，照片档案18卷，声像档案1盒，资料38册，实物20件；柳州市档案馆开展六甲歌档案的编纂工作，编写完成《深山天籁六甲歌》等著作。除纸质档案外，永昌县档案馆联合县电视台利用馆藏档案，结合现场表演拍摄完成《永昌节子舞》专题片。武汉市档案馆录制完成了《江城非遗坊》电视专题节目，并于2019年利用增强现实技术编纂出版AR全媒体图书《了不起的非遗》。

在非遗建档取得一定成果的基础上，各级档案部门积极开展起非遗档案信息的传播。2007年8月7日，北京市海淀区档案馆举办了"华彩海淀·非遗档案集萃"展；2010年5月26日，贵州省档案局和上海市档案局联合举办"黔姿百态——贵州省国家级非遗档案展"；2019年6月9日，诸城市委宣传部、市文联、市档案馆联

合举办纪念"国际档案日"暨"刘桂英剪纸艺术展";2019 年 9 月 25
日,安徽省合肥市肥西县档案馆联合肥西县文化馆举办"肥西非物
质文化遗产图片展"。此外,各档案馆还将编写完成的非遗档案资
料、非遗档案书籍数字化后展示在档案馆网站上,如深圳市档案馆
在其档案馆网站的"深圳非遗"栏目中就以图文并茂的方式展示了
国家级、省级、市级三级非遗项目及其传承人档案。部分书籍,如
《记忆的背影——海盐非物质文化遗产》《泉州市国家级非物质文化
遗产简介》等,也由所在档案馆授权在京东、孔夫子旧书网等电商
平台在线销售。

（5）新闻媒体

在我国,以报纸、杂志、广播、电视和互联网为主要传播形式
的新闻媒体,对于非遗档案信息也同样发挥着传播、宣传和引导作
用。在众多新闻媒体中,依据传播渠道的不同,可将其划分为传统
媒体和新媒体两大类。传统媒体以报纸、杂志、广播和电视为主,
新媒体则包括互联网、数字杂志、数字报纸、移动手机、移动电视
等。传统媒体运用文字、录音、录像、图片、照片、数字化等形式
和技术,实现"无形"非遗的"有形化",构建起非遗专题档案和数
据库,进而展开非遗系统和全面的宣传。在非遗的宣传和展示上,
各大媒体充分发挥自身的优势,以不同方式和手段传递非遗信息,
如报纸、杂志利用其信息容量大的优势详细介绍非遗的渊源、背景
及相关知识;广播、电视通过视听结合,将非遗档案从抽象的文字
变成直观的试听感受,在给人们带来美好的感官体验的同时,加深
了人们对非遗的了解和认识。① 同时,以互联网为主要形式的新媒
体也在非遗档案信息传播中发挥着重要作用。专门的非遗档案网站
和非遗数据库满足了人们集中、系统认识和了解非遗档案信息的需
要。在新闻媒体的作用下,非遗档案信息的展示和宣传已不再局限
于传统的人际传播的方式,而是在更广阔的社会网络和更复杂的社
会层次中,通过先进的传媒手段和传播技术,得以记录、整理、再

---

① 杨晓云.非物质文化遗产保护中媒体作用研究[J].贵州社会科学,
2012(7).

现和传播。①

（6）公众

①非遗传承人或传承群体。

除了上述主体外，在我国现行非遗档案管理主体中，也可以看见社会公众的身影。非遗档案管理中的公众主体，主要包括传承主体和社会公众两大类。传承主体是指承担着保护和传承非遗项目责任的非遗传承人。非遗传承人由文化行政部门认定，他们掌握着非遗最根本精髓，具有公认的代表性、权威性与影响力。而非遗的"非物质性"决定了保护和抢救非遗，其根本途径应该是抢救非遗技艺，保护非遗传承人，因此，围绕非遗传承人建立起来的非遗传承人档案将成为非遗档案的重要类型，而非遗传承人通过口头讲述形成的口述档案，以及通过肢体演示形成的相关视音频档案，都将成为非遗传承人档案的重要内容。不同的非遗项目，其传承人的类型是不同的，有的是群体传承，有的是个体传承，而有的非遗项目，如春节、清明、端午、中秋及二十四节气等文化类型，因尚未找到合适的传承人，而暂以政府作为传承主体。这些由政府、群体或个体组成的传承主体，在传承非遗资源、充实非遗内涵、构建非遗档案方面无疑有着十分重要的地位和作用。②

②社会公众。

此外，广大社会公众，如文化领域的众多学者、专家，非遗保护的热心人士，以及非遗文化空间和生存地区的原生居民，也在积极地为非遗保护奔走呼号，他们以自身微薄的力量，默默地收集和积累着非遗的珍贵资料与素材，有的人将自身收藏多年的非遗档案资料无偿地捐献给国家，有的则以一己之力，建立起非遗档案的展厅，保存和宣传非遗档案，他们的加入，将成为非遗档案信息传播的一支生力军，对于非遗档案信息传播的推进有着

205

① 常凌翀. 新媒体语境下西藏非物质文化遗产的数字化保护与传承探究[J]. 西南民族大学学报(人文社科版)，2010(11).

② 李墨丝. 非物质文化遗产保护法制研究[D]. 上海：华东政法大学，2009.

永久保存与网络化传播。

"中国皮影数字博物馆"展示的图像资料包括皮影手抄剧本的整本扫描件，涵盖全国各地、各流派皮影艺术形象、道具实物照片，皮影经典剧目、民国时期名角珍贵唱段的音频，皮影传承人口述历史视频，近现代皮影研究文献、出版物、学术报告的照片和视频等，传播的信息主要包括三个方面：

①皮影戏的基本信息。

介绍了关于皮影戏起源的四个主流传说，皮影戏自宋以来发展演化的历程，13 世纪以来皮影戏在东南亚、阿拉伯国家、欧洲和美国的传播情况；例举了皮影戏所具有的荐亡超度、祈福辟禳的巫术功能，传宗教、宣伦理的教化功能，生动活泼的娱乐功能和综合艺术的审美功能。这部分内容主要依据古文献的记载，以文字信息传播为主，这是申报非遗代表性项目、制作非遗项目档案时必须采集的信息，是皮影戏信息的根基。准确地传播这些信息，才能使大众对于皮影戏有了一个初步、概括的认识。

②皮影戏的艺术信息。

明确了皮影道具和皮影戏集绘画雕刻、文学、音乐、舞蹈、表演于一体的造型艺术；以文字、图片和视频相结合的方式展示了制皮、画稿、过稿、雕刻、敷彩、发汗、缀结七个皮影道具制作环节；总结了皮影戏是综合运用光影虚实、演员的肢体表演所展现出的表演艺术，进而从搭台、演出程序、演员安排、操作特技、演唱形式和经典剧目六个方面具体介绍了皮影戏的表演；展示了高荣杰、李世杰、张绳武、齐怀等名家表演音频(162 段)、皮影戏完整剧目视频(785 段)、开场锣鼓视频(138 段)、经典唱本全文扫描文档(1366 个)、珍藏道具照片(19 帧)、皮影人物、动物、服饰、衬景，如头茬、戳子、鞭子、动物、花草树木、旗伞仪仗、各式兵器等照片(57600 帧)。这部分综合了文字、图片、音频、视频等多种信息，展示了皮影戏的核心与精华的信息。准确地传播这些信息，可使大众对于皮影戏有了全面、细致的认识，深层次感受其艺术魅力。

③皮影戏的文化信息。

依据历史时期可将这部分信息分为两大部分。第一部分是在传统社会里，皮影戏在流传与演艺过程中形成了其独有的民俗与习惯。具体包括拜师习俗、谢师习俗、影戏班使用的"徽宗语"等专属语言、表演过程中的禁忌(宣卷、头茬摆放、禁止女性上台、不许踩艺人的凳子)，以及围绕皮影戏形成的特有民俗，如会影、愿影、堂影、喜影、丧影、蚕花戏、节戏。第二部分是在当今社会，在保护、传承和创新皮影戏的背景下，设计并开发出的包含皮影戏元素的新型文化事象，如皮影戏电脑桌面、屏保、字母、皮影戏动画(16个)、开关机动画(3个)、包含皮影戏的影视片花(17段)、互动游戏(4段)、皮影邮票照片(17张)、皮影戏手机铃声(10段)、皮影人物表情包(38个)、皮影戏纪录片《天使的影子》。这部分同样综合了文字、图片、音频和视频信息，是皮影戏补充和延伸的信息。传播这些信息，可使大众了解传统社会中皮影戏的生存状况，以及当今社会中皮影戏开发与保护的成果。

④皮影戏的传承信息。

绘制并展示了全国皮影流派分布图谱，总结了皮影戏的七大主要系统，分别为秦晋影系、滦州影系、山东影系、杭州影系、川鄂滇影系、湘赣影系和潮州影系，每个系统的代表性流派及其主要造型与唱腔。介绍了皮影戏代表人物、传承人的基本信息，他们的代表作品，以及其口述历史的建设成果。传承派系、传承人基本信息等内容以文字信息为主，传承人的代表作品和口述历史以音频和视频为主。申报非遗代表性项目，制作非遗项目档案、传承人档案时也必须采集这部分信息，这是皮影戏信息的重要组成。准确地传播这些信息，可使大众了解皮影戏的流派分布，不同流派间的艺术差异和演艺特色，进而了解皮影戏传承与生存的状况。

209

⑤皮影戏的学术研究信息。

非遗的解读需要深厚的知识背景和专业的研究方法，有着漫长发展历史和丰富文化内涵的皮影戏更是如此，为此，数据库汇集了当代皮影戏主要研究文献及相关学术报告的视频，以专业研究者的分析和解读帮助大众更好地认识、解读皮影戏。

(2)当前非遗档案信息传播的主要内容

　　"中国皮影数字博物馆"展示的皮影信息是较为全面、系统和深入的,这是其长期建设的成果,也是其作为一个专题性网站的特点与优势。但是,我国现行的非遗档案信息传播实践中,并非每次传播活动、每个传播案例都可以进行如此规模、信息量的传播。不同形式、不同时长、不同类型主体开展的传播活动,其传播的内容及信息量也是不尽相同的。但是,总体而言,当前的非遗档案信息传播的主要内容,基本是以非遗项目信息为主和以非遗传承人信息为主。

　　①以非遗项目信息为主的传播内容。

　　当前传播的非遗项目,以入选《联合国教科文组织非遗代表作名录》和《国家级非遗代表性项目名录》的非遗项目为主,如"二十四节气(冬至)"、昆曲、龙泉青瓷、妈祖信俗等,也有国家名录中的秦腔、同仁堂中医药文化、扬州漆器髹饰等,省、市级的传播主体除了传播本区域内联合国、国家级非遗项目外,也对区域中富有特色和价值的非遗项目进行了传播,如贵州省的苗族蜡染、河北的武安傩戏等。每个非遗项目传播的内容以项目名称、历史沿革、传承状况、传承谱系和技艺特色等为主,囊括了文本信息、图片信息、音频信息、视频信息和实物信息多种类型,这也是与前期为非遗建档时采取的手段和方法相匹配的。

　　《中国民族民间文艺集成志书》全面而系统地介绍了"民间歌曲""戏曲音乐""曲艺音乐"等十部类主要非遗项目的发生、发展和流传地域;《北京市非遗普查项目汇编》总结了北京市主要非遗项目的名称、类别、分布区域、基本特色与价值。"册府琳琅,根脉相承——中华典籍与非遗特展"依托历史文献详细描述了民间文学、传统美术、传统音乐等的历史渊源。《中国年画》等纪录片等运用高清摄像技术,以全程跟拍的方式,完整而原汁原味地将非遗技艺呈现给受众。值得提出的是,在一些展览活动中,一些非遗实物也被搬出库房,如"黔姿百态——贵州省国家级非遗档案展"中的银饰花带、挑花蜡染等;"城市记忆·经典闵行——闵行区非遗档案特展"中的江南丝竹、华漕小锣鼓等,增进了受众的亲身体验和直观感受。

②以非遗传承人信息为主的传播内容。

我国已经开展的传承人建档工作，主要针对两类人群，一是年事已高不久于世的传承人，他们的技艺亟待抢救性保护；二是技术精湛的大师级传承人，需要优先建档珍藏。两类传承人档案的信息是传播的主要内容，具体包括传承人姓名、性别、出生年月、民族、文化程度等身份信息，传承人工艺技术、技艺水平等技艺信息，传承人在非遗活动中制作或使用的作品信息，以及相关机构对传承人及其作品的宣传、评价类信息。《中国民间艺术传承人口述史》丛书收录了陶瓷大师孟树峰、哈氏风筝传承人哈亦琦、剪纸大师刘静兰等对自身艺术生涯的叙述和访谈；《北京市非遗传承人口述史》的光盘收录了传承人技艺表演的高清视频；实体展览以图表的形式绘出了传承人的传承谱系；非遗纪录片更是以生命史的拍摄手法，将传承人的人生历程、技艺传承与非遗的演化一同演绎；非遗网站也对国家或特定区域内的非遗代表性传承人进行全面而集中的介绍。

3. 非遗档案信息传播形式

传播形式是使非遗档案信息进入传播过程，为公众所感知和接受的方式。从一开始，印刷传播、实体传播、影像传播和互联网传播，这些主要的传播形式就被叠加使用于非遗档案信息传播之中，传统与现代传播媒介的融合，多角度多层次地展示并传递着我国非遗档案的信息。

（1）印刷传播

印刷传播是以纸质印刷品为媒介开展的传播。非遗档案信息经过甄选、提炼和编纂，被载入报纸、期刊及出版物中，向公众传递着非遗"是什么"的信息。《中国档案报》先后以通讯的形式介绍了宜兴陶瓷、端午节、龙泉青瓷等非遗项目，罗列了"扬州漆器髹饰"国家级非遗传承人张宇的传承人档案及其归档情况；《今日龙泉》以连载的形式刊登了由龙泉市档案局摄制的龙泉青瓷系列照片。北京市大兴区档案馆于2011—2013年先后在其内部刊物《大兴档案》上刊登了礼贤镇"诗赋弦"、采育镇"中幡大鼓"、榆岱镇"武吵子"等非遗项目的相关资料;① 湖北省档案局主办的《档案记忆》杂志、河北省档案局的《档案天地》杂志也开辟了"舌尖记忆""档案见证"和"燕赵遗韵"等专栏,结合馆藏详细介绍了襄阳花鼓、候店毛笔、武安傩戏等项目的发展历程与基本内涵。

出版物也是非遗档案信息较为常用的传播形式。《中国民族民间文艺集成志书》对我国各地各民族戏曲、曲艺、音乐、舞蹈和民间文学等非遗项目资料、抄本的遴选与收录;《妈祖信俗非遗档案研究》对海内外现存妈祖信俗非遗档案的统计与内容分析;《宜兴名人档案·陶艺卷》汇集的宜兴市档案馆收录的一百多位陶艺大师的个人档案;以及《大漆髹饰传承人口述史》对大漆髹饰代表性传承人口述访谈的记录与保存,出版物以更长的篇幅、更大的信息容量,丰满而生动地将非遗档案信息传递给更多的受众。还有《非遗档案·中华老字号》、《北京非遗传承人口述史》、《中国民间艺术传承人口述史》丛书、《羌族释比口述史》、《温岭市非遗普查资料汇编丛书》、《常熟花边技艺集锦》等都是这方面的代表。

(2)实体传播

实体传播主要通过非遗档案的展览和讲座来进行。举办非遗档案展览是《保护非遗公约》《中华人民共和国非遗法》《关于我国非遗保护工作的意见》等国际国内法规政策重点强调的传播形式。"华彩海淀·非遗档案集萃"(2007)、"黔姿百态——贵州省国家级非遗档案展"(2010)、"册府琳琅,根脉相承——中华典籍与非遗特展"(2011)、"城市记忆·经典闵行——闵行区非遗档案特展"(2013)、"陕西省'档案与非遗'建档展演活动"(2016)、"近现代中国苏州丝绸档案展"(2016)、"'天籁之音'四川非遗声音记录档案展"(2017)等一批富有特色及影响力的展览,既有对非遗档案原件的集中展示,也有对非遗档案信息的提炼与整合。一些固定的展馆,也常态化地展示着某个地域或某项非遗的珍贵档案,如浙江省宁波市北仑区白峰镇郭巨非遗陈列馆集中展示的郭巨地区民俗文化

---

① 王巧玲,孙爱萍,陈考考. 档案部门参与非物质文化遗产保护工作的现状及对策研究[J]. 北京档案,2015(1).

档案、相关历史文献，以及田野调查记录；中国秦腔博物馆收藏的早期秦腔唱本、脸谱、老戏票、人工手画戏服，以及记载着秦腔发展重要历史事件的老照片。北京市社科联、北京市档案局则联合举办了"档案见证北京"文化系列讲座，其中的《冬至数九话消寒》和《清宫医案与同仁堂文化》专题，通过清宫九九消寒图、九九消寒诗、清宫脉案等档案文献的展示与解析，传递了"冬至"节气和"同仁堂中医药文化"两项非遗的文化内涵。

（3）影像传播

除传统传播外，借助录音、摄像等手段，集视听于一身的影像传播成为非遗档案信息传播的又一重要形式。国家图书馆"中国记忆"项目中心一直致力于非遗项目与传承人口述的影音存档和传播。2007年至今，先后摄制完成《苗鼓王·龙英棠》《中国年画》《大漆髹饰》《蚕丝织绣》《我们的文字》《我们的英雄》六部纪录片，以及羌年、传拓、古琴、昆曲等相关视频，时长共计851.36小时，容量达180361.95GB，① 这些纪录片和视频通过在线或实地观赏的形式向公众传播，收效显著。北京市档案馆先后采集了包括风筝大师费保龄在内的20多位工美大师的口述档案，形成3000余分钟的高清视频素材，并以视频和图书的形式与公众见面，建立起北京工艺美术大师口述史档案。2016年12月，武汉市档案馆联合武汉市文化局、武汉电视台启动了武汉市代表性非遗传承人、艺术大师的抢救性口述视频建档工作，同时制作完成了全国首档基于非遗口述历史的电视专题片《江城非遗坊》，于2017年4月12日面向全国播出，集中展示武汉的非遗记忆。

（4）网络传播

以互联网为媒介开展的网络传播无论在传播速度、信息量和传播广度上较之于传统传播都有着极大的突破与提高。江西省艺术档案馆建成的"江西省非遗保护网"、成都图书馆的"蜀风雅韵——成都非遗数字博物馆"、温州大学图书馆的"民俗学文献与温州地域

213

---

① 廖永霞，韩尉.中国记忆项目资源组织初探［J］.国家图书馆学刊，2015(1).

特色文化资源数据库"等，综合展示着非遗档案的数字化信息。"中国记忆"项目中心在国家图书馆网站下建立"中国记忆项目实验网站"，发布项目成果。部分档案机构也在其官网设置了网上展厅，展示本地代表性非遗项目的数字化档案，如浙江台州市档案馆的网上展厅就可观看到台州乱弹、仙居花灯、黄沙狮子、济公传说等项目的数字档案、照片和视频。2004 年，北京市档案局联合顺义区档案局在其官网举办了"顺义首届民间剪纸艺术展"；2012 年，北京市朝阳区档案局也举办了"国色天香——朝阳区非遗保护成果网络展"。①

4. 非遗档案信息传播受众

受众是传播内容的接受者，印刷传播下的读者，影像传播下的听众与观众，以及网络传播下的网民，都是不同传播形式、传播情境下的受众。在"5W"模式中，传播受众位于模式的终端，它是传播活动产生的动因，更是传播主体、传播内容与传播形式的最终检验与评判者。我国现行的非遗档案信息传播活动中，受众范围都囊括了社会的全体公众，即所有具有最基本的社会交往能力和文化接受能力的人。但是，受众拥有信息接收的主动权与选择权，因此，并非所有的社会公众都会成为事实上的受众。受众的数量与质量是衡量一次非遗活动是否成功的关键，而发现更多潜在受众，吸引更多受众参与传播，也成为传播活动的重要目标。

（1）质性分析

2019 年 5 月，文化和旅游部公布了"2018 年文化发展统计公报"，专门总结了 2018 年非遗工作成果，其中就包含了全年举办的非遗传播场次以及观众人数，以此衡量传播活动的效果及影响力。2018 年，全国范围内举办了全国曲艺周、非遗影像展览、非遗讲座、公开课、非遗服饰展示等活动，先后吸引了 2.6 亿人次的参与。第五届中国非遗博览会有 82 万人次到场参观，近 6000 万人次

---

① 王巧玲，孙爱萍，陈考考. 档案部门参与非物质文化遗产保护工作的现状及对策研究[J]. 北京档案，2015(1).

通过网络观看。2017 年全国范围内举办的 2000 多项大中型非遗宣传展示活动，线上线下观众超过 1 亿人次。在 2012—2018 年全国各类非遗机构举办的非遗展览、演出和民俗活动等传播活动中，参与的观众也呈增长趋势（见表 3-5）。

表 3-5　**2012—2018 年全国各类非遗机构举办各类非遗传播活动情况**

内容	年度	2018	2017	2016	2015	2014	2013	2012
展览	活动场次	/	/	18887	16937	16042	14078	13406
展览	观众（万）	/	/	3593	3297	3390	3086.05	2948.17
演出	活动场次	65495	50178	42149	39161	34703	26339	26492
演出	观众（万）	4960	4558	3903	3958	3795	3070.69	3111.04
民俗活动	活动场次	16844	15133	14561	13567	12982	12361	12637
民俗活动	观众（万）	4850	6211	4619	3717	3884	3673.79	3897.60

注："/"表示该年度未做此类统计。

（2）问卷调查

表 3-5 中的数据反映出非遗传播活动中受众的总体数量与规模，数量的上升，规模的扩大，体现着传播活动举办频次的增加、公众参与传播兴趣的提升，以及传播活动质量的提高。但是，这些认识都是笼统而模糊的。为客观了解我国非遗档案信息传播的主要受众及其对传播的感知状况，笔者于 2017 年 1—3 月开展了"面向公众的非遗档案信息传播"的问卷调查。调查方式为书面调查和网络调查相结合。一方面，委托华中师范大学 20 名本科生利用寒假时间，各自在其所在家乡发放纸质问卷 20 份，共计 400 份，调查区域涉及上海、江苏、安徽、江西、湖南、湖北、河南、广西、四川等 10 余个省、自治区和直辖市，回收有效问卷 373 份，回收率为 93%。另一方面，通过电子邮箱、QQ 等渠道在线发送问卷 80份，回收有效问卷 75 份，回收率为 88%。线上线下的调查共回收

得有效问卷448份，回收率为93%。为保证统计分析结果的有效性和准确性，笔者采用社会科学统计软件 SPSS（Statistics Package for Social Science）卡方检验计算器 V1.7 版本，对观察者和理论值之间的偏离程度进行检验分析。

表 3-6 显示的是本次调查受访者的基本情况，涉及性别、职业、年龄、居住地区。从绝对数和所占比例看，受访者男女性别比例基本持平，跨越了少年、青年、中年和老年不同年龄层的公众；从职业看，本次调查囊括了社会主要类型的职业，能普遍反映出社会整体的认识，从居住地域看，城市和乡镇的分布基本均衡，总体保证了调查结果的科学和可信。

表 3-6 问卷调查受访者基本情况

统计指标		人数	比例	统计指标	人数	比例
性别	男	219	49%	学生	81	18%
	女	229	51%	公务员和事业单位工作者	88	20%
年龄	15~30 岁	105	23%	个体工商户	30	7%
	31~45 岁	159	36%	企业员工	69	15%
	46~55 岁	33	30%	外来务工者	57	13%
	56 岁以上	51	11%	农民	52	12%
地域	城市	143	32%	离退休人员	46	10%
	城郊（县城）	114	25%	自由职业及其他	25	5%
	乡镇	117	26%			
	农村	74	17%			

笔者先后调查了公众接受非遗档案信息传播的意愿、公众参与非遗档案信息传播的意愿、公众对非遗档案信息传播主体的认识、公众获取非遗档案信息的渠道，以及不同类型公众对非遗档案信息的选择，其结果如下：

①公众接受非遗档案信息传播的意愿。

在被调查的受访者中，53.32%的公众有了解非遗档案信息的意愿，34.1%的受访者对此持中立态度，另有12.58%的受访者明确表示没有了解非遗档案信息的意愿。公众接受非遗档案信息传播的意愿总体较高（如图3-3所示）。

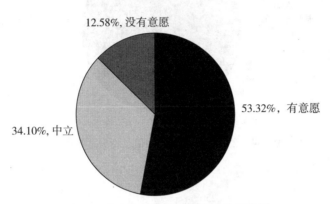

图3-3　公众接受非遗档案信息传播意愿

　　②公众参与非遗档案信息传播的意愿。

　　公众不仅会接受到传播的非遗档案信息，同时也可以分享或转发所接受的信息，兼具传者和受者的双重身份。笔者调查了公众参与非遗档案信息传播的意愿，50.9%的受访者表示愿意参与非遗档案信息传播，同他人分享自己了解到的非遗档案信息，40%的受访者则表示要根据具体的场合或对象来决定；9.2%的受访者则明确表示无意愿或无能力分享（如图3-4所示），笔者认为，受访者的"不愿意"更多是指"不知道如何""没有渠道"去分享，或是身边人不感兴趣，因而也没有必要分享。

　　③公众对非遗档案信息传播主体的认识。

　　笔者进一步调查了公众对非遗档案信息传播主体的认知，调查结果显示（如图3-5所示），公共文化机构的选择频次最高，为235次，占比35%；其次是文化行政部门，选择频次为112次，占比17%；第三是政府，选择频次为78次，占比11%。可见，大多数公众认为政府、文化行政部门、公共文化机构是非遗档案信息传播

217

的主体，这也是他们获取非遗档案信息的主要来源和平台。

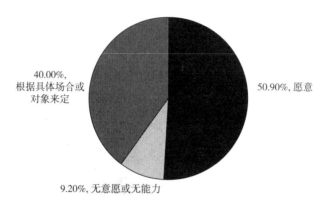

图 3-4 公众参与非遗档案信息传播意愿调查

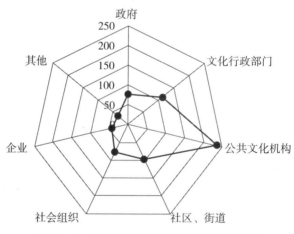

图 3-5 公众对传播非遗档案信息机构的选择

④公众获取非遗档案信息的渠道。

为进一步明晰非遗档案信息传播的渠道和阵地，问卷列出了八种信息传播渠道，由受访者结合实践进行选择（多选），结果显示，以电脑或智能手机为代表的新媒体传播选择频次最高，为21.27%；其次是与公众生活较为贴近的民俗活动，为21.13%；其后依次是广播或电视、现场表演和主题展览，分别为16.49%、

14.53%和10.41%。值得注意的是，虽然以手机和互联网为代表的新媒介传播渐趋主流，但书籍或报纸等传统传播也占有重要席位。课堂或培训、亲戚朋友的介绍也有助于公众获取非遗档案信息(如图3-6所示)。

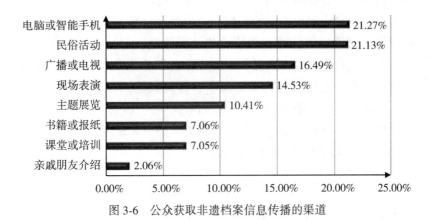

图 3-6　公众获取非遗档案信息传播的渠道

表 3-7　　　　　　　　公众非遗档案信息差异的卡方检验

种类 ＼ 检验项	性别	年龄	职业
民间文学	1.675(0.004)	3.537(0.007)	4.28(0.015)
传统音乐	0.104(0.571)	0.231(0.624)	1.400(0.237)
传统舞蹈	0.420(0.564)	8.130(0.004)	1.460(0.009)
传统戏剧	1.434(0.041)	11.437(0.018)	2.735(0.003)
曲艺	1.473(0.006)	7.760(0.002)	1.450(0.000)
杂技竞技	0.723(0.012)	6.245(0.015)	5.542(0.130)
民间美术	1.440(0.035)	3.010(0.020)	0.147(0.024)
传统技艺	1.641(0.002)	0.950(0.004)	5.752(0.001)
传统医药	1.123(0.003)	12.054(0.005)	0.768(0.024)
民俗	0.987(0.008)	4.954(0.014)	1.741(0.024)
民间文学	7.443(0.022)	0.990(0.5047)	3.070(0.005)

⑤不同类型公众对非遗档案信息的选择。

笔者所探讨的不同类型的公众，具体是指不同性别、不同年龄和不同职业的公众。卡方检验显示，不同类型的公众对于非遗档案信息的需求是不同的，这在不同年龄和不同职业的公众上有着更为显著的体现。职业的不同，或是受教育程度的不同，使得公众对于非遗档案信息表现出不同的偏好。学生类受众喜爱富有动感，以动作习得为要领的杂技竞技和传统舞蹈类非遗项目，如太极拳、武术、秧歌和孔雀舞等；公务员、事业单位工作人员青睐于静态的，以情境体验、文化沉浸为主的民俗、传统技艺类非遗项目，如春节、中秋、刺绣、茶道和酿酒等；而农民类公众则喜欢富有生活气息，以说、唱娱乐身心的曲艺和戏剧类非遗，如相声、二人转、快板、川剧、汉剧等（如图 3-7 所示）。

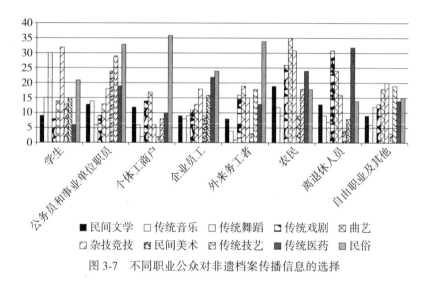

图 3-7　不同职业公众对非遗档案传播信息的选择

不同年龄的公众阅读和接受信息的习惯是不同的，同时，他们对于计算机计划、网络技术，以及智能手机、微信等信息化技术与设备的掌握和习得程度也不相同。调查结果显示，15～30 岁年龄层的受众，很少选择书籍或报纸等传统媒介，明显偏向于电脑或智能手机等新媒介；56 岁以上的公众则更愿意阅读书籍、报纸，听广播或看电视，选择电脑或智能手机的比例较低，即使选择，他们也很难游刃有余地获取相关信息（如图3-8所示）。

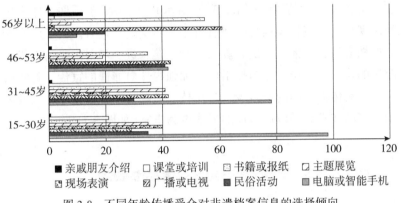

图 3-8　不同年龄传播受众对非遗档案信息的选择倾向

5. 非遗档案信息传播效果

传播效果是指信息在传递给受众之后，对于受众思想、态度、行为及情感等方面所产生的变化，这是衡量传播目的和传播意图实现程度的重要标准。在此，笔者以"使用与满足"理论为指导，总结非遗档案信息的传播效果。

"使用与满足"理论以受众对传播信息的接受动机、使用需求为关注点，探究传播活动对人们的心理和行为产生的效用。为此，在"面向公众的非遗档案信息传播"调查中，笔者也从两个层面调查了非遗档案信息传播的效果。

第一，"使用"层面上，受众接受非遗档案信息传播的动机。结果表明，155名受访者表示接受非遗档案信息传播旨在充实自身的文化生活，139名受访者是为了满足自身的文化需求，95名受访者是为了开阔眼界（如图3-9所示）。但是，以实现自身文化权利为目的的传播占比较低，这也从侧面反映出公众的文化权利意识较为淡薄。

第二，"满足"层面上，非遗档案信息传播是否满足了他们心

221

理和行为上的需求。为此，笔者进行了公众对非遗档案信息传播满意度的调查，仅有 14 位受访者表示"很满意"，263 位受访者（占 59%）的满意度为"一般"，86 位受访者表示"基本满意"，另有 86 位受访者表示"不满意"（如图 3-10 所示），结果低于预期，体现出我国现行的非遗档案信息传播有待进一步优化和提升。为了解影响非遗档案信息传播公众满意度的因素，笔者进一步要求受访者提出改进的建议，受访者纷纷提出可以加强媒体对非遗的宣传、各级政府加大对传播活动的资金投入与扶持、鼓励公众积极参与，以及采用更多的技术和手段使传播的形式更为丰富（如图 3-11 所示）。

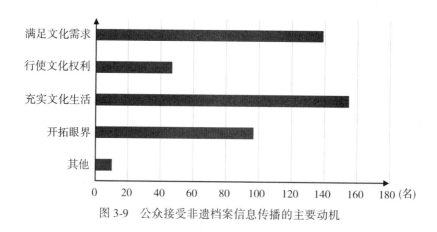

图 3-9　公众接受非遗档案信息传播的主要动机

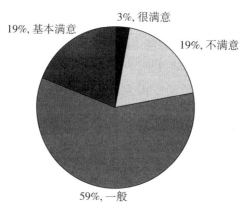

图 3-10　公众对非遗档案信息传播的满意度

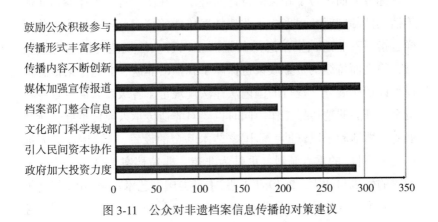

图 3-11　公众对非遗档案信息传播的对策建议

　　由此可见，我国现行的非遗档案信息传播取得了一定的效果，一定程度上满足了受众在求知、审美、兴趣、情感等方面的需求，但受众认为在传播形式、传播内容等方面仍有待进一步丰富，这也为非遗档案信息传播的发展和推进提出了建议。

二、我国非遗档案信息传播成绩的总结

　　21 世纪以来，作为我国重大文化工程的重要组成，我国的非遗档案信息传播，无论是规模、数量，还是传播频次与内容，较之于以往都有了很大的进步，显示出我国对该项工作的高度重视，也得益于我国在非遗保护、非遗建档方面取得的丰硕成果。在政策扶持、主体参与、内容建设和技术引进等方面，我国的非遗档案信息传播都取得了不错的成绩。

（一）以政策扶持保障非遗档案信息传播

　　在我国的非遗传播尚未启动之前，来自联合国教科文组织的国际法，以及国务院、文化部制定的诸多法规就从主体、内容、形式

223

和目标等方面进行了相关的设计与规划，在激发各类主体参与非遗传播热情的同时，也形成了非遗档案传播的普遍范式，这些规范同样也指引着非遗档案信息的传播。在以行政法规范传播行为的同时，稳定而持续的资金政策也保障了我国的非遗、非遗档案信息传播得以切实展开。现行的国内法律法规规定了各级政府需设置专项资金以开展非遗传播工作，同时也要对非遗传承人或传承群体所开展的传播活动予以资助。而国家艺术基金的设置，对"传播交流推广资助项目"的重点倾斜，更是为非遗、非遗档案信息传播注入了无限的生机与活力。2019 年 1 月 21 日，国家艺术基金 2018 年度传播交流推广资助项目《泉州提线木偶数字人偶交互表演与推广》赴美巡演；① 2019 年 5 月 18 日，国家艺术基金 2018 年度传播交流推广资助项目"中国传统戏曲互联网推广"戏缘 APP6.0 全新上线；② 2019 年 5 月 24 日，国家艺术基金 2018 年度传播交流推广资助项目"东北民歌网络数字化博物馆建设"正式上线；③ 2019 年 6 月 6 日，国家艺术基金 2018 年度传播交流推广资助项目"越剧优秀剧目展演"在绍兴大剧院开幕。④ 更多种类的非遗项目、更多在研的非遗传播项目，在国家艺术基金的扶持下，以更快的进度、更为优秀的形象，在更高的传播平台上，以更大的规模、更好的效果进行传播。

---

① 国家艺术基金资助项目"泉州提线木偶数字人偶交互表演与推广"赴美国巡演[EB/OL]. [2019-2-19]. [2022-1-8]. http：//www. cnaf. cn/gjysjjw/jjdtai/201902/b413b8ec910a46839afba4ce238af492. shtml.

② 国家艺术基金资助项目"中国传统戏曲互联网推广"戏缘 APP6.0 全新上[EB/OL]. [2019-6-18]. [2022-1-9]. http：//www. cnaf. cn/gjysjjw/jjdtai/201905/29879fa7a2234cbe94176a8aacecb55f. shtml.

③ 国家艺术基金 2018 年度传播交流推广资助项目"东北民歌网络数字化博物馆建设"正式上线[EB/OL]. [2019-5-30]. [2022-1-10]. http：//www. cnaf. cn/gjysjjw/jjdtai/201905/8b5fd2cd7923436992c19edfcdd4f45e. shtml.

④ 国家艺术基金资助项目"越剧优秀剧目展演"在绍兴开幕[EB/OL]. [2019-6-20]. [2022-1-13]. http：//www. cnaf. cn/gjysjjw/jjdtai/201906/90e0bb05a50e4b2eaf6affebeab8ff24. shtml.

除国家艺术基金外，国家还陆续出台了覆盖面广、涵盖非遗保护传承和非遗档案信息传播的扶持政策。如与教育部联合印发《关于实施中国非物质文化遗产传承人群研修研习培训计划的通知》（2015），制定《国家级非物质文化遗产代表性传承人抢救性记录工作规范》（2015），开展《中华人民共和国非物质文化遗产法》贯彻落实情况检查（2016），检查内容包括"各省、自治区、直辖市开展非遗调查，建立非遗档案及相关数据库情况；认定非遗代表性传承人及支持开展传承、传播活动情况；设立非遗展示传承传播场所情况"。① 邀请第三方评估机构出具评估报告并向社会公布，有效监督《中华人民共和国非物质文化遗产法》监督落实情况。2015年，原文化部发布《关于开展"中华优秀传统艺术传承发展计划"戏曲专项扶持工作的通知》，将"国家重点京剧院团保护和扶持规划""国家昆曲艺术抢救、保护与扶持工程""地方戏曲剧种保护与扶持计划"等纳入其中，出资建立优秀戏曲剧本共享资源库。

（二）以多元主体践行非遗档案信息传播

不同于非遗建档初期的政府一元主导，我国的非遗档案信息传播从一开始，就得到了政府及其文化行政部门、非遗保护中心、档案部门、公共文化机构、新闻媒体以及包含非遗传承人、学者在内的广大社会公众等多方力量的参与和支持（见表3-8），呈现出多元化的局面。政府及文化行政部门将更多的传播权和表达权让渡给了其他主体，各类主体也依据自身的专业特色与优势，有所侧重地开展非遗档案信息的传播。众多主体中，政府及文化行政部门担负着塑造主流传播形式、组织大规模传播活动的任务。在传播工作刚刚启动尚在摸索的阶段，政府及文化行政部门就率先组织了"中国非

225

---

① 文化部办公厅关于开展非物质文化遗产法贯彻落实情况检查工作的通知［EB/OL］．［2016-6-13］．［2020-1-18］．http：//zwgk.mcprc.gov.cn/auto255/201606/t20160628_474889.html.

遗保护成果展""中国非遗数字化成果展"等全国综合性展览，扩大了非遗、非遗档案的影响力，并在展厅设计、展品布置、展示手段和传播内容上提供了良好示范。政府部门也会以自身主办、委托其他机构承办的方式，将自身新颖的传播思路、丰富的传播资源，与承办机构的专业优势相结合，在提高传播质量的同时，进一步激发承办单位、专业机构的传播活力。

政府及文化行政部门以外的主体中，非遗保护中心是政府专门成立的非遗保护专业机构，是推介并传播非遗档案的主要执行机构。博物馆在藏品保管和展示上的丰富经验与成熟做法，使其成为展示非遗档案的主要场所；图书馆也有陈列和展示的功能，档案部门则是非遗档案传播中最专业的机构，档案馆和图书馆都负有建设、展示并传播本馆非遗档案的职责；新闻媒体负有宣传、引导和监督的作用，通过纪录片的拍摄，加深了人们对非遗的认识和了解。值得肯定的是，包括学者、非遗传承人在内的广大社会公众，纷纷以个体或组织的形式主动参与非遗档案传播。陈祖芬、朱靖江等学者，专门收集、整理并研究了妈祖信俗、宁化七圣庙庙会相关的档案和资料，形成专著或是拍摄完成了相关纪录片。一些传承人将自己的住宅作为展厅，长期展出个人收集的非遗档案，例如，皖南皮影戏博物馆的建设者何泽华和蓝夹缬博物馆的建设者王河生。此外，普通民众也以最大的热情投入非遗档案的传播中，独立纪录片导演鬼叔中，出于对家乡非遗濒临消亡的担忧，以及抢救非遗的责任和担当，抢救性拍摄了系列非遗纪录片《玉扣纸》《老族谱》《罗盘经》等，并以自筹资金的方式举办纪录片展览，传播非遗信息；《漳源纸事》的拍摄者湖北拾穗者民间文化工作群，集合了来自机关、学校、企事业单位的各阶层人士，长期从事着民间文化、汉水文化的整理和传播；还有义务开展非遗技艺展演的中国人民大学冯乐耘教授等，多元主体积极践行着非遗档案信息传播的职责与任务。

表 3-8　　　　　　　代表性非遗档案传播活动的主体分析

传播形式	传播活动	主体	主体性质
书籍	中国民族民间文艺集成志书	文化部、国家民委、中国文联； 5 万余文艺集成志书工作者、文艺家、民间艺人	政府、文化行政部门、社会公众
	妈祖信俗非遗档案研究	陈祖芬	学者
展览	中国非遗保护成果展	文化部、国家发改委、教育部、国家民委、财政部、建设总参、国家旅游局、国家宗教局、国家文物局主办，国家博物馆承办	政府、文化行政部门、公共文化机构
	黔姿百态·贵州省国家级非遗档案展	贵州省档案局、上海市档案局	档案部门
	册府琳琅，根脉相承——中华典籍与非遗特展	文化部主办，国家图书馆承办	文化行政部门、公共文化机构
	中国非遗专题展	文化部主办，中国艺术研究院、中国非遗保护中心承办	文化行政部门、科研机构、非遗保护专业机构
	皖南皮影戏博物馆	皖南皮影戏第九代唯一传承人何泽华	非遗传承人
	蓝夹缬博物馆	浙江省瑞安市马屿靛青合作社，传承人王河生搜集并带头出资建成	企业、非遗传承人

续表

传播形式	传播活动	主体	主体性质
纪录片	薪火相传——中国非遗	五洲传播中心	新闻传播机构
	漳源纸事	拾穗者民间文化工作群	民间组织
	中国节日影像志，福建宁化客家七圣庙庙会	朱靖江、鬼叔中	学者、独立纪录片导演
网站	上海市非遗网	上海市文化广播影视管理局主管、上海市非遗保护中心主办	新闻传媒、非遗保护专业机构
	陕西省非遗网	陕西省非遗研究会	(学术性)民间组织

注：本表依据相关文献、网页资料整理而成。

（三）以丰富内容充实非遗档案信息传播

我国现行非遗档案信息传播的内容，涵盖了非遗项目档案信息和非遗传承人档案信息两大类目，同时兼有申遗业务信息及学术研究等信息，这是在前期的非遗项目建档和传承人建档工作中积累起来的丰富资料。四川省自1982年以来就开展了川剧保护及川剧资源的收集、建档工作，包括上百余部(折)川剧传统剧目、学术研究专著、理论书籍、相关工具书，形成了川剧的系统化资料。① 国家图书馆结合自身文献资源优势，一方面，整理本馆原有的非遗文献资源；另一方面，以购买、捐赠的形式从非遗保护中心、新闻出版、个人及其他团体手中广泛收集非遗文献资源，形成了囊括专

① "振兴川剧"35周年　四川出了22朵"梅花"[EB/OL].［2017-6-2］.［2022-1-23］. http：//news. huaxi100. com/show-135-890876-1. html.

著、学位论文、期刊、舆图、民语文献、海外中文图书等多种形式的非遗档案文献，如《南昌瓷板画》《隆尧秧歌戏》《垣曲丧葬礼俗》《惠东高跷走兽》等。近些年，国家图书馆以非遗文献展、非遗摄影展、非遗公开课等形式逐步展示这些文献，传播其中的信息，为公众提供了一次次丰盛的文化盛宴。2017 年，由联合国教科文组织，永新华韵文化发展有限公司、中国科学技术信息研究所和夸克团队等合作开发的"国际非遗大数据库（http：//www. diich. com/）"上线，该数据库以"传播非遗，活化非遗"为宗旨，以"非遗项目"和"非遗传承人"为纲，采集、保存并开发了大量珍贵非遗项目档案和传承人档案，以数字影像如实呈现非遗相关活动。值得肯定的是，该数据库建立了非遗项目统一的分类标准，唯一的国际标识编码，具备了内容检索、内容分析、新项目审核等功能，① 对于我国大型非遗数据库的建设有着良好的示范和带动作用。

与此同时，对非遗传承人资源的采集与建档工作也在逐步推进中。2012 年，中山市非遗中心和中山大学中国非遗研究中心联合发起针对本市国家级、省级非遗传承人及其技艺的抢救性记录工作，对高龄、高级别非遗传承人进行优先记录建档，如醉龙舞国家级非遗代表性传承人黄焯根已经 83 岁高龄，他成为这项工作的第一个记录对象。此后，中山咸水歌、小榄菊花会和三乡木偶戏等重点或濒危项目及其传承人资料也得到了建档保存。② 2014 年，西藏自治区组织开展了对域内珍贵国家级非遗项目和传承人的建档工作，建档对象包括拉萨觉木隆藏戏、藏族唐卡勉唐派、仁布江嘎尔藏戏、藏族天文历算，其国家级代表性传承人分别为次旦多吉、丹

---

① 国际非物质文化遗产大数据库专家研讨会在京召开［EB/OL］.［2017-06-26］.［2022-1-11］. http：//www. sohu. com/a/152110081_632483.

② 广东中山启动传承抢救性记录工程［EB/OL］.［2012-9-19］.［2022-1-19］. http：//www. mcprc. gov. cn/whzx/qgwhxxlb/guangdong/201209/t20120919_422725. html.

巴绕旦、次仁、贡嘎仁增。①

2015 年，原文化部在现有国家级非遗传承人中遴选出 300 名高龄(年满 70 岁)且体弱的传承人，以建立口述档案、拍摄音视频纪录片的方式进行优先抢救性建档。② 天津市非遗保护中心自 2017 年启动了天津市非遗项目传承人资料的抢救性保护工作，建档对象包括 16 位国家传承人、20 位市级传承人，其中 50% 的受访者年龄在 75 岁以上，采录以跟踪拍摄的方式进行，前后形成照片档案 5000 余帧，视音频档案 400 多小时。③ 上述工作为我国非遗档案信息传播工作准备了更为充实和丰富的内容组成。

(四) 以科技元素助力非遗档案信息传播

我国现行的非遗档案信息传播囊括了印刷传播、实体传播、影像传播和网络传播等多种形式。在互联网技术和信息技术高速发展的今天，以网站、微信公众号、微博等为代表的网络传播媒介开始在非遗档案信息传播中得到应用。但是，以报纸、杂志、广播、电视等传统媒介开展的传播所占比重依然很大，依托展馆开展的文献展和实体展，也是非遗档案信息传播的重要形式之一。近年来，集声音、图像、文字等各种符号于一体，融入先进视频技术、图画技术的大型综合性、专业性非遗网站和非遗数据库纷纷上线，成为受众获取非遗档案信息最为便捷、直观的渠道。微博、微信公众号也成为传播主体发布非遗档案信息，与受众互动交流的重要平台。江苏省档案局在其微信公众号"江苏档案"中专门围绕"这些中国世界

① 西藏自治区启动国家级代表性传承人抢救性记录工作 [EB/OL].
[2014-5-9]. [2022-1-23]. http://www.mcprc.gov.cn/whzx/qgwhxxlb/xizang/201405/t20140509_432916.html.

② 国家级非遗传承人传习补助标准翻倍 [EB/OL]. [2016-3-31]. [2020-4-12]. http://www.china.com.cn/guoqing/2016-03/31/content_38151111.htm.

③ 天津抢救性访问高龄非遗亲历者与传人走进大师留住非遗"活档案"[EB/OL]. [2017-1-10]. [2021-3-28]. http://www.tianjinwe.com/rollnews/201701/t20170110_1870202.html.

记忆遗产"主题，上传分享《本草纲目》等非遗档案信息；合肥市档案馆官网的"档案文化"栏目开设"档案今拾"板块，并专门下设"合肥非遗故事"专题，定期发布合肥市非遗项目和非遗传承人档案信息。北京市海淀区则通过微博展示了本馆非遗档案数字化整理成果及代表性成果的信息。① 因此，在笔者开展的"面向公众的非遗档案信息传播"调查中，受众已将网络传播视为主流的传播形式。

除网络传播媒介外，以数字化技术和信息技术为代表的现代信息技术也被运用于非遗档案信息的传播，极大提高了非遗档案信息传播的受众体验效果。在前期的非遗档案建设环节，数字化技术就被广泛运用于非遗的数字化转换，江苏太仓市档案馆开展的康熙文雅堂版《本草纲目》的数字化扫描与修复，"中国记忆项目"进行的非遗传承人口述档案的数字化采录及音频建设，为后期的传播打下了坚实的基础。在传播和展示环节，采纳运用了多媒体技术、虚拟现实技术等现代信息技术，创造出一个更具交互性、智能性，富有情境感的传播环节。北京市档案馆自 2010 年陆续举办了"档案见证北京"文化讲堂系列讲座，在"冬至数九话消寒"②和"老照片见证颐和园历史变迁"③专题讲座中，运用多媒体技术的方式展示宫廷与民间实物档案照片，以图片的方式展示冬至节的民俗事象，以场景创设的方式展示了颐和园的历史变迁，深化了公众的认识。而虚拟现实技术(VR 技术)则更是以其突出的沉浸感、友好的人际交互性，被应用于一些大型的传播活动中。南京市文广新局运用 4K 高清摄像机，引入 3D 扫描和 VR 虚拟现实拍摄等技术手段，建设起南京金箔锻制技艺和金陵刻经印刷技艺数字档案，作为"南京记忆

① 方凌超，戴旸．我国非物质文化遗产档案科技化传播分析［J］．档案与建设，2018(9)．

② 北京市档案信息网．《冬至数九话消寒》为本年度文化系列讲座完美收官［EB/OL］．［2022-1-11］．http：//www. bjma. gov. cn/bjma/300478/301765/301144/305932/index. html.

③ 北京市档案信息网．老照片见证颐和园历史变迁［EB/OL］．［2022-1-13］．http：//www. bjma. gov. cn/bjma/300490/301404/313290/index. html.

工程"的重要组成。① 此外，融入多媒体技术、3D 技术的数字展馆，也极大提升了公众的视听感受。

三、我国非遗档案信息传播存在的不足

上述分析显示出我国在非遗档案信息传播上取得的进展。我国一直都有流转和传递非遗信息的活动，彼时主要通过非遗传承进行，这种发生在师徒、家庭和家族内部的传播，有着较强的封闭性和内向性，传播范围有限，公众对非遗的认知始终不高。21 世纪以来开展的非遗档案信息传播，以多样化的传播形式替代传统的口传心授，将传播受众从个体或部分群体拓展为全体社会公众，传播模式也从人际传播向着大众传播转移。施拉姆曾说："大众传播是社会变革的代言人。"②目前，非遗已走入了大众的生活，成为满足公众精神文化需求的重要内容之一。昆曲、剪纸、古琴等国家级非遗，人们耳熟能详；妈祖信俗、雕版印刷、古籍修复等地域化、专业化项目也激起了人们的广泛兴趣。但是，深入审视后笔者发现，我国非遗档案信息传播依然存在着问题与不足，这在传播主体、传播内容、传播形式、传播受众和传播效果五个主要方面均有体现。

（一）传播主体上的缺陷

我国非遗档案信息传播主体上的缺陷，可以总结为三个方面：第一，现行的主体在非遗档案信息传播上的参与略显不足。笔者曾调查了全国省级档案馆网站开展非遗档案信息传播的情况，发现只有北京市档案馆、浙江省档案馆、贵州省档案馆、江苏省档案馆、

① 南京"记忆工程"抢救性保护非物质文化遗产［EB/OL］．［2022-1-13］．http：//nj. wenming. cn/wmbb/201710/t20171025_4831516. shtml.

② ［美］施拉姆. 大众传播媒介与社会发展［M］. 金燕宁，等，译. 北京：华夏出版社，1990：121.

甘肃省档案馆、陕西省档案馆和西藏自治区档案馆在其官网展示并传播了非遗档案信息，其中陕西省档案馆和西藏自治区档案馆只展示了少量图片，传播的信息量不大。笔者也对未开展非遗建档和传播的省级档案馆进行了访谈，他们的回复是"暂时未开展这项工作"，或是"工作重心尚未转移到这上面"。同样的情况也存在于其他类型的主体中。因此，在政府及文化行政部门的引导和推动下，非遗保护中心、公共文化机构、档案部门、新闻媒体和社会公众中，已有一定的主体力量参与到非遗档案信息传播中，但是，"全体动员，合力共建"的局面远未达成。

第二，我国各类传播主体所开展的传播行为存在着模式化与同质化的弊端。如前所述，我国非遗传播、非遗档案信息传播工作启动之初，政府及文化行政部门起到了很大的引领和示范作用，他们提供了符合我国实际的传播范式，也推荐了具有可行性的传播形式，如实体展览。在政府及文化行政部门自上而下的指导下，现有的多元主体多以遵循、采纳的方式，复制政府及文化行政部门的传播模式与手段，完成政府及文化行政部门的"规定动作"，自主性不强，不利于非遗档案信息传播的创新。

第三，各类传播主体间协同互动不足。从现行实践看，各类主体所开展的非遗档案信息传播是以自身馆藏储备和建档成果为基础的。非遗有着显著的分散性和地域性，一些影响力较大、流派分支较多、流传范围较广的非遗，其资料会分散于不同的机构与主体中。莆田学院的陈祖芬教授长期致力于妈祖信俗非遗档案的追索与研究，她发现，妈祖信俗档案广泛分布于国外与国内各个地域。在我国，政府、文化行政部门、妈祖宫庙、广大信众手中都保存着妈祖信俗档案。这些主体有的不愿意展示这些档案、传播这些信息，将其束之高阁；有的虽愿意传播，但仅展示机构内部的档案。这种各自为政的局面只能展示非遗某一部分的内容、某一方面的特质、某一地域的特色，如同"管中窥豹"，很难将非遗的形象完整地呈现给受众。

233

(二)传播内容上的失衡

我国现行的非遗档案信息传播,在传播内容的建设、选择和展示上也存有失衡的问题。在前端的非遗建档环节中,并非所有的内容都得到了采集与建设。这在一些经济与文化发展相对滞后的省份表现得更为突出,如青海省。青海省现有 2000 余项非遗项目,其中 4 项入选人类非遗代表作名录,73 项入选国家级非遗代表作名录,其非遗项目数量和质量在西北地区首屈一指。但在省级非遗项目的申报上,截至 2019 年,青海省已先后公布了四批省级非遗项目名录和非遗传承人名录。存在于前三批非遗项目名录中的一个典型问题,就是传统饮食类项目数量有限,歌舞类非遗项目占比过多;① 而在非遗传承人名录上,对于技艺类传承人的认定也不够,带来的是整个名录体系结构上的不协调,以及内容上的不平衡,所幸这些问题已得到发现和重视,并在最新第四批名录体系中得到改善。② 对于已经建立起来的非遗档案,也存在着类型单一和内容不完整的问题。江西曾于 2016 年对本省贯彻实施《非遗法》的情况进行自查,发现了非遗建档方面存在的问题,如局限于文本、图片、视频和音频,数字化保存尚不足,其中以鹰潭、新建县表现较为突出;图片信息的标注不充分,尚未依据固定的原则对其加以分类和整理,也未建成系统的非遗档案目录;部分非遗项目的档案仍显不足,如弋阳腔的表演道具、经典剧目等,未及时添加文字说明,不利于长期的保存与使用。③ 建设工作的不足,以及内容建设上的缺陷使得非遗项目、非遗传承人的信息难以全面呈现,因而也无法对

---

① 王文章.非物质文化遗产概论[M].北京:教育科学出版社,2008:296.

② 青海省新增 108 名省级非遗传承人[EB/OL].[2019-3-19].[2021-12-30].http://qh.people.com.cn/n2/2019/0319/c182775-32752311.html.

③ 江西省文化厅.关于开展非物质文化遗产法贯彻落实情况检查的报告[EB/OL].[2016-9-12].[2022-1-13].http://www.jxwh.gov.cn/zwgk/tzgg/201609/t20160912_1287946.htm.

需要传播的信息进行认真比较和选择。

在实际的展示和传播过程中，具有较高价值、良好显示度或生存状况濒危的非遗项目，如昆曲、刺绣和剪纸等被反复宣传和展示，一些小众化、公众基础较弱的非遗项目，却甚少提及。在具体的传播内容上，一方面，受传播时间、空间的限制，以及"效果优先"标准的影响，展示的往往是非遗中"新""奇""怪"的部分，以昆曲为例，主要传播的是昆曲作为中国最古老剧种的珍稀、明代以降的主要发展历程、代表性曲目及艺术铭记；图片展示的是其精致的扮相、丰富的服装式样、考究的色彩和装饰；视音频体现的是其优美的行腔、颇具地方特色的念白、婀娜的身段及完美的置景。但是，昆曲清丽的板腔体节奏、严谨的曲牌、繁难的曲谱却未得到很好的解析，受众能感受到其形式上的优美与独特，却无法领会其高雅的文化品位和深厚的文化内涵。

(三) 传播形式上的雷同

十余年的非遗档案信息传播历程中，无论是何种级别或何种类型的非遗传播活动，"文字+图片+实体展演"是其主要的传播形式，在赢得最初的青睐与好评之后，千篇一律的展厅设计、套路化的展品安排，会使公众产生一定的抵触心理和审美疲劳。书籍编写体例、纪录片拍摄手法的相似，以及国家、省市及非遗网站栏目设计上的雷同、具体内容的重复，也使得我国非遗档案信息传播显得刻板、创新性不足。每年的"文化遗产日"和"国际档案日"，传播主体举办的活动大多是以在节日当天或一周内举办展览和宣传为主，反观美国史密森尼民俗节对多种传播形式的融合，以及韩国江陵端午祭历时一个月的持续传播，我国的非遗档案信息传播显得过于表面化。

湖北恩施土家女儿会自 2009 年申报省级非遗项目成功后，所开展的传播活动基本固定在每年一次举办的相亲活动上，传播的主体基本为新闻媒体，如荆南声屏报、恩施日报晚报等纸质媒体，重庆卫视、恩施及各县电视台等电视媒体，以及恩施新闻网、硒都网等网络媒体，其传播的内容也基本相似，多为"'土家女儿会'开幕"等新闻，以及女儿会举办的时间、地点等，未曾深度传播土家族的民俗文化，女儿会的历史渊源。① 传播形式的单一在档案部门也有着体现。早在《全国档案事业"十一五"规划》中，国家档案局就规定要"按照共建共享、互联互通的要求，建立与完善国家档案信息目录数据库、纸质档案全文数据库和多媒体档案数据库等各类档案数据库"。② 但直到现在，只有少数省份建立起非遗的专题数据库，大部分的省级部门依然是以举办展览的方式开展非遗档案信息传播。

（四）传播受众上的泛化

"面向公众的非遗档案信息传播"调查显示，公众对于非遗档案信息传播的满意度并未达到实际的预期，这是因为，传播的内容与公众的需求并未得到真正的契合及匹配。当非遗保护及非遗建档在全国范围全力推进之时，非遗档案的数量有了急剧的增长，这也使得非遗档案信息传播的内容不仅繁富，且处于杂乱无序的状态。在强大的传播攻势，以及"魔弹"般传播信息的影响下，受众对于非遗的认识、立场、态度必定会发生改变，对于非遗的价值也会有着积极和正面的评估，这仅仅是传播的初期效果。传播的最终目的是要"认知""领会""感受"和"观摩"，这需要受众基于自身水平和理解能力，在对传播信息学习与解读的基础上才能达到。当内容相似、文字相近、展陈方式雷同的信息展示在社会公众面前时，不同类型和特征的公众往往会形成不同的体验，表现出不同的反应：高学历的受众们可能兴致勃勃，感叹未得其详；文化水平偏低的人或许觉得味同嚼蜡，不感兴趣；偏向新技术新事物的年轻人可能更愿意去体验非遗的 VR 场景，体验非遗之"形"；习惯深度阅读的中老

① 沈琪蕊. 少数民族非物质文化遗产在大众媒体传播中的个案研究——以土家女儿会为例[J]. 佳木斯教育学院学报，2014(6).
② 档案事业发展"十一五"规划[J]. 中国档案，2007(2).

年人或许更愿意驻足阅读文献，了解非遗之"神"。遗憾的是，当前的传播主体更多关注的是传播活动举办的频次、活动的规模、场馆的面积、观众人数等，将其作为衡量传播是否成功的标准，恰恰忽略受众的不同特征及其对信息的不同选择，这种传播的盲目性，对传播受众的泛化，除了会浪费传播资源外，还会影响传播的质量与效果。

（五）传播效果地域上的差异

非遗档案信息传播地域上的差异，体现在"有"与"无"、"好"与"坏"两个方面。"有"与"无"是指是否开展非遗档案信息传播的地域差异；"好"与"坏"则是指非遗档案信息传播质量和效果上的地域差异。非遗档案信息传播是建立在一定的人财物基础之上的。当前我国区域经济发展的情况是，东部沿海地区经济发达，中部、西部地区经济欠发达。在对省级档案馆、省级图书馆非遗档案信息传播开展情况的调查中，作为国家政治中心的北京档案馆和首都图书馆，以及经济发达地区的浙江省档案馆、浙江省图书馆、江苏省档案馆和南京图书馆，在非遗档案专题数据库建设、非遗档案传播活动的举办上都居于前列。而地理位置偏远、经济不发达的青海省档案馆、青海省图书馆和西藏图书馆就未曾开展非遗档案信息的传播。陕西省档案馆、西藏档案馆虽展示了非遗档案信息，但仅限于少量照片，并未做专门的介绍。

地域间的差异不仅存在于省份城市之间，还存在于城市与乡村、少数民族与汉族聚居地区。广播电视、通讯设备覆盖率的低下，物质的匮乏，娱乐方式的单调，落后的交通状况，封闭的自然环境都成为非遗档案信息传播的障碍。身处黔山秀水之间的贵州有着丰富的非遗资源，神秘的水书、被誉为"声音活化石"的布依族八音坐唱、代表美好祝愿的苗族芦笙舞、以歌唱交流的布依族盘歌，以及享誉世界的贵州茅台酒、玉屏箫笛和大方漆器，无一不是我国乃至全球珍贵的非遗。但是，受地理环境的限制，这些非遗未能得到很好的传播，传播范围狭窄，传播内容也极为有限。2010

年，以上海世博会为契机，这些非遗走出贵州，来到上海这座国际化大都市。在上海市档案馆外滩新馆四楼展厅，贵州省档案局、上海市档案局联合举办了《黔姿百态——贵州省国家级非遗档案展》，众多珍贵的纸质档案、实物档案、音频和视频档案得到了展示，吸引了 15896 名中外游客，贵州非遗的精华得到了展示，非遗的文化内涵得到了传播，贵州省的非遗也成为较早在国内传播，并为人们所熟知的非遗类型。①

四、本章小结

本章综合运用文献调研、网络检索、实地调研和线上线下的调查问卷，获得了我国非遗档案信息传播政策建设、实践状况、取得成绩和存在不足的全局认知。

《保护民间创作建议案》《保护非遗公约》等国际规范对我国非遗档案信息传播有着很好的指导与规范作用，我国国家、行业、地方层面也制定了法规，对非遗档案信息传播予以规范，确保了非遗档案信息传播的顺利推进。现行的非遗档案信息传播，得到了多元主体的参与和践行，形成了较为丰富的传播内容，也采用了多样化、科技化的传播形式，信息传播面向不同类型的传播受众，取得了一定的传播效果。

但是，通过系统地梳理和调查也发现了非遗档案信息传播中存在的不足，如传播主体多元但缺乏协同，传播内容丰富却失衡，虽有多样的传播形式，但实际选用的却是单一、雷同的少数几种，传播受众的数量虽"多"却"泛"，传播效果的地域差异也十分显著。这些不足启发着我们去探寻非遗档案信息传播的症结所在，也成为后续传播优化与革新研究的切入点和依据。

---

① 用心打造"黔姿百态"［EB/OL］.［2022-1-13］.https://www.xzbu.com/1/view-306611.htm.

第四章　国外非遗档案信息传播的经验与启示

全国范围内非遗保护、非遗建档工作的持续推进促成了非遗档案信息传播的提升，但是基于网络、文本的调查也表明我国非遗档案信息传播存在一些问题与不当，传播主体、传播内容、传播形式和传播受众等核心层面均有待于修正和改进的地方。

我国是一个非遗资源丰富的大国，但是非遗建档、非遗档案信息传播实践的开展却不是最早的。早在 20 世纪 50 年代，以玻利维亚、墨西哥为代表的拉美国家和以日本、韩国为代表的东亚国家就掀起了轰轰烈烈的保护无形文化遗产、维护文化多样性的运动。此后，联合国教科文组织、美国、英国、法国等国际组织和国家也开展起非遗建档和非遗档案信息传播的实践，为国际或本国的非遗保护注入了强劲的动力。为此，本章中，笔者将着重梳理并总结国外非遗档案信息传播的实践与经验，以期为突破我国非遗档案信息传播瓶颈，探索非遗档案信息传播优化方向提供借鉴和启示。

一、国外非遗档案信息传播的实践与经验

国外最早开展非遗建档保护实践的国度是东方的古印度和西方的古希腊。公元前 15 世纪，雅利安人加工、整理了古印度的吠陀传统颂歌，编纂而成《吠陀本集》。公元前 9 世纪至 8 世纪，荷马

收集并编纂了《伊利亚特》和《奥德赛》两部史诗。① 公元前4世纪至公元4世纪的800年间，古印度人集合众多反映历史事件的口头文学编纂而成《摩诃婆罗多》，该书被誉为保存古印度民族思想的经典著作，被奉为"第五吠陀"。公元前3世纪，印度作家蚁垤集合口头流传加工编纂完成诗体典籍《罗摩衍那》，《摩诃婆罗多》与《罗摩衍那》并称为古印度口头文学汇编的经典史诗。著述的编纂与问世，标志着传播媒介由语言向着文字过渡。在此之前，著述中载录的内容早已经过口头在民众间传播。在泛雅典娜节等节庆仪式上、在充斥着刀光与杀戮的战场上、在庄严的宗教仪式上、在师生间的教学相承中，甚至是寻常的生活里，都会有专业的游吟歌者吟诵着其中的篇章，以开蒙启智、慰藉心灵、传播文化、教化生民。以文字为媒介的传播经历了手抄、印刷、翻译、外流的传播历程，传播的范围不断拓宽，传播内容也在不断整理与编纂中更富情节性和逻辑性。除了歌者、学者和宗教工作者外，画家和艺术家们也加入传播的行业，他们抽取其中的情节，如古希腊的特洛伊战争，加入合理的想象，以戏剧、表演和绘画等形式，更为形象而生动地诠释其中的内容。

（一）国外非遗档案信息传播实践

国外具有示范性和可参考价值的非遗档案信息传播实践，主要来自墨西哥、日本、韩国、美国、英国、法国、意大利等国家，墨西哥、日本和韩国是较早开展非遗建档和非遗档案信息传播实践的国家；美国、英国、法国、意大利也是在非遗建档和非遗档案信息传播方面取得突出成绩的文化强国。笔者将对这些国家的传播实践加以总结，以探寻其中积极的做法与科学的经验。

1. 墨西哥

20世纪50年代，以墨西哥为代表的拉美国家最早开始了保护

---

①　魏本权. 中国文化概论［M］. 济南：山东人民出版社，2012：145.

非遗、捍卫文化多样性的实践，起因在于各国政府对本国受制于发达国家、本国文明遭到资本主义文明体系强势破坏与碾压的担忧。作为非遗保护的源头，墨西哥政府给予了非遗很高的肯定，他们将保护非遗视为反抗霸权、守卫弱势文明的有力武器，也试图在传播非遗、寻求文化认同的过程中完成与拉美其他各国的情感沟通及战略协同。不仅如此，墨西哥政府还向联合国教科文组织发出了呼声，倡导其对人类文化多样性的关注，最终促成了《保护非遗公约》的诞生。

墨西哥的非遗保护经历了一个以政府为主到权力逐渐下放的发展历程。早期的非遗保护是政府主导的旅游和经济开发模式，非遗虽进入国家话语体系，但仅成为国家政治、经济与文化的徽章。旅游和经济开发的方式难以准确而详尽地阐释非遗的内涵，及其所在社群的象征意义，更谈不上围绕其中内容进行的专门传播。其间，也有政府之外的社团和组织对传统舞蹈和绘画进行了保护，但仅限于资料的封闭性保存，没有展示，更谈不上传播。政府的无力以及社团的保守让墨西哥学界认识到，政府不是保护和传播非遗的最佳主体，了解非遗、能够深度参与非遗社群生活的人类学家更应该承担起保护非遗、建设非遗和传播非遗的职责。这一主张也得到了墨西哥政府的认可。在国家的支持下，墨西哥国立历史学和人类学研究院、墨西哥国立历史学与人类学学院、印度安语言研究所及墨西哥社会人类学高等研究院等研究院所成为了非遗保护的中坚力量。①

"话语档案"（EI Archivo de la Parabra）项目是墨西哥于2010年启动的富有代表性的非遗资源建设与传播项目。该项目集合了政府工作人员、研究人员、学生和社会公众多方面力量。被挑选参加该项目的政府工作人员多掌握田野作业的技能，且有着田野作业的经验；研究人员和学生主要来自墨西哥国立历史学与人类学学院。非遗资源建设和非遗资源传播是项目建设的主要内容。从地域范围和

241

① 张青仁. 社会动员、民族志方法及全球社会的重建——墨西哥非物质文化遗产保护的经验与启示[J]. 民族文学研究，2018，36（3）.

建设对象看，该项目早期只针对阿兹克特印第安地区的口头传统，随着研究的深入，建设的地域范围拓宽到圣达克鲁斯阿卡皮斯卡、米尔巴阿尔塔、圣地亚哥也瓦尔克，建设的对象涵盖了所有类型的非遗，建设的内容也从初期的资料搜集与保存转为对非遗项目的系统整体化保护。

由人类学家主持开展的非遗资源建设，以"深度描述"为特征的民族志方法得到了严格而充分的利用，他们以非遗及其所属社会场合与文化时空为关注点，以长期、深入的生活体验、情感交流为前提，运用田野调查的方法，综合运用深度访谈、档案检视、可信度衡量的方法，旨在以第一手的资料整体而系统地描述出非遗及其所属社群的文化事象。话语档案的记录与整理主要采用影像和音频的技术进行，以详细的技术参数和内容要求确保成文的规范，如选择建设的项目需有前期的调研基础，且经过内容和价值上的评估；建设的内容需尽可能囊括所有的内容与元素，有对项目的介绍，并附以清晰的文字说明；拍摄音频和视频资料时，需先征得被拍摄者的同意，拍摄时间、拍摄地点、所属类别，以及标题等附件信息缺一不可。较之于前期旅游和经济开发方式下形成的旅游行记或政府工作报告，话语档案有着更强的学术价值和保存价值。

传播是"话语档案"项目的一个重要环节。传播的渠道主要包括四个：第一，建成后提供给大学图书馆和研究机构，由他们保存这些资料，并可作为其开展学术研究的素材。第二，每一个社区非遗档案建设完成后，旋即向社会和公众开放并传播。墨西哥国立历史学与人类学学院在当地主持建成非遗博物馆，以展览的方式展示搜集和建成的档案资料与成果，帮助社会公众明晰社群文化身份，建成的博物馆也成为当地社区权威的文化象征。第三，利用公共社交平台进一步拓展传播范围。拍摄制作完成的音频和视频资料通过 YouTube 和 Facebook 平台被展示和分享，更多的人得以了解和观赏非遗，强化非遗的保护与传承。第四，以更为丰富的形式活化非遗的传播。墨西哥国立历史学与人类学学院将动漫技术、卡通形象等用于非遗宣传片的制作，通过在各大电视媒体的播放，激发了公众对非遗的好奇心，提高了公众对非遗的认知与珍视，让更多的外域公众欣赏和感受墨西哥的非遗魅力。不同传播渠道中，因传播周期、传播平台和传播形式的不同，传播内容的深度与数量有所不同，但彼此之间能起到优势互补的作用。

2. 日本

同是在 20 世纪的 50 年代，亚洲的日本也启动了对本国"无形文化财"的认定与保护工作。与拉美国家捍卫本国弱势文明不同，本着弘扬与推广本民族优秀传统，提升国际影响力的宗旨，在全球化进程中处于强势地位的日本，敏锐地察觉到本国遗产频遭损毁的局面，他们于1950年颁布了文化遗产保护的专门法律《文化财保护法》，从一开始就将文化遗产保护提升到法律的高度。《文化财保护法》赋予了日本文化遗产统一的称号——"文化财"，并将其划分为"有形文化财""无形文化财""民俗文化财"和"纪念物"等类别。其中，"无形文化财"与"民俗文化财"中的"无形民俗文化财"同属"非遗"的范畴，可见，非遗在日本的文化遗产体系中一直占有重要的席位。《文化财保护法》颁布后，日本旋即组织并开展了多次大规模的"文化财调查"，既有官方政府主持的遍布农村、山村、岛屿与渔村的民俗调查，也有学术精英自发组织和参与的学术调查，调查所至的村、町(镇)、市、县，均建立起颇为详尽的地方史记录和民俗志报告，围绕非遗的传播工作也同时展开。① 日本的非遗传播同样得到了多类型主体的支持，笔者试以主体为纲，总结各类主体开展的非遗传播的主要状况。

(1)政府和财团

在日本，不同类型、不同存续状况的非遗传播方式有着很大的差异。一些与民众日常生活相脱节、濒临消亡的非遗，政府的支持与宣传就显得十分重要。但是，持有这些项目的人们也并未将项目的存续完全诉诸政府，他们也会积极吸取民间的资助，或是以组建团体的方式共同探求非遗的保护、存续及传播之道。能乐、歌舞伎

243

---

① 罗艺. 国外非物质文化遗产法律保护概述[J]. 云南电大学报，2010 (12).

与文乐并称日本的三大传统艺术。作为武家的"式乐"，能乐一直被日本政府视为厚重历史的载体以及日本文化的符号。在非遗传播上，巡演是目前采用的主要形式，有团体巡演也有个人巡演，有定期巡演也有不定期巡演，有全国范围内的巡演，也有部分区域的巡演，政府均会给予资金上的扶持。以日本文科省下属日本艺术文化振兴基金会为例，2012 年，日本艺术文化振兴基金会就资助了东京都的能乐协会在全国举行了 9 场公演。2015 年度艺术文化振兴基金资助主办的传统艺术公演中，能乐公演数为 51 次，61 场，共计 56 天(另有歌舞伎公演数 7 次，211 场，共计 166 天；文乐公演数 10 次，371 场，共计 176 天)。

除政府外，能乐还得到了日本企业 MECENAT 协议会、国立能乐堂、松山能乐会、金泽能乐会、富山宝生会等协会的资助。日本企业 MECENAT 协议会以吸纳财经界和学界的各界人士为会员，搭建连接赞助方和被赞助方的桥梁为主要工作，支援的内容不仅是资金援助，还包括会员企业产品、技术经验、场馆运营和活动举办等的支援。国立能乐堂、松山能乐会、金泽能乐会、富山宝生会等是专门的能乐协会，他们以俱乐部形式收取高额会员费，同时也接受各类补助和赞助。研究表明，来自民间财团的支持力度早已超过了政府，形成了由"官"到"民"的局面。

日本政府认为，"人"是彰显、传播技艺的主要媒介，因而十分重视对非遗展示人、传播者的培养，形成了稳定而严格的研修制度。单以文乐而言，日本艺术文化振兴会前后共举办了 26 期文乐研修班，招募中学毕业，23 岁以下男子开展文乐基础教育，以培养文乐技艺员。整个研修期为 2 年，免费学习，最终毕业的人员会被编入文乐协会，进一步学习后可登台演出。

(2)人间国宝

《文化财保护法》将日本历史上或艺术上有价值的戏剧、音乐、工艺技术及其他无形文化成果视为"无形文化财产"，其中将特别重要的文化指定为"重要无形文化财产"。日本文科省将高度表现"重要无形文化财产"的个人认定为"重要无形文化财产保持者"，俗称"人间国宝"。现仍健在的"人间国宝"中，以能乐、文乐、狂言、歌舞伎等艺能表演者居多，其他则为陶艺、手工织染、铁工锻打等手工艺者。艺术家一旦被认定为"人间国宝"，意味着其技艺及作品广泛被社会所认可。日本政府每年会划拨一笔可观的补助金，以支持"人间国宝"艺术家的艺术创作与传播，同时也要求艺术家们需从事与"指定要件"相关的研究、传承、公开和传播活动，如果拒不外传，或者因为其他原因不传承其技艺，将被解除或者取消其资格。①

事实证明，掌握着所在领域巅峰水平的"人间国宝"无时无刻不在执行着日本政府对他们的要求，他们积极从事技艺的钻研，"备前烧"人间国宝伊势崎淳每年都会发布崭新作品，以表达其在艺术上的不断攀登；已故"狂言"人间国宝茂山千作，生前一直坚持举办巡回演出，同时也会积极参与都市、学校和协会不同类型机构举办的巡演活动，普及并宣传"狂言"艺术。② "锻金技艺"人间国宝奥山峰石以"一人一职"的工匠精神积极从事着新作品的创作，诞生了一件又一件锻金艺术作品。同时，他还认真培养接班人。2017年，奥山峰石举办了伞寿展（80岁），展出了他金工生涯以来的几十件锻金技艺作品，美轮美奂，反响巨大。值得提出的是，人间国宝的传播活动不只限于国内，更是走出了国门，走向了国际，践行着提高日本文化国家影响力的初衷。2007年7月，日本松竹大歌舞伎·近松座赴中国北京、上海、杭州、广州四座城市公演，第四代坂田藤十郎（格林宏太郎）表演了《倾城返魂香》《英执着狮子》两个经典剧目，以两种截然不同的艺术形象，让观众们近距离地了解和感受歌舞伎的艺术魅力。

（3）学校

在日本，学校也是传播非遗的重要场所。日本一贯重视实践教学，非遗成为了非遗教学的重要素材。如日本传统服饰——和服，

245

---

① 宋斌，赵行易."人间国宝"——日本非物质文化遗产保护[J].国际人才交流，2014（7）.

② 汪舟.日本非物质文化遗产保护与传承经验及对我国完善相关保护体系的启示[J].旅游纵览（下半月），2016（1）.

以及"祭事""庙会"等传统节庆仪式，学生都可亲身体验。日本的非遗实践教学横跨了不同的学习层次。2001年，日本更是在儿童音乐教育中增设了歌舞伎、文乐等课程，其中和太鼓的教育和普及反响良好。① 除课程教育外，大学图书馆、大学博物馆等机构也承担其非遗文献资料的保管工作，它们定期组织和开展一些非遗启蒙与推广活动，成为日本非遗保护、研究和教育的基地。2003年，早稻田大学演剧博物馆就举办了为期十个月的江户知名歌舞伎展览会。学校还会鼓励大学生自愿参与当地的非遗活动，如"京都祇园祭"等，在支持非遗活动的同时，深入了解全程环节及具体内涵。此外，日本奥兹大学对日本奥兹地区的活态文化遗产狮子舞实施了数字化保护工程，并将该数据库整合到"日本记忆"之中。

（4）研究机构

日本的文化财研究所也是一个集非遗保护、文物保存及修复、教学、传播等功能于一身的综合机构，其中以东京文化财研究所、国立文化财研究所和奈良国立文化财研究所最负盛名。在日本启动文化遗产保护工作不久，三所研究机构先后设立无形文化遗产部，专司非遗资料的调查、分析与建设工作，只是其所关注的内容以国内非遗为主，对外交流与面向公众的传播活动开展较为有限。

1971年4月，亚洲文化中心在日本东京成立，在非遗的区域性数字化开发与传播中做出了突出的贡献。亚太文化中心建立了亚太非遗数据库，数据库的内容包括社区非遗活态化保护的最佳实践，非遗保护培训课程视频，亚洲非遗的文字描述与图片，中国、澳大利亚、印度、日本等18个国家的主要表演艺术信息，以及亚洲文化中心所举办的主要非遗研讨会及座谈会的会议资料。值得肯定的是，亚太非遗数据库上传的资料均提供PDF的全文在线浏览或免费下载服务，且不设置任何权限，公众无需注册即可免费在线浏览或下载相关资料，提高了检索的便利性和资料的利用率，扩大

---

① 申秀云.南通蓝印花布印染技术的保护与传承——基于日本非物质文化遗产保护的经验与启示[J].科技视界，2019（30）.

了传播范围。①

此外，相关机构也致力于探讨利用数据挖掘、信息提取、模式识别、数据可视化、数据可声化、普适计算、机器学习、人工智能等计算机技术优化非遗的展示与传播。近年来，日本在数字博物馆虚拟现实、动作捕捉、可视化等先进技术的研创上取得了一系列的进展，并应用于"祇园祭""能乐""歌舞伎"的非遗数字化模拟与展示，成为世界非遗保护与传播中一个颇具开创性的范例。以"祇园祭"为例，日本科研团队利用虚拟现实、动作捕捉、半透明可视化、地理信息、激光测绘、三维声场等先进技术对"祇园祭"进行了深度的挖掘与记录，通过计算机图形学、虚拟现实等技术予以高精度的三维动态展示，初步实现了对"祇园祭"项目的精确保存、生动再现。其典型的成果有：第一，对"祇园祭"中船型花车毫米级的三维测量，再现船鉾的组装过程；第二，"祇园祭"八幡山的三维测量，建构八幡山复杂内部立体的透视可视化图景；第三，"祇园祭"山鉾的虚拟巡行，利用虚拟现实技术建构山和鉾的三维模型，再现山鉾巡行的街道模型、人物模型、音乐演奏、人体动作等，运用人机交互设计，使人产生坐在花车"囃子舞台"上亲历巡游的体验。该技术系统所创造的视觉和听觉感官信息做到了忠实呈现和实时交互，不仅眼前场景会随着体验者试点的变化而变化，巡游中各种混杂的声音的大小及方位，也会随着体验者的位置和姿态的变化而变化。尤其在展现"祇园祭"巡游活动的最大亮点——山鉾在十字路口大角度转弯的"迂回"动作上，研究者们应用动作捕捉、计算机图形学等技术，辅以三维影像、声场旋转、振动台小角度的倾斜等手段，利用多感官错觉，营造更加接近现场真实的体验。

（5）企业

企业在非遗保护与传播中也有着重要作用。创业已超过100年、跻身今日五大电影公司之一的日本松竹株式会社，就是歌舞

247

---

① 徐拥军，王薇. 美国、日本和台湾地区文化遗产档案数据库资源建设的经验借鉴[J]. 档案学通讯，2013(5).

伎、歌剧、相声等传统表演艺术的主要保护者，以及传播活动的组织者。他们主持建设了东京歌舞伎座和京都四条南座等知名歌舞艺术场所，同属于日本珍贵传统表演艺术的歌舞伎一直以来得到日本松竹株式会社的资助与保护。松竹株式会社致力于歌舞伎、歌剧、相声等传统表演艺术的传承与传播，他们主持建设的东京歌舞伎座和京都四条南座等，是展示和传播日本传统艺术的知名歌舞艺术场所，用以展示和传播日本的传统意识。2003 年，松竹株式会社联合日本艺术文化振兴会、共同社在东京举办了"歌舞伎四百年展"，以纪念歌舞伎这一古老国粹诞生 400 周年。此外，也有一些企业参与了数字化保护工程，如日立制作所将日本传统与现代相融合，制作了"数字源氏物语图"，成为日本的"数字文化大使"。

（6）民间组织

民间组织是日本非遗保护、传承与传播的一支重要力量，对于一些仍有较强生命力、自然存续于日常生活中的民俗活动（如"祇园祭""盂兰盆会""小林花祭"等），由当地人自发组织的保存会就是传播活动的主要承担者。保存会的分布十分广泛，每个村落、街巷、町，只要有传统的民俗文化活动，就有相应的"保存会"。保存会有着严格的入会门槛，所有会员均由当地老住户组成，不接受外来人。会员按年度缴纳会费，每月参加一次会议，在民俗活动举办期间，无论工作如何繁忙，所有会员均需义务、积极地组织、准备和参与活动。

京都祇园祭是日本历史上最悠久、规模最大且跨度最大的祭礼，一般在每年的七月份举行，为期一个月，至今已延续千年。负责组织与实施祇园祭的就是当地的保存会，且仅京都府"河原町"就设有"祇园祭"保存会 35 个。保存会对于活动的举办有着绝对的自主权，政府很少也很难有所干预，政府在活动中的参与仅限于派出警力以维持治安。祇园祭的主要内容是"山鉾巡行"，并于 2009 年被联合国教科文组织认定为无形文化遗产。在日本"观光立国"文化政策的影响下，"山鉾巡行"举办得愈加隆重且盛大，吸引了国内外无数人士的观看和参与。除山鉾巡行，祇园祭还包括了提灯迎神、花伞巡礼以及神舆洗等多种活动形式。① 除京都祇园祭以外，流行于日本爱知县北设乐郡地区，以神事和歌舞为基调的小林花祭也是由当地保存会来主办的。花祭是日本霜月神祭的一种，也是日本古老的祭祀活动，一般在旧历霜月(公历11月、12月)举办。除了举办祭祀展演活动外，保存会还专门建成了小林花祭的实体博物馆——"花祭会馆"。

花祭会馆展示的资料包括实物资料、影像资料和纸质资料。实物资料包括花祭中使用的面具、服装、道具，花祭中表演舞蹈的人物模型和仪式所用的灶台，同时还专门设置了一个可以容纳232人的展示厅，作为整个祭祀活动的有形部分加以陈列展示。展示的影像资料包括不同村子有关霜月神祭的历史纪录片，有的纪录片甚至拍摄于20世纪70年代，内容涉及霜月神祭的背景，请神、煮水、舞蹈等主要仪式流程等。纸质资料包括涉及花祭的古籍文献，以及霜月神祭作为"重要无形民俗文化财"的各种文字信息，如民俗学家们考证霜月神祭的古籍出处、文部大臣颁发的认定证书、当地选手参加日本全国民俗芸能(艺能)比赛的奖品等。

(7)学者

日本学者也积极从事非遗的研究与传播。名古屋大学人文研究科比较文化室佐佐木重样教授长期研究花祭，每年都会带学生赴东荣町进行田野调查，并与保存会一起准备花祭活动。佐佐木重样教授完整记录了花祭的各个细节并将其进行数字化保存，出版了相关图书，并参加中日新闻社主办的"爱知的文化学生报告·公演会"活动，为爱知县大学生提供了一个体验传统文化及乡土艺术的平台，通过举办展演、资助调查等方式让青年学生、社会公众感受传统文化的魅力。②

---

① 张琳. 非遗保护中的法制化管理和先进科技的应用——以日本"祇园祭"保护为例[J]. 大舞台，2018(6).

② 赵欢，范筱悦. 日本非物质文化遗产的"立体化"保护——以爱知县小林花祭为例[J]. 河南教育学院学报(哲学社会科学版)，2019(1).

（8）公众

非遗的传播也得到了很多公众的支持与参与，例如，花祭会馆的讲解员就是当地一名中年女性，她熟悉当地的衣食住行，十分了解小林花祭繁琐而复杂的环节，且对于本地区的文化有着明显的自豪感，认真解析花祭会馆的各种道具及其用法和意义，游客有对解说不懂的地方，可以随时向她提问。

3. 韩国

20 世纪初期到中期很长一段时期内，韩国都处于日本的殖民统治与文化同化之下，韩国本国的风俗、信仰及文化被挤压、边缘化至几近湮灭。"二战"以后，以美国为代表的西方文化再次强势涌入韩国，韩国的传统文化始终无法获得复苏与振兴。直至 20 世纪的 60 到 80 年代，一大批韩国民俗学者对这一局面发出了担忧和抗争，呼吁尽快保护濒临消亡的本国传统文化。受日本的影响，韩国的非遗保护也是从立法开始的。1962 年，韩国政府出台了《文化财保护法》，非遗保护在法律保障下走上了快车道；1964 年，韩国启动"人间国宝"的评定和保护制度，强化对传承人的认定与保护。20 世纪 70 年代，韩国政府发起"新乡村运动"，启发农民及所在村落互助互利，脱贫致富，协作的内容从脱贫致富逐渐拓宽到文化交流，一个村庄有活动，其他村庄的优秀表演者和特色节目也会登台表演，很多优秀的民间文化据此得到展示、传播、推广和传承。20 世纪 80 年代，韩国政府举办了为期一周的"民族之风——1981"的大型民俗活动，重点展示韩国民族民间艺术，"文化财"的概念进一步深入人心。

在韩国，文化财厅是主管文化遗产保护与传播的行政机构，此外，文化财保护财团和国立文化财研究所也是开展非遗保护与传播的两个重要机构。文化财保护财团由文化财厅设立，并得到了国库的支援和管理。该机构多年来致力于推广"传统仪式重现计划"，通过举办公开表演、组织节庆仪式、创建和运营韩国之家、民俗剧场、重要无形文化财传授会馆等文化机构，以传播非遗文化，提升大众对韩国传统文化的认知。国立文化财研究所是韩国唯一一家文

化财综合研究机构，该机构成立于 1969 年，最初约有研究人员
300 余名，其学术背景涵盖了考古、建筑、民俗和美术等不同学
科、不同领域，是韩国文化遗产保护与传播重要的学术力量和智力
支持。1962—2010 年，受韩国政府委托，国立文化财研究所联合
文化财厅无形文化财科一同承担起"韩国非遗记录工程"建设工作。
文化财厅文化财科负责指定非遗项目的调查，国立文化财研究所负
责国家主导的非遗项目及民俗的指定调查。两个机构综合运用文
字、录音、照相、摄影和数码化等技术与手段，对韩国非遗调查资
料、传承人音源资料、音乐类重要无形文化财采录唱片、重要无形
文化财的影像记录等资料进行收集、建设与保存(见表4-1)，为非
遗的传播积累了丰富而翔实的资料与素材。20 世纪以来，两个机
构陆续启动了数码拍摄、数字转换工作，形成的数码图片和数字档
案被展示在国立文化财研究所网站多媒体馆。①

表 4-1　　"韩国非遗记录工程"的记录方式与记录内容

记录类型	记录方式	记录成果
文字类记录	锉版印刷电脑录入	①无形文化财调查报告书(指定报告书) ②文化财大观之无形文化财篇与重要无形文化财解释 ③重要无形文化财记录图书 ④无形文化财调查报告书(研究报告书) ⑤韩国民俗综合调查报告书 ⑥各领域民俗调查报告书 ⑦传统技艺调查 ⑧民俗文献资料集成

251

---

① 朴原模 . 韩国非物质文化遗产的记录工程与数码档案的构建[J]. 河
南社会科学，2009(4).

续表

记录类型	记录方式	记录成果
音源类记录	磁带、卷轴带、DAT、密纹版声音记录装置、光盘(CD 或 DVD)	①卷轴带音源：通过本机关调查及指定调查获得的资料、从首尔大学音乐学院资料室及有关音乐团体等处获得资料； ②磁带音源：以传承人音源为主的 3822 个磁带录音资料； ③密纹版及光盘音源：15 种音乐类重要无形文化财采录唱片，其中文化财管理局负责的有 6 种制作为密纹版，国立文化财研究所负责的有 9 种制作为光盘
相片类记录	黑白胶卷彩色胶卷	①有关民俗调查的相片； ②有关非遗调查的相片； ③重要无形文化财的记录相片； ④有关传统技艺调查的相片
影像类记录	16mm 电影胶卷记录广播 ENG 模拟贝塔摄影机	①1995 年国立文化财研究所制作的 71 部记录电影； ②重要无形文化财的记录工程； ③有关传统技艺调查的影像； ④重要无形文化财的表演磁带 123 件； ⑤全国民俗艺术竞赛的磁带 264 件； ⑥各种研究调查工程获得的 333 件磁带、700 余件贝塔带及 VHS 带
数码类记录	数码化技术	①文字类资料的数码化：《无形文化财调查报告书》、重要无形文化财记录图书的转换； ②音源资料的数码化：韩国传统音乐资料的分类、卷轴带资料的光盘转换，制成系列光盘"稀少国乐音版"； ③相片资料的数码化：实施"文化财研究情报化战略计划"，扫描重要无形文化财记录工作获得的幻灯胶卷、有关传统技艺能调查的幻灯胶卷；将扫描的数码资料转换为以保存原文为目的的 TIF 文件与以网上服务为目的的 JPG 文件； ④影像资料的数码化：对国立文化财研究所保存的 16mm 电影胶卷进行数码化，数码资料以 DVD 形式保存，模拟贝塔带所拍摄影像的数码化转变，以 DVD 形式保存

场馆展示和举办节庆仪式是韩国传播非遗档案信息的两种主要方式。展示非遗和非遗档案的场馆，既有以韩国国立民俗博物馆为代表的国立综合博物馆，也有以韩山夏布馆为代表的国家、地方共同出资建设的场馆，还有诸如圃美多泡菜博物馆的小规模民营私人博物馆。

韩国国立民俗博物馆是韩国唯一全面展示民俗生活历史的国立综合性博物馆，隶属文化观光部，馆址设在景福宫内。① 馆内常设"韩民族生活史""韩国人的日常""韩国人的一生"三个展馆，同时还设有"儿童博物馆"和"室外展园"等主题展馆。"韩民族生活史"以韩国生活文化史为主要展示内容；"韩国人的日常"以四季变化为主线，从衣食住行、春耕秋收、文化交流和商品交易等方面集中展示了韩国人的日常生活。"韩国人的一生"展示了韩国士大夫阶层从出生到死亡的人生过程。除常设展馆外，博物馆平均每年会举办四次专题展览，大小规模不一，展示的内容以韩国传统文化和日常生活为主。韩国国立民俗博物馆的展馆设计融合了多媒体视频展示与互动技术，脱离了橱窗静态展示的窠臼，代之以缩微模型并辅以多媒体，在展示韩屋建造方法和过程时，将场景展示与模型展示相结合，为观众提供良好的触觉体验。在展示手段上，韩国国立民俗博物馆没有一味追求华丽的装饰，而是注重生活场景的打造，以故事性的情节串联不同的场景，受众不仅可以置身于场景中，观赏韩国人的日常生活，也可以通过肢体的触摸、声音的聆听，增进感官上的体验，因此，韩国国立民俗博物馆成为韩国社会教育重要的一部分，来参观的观众多以家庭和学校为单位，也有外国的观光游客，部分学校还将参观博物馆作为实践教学的必修课程。此外，韩国国立民俗博物馆还开发了"移动博物馆"，在一辆特殊、无窗的黄色大巴上摆放展品，可深入任何地方举办流动展览，把博物馆送到观众的家门口。②

253

① 思泓. 韩国国立民俗博物馆简介[J]. 当代韩国，2000(1).
② 陶妍洁. 韩国民族文明的活教材——走近韩国国立民俗博物馆[J]. 中国博物馆，2010(1).

韩山夏布馆建成于 20 世纪 90 年代，是由国家、忠清南道、舒川郡、当地民间资本共同出资建成，由舒川郡政府负责管理。韩山夏布馆主要承担着夏布成品陈列、夏布纺织流程展示、夏布制造工艺流程体验、夏布制造技艺传习与培训等职能，寓传播、娱乐、教育于一体。目前韩山夏布馆收藏了夏布成品 275 件，夏布纺织工具如织布机等 84 件，常年开设展厅予以展览。此外，当地政府还要求夏布传承人定期来馆内展示夏布制作流程，使前来参观的人员能够亲眼见到韩山夏布的纺织过程。①

　　圃美多泡菜博物馆是隶属于韩国知名健康饮食食品公司圃美多的一家小型私人博物馆，展示的内容包括泡菜的历史、泡菜的发展，以及泡菜的食物样本。值得提出的是，展馆内展陈了大量载有泡菜起源与历史的档案文件，以此作为泡菜发展的佐证，同时绘制了泡菜在全球范围内的传播区域及影响力。但是，馆内未有非遗传承人的声音，泡菜腌制仅被视为一项由妇女完成的食品生产过程，其蕴含的文化内涵未得到很好地体现，抑未描述其文化传承的路径，以及当地保护泡菜腌制技艺的成果与举措。但是，除了技艺展示和文化传播外，博物馆部分区域内仍会有泡菜商业广告的出现，体现出博物馆的建设与展陈更多是一种针对公司产品的促销手段，这也是私人博物馆在传播非遗档案信息过程中存在的缺陷与不足。②

　　除上述博物馆外，韩国还有众多丝绸、农耕、瓷器、铅笔等制造技艺的专题博物馆，同样融成品展陈和技艺展演于一体，是韩国非遗传播体系中不可缺少的部分。

　　韩国非遗传播的重要特点是节庆传播活动较多。一年四季均会举办多场这样的活动，民众参与的积极性也非常高，到处都活跃着韩国民族民间舞蹈者们的身影，演出者和观众一样情绪高涨，每次

---

　　①　李桂瑶. 从韩山夏布看韩国非遗区域保护与活化经验[J]. 当代韩国，2015(1).

　　②　吕梦佳. 饮食类非物质文化遗产的保护研究——以韩国博物馆泡菜展览为例[J]. 人文天下，2019(5).

活动总是人山人海，韩国大众对非遗的偏爱甚至到了"爱财如命"的地步。韩国节庆活动的形式大体包括两种：一种是存续于民间，虽日渐式微但依然保持的村俗活动，如赛龙舟、扭秧歌等，当地的民间组织或民众担心这些艺术形式就此湮灭，一直倔强地坚持并传承着。另一种则是由政府出面组织的民俗活动，如民俗节、博览会等，旨在搭建一个保存和交流的平台，让非遗得以展示、传播和传承。具有代表性的有源自《春香传》的春香祭和纪念李舜臣的温阳文化节。韩国有很多珍贵且富有特色的民间音乐，为保护和传播这些非遗，韩国还会定期举办一些音乐类的庆典活动，如每年8月举办的笔峰乡村农乐庆典、每年9月的盘索里庆典，以及具有较高知名度的阿里郎民谣庆典，首尔、密阳、珍岛等地都会根据本地阿里郎民谣不同的艺术特色，举办本地的阿里郎庆典。① 正是在政府、各类组织和民众的广泛参与下，韩国的非遗保护与传播活动最终成为了一项全民共同努力的事业。

4. 美国

美国是一个年轻的国家，与欧洲相比较，美国历史文化遗产保护的历史比较短暂，但是在"二战"以后成为一种社会风气。美国立国仅有200多年，但是列入文物保护名录的保护单位就有7万多家，可见美国对本国历史文化遗产的重视程度和保护力度。从20世纪30年代开始，美国就"自上而下"地建立起比较完备的历史文化遗产法制体系。1935年，美国颁布了《历史遗址保护法案》；1964年又颁布了《国家历史保护法案》，除国家法规外，各州、各市，乃至各城、各镇都制定并颁布了符合本地特色的保护法规和条例。除法制体系外，美国文化遗产保护的机构也很健全，有着很严密的管理：一是在联邦一级，不可移动的文化和自然遗产由内政部管辖。内政部于1906年和1916年分别设立了国家公园管理局和国家公园管理委员会，以垂直管理的形式管理国家公园、国家历史纪

255

---

① 吕斌. 全球化时代的韩国非遗——以江陵端午祭为考察中心[J]. 江苏社会科学，2019(6).

念物、历史遗迹、历史建筑和自然保护区。二是在州一级，各州专设历史保护办公室，负责本州文化遗产的保护事宜。三是根据《国家历史保护方案》设立美国历史保护顾问委员会，作为咨询机构受理依法送审的历史文化保护事项。

与亚洲、拉美诸国不同，美国并未通过一部类似《文化财保护法》《中华人民共和国非遗法》的综合性非遗法，也没有报送任何项目参与"人类口头语非遗代表性名录"的评审，也没有申请成为《保护非遗公约》的缔约国。在对非遗具体文化表现形式的理解上，以欧美加澳为代表的西方国家与亚非拉等国有着较大的区别，前者认同的是民俗与民间创作，后者侧重于音乐、舞蹈和意识。认识上的分歧带来的是非遗工作具体内涵与侧重点的不同。美国的非遗工作就集中于对本国民俗资料的保存、建档与传播。早在1928年，美国联邦政府就成立了第一个保护传统文化的官方项目"民间文化档案"，为非物质文化资料的收集、储存、分类提供了重要的场所和载体。1976年，美国国会制定了《美国民俗保护法案》，以推动民俗保护的跨部门合作。① 美国没有专门的文化部，政府文化机构中，国家艺术赞助基金、国会图书馆和史密森尼学会是知名度最高，且在保护及传播本土民间艺术上做出巨大贡献的主要机构。

美国艺术赞助基金由美国议会于1965年建立，宗旨是支持并鼓励各种不同的艺术活动。1982年，借鉴日本"人间国宝"认定制度，美国艺术赞助基金支持开展了"国家遗产优秀艺术家"（National Heritage Fellow）认定项目。美国国会图书馆是美国四个官方国家图书馆之一，也是全球最重要的图书馆之一，下设的美国民俗中心（American Folklife Center）由美国议会于1976年创立，是美国民俗资料保存、建档和展示的主要执行机构。美国国会图书馆所主持的，在全球具有很强影响力和示范效用的文化遗产建档和传播工程莫过于"美国记忆"工程，这是一项以口述、文字、图形、影

---

① 周兰江. 美国体育非物质文化保护特点及对我国的启示［C］. 中国体育科学学会. 第十一届全国体育科学大会论文摘要汇编. 中国体育科学学会：中国体育科学学会，2019：1651.

像、印刷、图谱、数字化等方式记录美国历史与文化，通过互联网提供免费和开放性访问与获取的项目。该工程源于 1990 年到 1994年的探索性课题"美国记忆试验计划"。1994 年，美国国会图书馆借互联网兴起的契机，宣布开展"美国国家数字图书馆计划"，同时将"美国记忆"工程作为其先导项目正式启动，对美国国会图书馆及其他文献机构最具价值的历史文化资源实施数字化加工和组织。"美国记忆"目前已存储了总计 900 万件以上记录美国历史和文化的数字化藏品，包括印第安人历史、非裔美国人历史、运动与娱乐、表演艺术与音乐、文化与民俗、宗教、文学等十八个类目，资源形式包括文本、照片、地图、动画、音频、视频等。"美国记忆"工程建设成果目前已经在美国国会图书馆官网加以展示，超过900 万件馆藏依据原始形态、主题、创建者、整理者/捐赠者四个主题组织成 100 多个资料集，用户可依据自身需求进行检索或浏览。美国国会图书馆还在每一资料集下设置特别展映单元、精选目录和收集链接，以展示资料集中的特色资源，列举由工作人员精心挑选的与资料集主题相关的书籍、文献、音视频文件名，提供资料集相关的历史背景，以增进用户对资料集内容的了解。[①] 1992 年，美国多所知名大学和州立图书馆合作建设的"俄亥俄图书馆和信息网络计划"，把校园网络和图书馆连接起来，成为一个开放的数字图书馆信息检索库。1995 年，美国 16 个主要图书馆成立了"国家数字图书馆联盟"实现数字化动态保护美国文化遗产。内布拉斯加大学林肯分校从事诗人惠特曼的数字化资料库建设。[②]

　　史密森尼学会成立于 1846 年，是目前全球最大的博物馆与综合研究机构，包括 19 家博物馆、美术馆和国家动物园，以及 9 家附属研究机构，旨在促进美国以及全球范围内的当代草根文化的互相理解与可持续发展。1967 年，史密森尼学会下辖的史密森尼民

257

---

　　① 徐拥军，王薇．美国、日本和台湾地区文化遗产档案数据库资源建设的经验借鉴[J]．档案学通讯，2013(5)．

　　② 张瑞民．年画民俗文化及其传承与保护创新机制研究[M]．上海：复旦大学出版社，2017：196．

俗和文化遗产中心在华盛顿国家广场主办了首届史密森尼民俗节，此后每年的 6 月均会举办，成为惯例。该节日是"借助博物馆操作模式及宣传教育手段，运用表演、工艺做法、叙事舞台等方式来展示包括物质文化、饮食传统、民间叙事、音乐舞蹈、传统农业及航海等在内的所有民俗项目"，展示的内容则包括区域性传统、职业性传统以及美国国内各族群在内的大部分文化传统。史密森尼民俗节很好地体现了"尊敬民间传承人"和"重视群众参与"的基本理念。"展示"(show)与"分享"(share)成为了民俗节的主题。① 以首届史密森尼民俗节为例，84 名手工艺人和演奏者参加了此次活动，有纽约州的爱尔兰民间舞蹈队、阿拉斯加的爱斯基摩民间舞蹈队、一名印第安纳瓦霍部落沙子画家、一名南卡罗来纳州民间篮子编织女艺人、一名北卡罗来纳州传统筝的民间制作者、新奥尔良市黑人的传统铜管乐队，以及很多不同种族的、来自不同州的民间歌手和民间合唱团等多种演出和其他活动，传承人以自己的声音展示、介绍和解释自己的文化，共吸引了 431000 位当地居民和游客参加了这四天的活动。此后，民俗节又增加了"新世界的老民俗"节目，请来了分散在美国不同社区的以及他们祖籍国家的当代民间艺人，鼓励双方互相欣赏彼此的演出。20 世纪 70 年代，史密森尼民俗节又开辟了"特定国家"的节目，要求一个国家来单独介绍它的传统艺术，墨西哥、韩国、法国、印度、日本等国先后受邀参与。②

此外，一些民间组织也参与到美国非遗的建设与传播中，StoryCorps 的口述史项目就是其中典型的代表。StoryCorps 是一个美国的非营利组织，它开发出自己的网站，通过固定录音亭、移动录音亭和上门服务三种方式，以录音的手段记录、保存、分享不同背景和信仰的美国人的故事。2015 年，StoryCorps 开发出该项目的手机 APP，即 StoryCorps APP，极大提升了访谈录音的便利，访谈的

---

① 毕传龙. 面向公众的生活实践——美国史密森尼民俗节概览[J]. 河南教育学院学报(哲学社会科学版)，2015(2).

② 李海伦. 纵观美国独特的非物质文化遗产艺术节——以史密森尼民俗节为例[J]. 中国音乐学，2012(2).

内容也从最初的生活日常拓宽到对民间艺人、传承人的口述与交流。StoryCorps 手机 APP 界面清晰，操作简单，其功能主要包含：项目介绍及使用方法、创建我的访谈、编辑共享三部分。APP 会帮助用户从访谈问题、访谈对象、访谈时间三方面设计访谈提纲，访谈的元数据信息包括名称、关键词、主题等。访谈结束后，用户可通过电子邮件发送录音的内容，也可点击"发表访谈"，自动将访谈录音上传到 StoryCorps 网站和美国国会图书馆，一方面录音被妥善保管；另一方面也由这些机构借用互联网进行共享和传播。①

5. 英国

最早发生工业革命的英国在遗产保护上的历史同样十分悠久。1877 年，由莫里斯创建了"古建筑保护协会"；1882 年，英国国会通过了《历史古迹保护法》；1953 年，英国又公布了《历史建筑和古迹法》；1967 年颁布的《城市文明法》，重点是保护历史建筑景观，划定了具有特别建筑和历史意义的保护区，首次在法律中确立保护区的概念，历史古城可以被当做特殊的保护区；1969 年颁布的《住宅法》正式确定巴斯等 4 座古城为重点保护城市。经过 100 多年保护制度的完善和发展，英国现在已经制定出几十种相关法规和条款，很多英国历史文化遗产得到了妥善的保护和修缮，现在每年到英国旅游的人数络绎不绝，其丰富的历史文化遗产可以说是吸引游客的一大看点。另外，英国独特的行政管理体系也是其历史文化遗产能够得以很好保护的一个重要因素。英国实行中央及地方两级管理体系。英国设立了英国国家遗产委员会和英国建筑学会等机构，它们是英国历史文化遗产的法定监督咨询机构。地方规划部门及保护官员负责落实保护法规和处理日常管理工作。中央和地方两级组织形式主要是处理遗产保护中的突出问题，任何可能毁坏历史建筑的申请事件都必须通过国务大臣的最后把关。在英国，现在已经建立起了由选定制度、建筑管理制度、保护官员制度、公众参与制度

259

① 郭辉. 手机 APP 在非物质文化遗产传承人建档中的应用及思路——美国 StoryCorps 项目的启示[J]. 档案与建设，2017(3).

等多种因素构成的完善的保护管理体系。

英国是一个有着深厚历史文化积淀的国家，其丰富的历史文化遗产以及在文化遗产保护方面取得的卓越成果，显示出其是一个文化遗产保护的大国和强国。以 1882 年颁布第一部具有标志性意义的文化遗产保护法案《古籍保护法》为开端，英国政府出台了很多法律法规，重点保护着本国的历史文化遗产和历史环境。2000 年以后，英国政府将遗产保护的范围从有形物质文化遗产拓宽到无形的非遗，保护理念也从注重保护向着"保护与利用并重"转变。①

英国政府虽于 1984 年加入了《保护世界文化和自然遗产公约》，却迟迟未加入 2003 年的《保护非遗公约》，即便英国民众为此举行了盛大的网络自愿签名活动，呼吁英国政府尽快加入，英国政府却始终保持沉默。学者分析，造成这一现象的原因在于英国政府对《保护非遗公约》将"非遗"视为继自然遗产和文化遗产以外的第三类文化遗产的做法有所怀疑和不认同。② 2001 年 3 月，英国加入了《欧盟保护少数民族语言宪章》，因而对于语言类非遗的保护予以了更多的关注和侧重。同美国一样，英国也没有颁布像《中华人民共和国非遗法》这样的综合性非遗法，但是，英国制定了某项非遗的专门保护法，如《2005 年苏格拉盖尔语法》《2008 年苏格拉格子注册法》《2009 年苏格拉威士忌条例》和《2011 年威尔士语措施》等。以专门法形式认定和保护部分非遗是英国非遗保护的一大特色。

尽管英国未加入《保护非遗公约》，但在全球非遗保护大趋势的影响下，英国仍积极从事着非遗的保护与传播工作。英国有着较为成熟的文化遗产保护组织管理体系。数字文化传媒体育部（Department for Digital, Culture, Media & Sport，2017 年以前称为"文化传媒体育部"）是当前英国政府文化遗产保护最高的权力机

---

① 周方. 英国非物质文化遗产立法研究及其启示[J]. 西安交通大学学报(社会科学版)，2013(6).

② 郭玉军，司文. 英国非物质文化遗产保护特色及其启示[J]. 文化遗产，2015(4).

构，负责文化遗产政策的制定与行业的监督。地方政府也设有专门管理文化的行政部门。英国是一个由英格兰、苏格兰、威尔士、北爱尔兰组成的联合王国，因此，各联邦都有各自独立的文化遗产保护主管机构。以北爱尔兰为例，文化艺术休闲部和旅游局是文化遗产保护、媒体宣传及旅游开发的主管部门。此外，非政府公共文化机构也在英国非遗保护中扮演着重要的角色。以英格兰艺术理事会、英格兰遗产、大英博物馆等为代表的非政府公共执行机构，承担着执行、制定规章和从事商业活动等职能；以艺术品收藏咨询委员会为代表的非政府公共咨询机构，则负责向政府主管部门提供专门的咨询建议。非政府公共文化机构与政府保持"一臂之距"（The Arm's Length Principle），不存在领导和隶属的行政关系。

依据《保护非遗公约》制定的分类体系，英国的非遗涉及语言、表演艺术、社会风俗礼仪与节庆活动、传统手工艺等多种类型。博物馆和画廊是英国开展非遗保护的中坚力量，同时也是传播非遗、唤醒民众非遗保护意识、提升民众非遗认知的重要渠道。英国现有2500多家博物馆，不同地域的博物馆结合地域特色与优势，对地域内的非遗进行研究、保护和开发，他们是公众服务的重要平台，也是最有价值的教育基地，各种信息在这里以最为准确和快速的视觉方式展示并传递给公众。目前，苏格兰有6家民间博物馆和苏格兰画廊联合起来对"说唱舞蹈"进行保护和展示，同时引入生态博物馆概念，将博物馆教育同学校教育相结合，使博物馆教育成为学校教育的一部分。隶属于英国非遗苏格兰委员会的苏格兰博物馆画廊（Museums Galleries Scotland）自2008年以来致力于苏格兰非遗的保护以及数据档案的建设工作。2008年7月，苏格兰博物馆画廊联合纳皮尔大学文化创意产业研究中心，撰写了一份名为《苏格兰非遗界定与分类》的研究报告，尝试从"发展延续"和"物质保存"两个维度开展非遗的保护与传承。作为全苏格兰地区博物馆的开发管理机构，它的支持系统覆盖了超过400家小规模的地方性博物馆、大型地区性乃至国家级博物馆及美术馆。它是苏格兰乃至整个英国博物馆的卓越代表，也是致力于将杰出的非遗资源推广给广大公众、利益相关者以及政府的重要机构。此外，汉普顿的 Buckler's

261

Hard 小镇重建了海洋博物馆(Buckler's Hard Maritime Museum),向青少年推广造船技术,展示 18 世纪的渔民生活。巴斯(Bath)的时尚博物馆收集了世界上从古代到现代的服饰,让儿童了解传统服饰与现代服饰,服饰潮流的演变,以及不同服饰在款式和面料上的区别。① 此外,博物馆、公共图书馆、档案馆以及公共文化组织积极参与英国非遗的数字化保护。著名的英国泰特在线网(https: // www. tate. org. uk/)是英国传统古典音乐、现代音乐及利物浦地方音乐的在线数据库。为推动非遗的数字化服务水平,英国移动博物馆和英国沃里克郡移动图书馆合作,把博物馆的藏品展示给移动图书馆的读者。②

除博物馆和画廊外,英国的民间团体和民间组织也积极组织和开展非遗的传播活动,节庆与集会是其中的重要形式。每年一月的最后一个周二,苏格兰设得兰群岛都会举办"UpHelly-Aa 圣火节",这是向维京时代的一次致敬,当地人会穿上古代维京人的服饰,在节日结束时点燃一个巨大的维京战舰。无数的志愿者贡献自己一年的时间准备来年的盛会,还有专门的筹备委员会筹备每年的盛事。威尔士诗歌大会是一个旨在促进威尔士语发展的盛会,诗歌和散文奖项都由英国游吟诗集会赞助支持,许多知名人士身穿威尔士风格的华丽服装,伴有花舞、小号和丰饶羊角助兴。同时,部分组织或个人也重视对非遗资源的建设与传播。英国导演露西·阿科斯特拍摄了关于传统英国乡村舞蹈的莫里斯舞蹈的电影——《莫里斯舞:生生不息》,讲述了莫里斯舞蹈团的领军人物传承、传播、弘扬莫里斯舞蹈的事迹与历程。英国艺术与人文研究委员会赞助龙比亚大学设计并开发了苏格兰地区维基百科式文化遗产网络档案数据库,在充分调动公众力量,最大限度吸引公众参与非遗信息的编辑、补充及更新的同时,边读边写的浏览模式也有助于实现公众对数据库

① 李婕. 英国文化遗产保护对我国的借鉴与启示——基于财政的视角 [J]. 经济研究参考,2018(67).

② 张瑞民. 年画民俗文化及其传承与保护创新机制研究[M]. 上海:复旦大学出版社,2017:196.

信息的深入阅读，在感知并理解非遗文化的同时，审视思考非遗信息的真实性与完整性。2001年，英国政府出资建设的面向全球的数字化文化遗产交流平台——数字文化内容平台，为英国乃至全球提供了一个文化遗产数字化档案信息传播与共享的平台。它首先具备文化遗产数字化档案信息内容采集、创建、成熟、保存、使用、管理、数据库建设等数字化档案信息资源互操作能力与技术；同时也具备向平台使用者推送数据库内信息、传播遗产资源的功能，非遗也是这一数据库中的重要内容。该数据库对于提升文化遗产机构的历史传承作用、巩固文化遗产机构的教育学习功能有着积极的作用。

6. 法国

法国是世界上经济发达的国家之一，对于本国文化遗产的保护，法国一直走在世界的前列。1840年，法国颁布了世界上首部文物保护法——《历史性建筑法案》，法国的文化遗产保护工作从历史建筑开始了。1930年，法国颁布《景观保护法》，将自然纪念物、自然景观和人文景观纳入文化遗产保护体系之中。1973年，《城市规划法》颁布，法国文化遗产的保护范围进一步拓宽到城市历史街区。1964年，处于现代化建设时期的法国，为保护本国文化遗产不被现代化建设损毁，启动了全国范围的文化遗产大普查，"大到教堂、小到汤匙"，"不仅包括文物、建筑等有形的遗产物，也包括舞蹈、歌曲、烹饪、手工艺、服装设计等非遗"，很多独具特色的地方性建筑技艺、民间工艺和民俗事项得以发现并登记，法国非遗的文化蕴藏逐渐清晰。

法国非遗传播的实践可追溯至1967年，巴黎大众艺术和传统博物馆建造完成后，即展示了20世纪40—70年代的舞蹈、歌曲、烹饪和手工艺品，同时开展了传统文化和民间传说的保存实践。1984年，法国首次将每年9月的第三个周末定为"文化遗产日"，向公众免费开放博物馆、历史古迹，并提前推荐免费参观名录，以帮助公众合理安排行程。"文化遗产日"的出现，促进了民众对文化遗产的关注，增强了法国民众的自豪感和民族凝聚力。

2003 年 9 月 29 日，联合国教科文组织第 32 届大会在巴黎召开，会议通过了非遗保护的重要里程碑式的文件——《保护非遗公约》。作为《保护非遗公约》的缔约国，法国于 2006 年 7 月 5 日颁布第 2006—791 号法令，授权许可保护非遗国际公约，同年 11 月 17 日颁布第 2006—1402 号政令，授权发布 2003 年 10 月 17 日在巴黎签署的保护非遗国际公约。文化部是法国文化遗产保护的最高决策机构，文化部下设文化遗产司，重大的文化遗产保护工作由文化部决策，具体的事务由所属文化部的历史纪念物基金会、考古调查委员会、文化艺术遗产委员会等来完成。2007 年 4 月 23 日，法国建立国家非遗局；同年 5 月 15 日又成立国家非遗局管理委员会，法国非遗的工作在这两个部门的组织下展开。① 2010 年，法国实施了名叫"加利卡"（Gallica）的文化数字化工程，总预算达 7 亿 5000 万欧元。这个数字化项目基于"投资未来"的重要规划，旨在维护法国历史文化记忆的数字化生存与发展，主要涉及图书出版、音乐、电影、音像、摄影、图片、电子游戏等文化产业领域。②

2009 年 7 月，法国美食传统被法国文化及通信部列入法国非遗名录，2010 年，法国美食大餐被列入《人类非物质文化遗产代表作名录》，这是该名录设立餐饮条目以来申请成功的首例。法国美食类非遗的保护与传播得到了政府、社团、高校和公众等多类型主体的支持与参与，从中可折射出法国非遗保护的实践及经验。

第一，政府。法国政府在美食文化的建构、评估和传播中起到辅助性或间接性的作用。法国政府组织建立了国家级乃至国际级别的文化机构，开展大众讲习班类的教育性活动，举办了展览、国际会议和研讨会等艺术性和纪录性活动。值得提出的是，法国政府还成立了美食文化国家认证机构，以认定和规范美食，保障美食文化的纯正及其生命力，这是其他任何一种主体都不能做到的。法国国

---

① 王慧欣．法国非遗保护与利用的模式分析［J］．传播与版权，2017（4）．

② 张瑞民．年画民俗文化及其传承与保护创新机制研究［M］．上海：复旦大学出版社，2017：196．

家原产地和质量研究院就是这样一种美食文化国家认证机构，它管理并执行一系列食品安全和质量认证体系，授予有资格的产品相应的标识，如地理源产地标签等，开展美食生产方式的担保和食品的分类。

第二，全国烹饪艺术委员会。成立于 1990 年的全国烹饪艺术委员会下辖于法国文化部，由法国高级烹饪工会领导。该机构所从事的保护与传播工作有：整理美食区域分布清单、建立饮食文化学院、发起"国家美食日计划"和"食品与美食文化与遗产"，面向社会征集美食资料，深入调查并收集美食传统遗产信息，考证美食传统的社会文化背景及其发展，对收集到的信息进行分类归档，建立美食传统主题博物馆，展示并传播美食传统信息。

第三，社团。法国有超过 2000 个美食社团、协会，它们有的代表所在地的地方美食文化，有的专职研究某种美食，他们广泛收集整理美食文化传统的资料，考察地区美食文化的演化和历史，通过自办刊物或形成出版物的方式，展示并传播他们的资料建设成果。他们还会举办美食大餐活动，促进各地美食文化的交流，向社会各阶层传播菜肴烹饪的艺术，社团之间也经常举办交流会，组织美食文化的研讨和论坛，扩大美食文化的传播范围。

第四，高校和科研机构。法国图尔大学长期致力于美食文化研究，2001 年，图尔大学联合 400 多名专家建立起欧洲饮食文化和历史所，也正是在该机构及专家的努力下，法国美食大餐最终成功申请了人类非遗名录，得到世界的承认。2007 年，该机构又成立科学委员会，从自然科学角度开展美食文化研究，同时印刷相关宣传资料。包括论文集、摄影及内部资料，既有科普读书，也有深层次的学术研究论文，面向社会发放，还将宣传的范围扩升至幼儿园、学校课堂，使更多的儿童和年轻一代了解并热爱本国的美食非遗。

265

第五，公众。法国的公众在法国美食文化的保护和传播中起到了至关重要的作用，他们直接参与这一系列活动。这些公众包括被称为"美食家"的美食文化传统活动的实践者，他们不是名厨师或与美食行业相关的从业人员，他们大多是年轻一代，拥有从父辈和祖先那里保存下来的关于美食的记忆、知识、烹饪技巧和饮食礼仪规范。他们一方面可以通过电视媒体、社交媒体等平台展示和传播他们了解的美食文化、烹饪技艺；另一方面也会参加一些美食节庆活动，扩大传播范围和影响力。法国每年会举办上百次美食文化节庆活动，涉及不同类型的美食，分属不同地域和不同季节，规模也大小不一，如每年7月的普罗旺斯美食节、布列塔尼可丽饼节、波尔多国际葡萄酒展览会等。以美食为主题的各项文化活动，不仅以各种形式宣传普及地区美食，为群众提供相互交流经验和互相学习产品知识的平台，增强大众的文化意识和参与心理，而且也以一种集体实践的活动方式推广了法国的美食传统，使美食文化的传播更加社会化和公众化。①

7. 意大利

意大利是一个文明古国，从古希腊开始，所有的历史阶段都为古希腊留下了大量珍贵的历史文化遗产。20世纪60年代是意大利经济快速发展的时期，房地产商提议拆除历史文化建筑，改建商品房和商业建筑，但有识之士却明确提出了反对意见，他们说，包括非遗在内的历史文化遗产是城市个性特征的反映，拆除和破坏这些具有象征意义的建筑，将会抹杀城市的历史记忆。因此，60年代末，意大利博洛尼亚市政当局首次提出了"把人和房子一起保护起来"的口号，规划了在历史文化中心区实现"同样的人住同样的地方"的目标，整体性原生态保护成为意大利遗产保护的基本理念。②在这一理念的引导下，意大利建立了乡村"生态博物馆"，将自然环境、传统磨坊、酿酒坊、打铁作坊、土窑等历史遗迹，以及浓郁的乡村节庆、传统歌舞、服饰等传统文化习俗以及村民的生产生活方式整体保护起来。得益于此，建于公园1世纪的阿雷纳露天剧场

---

① 蔡礼彬，张春光. 法国美食文化遗产传承研究[J]. 西南民族大学学报(人文社会科学版)，2012(10).

② 王文章. 非物质文化遗产概论[M]. 北京：文化艺术出版社，2006：251.

被完好保存下来，每年 6 月至 8 月的维罗纳歌剧节会在此举办，辉煌灿烂的意大利音乐文化会吸引五六十万游客聚集。

除去整体性保护，私人进入管理体系也是意大利非遗保护的一大特色。意大利政府设有文化遗产部，但在实际的遗产保护中，公共部门负责保护文化遗产，私人和企业负责经营管理和利用文化遗产。此外，在非遗数字化及服务上，意大利图书遗产与文化机构专业委员会还发起组织了意大利数字图书馆门户与文化旅游网，这是一个为公众服务的文化遗产资源在线服务系统。①

8. 东南亚诸国

在联合国教科文组织、日本、韩国的影响下，位于东南亚的越南、柬埔寨、泰国、印度尼西亚等国陆续开展起本国非遗保护与传播工作。东南亚部分国家在 20 世纪中叶大多经历了战乱，本国的文化遭受重创，非遗的传承也被迫中断。当国家政治趋于稳定之后，东南亚主要国家的政府都采取措施扶持并复兴本国的非遗。自 20 世纪 90 年代始，柬埔寨就将文化保护工作作为政府的首要工作。菲律宾在 1997 年通过了《原住民权力法案》，提出了"尊重、认知和保护原住民及其文化传统"；越南于 2009 年通过的《文化遗产法》补充法案也增加了"保护与弘扬非遗价值"的规定。2009 年，泰国使用了"知识性文化遗产"这个名称开展非遗的保护工作，同时赋予在创造和传播文化遗产方面做出杰出贡献的艺术家们"国家级艺术家"的称号，鼓励艺术家进行创造性创新，承担起传承和传播文化遗产的任务。

东南亚各国政府普遍重视本国的非遗工作，并设有专门部门。柬埔寨由文化艺术部组织非遗的保护与传播工作；文莱文化部组织建立了国家文化中心，将非遗保护提升到国家战略的高度；泰国设立了保护非遗基金会，由国家文化部文化委员会、各省的文化中心

267

---

① 袁同凯. 城市化进程中传统文化的保护与发展——基于中国的经验与对策[M]. 天津：南开大学出版社，2017：142-143.

负责非遗保护工作；① 菲律宾设立国家活珍宝委员会，并由菲律宾文化中心、菲律宾国家图书馆、菲律宾国家历史研究所和菲律宾语言委员会等机构共同负责非遗的保护、研究与传播工作；越南由文化体育旅游部负责非遗工作的统筹安排，具体工作则由文化新闻部文化遗产局来担当。缅甸成立了缅甸文化遗产保护委员会，负责文物的重建和保护。泰国文化部文化促进司是泰国开展本国非遗保护工作的主要部门，文化促进司也成立了相关委员会，负责国家级艺术家的认定工作，制定艺术家和文化遗产名录。

　　东南亚各国都重视对非遗资料的建档保存，发展博物馆以保障非遗的传播，还通过举办学术会议、开展教育培训等方式提高公众对非遗的认知。东南亚各国的非遗保护与传播工作主要从非遗建档、建馆、教育和培训四个方面展开的。早在 20 世纪 80 年代，东盟文化委员会就曾组织各国学者开展本地区少数民族史诗、其他口头传统的收集与保存，编撰并出版了一些民俗研究文集；1997—2002 年，越南国家文化信息部在 63 个省市的 54 个少数民族中开展了 384 个项目资料的整理，形成关于项目的文字报告、Beta 带、图片和磁带，越南国家文化信息部将这些信息以 CD/VDV 的形式存储起来，建立起越南的非遗数据库；菲律宾国家博物馆和国家图书馆运用现代视听手段采录《呼德呼德》，将其文本整理并出版；2002 年 12 月至 2004 年 2 月间，柬埔寨的金边在联合国教科文组织的帮助下，开展了非遗普查，并对获得的数据进行建档；印度尼西亚于 2006 年启动了文化地图绘制工作，详细绘制了每个省的地理概况、宗教信仰、生产方式、语言和社会组织等内容，并以录音、录像的方式对非遗进行记录和保存。

　　在展示与传播非遗方面，东南亚各国均认为博物馆是重要且良好的平台。越南民族学博物馆在室内外分别开设了展馆，室内展示了越芒语、苗瑶语、汉藏语、孟高棉语等 6 个语族的历史与文化，室外则展示了越族、占族、岱依族、瑶族、埃地族等民族的民间建

---

　　① 巴胜超，蔡珺. 知识性文化遗产——泰国非遗保护的经验与启示[J]. 兰州大学学报(社会科学版)，2014(6).

筑。越南茶荣省博物馆联合越南教育交流中心开办了大头面具制作板，向热爱民族文化艺术的高棉年轻人传授技艺。文莱国家博物馆采用图像和实物相结合的方法，展现了文莱整套传统厨具实物、食品加工工具、Pasang 游戏棋盘，真实再现了文莱普通家庭淳朴又不乏乐趣的生活场景。菲律宾国家博物馆充分利用 5 月 18 日"世界博物馆日"的契机，在棉兰老地区举办故事大赛，以传统史诗吟唱的方式讲述各种古老传说，同时举办"菲律宾文化瑰宝""伊富高梯田"等多个讲座。除了博物馆展览外，一些学术研讨会的举办，实现了非遗学术信息的传播与交流。印度尼西亚先后举办了哇扬代表大会、哇扬研讨会以及哇扬学术研讨会，推动了哇扬戏剧的研究、传播与交流。2014 年，越南在国家才子弹唱艺术节期间举行了相关学术研讨，学者们梳理了才子弹唱的发展脉络，总结了才子弹唱的艺术内涵，提出和分析了才子弹唱演出艺术，讨论了该艺术的形成和发展过程，提出了保护和弘扬才子弹唱艺术的举措。

此外，东南亚各国将非遗知识融入学校教育，以培训班的形式强化非遗传承人或非遗工作者的培训，在教育与培训中做好非遗的传播。印度尼西亚专门在日惹和梭罗建立了皮影戏传承艺术中心，博物馆为做好皮影戏的传承，专门招收青年人学习皮影戏偶人制作和皮影戏表演；印度尼西亚还建立了专门培养哇扬艺人的学校，传授哇扬表演技艺。马来西亚将玛蓉舞列为高等艺术学校舞蹈戏剧系学生必学课程。泰国将 Maw Lum 说唱纳入学校教育体系，其中玛哈沙拉堪大学形成了 Maw Lum 本科、硕士、博士三级学科体系。水上木偶戏于 2007 年被越南河内国家大学影剧学系列入正式课程。为确保文化地图项目的顺利推进，印度尼西亚为项目管理者和参与者提供了相关培训。越南社会科学院联合联合国教科文组织在 1995 年 11 月、12 月先后开展了越南少数民族非遗收集、保护课程培训，越南文化信息学院也开展了非遗收集、保护的业务培训，有来自 64 个省市的 325 名非遗工作人员先后参加过培训。①

269

① 王红. 东南亚各国保护非遗的措施[J]. 东南亚纵横，2015(6).

9. 欧洲诸国

除了英国和法国，欧洲的德国、匈牙利和荷兰也围绕本国非遗的保护与传播开展了积极的工作。在德国人的心目中，非遗与物质文化遗产一样，也是文化的组成与表现形式，因而也需要妥善的保护。德国非遗的保护侧重于对其知识产权的保护，重点关注的是音乐、民间文学和建筑艺术的保护，同时给予资金上的扶持。德国从一开始就重视对无形非遗的物化保存，因为他们坚信，无形的非遗要得到表达和演绎，必须与某种物质性的文化表现形式联系在一起，如贝多芬的《第九交响曲》虽然是一种非物质的文化遗产，但它的演奏却必须有一份书写的乐谱作为基础；《格林童话》虽是口述的儿童文学，但必定会有故事的纸本，才能被完整详细地流传和讲述下来，因此，保护《第九交响曲》，除了要保存乐曲的音频，还需要保存其乐谱；保护《格林童话》，除了要保护童话的口头讲述，还需要保护其故事稿本。

德国是《保护非遗公约》的缔约国，但德国人与生俱来的严谨认真且充满怀疑精神的思辨性格，使其加入《保护非遗公约》的过程是严谨、漫长而审慎的。大多数德国人相信现有的法律机制与框架已足以保护本国的传统文化并促其发展。事实确实如此，不论是入选"世界遗产名录"的科隆大教堂、莱茵河中上游河谷，还是入选"世界记忆遗产名录"的贝多芬《第九交响曲》或《格林童话》，他们在入选"名录"之前和之后的状况都没有太大的变化，这些遗产早已在国家与地方文化保护中享有了优先权。最终，在国际保护非遗的呼声与行动的影响下，经过德国联合国教科文组织、政府官员、文化工作者、学者，以及博物馆、档案、文物保护、民间文学、民间艺术和手工艺行业人士的共同协商，最终于 2012 年 12 月加入了《保护非遗公约》。

德国人对于非遗及其保护有着自己特殊的理解。德国联合国教科文组织全国委员会副主席沃尔夫教授在接受采访时，特别强调了"民俗"和"民间文化"曾被第三帝国时期的纳粹分子及民主德国时期的国家政治所利用，很多德国人因此对于包含非遗的说法心存疑感，这是一个不可回避的事实。但他强调了加入《保护非遗公约》将是一个重新发现和认识德国多样化文化遗产的机会。挑选的代表作应优先考虑那些还在被人们代代相传且能给人以认同感和存续感的事项。

德国是一个联邦制国家，任何政治与法制方面的重大决定，都必须由联邦政府与州政府共同商议后才能得到确立。就文化保护而言，邦州是直接的监管机构，一些代表公共权益的非地域性组织，如教会和正式登记在册的各种民间团体，以及处于基层的每一个公民，都是非遗的保护者、传播者，以及非遗信息的接受者。德国的每个邦州都设有家乡文化保护协会，这是承担非遗保护和非遗传播任务的主要机构，如"巴伐利亚州家乡文化保护协会"，这虽然是一个民间性质的组织，但其70%~80%的运营经费都来自州政府的财政拨款，他们代替政府行使保护和促进地方文化保护的职能。德国最大的两个教会组织是基督教新教和罗马天主教的主教管区，此外还有犹太教和伊斯兰教的团体，根据德国宪法中确保宗教优先权的条款，教会组织在管理其物质与非物质的宗教遗产方面拥有自主权。包括大中小学在内的学校也通过支持学生参与各种业余文化团体及活动，以达到宣传和保护文化遗产的目的。值得一提的是，在北莱茵州的帕德博恩大学，目前已设有德国第一个"UNESCO物质与非遗"专业，教椅的拥有者是一位艺术史出身的女教授，名叫伊娃·玛丽亚·森。但更为活跃的却是社会上的各种民间团体，多以协会的形式出现，涉及的内容五花八门，大到人权、环境保护、家乡文化保护等主题，小的则可具体到某个地方性节日或民间乐器，如狂欢节促进会、长柄号角爱好者协会等。

荷兰位于欧洲西偏北部，荷兰的非遗保护工作起步较晚，但正以谨慎而良好的态势向前发展。很多学者认为，非遗原本的活力和它的正常变化不应该被干预，"名录"制度非但不能公平地对待每项非遗，反而会使其成为"人工的遗存"。因此，荷兰将非遗保护的重点集中于保持非遗的延续性，盘点现存事项，提高大众意识。基于这一认识，荷兰政府没有出台非遗保护的相关法律，而是以建设和完善非遗传习场所来保护和传播非遗。政府是建设的资助者，

271

也是工作的组织者和召集者，但是非遗编纂和传播等的具体工作，是由博物馆、科研机构等来完成。

在荷兰，一直与非遗保护工作密切相关的研究所有两个：一个是荷兰皇家研究院Meertens研究所，这是一个负责研究和记录荷兰语言与文化多样性的学术机构；另一个是荷兰民间文化中心，它致力于保存和发扬荷兰的物质和非遗。Meertens研究所已建成多个面向公众的数据库，如荷兰民间歌曲数据库、荷兰民间故事数据库等。该研究所的分支机构——民间故事记录和研究中心编纂完成了《荷兰的50个经典故事和歌曲》；荷兰民间文化中心出版了《民俗是未完成的过去》一书，描述了在各自历史背景下产生的30种区域性的庆典。这些长期参与非遗保护的机构，如民间故事记录和研究中心（Documentation and Research Center Folk Tales）、国立故事讲述学院（National Storytelling School）、荷兰民间文化中心（Dutch Center for Folk Culture）、轮廓出版社（Outline Press）、经验基金会（Foundation Experience）、故事讲述和"告诉我"基金会（Foundation for Story Telling and "Tell me"）还共同成立了口头文化基金会（Foundation Oral Culture），各机构间的协作与交流进一步加强。此外，大学里关注活态文化遗产、民族学、世界音乐等的教职和研究中心正在增加，与之相关的其他研究机构、地方性的中心、博物馆和基金会也正在出现。

匈牙利是一个位于欧洲中部的内陆地区。多种文化交汇融合，形成了丰富的活态文化遗产。匈牙利非遗保护的历史较为久远。早在19至20世纪之交，针对非遗的记录、存档、编目、处理和学术研究的工作就已经展开了，一系列重要出版物先后产生，民族志的建设与收藏也得到了普及。

匈牙利早期的非遗保护与传播侧重于民间音乐、民间舞蹈和习俗。1895年，匈牙利语言学家和民间音乐收藏家贝拉·维卡尔首次用留声机记录了民间歌曲，这在整个欧洲都属于首例。20世纪初，贝拉·巴托克和佐尔坦·柯达伊发起了民间音乐收集学习计划，收集范围覆盖了匈牙利的所有语言片区，他们录音、记谱、分析并整理了匈牙利以及周边邻国如斯洛伐克、罗马尼亚和塞尔维亚的音乐旋律，以探寻匈牙利民族文化的起源及与周边文化的依存和互动，在此基础上，巴托克、柯达伊等进一步整理出一个数量超过20万首旋律的庞大的音乐档案库。与此同时，桑德尔·贡耶埃·爱布纳、斯特文·莫纳尔和吉乔治·马丁等开始用影像来记录民族舞蹈。马丁等研究了匈牙利舞蹈及其与欧洲舞蹈文化的关联。鲁道夫·拉班发明了名为"拉班舞谱"的舞蹈符号，以描述和分析每个舞蹈动作。

匈牙利民族博物馆、匈牙利露天博物馆、电影数字档案和匈牙利遗产馆是保存活态民间艺术、传播非遗信息、提供优质遗产教育资源的主要场所。一些民间团体，如名为"Gyongyosbokreta"的团体也自发开展起音乐与舞蹈的巡回展演。20世纪30年代，匈牙利电视台集合众多民间音乐优秀传承人，举办了民间音乐电视大赛《飞翔吧，孔雀》，盛况空前，数以百万的观众在电视屏幕前一同哼唱歌谣，大量年轻人了解并爱上了匈牙利的民间音乐。匈牙利是国际上第一批认定保护非遗社区杰出代表的国家之一。1953年，匈牙利创办了"民间艺术大师奖"，1970年，匈牙利又设置了"青年民间艺术大师奖"，授予最优秀的年轻艺术人才，同时设立了"民间手工艺应用艺术家奖"，授予领域内的顶尖人才。

匈牙利自2006年加入《保护非遗公约》，开始对本国非遗进行确认和建档。2008年，匈牙利建立了一个由19个项目组成的国家项目清单，其中3项入选联合国教科文组织非遗代表性名录，有1项的保护实践被列入优秀实践名册。圣安德烈露天博物馆多年坚持举办非遗国际集会，邀请国家非遗传承人及所在社区代表人参与。2013年，匈牙利举办了庆祝《保护非遗公约》诞生十周年的巡回展，详细展示了匈牙利在非遗保护方面的成果。匈牙利民族博物馆重视非遗视听档案的建设，他们将电影档案资料作为呈现非遗文化的主要素材。匈牙利民族博物馆建立起复合多功能的电影收藏数据库，对270部影片实现数字化，人们可以在博物馆的图书馆阅览室对影片进行查阅研究，也可以在展览的大屏幕显示器上观看影片。2007年，匈牙利制作了舞台和音乐作品《孔雀之歌》，以音乐和表演相

273

结合的方式展现民间文件。①

（二）国外非遗档案信息传播经验

纵观上述国家的实践，"二战"后相对稳定的社会环境，快速发展的经济，以及资本主义文明全球化的推进，不同角度、不同程度地刺激并推进了各国非遗的保护。每个国家发展的历史不同，经济发展的程度也悬殊，这使得不同国家保护非遗的立场与出发点各不相同；同时，各国国民意识、文化传统，以及政府管理的差异，也使得各国非遗保护在保持一些共同特征的同时，又呈现出一些区别与差异，形成了非遗保护的不同模式。总结这些经验与特征，对于明晰我国非遗保护与传播改进和优化的方向有着积极的作用和意义。

1. 国外非遗档案信息传播的共性经验

上述各国在开展非遗保护及非遗档案信息传播过程中，表现出一些共有的经验与特征，笔者试总结如下：

（1）有效的法律保障

实践表明，非遗保护与传播开展较为成功的国家，在工作开展的初级阶段，均通过修改宪法、增补内容，或是直接制定专门法律法规的形式，传递文化保护的施政理念，对非遗保护的对象和范围、保护方法和手段、保护资金的来源、保护管理程序、传播义务、传播内容、政府与民间团体的职责等基础性问题做出了规定。例如，墨西哥与法国联合发布的《文化多样性保护宣言》，嵌入了两国对文化多样性的认识。墨西哥政府则对宪法进行了修改，将文化多样性和非遗的保护纳入国家宪法，将文化作为政策执行和社会发展的战略要素。日本政府颁布的《文化财保护法》首次确立了无形文化财产的法律地位，明确规定了无形文化财产的保护范围、认

---

① 亚诺什·塔，邓雪晨. 匈牙利非遗的档案化、可视化和数字化[J]. 民间文化论坛，2018(5).

定程序、保护措施、管理体制以及破坏后的惩罚措施。韩国的《文化财保护法》详尽规定了非遗的评审程序、保护职责及其社会监督和惩罚等与非遗保护密切相关的事情。美国的《民俗保护法案》肯定了民俗保护在建国强国方面的积极作用，要求在国会图书馆设置"民俗保护中心"，借助现代化手段收集、保护和抢救民族民俗资料。法国则制定了《历史街区保护法》与《城市规划法》，规定不得随意买卖、改造那些被认定为非遗的建筑。① 立法保护为非遗的保护与传播提供了重要的法律制度保障，是国外非遗保护与传播普遍采用的举措。

（2）健全的管理机制

非遗保护与传播实施较为成功的国家，大多建立起系统而健全的组织机构，以确保工作的顺利落实。以日本、韩国、法国和英国为例，日本的非遗管理机制是随着《文化财保护法》的不断修订而逐步完善的。20世纪50年代，日本在文部省下设置"文化财保护委员会"，作为无形文化财保护的最高机关，这是一个非常设机构，由五位日本国内一流的文化专家出任委员，委员会下设四个文化财保护审议会，专门负责文化财保护的专业指导、技术咨询和调查审议以及相关的事务性工作。同时，日本着手建立横贯中央、道府县和市町村三个层级的纵向管理体系，由地方组建"地方公共团体及教育委员会"，负责地方文化财的保护、指定以及传播和利用工作。1968年，日本废除"文化财保护委员会"，改在国家文化厅内设置"文化财保护审议会"。国宝指定与解除工作改由文部大臣来担任，其他事务性工作改由文化厅长官决定。审议会内设"无形文化课"，专门负责日本传统戏曲的保存与振兴工作。地方政府也同样设置了"文化财保护审议会"，与民间团体一起保护当地的文化财。此外，横向层面上，日本还成立了国立文化财研究所、奈良国立文化财研究所，政府部门、专家咨询和民间团体形成了共同参与的非遗保护格局。

275

① 刘淑娟. 欧美国家非物质文化遗产法律保护经验对我国的启示[J].华侨大学学报（哲学社会科学版），2015（2）.

　　韩国的非遗保护与管理机制是以法律的形式确立下来的。韩国非遗管理的最高责任人是总统，文化观光部下属的文化财厅是非遗工作的主管行政机构，真正的决策机构则是隶属于文化财厅的文化财委员会，它是非遗保护工作中唯一的一个专门负责提供咨询申遗的顾问机构。委员会下设有形文化财、无形文化财等8个分课，各分课均由各文化财保护团体、大学、研究机构的专家组成。纵向上，从中央到地方，各级政府都有相应的行政机构负责非遗保护的管理，从行政机关、咨询机构直至文化财修复人员，每个人、每个单位都有明确的社会分工。文化财厅厅长将部分权力委托给当地政府，具体的日常管理工作由各地市、道知事负责。法国负责非遗现状调查和保护监督的最高机关是文化部下的文化遗产局，地方上也有相应机构。法国政府下放了大部分非遗保护与管理的权力，只有重大非遗的保护工作才由文化部决定，具体的工作都由文化部所属的历史纪念物基金会、文化艺术遗产委员会、考古调查委员会等组织来完成。英国有着较为成熟的文化遗产保护管理体系，实行的是中央及地方两级的管理。数字文化传媒体育部是当前英国政府文化遗产保护最高的权力机构，负责文化遗产政策制定与行业的监督。同时设有英国国家遗产委员会和英国建筑学会等机构。地方政府也设有专门管理文化的行政部门。英格兰、苏格兰、威尔士和北爱尔兰各联邦都有各自独立的文化遗产保护主管机构。以英格兰艺术理事会、英格兰遗产等为代表的非政府公共文化机构也在文化遗产保护中扮演着重要的角色，以艺术品收藏咨询委员会为代表的非政府公共咨询机构则负责向政府主管部门提供专门的咨询建议。可见，健全的行政管理体制将是非遗能够得以很好保护的重要因素。

　　（3）多渠道的传播途径

　　国外的非遗档案传播综合运用了多种途径，有期刊、报纸、电视、广播、互联网等多种媒体形式，所有这些形式都成为各国传承非遗的常用途径，也是各国取得突出成果的重要法宝。在非遗档案传播中，博物馆均有着重要的地位，发挥了重要的作用。一些在生活中不再发挥作用的非遗实物被放入博物馆中展览，为民众观赏、了解和感知。如日本的花祭会馆、韩国的国立民俗博物馆、美国的史密森尼博物馆、英国的苏格兰博物馆画廊、法国的美食传统主题博物馆等，博物馆最大限度地延续和传承了非遗中蕴含的民族精神，是对非遗的传承发展。除了传统博物馆外，依托文化生态保护区建立起来的生态博物馆也成为人类在保护和传承非遗过程中创造的最具典型和创新意义的保护形式，如日本的"造乡运动"，人们可以在非遗的原生地了解非遗，由原生居民展示和解释非遗，是保持非遗原真性及所传播非遗档案信息原始性的最佳实践。

除了博物馆展示外，利用"节"和"日"的契机开展的非遗强化性、集中性和专门性的传播也是国外传播非遗的又一重要途径。1984年，法国首创"文化遗产日"；1991年，欧洲文化理事会确立了"欧洲文化遗产日"；1997年，意大利将每年5月的第四周确定为"文化与遗产周"；日本政府将每年11月3日定为"文化日"，还有创立于1967年的史密森尼美国民间生活节……传统的非遗经过生活化的调整、改造与延续，重新回归大众的视野，以生活化的形式为公众接受和感知，同时也激活了地方文化承载传统文化的积极性，激活了社区传统文化资源的发展活力，很多濒临衰亡的民间文化传统借助节庆活动得到了延续。

（4）公众力量的调动

上述诸国在开展非遗保护与传播过程中，都十分重视公众力量，而对于公众力量的调动也成为各国非遗保护工作成效卓著的关键。在非遗保护与传播的实践中，无一不见民间组织与公众力量的身影，他们有的是在政府安排和要求之下，必须参与进来，有的则完全基于热爱、义务和责任，主动参与进来，例如，日本"狮子舞保护协会""花祭保存会""田乐保护协会"等非遗专业协会，"人间国宝"，来自大学、文化团体和科研机构的专家，甚至生活于乡村的普通民众，他们的参与，一方面，使得凝聚于千万民俗文化艺术传人身上的非遗知识和信息得以展示和传承；另一方面，在公众力量的关注下，提高了民众对非遗保护和传播的参与度及保护意识。

公众力量的调动很大程度上得益于官方政府。法国政府就规定法国文化遗产的保护工作由民间组织与官方共同完成，官方负责总体规划，民间组织则负责具体工作的完成。在法国轰轰烈烈的"文化遗产大普查"活动中，历史纪念物基金会、艺术遗产委员会、考古调查委员会等组织就负责具体项目的调查，以及文化遗产资料的编制，他们负责资料信息库的建设，也承担着信息的宣传与咨询工作，遗产的认知与下发工作被全部下放给民间组织。而美国非遗保护中民间组织的作用则声势更加浩大，民间组织的分支机构遍布各州、市，其影响力甚至高于政府机构。除了组织和安排外，宣传教育和引导也是调动公众力量的重要措施。日本政府很重视国民文化遗产意识的培养，日本文化厅专门开办了"文化遗产在线"网站，介绍各类文化遗产及相关知识，普及文化遗产教育，强化国民对文化遗产的认知。日本特别重视提高青少年的文化遗产保护意识，将日本的文化遗产知识纳入中小学课程，组织学生参观文化遗产，进而形成了国家、地方自治体、社会团体、文化遗产拥有者和全体国民一起保护文化遗产的格局。韩国设立民族文化遗产学习班，建立众多的民俗博物馆，带动全民了解非遗，并积极参与非遗保护。美国政府也在中小学教育体系中增设文化遗产类课程，以博物馆和遗产地为教学课堂，组织学生开展现场教学，还对具有鲜明文化特征的少数民族开展文化遗产传承教育。潜移默化的公众教育带动了更多的社会群体参与非遗保护与传播。

2. 不同国家非遗档案信息传播的典型经验

在保护与传播非遗、非遗档案信息过程中，国外诸国在立法建设、管理体制、传播途径和调动公众力量上达成了共识，这种普遍的做法也成为各国推进非遗保护与传播的基础和保障。与此同时，各国结合自身的政治体制、历史沿革以及文化理念，形成了非遗保护与传播的典型经验，同样值得总结和借鉴。

（1）清晰的"公共性"理念

笔者发现，国外各国尤其是联邦制国家，如德国、美国、英国等，在开展非遗保护与传播时有着清晰的"公共性"理念，并在这一理念的指导下，认定和厘清非遗、非遗保护与传播的属性与价值，开展非遗保护与传播的建设，进而共享建设成果。"公共性"是与"私人性""个人性""秘密性"等相对的概念，强调某些事物与公众、共同体(集体)相关联的一些性质。德国从一开始就将遗产视为有着非排他性和非竞争性的公共物品，是全体人民共同所有的公共文化之瑰宝，进而认定包括非遗保护在内的文化遗产保护是一项公共化与社会化的工作。美国明确提出了文化遗产的"公益性"理念，并以发展的视角看待文化遗产的保护工作。他们认为，文化遗产不能因继承自先辈而理所应当地享用，在文化遗产保护和传承的长河中，本时代的保护更多是为后世储备、积蓄，为了文化遗产能完整妥善地传承至后世，需要本时代的民众以审慎、严谨和可持续的态度开展遗产保护，最大限度地保持文化遗产的真实性、发展性，进而形成了根据遗产价值和公益性差别分级管理的策略。

对文化遗产、非遗"公共性"属性与价值的认识和厘清，直接影响着非遗保护与传播建设的开展。1946 年，大不列颠理事会成立，以英国为开端，为联邦制国家文化遗产保护普遍采用的国家艺术理事会模式形成。以数字文化传媒体育部为中心，联合艺术与图书馆部、环境部、贸工部、就业部、内政部、科教部 6 个部门的力量，充分调动民间团体、民间组织、社会公众，成为英国文化遗产保护与传播的模式。德国一贯主张由社会力量特别是私人和民间团体来确保非遗的保护与繁荣。德国人严谨而审慎的工作态度在非遗保护与传播工作上的体现，更多的是集合多元公众力量，共同参与决策和论证。大的事件如德国是否加入《保护非遗公约》，由德国联合国教科文组织、政府官员、文化工作者、学者、民间艺术和手工艺行业人士共同协商，小的到某次保护活动的举办，代表公共权益的非地域性组织，如教会、家乡文化保护协会，以及处于基层的每一个公民，都是非遗保护与传播的承担者和参与者。美国政府同样下放了非遗保护与传播的权力，1965 年，美国议会成立美国艺术赞助基金，用于支持并资助非遗保护与传播活动。以美国国会图书馆、史密森尼学会为代表的公共文化机构和民间组织等则成为活动的组织者与执行者。除公众力量外，博物馆、图书馆、社区、学校等公共机构、公共资源也被充分调动用于非遗保护与传播的建设。建设的成果同样也是公共产品，各国也努力做到让公众公平、共同、公益地享受非遗建设成果，博物馆成为展示和传播非遗资源

279

的重要平台，传播的范围也遍及城市与乡村，均等化成为非遗传播的重要特征与诉求。

（2）管理者的"管家"定位

与"公共性"管理理念相伴而生的是管理者的"管家"定位，美国对此作出了明确的界定：包括非遗在内的所有文化遗产都是国家的公共财产，国家政府、遗产保护组织负有照管、维护遗产的责任，扮演着"管家"或"服务员"（Steward），但是，真正拥有并可以支配遗产的是当世以及后世的民众，他们是遗产的"所有者"或"业主"（Owner）。这是一种朴实的遗产伦理观，在这一观念的指导下，各国在开展非遗保护与传播时，更多考虑的是遗产的可持续保护和永续利用，不会随意地破坏或摧毁遗产，也不会出于商业目的而对遗产进行过度地旅游开发。正如20世纪60年代，意大利经济快速发展，房地产商出于商业目的建议拆除历史文化建筑，改建商品房和商业建筑，但政府及有识之士却并未受当前利益所惑，而是认识到遗产对于反映城市个性特征、记录社会记忆的重要价值，进而提出了整体性保护的理念。可贵的是，这种角色的认识与定位，不是法律或管理政策的硬性规定，而是各国政府和遗产管理当局普遍持有的一种社会观念和自我约束行为。

（3）各具特色的管理模式

20世纪70年代以来，出于对非遗保护与传播"公共性"的清晰认识，各国很自然地将非遗纳入本国公共文化资源体系，对非遗的保护与传承也成为本国公共行政工作的重要组成部分。在"大文化""公共治理"成为各国共识的情况下，各国也因发展历史、文化传统、政治制度和管理哲学的不同表现出一定的差异，这种差异具体可被总结为三种模式。[①]

第一是中央集权的政府主导模式。这一模式下，政府以"自上而下"的形式，对非遗保护与传播事业发挥着政策引领、资金支持和工作安排的作用。从中央政府到省、市、县各级政府，都设有文

---

　①　方晓彤. 西方公共文化发展的理论视界与实践模式[J]. 重庆工商大学学报（社会科学版），2014（2）.

化行政部门，中央文化行政部门及地方文化行政部门之间是行政隶属关系。中央文化行政主管部门负责保护与传播政策的制定、保护与传播行为的示范，以及保护与传播主体力量、工作的全局部署、统筹和业务指导；地方各级文化行政部门负责区域范围政策的制定与实施、上级保护与传播任务的承担与落实，以及区域内保护与传播工作的组织与实施。这一模式中，各级政府及其文化行政部门在非遗保护与传播中占据主导地位，民间组织、文化基金、社会公众等虽有参与，但多为力量的补充和辅助。代表性的国家有日本、意大利、法国、俄罗斯等。以法国为例，文化与通信部是法国中央文化行政部门，也是非遗保护与传播工作的管理者和组织者，该部门派驻代表前往地方，与地方签订文化发展协定，以契合的方式直观管理地方文化事务。法国文化事业的资金由国家和地方共同承担，地方的资金支持一般要高于国家支持的 2 倍，但总体而言，法国在文化事务方面的资金投入远高于其他国家。法国一些历史悠久、具有影响力的公共文化设施多由政府出资建设，地方也出资建成了区域内有影响力的图书馆、博物馆、剧院等，用以展示和传播包括非遗在内的众多文化遗产。为确保城乡之间文化传播的均衡，法国还实施了"文化分散政策"，合理配置文化资源，确保能在不同地域间共享。

第二是"内放权、外扩张"的民间主导模式。这一模式较多出现在民间组织发育比较完善，慈善组织、志愿者团体、宗教机构等"第三部门"较为活跃，民间治理占据重要地位的西方国家，如美国、瑞士和德国等。这一模式下，政府系统不设置文化行政管理部门，尽量不干预文化的发展，以宽松的外部环境鼓励非营利性机构、民间文化社团等开展非遗保护与传播工作，政府制定法律规制以保护、引导和规范非遗工作，不给这些机构提供行政拨款，但可给予经济性优惠。政府也会鼓励慈善机构、企业和个人捐赠，政府设置"国家艺术理事会"等准行政机构进行分配，社区也会成立联合基金会。美国的很多图书馆、博物馆就是由私人捐资建设的。民间组织、慈善组织、志愿者、宗教团体的高度参与增加了美国文化服务与传播的密集度，不论是常设的、静态的图书馆、博物馆，还是短期的、动态的节庆，如音乐节、文化节等，这些传播设施或传播形式都得到了充分的调动和利用，公众可以方便地接受遗产传播和公共服务，真正实现了广泛传播与广泛参与。

第三是"一臂之距"的分权化模式。这是政府与民间共同开展非遗保护与传播的模式。政府以"一臂之距"与民间"建立伙伴关系"，"不能不管"，也"不能多管"，与民间合理分配遗产资源、分担遗产保护与传播的任务。代表性的国家有英国、加拿大和澳大利亚等。英国是最早实行这一模式的国家。英国设有联邦政府的文化行政主管部门——文化、新闻和体育部（简称文体部）。该部负责制定文化政策和财政拨款，但无权管理文化艺术团体和文化事业机构，具体的管理事务是由准自治的非政府公共文化机构负责，这是英国文化管理体制的中心环节。非政府公共文化机构以评估和拨款的方式资助、管理并联合全国的艺术团体、机构和个人，形成全社会文化事业管理的网络体系。非政府公共文化机构与联邦政府文体部之间并不存在行政领导关系，文体部通过拨款方式对非政府公共文化机构在政策上加以协调，而非政府公共文化机构奉行与政府保持"臂距"的原则独立运行。文艺团体通过非政府公共文化机构获得政府的财政支持，他们与联邦政府文体部没有直接的行政领导关系，因而也不会成为政府行政机构的附属物。在这一模式下，联邦政府文体部、非政府公共文化机构、文艺团体三级文化机构被统一的文化政策联系在一起，但却各自保持着相对的独立性。政府虽不能对文艺团体直接提供资金支持，但可以通过具体拨款方式对非政府公共文化机构在政策上加以倾斜，体现政府对非遗档案保护与传播的管理目标和支持重点。

（4）多元化的筹资渠道

开展非遗保护与传播，稳定而可靠的资金渠道十分重要。上述诸国的非遗保护与传播工作，既有政府财政上的支持，也获得了社会其他资金的注入。筹资渠道多元化、投资主体多元化是各国非遗保护与传播的普遍特征。但是，不同管理模式下，不同国家的筹资渠道也各不相同。例如，法国、日本这类"政府主导模式"国家，政府财政拨款是主要的资金来源，同时也会鼓励其他社会团体资助;而美国在将文化事业交由民间主导时,也将资金筹集的工作交由民间组织自主完成,政府虽也会在国家财政中制定少量的文化预算,但只发挥引流的作用,很难成为全国文化事业的唯一支持;英国、加拿大、澳大利亚这类"分权化"模式的国家,除了政府的财政预算,分散化的社会资金同样是非遗保护与传播的重要支持。

法国的遗产保护资金筹集模式是典型的"政府为主,社会为辅"。自 20 世纪 80 年代以来,法国政府对文化的财政拨款一直稳居较高水平。2018 年,法国政府制定的文化整体预算达 100 亿欧元,同比增长 0.4%,创历史新高;2017 年新增 6500 万欧元,2016 年文化整体预算为 73 欧元,较 2015 年增长了 2.7%。在国家公共支出预算缩减的大背景下,法国政府始终将文化领域作为各项公共事业预算中优先保证的领域,确实十分可贵,正如法国政府所坚持的"借力文化提振国家实力"。除去政府预算外,自 1987 年实施的"梅塞纳斯"(Mecenat)政策,也吸引了超过 25 万名赞助人对 6000 余项公共文化项目的资助,资助金额超过 7000 万欧元。日本有一套从中央到地方、从政府到社会企业的文化振兴基金会体系,无论是本土还是国际基金会,都是日本开展遗产保护与传播的中坚力量。日本文化艺术振兴基金(JAF)自成立以来,就一直为文化事业发展提供持续稳定的资金援助(见表 4-2)。

表 4-2　**2017—2018 年日本文化艺术振兴基金(JAF)资助支出表**①

(单位:百万日元)

主要项目	2017 年预算	2018 年预算	差额(减少:△)
文化遗产的创造与发展,人力资源的培育	20835	21835	1000
①通过文化艺术资源的创造和利用,促进地方和经济的振兴	5906	6374	468
②有效支持文化艺术创作活动	6295	6830	536

283

① Policy of Cultural Affairs in Japan, Fiscal 2018[EB/OL]. [2022-02-18]. https://www.bunka.go.jp/english/report/annual/1394357.html.

续表

主要项目	2017年预算	2018年预算	差额（减少：△）
③艺术家的发展	8634	8630	△4
保护、利用和继承日本宝贵的文化财产	46920	47576	656
①推进旅游文化综合利用战略行动计划	12591	12777	186
②利用和继承适当恢复的文化财	36599	37583	984
③利用公共文化资源，培养接班人，创造更多文化艺术欣赏的机会	4251	4210	△42
利用文化资源创造社会经济价值	5371	13151	7779
①建立合理利用文化资源的机制	14	2171	2158
②通过促进对文化财产的更好理解，建立文化财产再投资的良性循环	4657	6935	2278
③建立国际文化艺术中心	701	3994	3292
④振兴艺术市场计划	0	50	50
传播多元文化艺术提升日本品牌	2234	3452	1218
①日本书化的推广与交流	1859	1782	△77
②鼓励文化产业的国际合作	375	420	45
③文化艺术国际传播中心建设项目	0	1250	1250
改善/加强文化推广的基础	30996	29849	△1148
①加强国家文化设施功能建设	25862	26437	574
②国家文化设施建设	3971	2298	△1673
③推广外籍人士的日语教育	211	221	10
④改善/加强基层设施，以支援文化传播	952	893	△60

如前所述，美国的文化资金不是完全来自联邦政府，联邦政府虽有资金的投入，但只是象征性地支持（一般不超过50%），最终目的是"引流"。联邦政府会要求州政府、地方政府从自身财政中划拨配套资金，用以支持本州或本地区的文化事业，同时也鼓励社

会的捐赠，可以说，地方和民间的资金支持是美国文化事业资金的主要组成部分。美国这一政策，有助于激发地方与社会在文化事业管理上的积极性和主动性。英国创造性地通过发行彩票的方式募集分散的社会资金，每年超过 160 亿英镑的公益彩票资金，由英国政府主管的文化、体育和新闻部按照相应的比例分配给全国 11 个地区各级艺术协会、文化基金。

二、国外非遗档案信息传播经验对我国的启示

在本书第三章中，笔者总结了我国非遗档案信息传播在传播主体、传播内容、传播形式、传播受众和传播效果上的不足，而对国外非遗档案信息传播现状与经验的总结，启迪着我们去透视并审视自身工作中存在的缺陷。笔者认为，国外诸国将非遗工作同公共文化服务的紧密融合，对于调动公共资源、集合多方面力量、缓解工作压力、提升工作效率有着积极的意义与价值。因此，笔者认为，我国现行的非遗档案信息传播工作，也可从以下三方面加以改进和优化。

（一）融入公共文化服务

国外的公共文化服务是各国致力于文化体制改革和文化创新服务的产物。虽然各国尤其是发达国家，以不同的政策模式和介入方式开展本国的公共文化服务，但对于公共文化服务的重视却是一致的。具体到非遗和非遗档案信息的传播上，大部分国家将非遗、非遗档案视为公共文化资源的一部分，将非遗、非遗档案信息的传播与公共文化服务紧密融合在一起。在我国非遗保护工作启动后不久，很多学者开始以关联的视角看待非遗和公共文化服务，发现非遗与公共文化服务融合的"应然"，总结非遗与公共文化服务融合的"必然"。李世涛指出，非遗蕴含了民族群体的心理结构、审美

285

趣味、生活方式、民族认同等具有公共文化性质的元素;① 李昕肯定了非遗准公共物品的性质;② 高丙中认为"非物质文化成为遗产,或简单地说,被命名为遗产就是一种公共文化服务的产生机制";③ 高小康认为"非遗的保护与发展工作是整个社会的公共文化服务体系建设的一部分"。④ 学者们纷纷提出应将非遗纳入社会公共文化体系,以公共文化服务体系与非遗保护的互嵌探索非遗保护的发展与优化。

高丙中认为,在过去的 10 余年里,我国政府努力将非遗纳入公共文化,将非遗保护与管理纳入公共文化事业的范畴,⑤ 具体体现在:首先,以《中华人民共和国非物质文化遗产法》为代表的系列非遗法律规范为各参与方提供了行为规范和行动指南。其次,非遗保护工作部际联席会议制度的建立,非遗保护中心的挂牌、非遗网的开通、各地方非遗专题博物馆的建设,非遗保护与传播得到了专门机构的管理和负责。最后,"文化遗产日"的设立、专题展览的多次举办,报纸、期刊、音频、视频、纪录片等的制作与传播,使得非遗在公众中已有相当的能见度,公众获取非遗档案信息、自主参与非遗档案信息传播已十分便利。但是,这些工作是远远不够的。

现有资料中,可以查到的非遗保护与公共文化服务融合开展的仅有文化部、广东、郑州的实践,而开展较为成功的只有陕西省渭南市和浙江省宁波市两地。陕西省渭南市有着丰富的戏剧类非遗,提线木偶、老腔等多项非遗更是入选了国家级非遗代表作名录。陕西省渭南市将非遗保护与公共文化服务相融合的一个典型举措就是

① 李世涛.试析"非物质文化遗产"的基本特点与性质[J].广西民族研究,2007(3).

② 李昕.非物质文化遗产进入文化产业的评估研究[J].东岳论坛,2011(4).

③ 高丙中.作为公共文化的非物质文化遗产[J].文艺研究,2008(2).

④ 高小康.非物质文化遗产:保护与利用的再思考[J].探索与争鸣,2008(4).

⑤ 高丙中.作为公共文化的非物质文化遗产[J].文艺研究,2008(2).

"一元剧场"的开通，即群众只需要用一元钱就可观赏专业剧团的非遗表演，专业剧团的运营成本及劳务开支由当地政府以财政补贴的方式予以支持，这样的举措既延续了传统戏剧的生命力，也强化了传统戏剧的传播，"一元剧场"也成功申报国家公共文化服务体系示范项目。① 如果说渭南市的融合经验是"一枝独秀"，那么浙江省宁波市的经验就是"推陈出新，百花齐放"。2007 年以来，宁波市推出了多种非遗题材的公共文化服务活动，如非遗广场展、非遗知识免费培训、非遗公益讲座、"阿拉非遗汇"和"我们的节日"等，在普及非遗基础知识、展示非遗信息的同时，鼓励并调动公众的参与热情，以实现非遗在当代社会的传播与传承。② 现有的实践集中于利用公共文化资源创设非遗传播的新场域，恢复并实践非遗在当代社会的意义生产。但是，立足于公共文化服务视域下的非遗保护与传播还可以做得更多，非遗保护与传播如此，那么从属于其的非遗档案信息传播更可依托公共文化服务的平台获取更多机遇和动力。

学术的论证和实践的尝试证明：融入公共文化服务不仅有利于非遗档案信息传播，还可以更好地实现公共文化服务，满足公众的文化需求，保障公众的文化权益，二者的融合具有互促性。国外融入公共文化服务的经验给我国非遗档案信息传播机制运行带来深刻的启示，主要体现在：

第一，非遗档案信息传播与公共文化服务在政策目标上具有兼容性，二者根本目标一致。结合我国实情分析，《公共文化服务保障法》第一条表述公共文化服务目标是："丰富人民群众精神文化生活，传承中华优秀传统文化，弘扬社会主义核心价值观，增强文

287

---

① 解胜利.互嵌——非遗保护与公共文化服务相结合的渭南实践[J].华中师范大学研究生学报，2014(3).

② 张青仁.在社会变迁中重构公共文化：对非物质文化遗产属性与保护路径的再思考——基于宁波市非遗保护实践的案例观照[J].浙江师范大学学报(社会科学版)，2016(4).

化自信。"①《非物质文化遗产保护法》第一条指出立法目标是："为了继承和弘扬中华民族优秀传统文化，促进社会主义精神文明建设，加强非物质文化遗产保护、保存工作。"②两部法律所倡导的目的具有一致性，这是我国非遗档案信息传播的最终目的，二者都统一于社会主义精神文明建设这一根本目标。

第二，非遗档案信息的独特价值可以为公共文化服务提供特色资源依托。非遗是民族优秀传统文化的精粹，来源于群众生活，具有广泛的群众基础，以非遗档案信息为公共服务内容，不仅能满足公众对优秀传统文化的利用需求，保障公众文化基本权利，还可以形成特色的公共文化服务品牌，丰富公共文化服务内容，提高公共文化服务质量。

第三，融入公共文化服务，非遗档案信息传播机制运行所需的基础设施和硬件条件，很大程度上可以共享和保障，博物馆、图书馆、文化馆、民俗馆、露天剧场、传习场所、文化广场等公共文化服务的基础设置和硬件条件，都可以用于非遗档案信息传播。

(二) 共同治理

发达国家确立了文化在国家发展中的重要地位，并形成了较为成熟的管理体制和服务模式。发达国家的非遗保护与传播虽然存在"政府主导"模式、"社会参与"模式和"分权化"模式三种相互区别的服务模式，但依然清晰可见其共同之处，即构建于"政府-市场-社会"基础上的"共同治理"模式。这一模式同传统的"统治"有着显著的区别。一是对象不同。"统治"的主体只能是政府公共权力部门，其权威来自政府；"共同治理"的主体可以是公共权力部门，也可以是私人部门，还可以是公共权力部门与私人部门的合作，其

① 中华人民共和国公共文化服务保障法 [EB/OL]. [2016-12-26]. [2020-2-15]. http://news.xinhuanet.com/2016/12/26/c_129419435.htm.

② 中华人民共和国非物质文化遗产保护法 [EB/OL]. [2011-2-25]. [2021-3-13]. http://www.law-lib.com/law/law_view.asp? id=343073.

权力来自合作主体之间持续性的互动。二是权力运行向度不同。"统治"的权力向度只能是自上而下的单向度；"共同治理"的权力向度是多元的，可以自上而下，也可以自下而上，甚至还可以平行运作，通过协调、合作达到对公共事务的治理。三是运行机制不同。"统治"遵循国家制定的规则、制度或程序；"共同治理"则遵循权利主体之间协商达成的规则与程序。发达国家管理公共文化除政府部门外，还存在大量的所谓第三部门，包括非政府组织以及非营利性组织等，它们不属于政府，也不能归为企业，这类组织广泛活跃于西方社会，承担大量公共管理义务，比如各种文化协会，他们既不是政府组织也不是企业，却为全社会提供大量公共文化服务，这类协会提供的公共文化服务因为贴近民众，因此更加受基层民众的欢迎。发达国家公共文化服务经验表明，建立政府与社会"共同治理"的公共文化服务模式是完善公共文化服务的保障机制。

只有"共同治理"模式才能保证公共文化服务公共性的实现。"共同治理"模式要求政府必须进行职能改革，确保政府必须做而且只能做自己该做的事情；"共同治理"还要求培育成熟的公民社会，各种社会组织既是政府和公民之间的桥梁，又是现代公共治理模式中的重要载体。"共同治理"模式实现的方式可能因为国情不同而略有不同，但只有通过发挥政府、企业和个人三方的作用才能有效提高公共文化服务质量，才能保证公共文化服务公共性的实现。

在强调"共同治理"的同时，发达国家也很注重公共文化行政适度的分权化运作模式。西方国家在实现社会文化宏观管理方面始终秉承"分权"原则和"臂距"原则。文化管理的"分权"，旨在使各地方自主管理文化、扶持文化和发展文化，提高地方资助文化的积极性，激活地方以及基层文化艺术组织的活力，有效保障国家文化政策目标的实现。"臂距原则"，即国家在政府文化行政系统之外建立相对独立的、准自治的公共文化机构，通过它们使得公共文化资金的分配方式由封闭性的国家定向分配制度转变为开放性的国家文化基金制度，并在国家文化行政与各类公共文化服务部门之间建立起新型的纽带关系。"分权"和"臂距"的管理原则打破了政府在

289

文化行政管理中的垄断地位，通过发挥非政府公共文化机构自主管理的作用，达到文化事业的"管办分离"和政府对文化领域的宏观管理。

发挥第三部门优势，推进公共文化服务社会化。第三部门存在于第一部门（或公部门）与第二部门（或私部门）之外，一般常见的社团法人、基金会或非政府组织通常都属于第三部门的范畴。虽然第三部门成立的背景与营运方式各有不同，但通常具有以社会公益为目的、不用缴税等特质。公共文化服务社会化供给的必要性是由传统公共文化服务供给的弊端决定的，基于公共文化服务的性质与功能，政府承担主要责任是应该的，但存在一个边界问题，无限扩展政府职责边界，一方面会导致政府职责扩张过度；另一方面会导致政府和市场失灵。而政府失灵和市场失灵，为第三部门参与公共文化服务奠定了理论基础。发达国家普遍存在发育良好的第三部门，它们在参与公共文化服务建设过程中起到了重要作用。

（三）兼顾"效率"与"公平"

国外各国非遗保护与传播的又一可贵经验，在于他们对提升传播效率、消除城乡差异、实现地域公平的重视。正如法国政府在开展文化保护与管理之初就提出的，让法国所有的人都可以平等地享有法国文化，此后的"文化分散政策"，合理地配置文化资源，合理地安排传播工作，以消除城乡差距，惠及全国民众，尤其是偏远地区民众为宗旨。第二章的研究表明，城乡区域的差距同样存在于我国的非遗档案信息传播之中，这是我国开展非遗档案信息传播工作不久必然会出现，暂时也无力妥善解决的问题。而国外"公平"的理论和政策实践，以及我国公共文化服务"普惠"的举措，可以提供很好的启示与参考。

"效率"是指保护与传播的效率，而其具体的内涵则很丰富，有保护和传播工作的效率，也有资金使用、主体力量安排上的效率。国外各国对于资金的募集、分派与使用一直持审慎的态度，一般需要专门的部门进行严格的评估后再行分配，要求物尽其用、人尽其才，工作完成后，也要进行层层的验收。严格的评审、监督和控制机制，确保了非遗保护与传播工作能够按质按量地完成。因此，优化我国非遗档案信息传播，需要构建一个科学合理的传播机制，合理地安排机制运行程序，协调传播各要素的关系，以系统而完全的保障体系监督保障非遗档案信息传播高效进行。

三、本章小结

本章梳理了墨西哥、日本、韩国、美国、英国、法国、意大利等不同地域具有代表性的国家的非遗档案信息传播实践，总结了存在于各国实践中的共性经验，以及不同国家非遗档案信息传播的典型经验。国外各国以系统有效的法律政策、健全的管理机制保障了非遗档案信息传播的顺利推进，以多渠道的传播途径、强大的社会力量提升了非遗档案信息传播的效率。其中，德国、美国和英国等联邦制国家在非遗、非遗传播属性与价值的认定、非遗档案建设、非遗信息共享的过程中，都表现出清晰而强烈的"公共性"理念，英国、美国等国也形成了"政府—市场—社会"的"共同治理"模式；法国等国更是将"公平"和"效率"作为开展非遗档案信息传播的出发点和基本准则。

国外的研究最终要回归并服务于国内的研究。借鉴国外的经验与做法，本章提出了值得我国效仿和实施的举措，分别是融入公共文化服务、多主体的共同治理，以及兼顾"效率"与"公平"，这三项举措正好契合了本书研究的核心主题，也正式展开了公共文化服务背景下非遗档案信息传播的研究画卷。

291

第五章　公共文化服务背景下非遗档案信息传播机制的创新

国外坚持将非遗档案信息传播同公共文化服务紧密融合的做法为我国带来了启示与借鉴。在公共文化服务视野下重新审视非遗档案信息传播，在公共文化服务背景下探寻非遗档案信息传播的优化发展，或可开拓出更多的发展空间，创造更多的发展机遇，获得更多的发展策略。对此，笔者选择从非遗档案信息传播机制的创新研究展开分析。

一、我国现行非遗档案信息传播机制的审视及优化探索

(一) 非遗档案信息传播机制的概念与内涵

关于"机制"(Mechanism)的研究最早兴起于自然科学领域，以描述机体构造、总结机体功能，探索两者间的相互影响和关系为主要内容。① 社会科学领域通常将"机制"视为社会运行的方式，包括事物各个部分和协调各个部分关系的具体运作方式两大核心要素。21世纪以来，国内关于"信息传播机制"的研究日益增多，针对

———————

① 潘开灵，白列湖. 管理协同机制研究[J]. 系统科学学报，2006(1).

"信息传播机制"的概念与内涵，一些学者提出了自己的认识，笔者对其进行了总结，见表5-1。

表 5-1　　　　　　国内"信息传播机制"的代表性概念

序号	提出时间	提出者	概　念
1	2007	吴晓江	传播机制包括传播的体制、组织、途径和方式等
2	2011	余鑫	信息传播机制就是某类信息传播采用的模式、信息内容传播过程、信息的传播效果等各个环节，包括传播主体、传播模式、传播媒介、传播技术以及接收者等各传播要素构成的统一体
3	2016	陶建杰	信息在传播过程中，与传播相关的各要素之间的相互关系和作用机理，尤其是信息传播的形式、方法、流程
4	2017	张雨轩	信息从生产发布者到受众渠道的总体概括
5	2017	杜生权	信息传播的形式、方法以及流程等各个环节，包括传播者、传播途径、传播媒介以及接收者等所有构成的统一体。信息传播机制就是一种对信息从发布者到接收者的渠道的总体概括

注：本表依据相关文献资料整理而成。

国内关于"信息传播机制"的概念，明确了信息传播的内容、涉及的要素，以及主要方式和流程。在借鉴这些概念的基础上，笔者也形成了对非遗档案信息传播机制的认识。一个科学、良好的非遗档案信息传播机制应当是符合传播实际，能实现非遗档案信息高效流转和传播的最佳方式。一次简单而完整的非遗档案信息传播活动应是由传播主体主导，通过一定的传播媒介，将传播内容传递给传播受众，只有这一个过程的衔接能达到协调和高效，才能获得良好的传播效果。"要素""不同要素的地位与作用"，以及"要素间的关系"是研究非遗档案信息传播机制时必须要考虑的三个方面。基于此，笔者将非遗档案信息传播机制界定为明确传播主体、传播内容、传播媒介、传播受众和传播效果这些基本要素在整个传播活动

293

中的地位、作用与功能，探究这些要素之间理应保持的良好、健康关系，以及构建并实现这种关系的策略和方式。

（二）我国现行非遗档案信息传播机制的审视

在构建公共文化服务背景下非遗档案信息传播的合理机制前，笔者将对我国现行的非遗档案信息传播机制加以总结、分析和审视，以发现机制优化的切入点。在第二章和第三章研究的基础上，笔者归纳出全球现行的非遗档案信息传播机制，分别为政府主导型、市场主导性和分权共建型。我国是典型的政府主导型非遗档案信息传播机制。

对传播活动的管理和组织权高度集中是政府主导型非遗档案信息传播机制的典型特征。政府成立专门的部门负责国家文化管理和非遗档案信息传播，国家政府及其文化行政部门制定国家层面非遗档案信息传播的政策，选择传播方式，提出传播要求，规划传播进度，安排传播主体，与此同时，国家政府将部分权力下放给地方政府，由地方政府及其文化行政部门制定本地区相关法律法规，设定区域发展规划和发展目标，组织区域范围内的传播活动。地方传播活动的实施情况将集中反馈给国家政府及其文化行政部门，由国家政府及其文化行政部门结合实施情况与效果适当调整或推进传播进程。国家和地方的政府及其文化行政部门都重视对社会力量的调动，鼓励社会公众积极参与非遗档案信息传播。

1. 我国现行非遗档案信息传播机制特征

我国现行的政府主导的非遗档案信息传播机制，其特征可从传播主体、传播内容和传播媒介三个方面加以总结。

（1）传播主体

我国现行的非遗档案信息传播主体集合了各级政府及其文化行政部门、非遗保护中心、档案部门、公共文化机构、财政拨款经营性单位、民间组织、新闻媒体、非遗传承人、社会公众等多元主体。各级政府及其文化行政部门负责各级非遗的保护、保存和传播

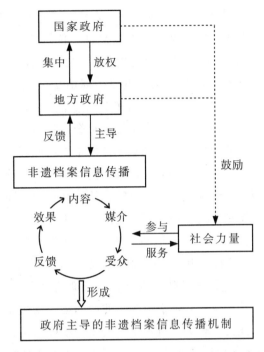

图 5-1　政府主导型非遗档案信息传播机制运行流程

工作，制定相关法律法规用以指导和规范。文化行政部门也开展非遗信息的收集、整理、建档，以及非遗档案信息的传播工作。非遗保护中心、档案部门、公共文化机构、财政拨款经营性单位、新闻媒体是非遗档案信息传播的主要执行者，在遵循政府及其文化行政部门制定的传播规范的基础上，他们依据自身馆藏特色、行业优势，以现有非遗建档为基础，组织并向受众展示和传播他们掌握的非遗档案及其信息。在关于非遗价值、非遗保护和非遗传承的整个社会舆论中，这些主体起到了宣传和引导的作用。

295

　　我国非遗档案资源浩若烟海，非遗建档和非遗档案信息传播的任务繁重且艰巨。国家一直鼓励除政府、文化行政部门、档案部门、公共文化机构等之外其他社会力量的参与。而部分非遗社会组织、民营团体、社会服务组织等也切切实实参与非遗档案信息传播。我国有着数量丰富的民营表演团体，涉及曲艺、木偶、戏曲、歌舞等多类表演艺术类非遗项目。① 我国的非遗非政府组织也很多，涉及表演艺术、宗教文化、饮食烹饪、传统技艺等多种类型，如中国食文化研究会、中国服饰文化研究会、中国传统文化促进会、中国民族文化艺术基金会、世界运河历史文化城市合作组织等。非遗相关企业也掌握着大量的非遗档案信息，它们也应该是非遗档案信息传播主体之一。公众个体是社会力量中的个体力量，具有草根的属性。非遗传承人是公众个体的重要组成部分，他们熟悉非遗的精髓、掌握着珍贵的非遗档案，同时也是这一领域最优秀和卓越的技艺习得者，他们接受了国家的认定和资助，同时国家也要求他们必须承担和参与非遗档案信息的传播工作。截至目前，国家文化主管部门先后认定了五批共计 3057 名国家非遗代表性项目代表性传承人。② 各省、市和县政府及其文化行政部门也结合《非遗法》和《国家级非遗代表性传承人认定与管理办法》自行认定省级、市级和县级非遗传承人，他们成为了非遗档案信息传播公众个体中的专业力量。此外，较大一批数量的公众也积极承担着传播非遗档案信息的责任，他们有的依靠广播、报纸、电视等传统媒体传播和接受信息，有的则依靠互联网和移动互联网。这些公众基于不同的目的参与非遗档案信息传播，有的是出于好奇，有的是因为热爱，有的则是为了研究；他们的年龄、文化水平、职业，以及对非遗了解的程度多不相同，因而在非遗档案信息传播中发挥的作用，传播的信息类型也会有所不同。

（2）传播内容

我国当前展示和传播的非遗档案，其类型是多种多样的。从非遗类型上看，传播的非遗档案信息涵盖了民间文学、民间音乐、民间舞蹈等十大类，横跨了世界、国家、省、市、县五级；从非遗档

---

① 王梅. 经济发达地区民营舞蹈表演团体生存现状调研报告//张朝霞，赫丽萍. 艺术传播新理念与新方法论丛［M］. 北京：知识产权出版社，2013：136.

② 中国非遗网. 国家级非遗代表性项目代表性传承人［EB/OL］.［2022-3-27］. http：//www.ihchina.cn/representative.

案的类型上看，有非遗本体档案、非遗传承人档案、非遗保护和申报等业务类档案，包括文字、图片、音像、声像和多媒体等多种形式，具体见表5-2。

上述档案所涉及的内容主要包括非遗项目信息和非遗传承人信息两个方面。非遗项目信息集中展示了项目名称、历史沿革、传承状况、传承谱系和技艺特色；非遗项目信息则包括传承人姓名、性别、出生年月、民族、文化程度等身份信息、传承人工艺技术、技艺水平等技艺信息，传承人在非遗活动中制作或使用的作品的信息，以及相关机构对传承人及其作品的宣传、评价类信息。从信息类型上看，传播的信息有文本信息、图片信息、音频信息、视频信息和实物信息多种类型。传播主体以照片、文字转图片、口语转俚语、图片转视频等多种手段，让原本严肃静态的传播内容变得形象动态，使其更易于为公众所接受，扩大传播的影响力。

表5-2　　　　　不同视角下非遗档案传播代表性类型

视角	非遗档案代表性类型
非遗类型	民间文学、民间音乐、民间舞蹈、传统戏剧、曲艺、杂技与竞技、民间美术、传统手工技艺、传统医药、民俗10类
非遗等级和数量	39个世界级非遗名录项目、1372个国家级非遗名录项目、31个省认定的11042省级非遗名录项目、334个市认定的18186市级非遗项目、2853个县认定的53776县级非遗项目①
非遗档案定义	非遗活动过程中形成的所有具有保存价值的原始记录，包括非遗本体、非遗传承人、非遗保护和申报等工作中形成的各种类型档案
非遗档案信息载体	对非遗进行记录、存档的物质化成果，包括文字、图片、音像、声像、多媒体等形式

---

① 数据来源于：国家文化部．项兆伦在全国非物质文化遗产保护工作会议上的讲话［EB/OL］．［2021-8-2］．http：//www.mcprc.gov.cn/whzx/whyw/201601/t20160119_460360.html.

（3）传播媒介

传播媒介是非遗档案信息传播的桥梁和纽带。书籍、报纸、杂志等传统纸质媒体，广播、电视等大众媒体，以及智能手机、互联网等新媒体都被运用于非遗档案的信息传播，且根据其自身的优势产生不同的作用与效果。书籍、报纸、杂志等纸质媒体，既携带方便，也便于保存和随时查阅；大众媒介是当前使用范围最广、接受度最高、普及性最强的媒介类型。以广播、电视为代表的大众媒介突破了书籍、报纸等媒介静态传播的特点，以动态、鲜活、图文声并茂的方式向公众展示和描述信息，有助于公众直接、形象而快速地获取信息内容。随着信息技术的发展，新型传播媒介这一后起之秀也开始在我国非遗档案信息传播中得到应用。新型传播媒介依托计算机、智能手机、平板电脑等设备，突破传播时间与空间上的局限，以微博、微信公众号等方式，实现传播信息的定期、即时送达，由非遗传承人组织的网络直播，拉近了公众与传承人之间的距离，公众得以在轻松、亲切的氛围中接受非遗信息，通过点赞和评论与传承人进行互动，反馈自己对传播活动的满意度。笔者以首批入选国家级非遗名录的广东音乐为例，总结了其传播过程所使用的主要媒介（见表5-3）。

表 5-3　　　　"广东音乐"非遗信息传播应用媒介分析

媒介类型	媒介形式	传播内容和具体传播方式
传统媒介	社团演出	"花好月圆"广东音乐元宵音乐会、广东音乐新年演奏会、"广东音乐民间乐团"、"艺林音乐社"、"广东音乐社"、"南中国音乐社"、"广州民族乐团"等，现场表演广东音乐
	校园课堂	广东省沙湾镇、佛山市等很多学校将广东音乐纳入小学生课程，成立小学生民乐队或民乐团，在课堂传播广东音乐
	唱片	《雨打芭蕉》《饿马摇铃》《平湖秋月》《龙飞凤舞》《汉宫秋月》《步步高》《醒狮》《岐山凤》等

续表

媒介类型	媒介形式	传播内容和具体传播方式
传统媒介	书籍	广东音乐乐谱及理论书籍,如 1919 年《琴学新编》、1955 年和 1956 年《广东音乐》第一集和第二集、1984年《粤乐新声》、2003 年《广东音乐 200 首》、2012 年《广东音乐大会》等
	报纸	广东电视周报、音乐生活报、音乐周报、文化艺术报等刊登的广东音乐相关新闻和报道
	电台广播	广东电台音乐之声(FM99.3)、广东人民广播电台、中央人民广播电台音乐之声等播出的广东音乐广播节目
	电视	梨园花讯、广东电视台综艺频道、广东卫视、广东南方卫视等播放的广东音乐相关节目
新媒介	网站	中国网、艺术中国、广东省非遗网、广东文化网、中国古曲网、广东音乐家协会网等,发布广东音乐相关档案信息内容
	微信	广东音乐曲艺团有限公司、广东音乐、广东音乐圈、广东音协、广东音乐团、广东音乐之声等微信公众号,推送广东音乐内容
	微博	林总广东音乐(广东音乐教授)、黄俊英-广州相声艺术团(广东音乐曲艺团艺术指导)、广东音乐曲艺团(广东音乐曲艺团官方微博)、云秀山庄(爱好广东音乐)等,实时更新消息
	QQ	广东音乐交流群、广东省音乐艺术交流、广东音乐人俱乐部、广东音乐人会所、台山广东音乐团、广东音乐会、广东音乐社区总群、广东音乐群等,在 QQ 平台传播广东音乐档案信息
	手机 APP	音乐网、音乐家、音乐播放器、百度音乐、音乐亚洲等,通过嵌入式应用个性定制广东音乐相关信息

2. 我国非遗档案信息传播机制存在的不足

前文的研究中，笔者已经详细而具体地分析了我国现行非遗档案信息传播存在的问题与不足，在此简要概括如下：

传播主体上，在政府及文化行政部门的引导和推动下，非遗保护中心、公共文化机构、档案部门、新闻媒体和社会公众中虽已有一定的主体力量参与非遗档案信息传播，但"全体动员，合力共建"的局面远未达成；不同主体所开展的传播行为存在着模式化与同质化的缺陷，各主体间的协调互动也略显不足。

传播内容上，我国现行的非遗档案信息传播，在传播内容的建设、选择和展示上也存有失衡的问题。在前端的非遗建档环节中，并非所有的内容都得到了采集与建设，已经建档的非遗项目也存在着资料不完整、数字化进程缓慢等问题，直接影响到非遗档案信息传播内容的遴选。在实际的展示和传播过程中，具有较高价值、良好显示度或生存状况濒危的非遗项目被反复宣传和展示，一些小众化、公众基础较弱的非遗项目，却甚少提及。在具体项目上，受传播时间、空间的限制，以及"效果优先"标准的影响，往往也只是选择性地展示其中部分内容。

传播媒介上，我国现行的非遗档案信息传播，其形式主要有实体展览、艺术展演、民俗活动和教育培训四种。这四种形式普遍采用的是传统的纸质媒介和居于主流的大众媒介。虽也通过构建数字博物馆、数字图书馆，或是举办数字展览、远程培训等方式进行传播，但所占比重依旧有限。传统媒介、大众媒介和新媒介专业性的深度融合略显不足，新媒介在非遗档案信息传播中的优势有待挖掘，应用也有待加强。

传播受众上，公众对于非遗档案的差异化信息需求并未得到充分的认识与尊重。当前的传播主体更多关注的是传播活动举办的频次、活动的规模、场馆的面积、观众人数等，将其作为衡量传播是否成功的标准，恰恰忽略了受众的不同特征及其对信息的不同选择。不只是传播内容，公众渴望以低成本或是免费地、以方便快捷的方式获得信息的需求也未能得到重视和满足，信息获取的经济成本、技术门槛的升高，很容易将部分公众拒之门外，传播的均等化和普遍性难以得到保证。

传播效果上，现行的非遗档案信息传播确实做到了重视基层传播、不同地区联合协作传播，这也在一定程度上提高了传播的范围，增加了传播的受众面。但是，受城乡基础设施、资源分配不平衡等因素的影响，非遗档案信息的传播在城市与乡村、东部与西部、经济发达地区与不发达地区之间仍存较大的差异，如传播活动举办的次数、传播活动举办的形式、传播所展示的信息数量及类型等，诸多方面的差异进一步造成了传播效果上的差异。

（三）其他政府主导型国家的传播优势

除我国以外，日本、韩国、法国和意大利等国的文化管理和非遗档案信息传播同样由政府组织和主导。受各国国情、文化传统、文化管理理念的影响，各国在非遗档案信息传播的具体实践上也略有差异（见表5-4）。在探寻公共文化服务背景下我国非遗档案信息传播优化与持续推进方向时，这些差异是需要被关注的，由此形成的区别于我国的特色与优势同样是值得参考和借鉴的。

表5-4　　　　　国外政府主导型非遗档案信息传播价值
代表性国家及其特色、成效

内容＼国家	日本	韩国	法国	意大利
机制特色	①法律先行 ②制度改革 ③政府扶持 ④民间力推	①全民参与 ②节庆强化 ③旅游传播 ④国际推广	①政府主导 ②整体推进 ③首创节日 ④辐射传播	①内容丰富 ②法制完善 ③机构齐全 ④面向公众
取得成效	①"重要无形文化财"认定制度 ②扩大了传播范围 ③民间力量加入	①全民参与传播 ②活态非遗档案信息传播特色 ③扩大了传播范围	①调动传播主体积极性 ②整合传播内容及范围 ③活态非遗档案信息传播特色	①创建健全的法制环境 ②丰富传播内容 ③机构各司其职，主导性、执行力强

注：本表依据相关文献资料整理而成。

301

1. 法国的文化部制

法国是西方世界里首开文化部制先河的国家。1959 年，法国设立文化部，作为国家层面的文化行政主管部门，负责制定文化政策法规、全国文化事业的管理与监督等工作。文化部在地方设置与之有行政隶属关系的文化行政机构——文化局，构建起文化管理的层级组织体系。这一模式为西方很多国家效仿。意大利的国家级文化行政主管部门设立于 1975 年，当时为文化和环境遗产部，1998 年调整更名为文化遗产与活动部，同样负责全国文化政策的制定，以及文化事业的管理工作。1990 年挪威设立文化事务部，1991 年新西兰设文化事务部，文化部成为西方国家普遍采用的国家文化管理模式之一。同样，位于东亚的我国、日本、韩国也设立了文化部（文化和旅游部）、文化财厅等作为中央文化行政主管部门。政府通过文化部实行对文化事业、非遗档案信息传播的主导管理。

在实行文化部制以后，法国也积极尝试着下放文化权利，赋予地方更多的文化行政自治权。具有代表性的是 1982 年颁布的《市镇、省、大区权力和自由法案》，明确了通过签订文化发展协议的形式，将文化部的权力分散至地方，传统的中央与地方的行政隶属的指令关系被新型的指导和协作的关系所取代。①

值得提出的是，1984 年，法国首次将每年 9 月的第三个周末定为"文化遗产日"，向公众免费开放博物馆、历史古迹，并提前发布推荐清单与最佳路线，指导公众科学安排参观进程。年度"文化遗产日"的设立，增加了公众对文化遗产的关注度和认知度，提升了公众对本国文化遗产的自豪感和民族凝聚力。

2. 日本的社区治理

在日本的非遗档案信息传播实践中，社区以及社区民间组织力量的强大是其重要特点。保存会就是这类民间组织的典型代表。保

---

① 杨晓东，尹学梅.当代我国公共文化服务体系建设论纲［M］.天津：天津社会科学院出版社，2014：30.

存会由当地人自发组织而成，分布广泛且数量众多，每个村落、街巷或町，只要有非遗或民俗活动，就会有相应的保存会，且形成历史大多较为悠久。保存会一般有一套完整的管理制度，会员遴选标准严格甚至苛刻，形成了严密的组织体系。这种成熟、规范和专业使其能胜任非遗档案信息的传播任务，政府通常只负责规划、拍摄宣传片、提供经费支持和监督，有的保存会甚至自行筹措经费，拒绝政府的介入，有着绝对的自主权。京都祇园祭就是由当地保存会独立完成，政府的参与只限于派驻警力维持治安。日本社区及民间力量的成熟不仅限于他们对非遗档案信息传播活动的承担和参与，还在于他们已将其作为社区内一项社会化、常规化的活动，持续多年从未间断。每年七月份的京都祇园祭和每年旧历霜月的小林花祭等均会按期举行。

除了民间组织外，社区中的民众也有强烈的主体意识和社会参与意识，理性而积极地参与本社区的非遗档案信息传播活动。一年一度的社区祭更像是一场全民活动，不同年龄、性别、身份的人均会参与其中。以爱知县小林花祭为例，当地的小林花祭保存会是活动的主要组织者和承担者，全村所有的成年男性均为保存会的会员，因此，祭祀活动得到了全村人的支持和参与。男人们即使工作再忙碌，也必须义务、积极地组织、准备和参与活动，外出务工的年轻人也会回来，大家一起出谋划策，商讨祭祀的细节工作。活动举办前的半年，保存会的大垣先生就会着手准备花祭的素材，编制草席、装饰雕纸和腌渍腌菜。长期研究花祭的名古屋大学教授佐佐木重样也在近年加入祭品的准备中，大大提高了大垣先生的工作效率。活动当天，会员们进行会场布置、仪式安排、秩序维护。妇女们负责后勤保障、餐食供应、后备补充。神职人员负责祭祀典仪、绘制道具和演奏配乐，经过擢拔的儿童和年轻人担任舞蹈的表演，外地的学者、学生也会担任志愿者，一起分担工作，参与祭祀游行。不同年龄、不同性别的人们都会走上街头，载歌载舞，整个祭祀活动成为一场全民联欢。除了祭祀外，小林地区还设有花祭会馆，当地的妇女或老人会义务担任讲解工作，介绍花祭的历史。①

笔者认为，日本社区、民间组织与民众力量的成熟，同日本良好的社区建设有着较大的关联，社区居民一般都具有强烈的社区意识，有着以社区事务为己任的主人翁意识，社区的内部管理也井然有序，这源于日本已经建立起来的一套成熟完整的社区治理制度、组织体系，以及日本自明治维新以来长期坚持开展的公民文化教育。日本强调了国民享有权益，同时也将承担公共责任作为每个国民的基本责任，这使得日本国民一直有着强烈的主体意识和社会参与意识，并以理性的态度积极参与公共的活动。同样，我国的非遗档案信息传播也需要社区的积极参与，因而需要切实为民间组织和民众的参与提供平台，真正激活他们的兴趣与能力。

3. 韩国的全民参与

韩国的非遗保护和非遗档案信息传播有着突出的"全民参与"特征。20世纪60年代，当韩国步入经济发展和现代化的快车道，工业化、城市化和西方化进一步碾压韩国本土的传统文化时，韩国民俗文化学者的关切与呼吁促成了《文化财保护法》的诞生。知识分子和学生成为最早接受非遗保护和传承理念的人群，复兴韩国民族文化的运动最早在校园发起，进而在20世纪80年代冲出校园，深入广大民众的心中。出于对本国非遗的崇尚和喜爱，在各类非遗档案信息传播活动中，随处可见韩国民众活跃的身姿。② 韩国政府的重视与全力投入很大程度上来自民众的敦促与推进，这也使得韩国的文化管理和非遗档案信息传播有着深厚的社会基础。

（四）市场主导型和分权共建型机制国家的建设经验

除政府主导的非遗档案信息传播机制外，全球的非遗档案信息

---

① 赵欢，范筱悦. 日本非物质文化遗产的"立体化"保护——以爱知县小林花祭为例[J]. 河南教育学院学报（哲学社会科学版），2019（1）.

② 王文章. 非物质文化遗产概论[M]. 北京：文化艺术出版社，2006：207.

传播机制尚有市场主导和分权共建两种类型。如果说政府主导型国家以文化管理权利相对集中为典型特征，那么市场主导型国家则因不设立文化行政主管部门而与之形成明显的对比，这一机制的代表性国家——美国、德国，他们将文化管理视为非政府事务，只以法律政策控制和引导文化管理与非遗档案信息传播。而以"一臂之距"为主要特征的分权共建型机制则深刻地影响着英国及欧洲其他国家的非遗档案信息传播，进而为英国、澳大利亚、芬兰、瑞典等国家采纳与推行。

对于我国而言，政府主导的非遗档案信息传播机制是最适合我国国情的机制，但是，在公共文化服务背景下推进和优化非遗档案信息传播，市场主导和分权共建传播机制中的部分经验与做法是可以被吸收和借鉴的。

1. 市场主导型非遗档案信息传播机制

市场主导型的非遗档案信息传播机制下，政府的行政主导权力趋于弱化，国家不设立文化行政管理的专门部门，仅制定不同层级、不同类型的相关法律法规，用以约束、监管、引导和管理。政府不再是公共服务的直接生产者与提供者，而是以资金提供者的身份向非政府组织、文化企业或服务机构、艺术机构等"购买"或"外包"公共文化服务，建立起具有充分竞争性与选择自主性的公共文化服务市场格局。

作为一个联邦制国家，政治体制决定了德国不可能实现文化的集中化管理，只能实现权利的分化。德国是一个历史悠久而以严谨著称的国家。在文化管理和遗产保护上，德国已经形成了囊括国际（联合国教科文组织）、区域（欧盟）、国家（联邦政府）、州四级的系统的法规政策体系，非遗保护与传播很自然被涵括在法规体系规范对象之中，确保了非遗传播得以健康有序地进行。德国非遗档案信息的传播是由全国性民间组织、基金会、各州家乡文化保护协会、教会组织、学校、公众团体等社会力量来完成的。德国政府以资金减免、政策优惠等方式对其予以扶持。如将部分文化产品所应缴纳的文化艺术税减免一半甚至更多，对利用公共设施开展的公益

305

性文化展演和艺术表演，则直接予以免除，① 同时以减免个税或企业税的方式，鼓励并倡导个人或企业实施文化捐赠，免税额度不断提高，② 以期吸引更多的个人或企业参与进来。这些奖励和扶持政策激发了非遗保护与传播的活力，吸引了更多力量参与其中，德国的非遗保护与传播真正成为全民共同的责任与事业。

美国也是典型的市场主导型机制的国家，没有设置中央级的文化行政主管部门，而是努力营造一个开放、自由、竞争和独立的市场环境，让文化管理和传播成为社会和民间公共的事务。美国文化事业的最高决策机构为成立于 1982 年的总统艺术与人文委员会，这是一个顾问委员会，负责文化政策的研究、文化活动计划的规划，以及优秀文化作品的认定等工作。具体活动的规划和资金的支持由隶属于联邦政府的三个独立机构负责，分别为成立于 1965 年的国家艺术基金会和国家人文基金会，成立于 1996 年的美国博物馆与图书馆服务署。同时，美国也通过了一系列的文化立法，如《国家艺术暨人文基金会法案》(1965)、《国家历史文化保护法》(1966)等，美国的非遗保护和传播也在这些立法规范，以及开放自由的管理环境下顺利运行。

市场主导的非遗档案信息传播机制中，政府扮演着宏观管理的角色，完善的法律法规除了约束和监管非遗档案信息传播外，还发挥着调控和激活的职能。开放、自由的管理环境赋予了社会公众与民间组织更多的自主权，使得他们以遗产主人的姿态认真审视本国非遗保护与管理的现状；以市场为主导的价值取向也提示着他们去思考通过经济上的奖励扶持传播的发展。例如，版权法学者阿道夫·迪茨教授提出建立"公共文化领域付费制度"；德国作家协会和作家、艺术家、表演者职业组织工作组主张引入作家、表演者集

---

① Jary K, Schickert J, Arne Thiermann L M. New Draft German Law Regarding Anti-Corruption in the Healthcare Sector [J]. Quaternary International, 2000, 279-280.

② 关思思. 德国文化相关法律体系概述 [J]. 山东图书馆学刊, 2014 (5).

体权利制度。① 此外，同德国一样，美国也采取税务减免和政府优惠的方式鼓励公众和社会组织对文化事业的捐赠。这一政策获得了积极而显著的效果，一方面，很多社会组织、社会公众、企业等都积极投身文化建设，将文化事业视为公益捐赠的主要对象；另一方面，通过捐赠，这些组织、个人或企业也得以减免和抵扣部分税费，获得了经济上的优惠与奖励，两方面的相得益彰、良性循环，在全社会范围内形成了重视文化管理、文化参与的良好氛围。美国现有的很大一批博物馆、美术馆、艺术馆，如芝加哥美术馆、纽约惠特尼艺术馆等，都是由社会组织创建并运行的。②

2. 分权共建型非遗档案信息传播机制

分权共建的非遗档案信息传播机制是政府与非政府组织在文化管理及非遗档案信息传播上实行共建，政府将文化管理的部分权力划分给相对自主、更加专业的文化遗产类非政府组织，由这些非政府组织充当"中介"，连接政府与公众，承担文化资源分配、公共文化服务、非遗档案信息传播等职责。非政府组织分享了政府部分权利，同时接受国会和政府的监督，独立分配国家的文化艺术财政收入。非遗档案信息传播是分权共建国家文化发展的目标之一，让包括公众在内的社会力量有更多参与传播的渠道。

英国是最早实行文化集权管理到分权管理的国家，也是全球最早将"一臂之距"（Arm's Length）管理原则付诸实践的国家。1967年2月，英女王亲自颁发特许证，将1964年成立的"大不列颠文化艺术委员会"（The Arts Council of Great Britain）的职责重新定义为："……做政府部门和地方政府的顾问，……有权代表英国政府负责向艺术机构分配拨款的决策与实施。"③委员会由政府文化管理机构

① 廖冰冰. 非物质文化遗产保护的思考与设想：欧洲学者的视角——德国马普研究所三学者访谈[J]. 中国版权，2008(2).
② 孙维学. 美国文化[M]. 北京：文化艺术出版社，2004：132.
③ 陆晓曦. 英国文化管理机制："一臂之距"[J]. 山东图书馆学刊，2012(6)：37.

变革为非政府组织，与政府实现了文化管理上的分权共建。此后，越来越多的文化艺术类的非政府组织逐渐在英国成立，为英国"一臂之距"原则下分权共建的非遗档案信息传播机制的形成奠定了基础。

1940 年以前，英国采取放任的文化政策，国家没有专门的文化管理机构。此后，从成立半官方的文化管理机构到专门的政府文化部门，管理理念也从支持"文化艺术与政策"的发展到统一管理文化艺术、文化遗产、新闻广播、旅游、体育等事业。1997 年，"文化遗产部"改名为"文化、媒体与体育部"，以"重视对文化遗产的保护和开发利用，鼓励艺术活动的创新和多样化，推动对外文化交流和英国文化教育在全世界的传播"为职责。①

"一臂之距"是经济领域的管理原则，原指"在队列中与前后左右的伙伴保持相同的距离，伙伴之间是平等的关系，一方不能取代或支配另一方"。② 英国分权共建下的"一臂之距"是一种横向的权利划分关系，其优越性在于：英国政府向非政府组织划分部分文化管理权利，允许非政府组织提供文化政策制定建议和咨询，英国政府还授权这些非政府组织负责文化管理、非遗档案信息传播资金的分配，在保证英国政府高效运作的同时，也确保了参与非遗档案信息传播的社会力量的独立性和权威性；英国非政府组织的组成人员多数来自文化艺术或非遗领域中的专家，立场中立，通过政府的监督和监管，最大程度避免了文化领域的腐败。

英国的分权共建模式有着成熟的分工协作与运作流程。英国文化、媒体与体育部负责制定国家文化、非遗等传播的宏观战略和目标，具体实现和执行则依靠 45 个中介性质的非政府组织和公共机构，"其中包括 37 个非政府公共文化机构（又分为 31 个执行性非

---

① Department for Culture, Media and Sport ［EB/OL］. ［2022-3-23］. http：//www. culture. gov. uk/index. aspx.

② Keuschnigg C, Devereux M P. The Arm's Length Principle and Distortions to Multinational Firm Organization ［J］. Journal of International Economics，2013，89(2).

政府公共文化机构、5个咨询性非政府公共文化机构和1个仲裁性非政府公共文化机构)、4个公营公司、2个公共广播局、1个执行局，以及1个未能归类的接受财政部资金的机构——'教会'保护信托基金(Churches Conservation Trust)"。① 这些非政府组织和公共机构的工作人员是非遗传承人、非遗及文化志愿者或非遗及文化领域的专家等(如图5-3)。

"一臂之距"原则下的分权共建型非遗档案信息传播机制在英国运行成熟后，正在被越来越多的国家所采用，例如，澳大利亚、加拿大、奥地利、比利时、芬兰、瑞典、丹麦等，其特色与成效是：

一是削减了政府机构的非遗档案信息传播行政事务，提高了政府文化主管部门工作效率，让国家政府文化主管部门致力于宏观文化传播政策的制定和目标的确立。

二是确保了非政府公共文化机构在非遗档案信息传播中的独立性和执行力，由非官员组成的社会力量参与非遗档案信息传播，保证了公共文化服务性和传播专业性，有利于非遗档案信息传播机制的良性运行。

三是分权共建，建立平等的"一臂之距"合作关系，让政府文化主管部门不直接干预行政，与非政府公共文化机构不直接产生利益关系，最大程度避免了非遗档案信息传播领域的腐败发生。

四是由"一臂之距"原则下的分权共建型非遗档案信息传播机制带来的独立自由的氛围，是非遗档案信息传播内容酝酿和创造的营养土壤，从根本上有利于国家非遗保护传承和传播，更有利于国家文化的发展和繁荣。

(五)公共文化服务背景下我国非遗档案信息传播机制优化的探索

国外不同类型机制国家的传播特色与优势，集中体现在对社会

---

① Ferrara M. The Cultural Policies of Great Britain towards its Colonies[M]. Lap Lambert Academic Publishing，2012.

组织与公众力量的重视。不同类型机制下，政府文化行政权力的大小不同，但对于非政府组织、社区、民间组织和公众的调动却是一致的。在 2015 年颁布的《关于加快构建现代公共文化服务体系的意见》中，提升传播能力的任务被进一步分解为构建现代传播体系、拓宽传播渠道、推广新型载体、构建多元传播主体四个方面。① 基于此，笔者认为，公共文化服务下的非遗档案信息传播，可从以下四个方面加以优化和推进。

第一，提高主体参与意识。根植我国非遗档案信息传播主体的实际工作，非政府组织、社区、公众等传播主体参与意识不高的问题不可忽视，提高非遗档案各传播主体的参与意识，立足于重新界定的主体格局，更大限度地调动多元力量，吸纳更多的主体参与非遗档案的传播工作。提高非遗档案各传播主体的参与意识：一方面，各传播主体打破"重藏轻用"的传统思想，认识到非遗档案自身独特的文化价值和社会价值，积极主动的参与非遗档案的传播，时刻考虑到自身的工作如何更有利于传播；另一方面，文化主管机构作为非遗档案传播的总推动者，肩负着"一元主导"的责任，不仅在自身工作中加强参与度，还可以通过对传播主体的政策扶植、资金支持和舆论引导等方式充分调动其他传播主体的参与积极性，使其有更大的意愿去参加非遗档案的传播。

第二，拓展传播内容。每一项非遗都是一个完整的知识体系，随之建立起来的非遗档案也是庞杂且系统化的。当前传播的非遗档案，内容上集中于项目名称、历史沿革、传承状况、代表性传承人、传承谱系和技艺特点等，属于非遗的基本信息，旨在普及非遗知识，提高受众的认知和关注度。但是，数量有限、内容浅显的非遗档案，无法完整地刻画出非遗的全貌，亦无法深入地展现非遗的艺术形式与文化内涵，表达出祖辈先贤们改造世界、礼敬天地、崇祖敬宗、美化生活的精神世界和美好思想，因而需要进一步地挖掘、拓展和提炼。

---

① 戴珩. 现代公共文化服务体系 200 问 [M]. 南京：南京师范大学出版社，2015：125.

第三，丰富传播形式。现阶段传播技术的成熟，为非遗档案传播提供了技术支持，传播主体利用新传播媒介克服一次性展览的弊端、时间空间的限制和传统非遗档案传播模式的弊端，最大程度还原非遗的原貌。非遗的多样性决定了非遗档案传播形式的丰富性，数字化、网络化、微缩影像等都是非遗档案传播的主要技术支持，由此衍生出新的传播形式为非遗档案传播所用。文化主管机构、非遗保护中心、档案馆及公共文化机构等主体可以利用网络技术建立与非遗档案相关的网站、微信公众号和微博等，扩大非遗档案传播范围，打破空间和时间的限制。不同于纸张媒介传播的单一性，影视媒介技术的合理利用极大丰富了非遗档案传播形式，传播主体采用受众喜闻乐见的形式传播。

第四，细分传播受众。对非遗档案信息的深入挖掘和拓展，势必会带来非遗档案数量的增加，要将众多非遗档案信息及时、高效地送达受众，并在深度、广度上确保传播的效果，仅靠泛化而单项的大众传播是很难完成的。从现有实践看，受职业、年龄、受教育程度和地域等不同因素的影响，受众对非遗档案信息的需求不同，如果向这些不同类型、不同层次的受众传播相同的内容，很难获得广泛的接受和满意，因而可以针对性地提供信息，对应地采取传播策略。当然，引入分众传播不是要让其完全取代当前大众传播的主要形式，而是将其作为现有非遗档案传播系统的有益补充，以分众化的传播理念和传播手段指导并提升传播效果。作为"把关人"的传播主体，其对受众需求的准确分析，以及对传播内容的科学选择，都将影响并决定着分众传播的顺利开展。

二、公共文化服务背景下非遗档案信息传播机制的构建思路与框架设计

过去的 10 余年里，我国的非遗保护、建档以及非遗档案信息传播工作宛若一条久涸新泽的河流，在不断地蜿蜒中延伸、积流并拓宽。当认识到其本该就是复兴中国传统文化、提升国家文化软实

力洪流中的一支时，使其汇入公共文化服务这支浩荡磅礴的主流，以获得更高的发展格局、更开阔的发展空间，以及更为充足的发展动力，成为非遗档案信息传播研究与实践的必然。我国非遗档案信息传播存在的不足，及其在当前及未来优化和推进的方向，指引着我们革新现有的非遗档案信息传播机制，在坚持并保留其合理部分的基础上，协调并拓宽各要素间的关系与内涵，以实现其在公共文化服务背景下的健康、良性互动。

（一）公共文化服务背景下非遗档案信息传播机制构建原则

笔者认为，非遗档案信息传播是一项各要素相互关联、协调互动的过程，外界的政策因素、时代环境、社会氛围等也对其有着不同程度的影响。总结公共文化服务背景下非遗档案信息传播机制的构建原则，是对机制构建的前期定位和基本准则的明确，这是对公共文化服务背景下非遗档案信息传播机制形成基础的正确认识，也是对非遗档案信息传播机制区别于他国的概括。总体而言，公共文化服务背景下非遗档案信息传播机制的构建，需要遵循以下三个原则：

1. 科学性原则

科学性是"判断事物是否符合客观事实的标准，富有科学依据"。① 科学性作为一种普适性原则，对任何活动和实践都具有一定的规约，对公共文化服务背景下非遗档案信息传播机制的形成同样如此。科学的传播机制是公共文化服务背景下非遗档案信息传播机制合理运转的最大保证。针对我国非遗档案信息传播现状，科学性原则可具体解析为两方面含义：

一方面，公共文化服务背景下非遗档案信息传播机制，要以我

---

① 丁煌. 政策制定的科学性与政策执行的有效性[J]. 南京社会科学，2002(1).

国非遗档案信息传播的现状事实为参考，立足于对传播成绩与不足的客观总结和合理完善，确保构建起来的传播机制有着坚实的实践基础，与实践发展的需求相匹配。非遗档案信息传播实践的发展需求是多方面的，置于公共文化服务背景下，公共文化服务的要求将是非遗档案信息传播的目标；传播主体的传播意愿、传播受众的信息需求和选择偏好，也都是发展需求的主要内容。在构建非遗档案信息传播机制时，不能仅关注某一方面，而是要综合考虑，以确保构建起来的非遗档案信息传播机制的科学性与合理性。

另一方面，构建起来的传播机制要以更好的传播效果和公共文化服务为目的，因此，应遵循并符合信息传播的基本特征与内在规律。形成公共文化服务背景下非遗档案信息的传播机制，需要以科学的传播理论为指导，以辩证的思维、科学的方法观察、认识非遗档案信息传播的全过程，以确保形成符合传播机制运行规律的非遗档案信息传播机制。

2. 有效性原则

有效性是判定一项机制是否真正适合实践，并能给实践带来积极正面影响的主要标准。构建公共文化服务背景下的非遗档案信息传播机制，应以积极有效为目标，要有助于提升非遗档案信息传播的效率，满足公众对非遗档案信息的多方需求，以实用有效的传播媒介提高公众对非遗档案信息的利用率，在实现非遗档案信息传播整体优化的同时助力公共文化服务。

正如"5W"传播模式理论所描绘的，传播活动是一项涉及多环节、多要素的过程。传播环节衔接得是否顺畅，传播要素是否得到充分的重视、调动与协调，都将直接影响到机制的运行和有效性的产生。传播主体传播行为是否积极主动，传播内容是否生动有趣，传播媒介选择是否科学合理，传播受众接受意愿是否强烈，都是在设计并构建非遗档案信息传播机制时需要考虑到的问题。坚持有效性原则，需要认清公共文化服务背景的特点，明确各传播要素建设的关键要求，才能保证传播活动顺畅有序地推进，实现每个传播要素效果的最大化，进而做到非遗档案信息传播整体效率的提升。

3. 协同性原则

协同性旨在探寻机体内要素的组成，各自的功能，以及要素间理应保持的良好关系。因此，协同性原则也是在设计和构建公共文化服务背景下非遗档案信息传播机制时所应坚持的基本原则。笔者认为，协同性原则包括宏观与微观两方面的含义。

宏观的协同是指非遗档案信息传播机制与外部环境的协同，即公共文化服务的大背景，以及当前所处政治、经济、法治和文化的社会环境的协同。而当前重视文化建设，强调社会主义文化大发展大繁荣的良好社会氛围无疑为非遗档案信息传播机制的运行创造了积极和自由的空间，而公共文化服务中对传承优秀传统文化的偏重，也将成为非遗档案信息传播发展的契机，而公共文化服务所坚持的便利性、普惠性、均等性等基本建设原则，也将成为设计并构建非遗档案信息传播机制时所应保有的价值取向和目标准绳。

微观环境的协同是指非遗档案信息传播机制内部要素之间的协同。一方面，传播主体、传播内容、传播媒介、传播受众和传播效果这五个要素之间应保持一个协调和互动的关系；另一方面，单个要素也应与其存续环境、依托体制相契合。以传播媒介为例，对传播媒介的遴选，传统媒介与新媒介之间融合、配置的安排，需要结合当前信息技术、传播技术发展的环境，传统媒介、新媒介各自的传播功能、传播优势，以及不同受众对传播媒介的选择偏好来综合考虑，只有切实协调好这些因素，才能确保获得效果上的最佳。

(二)公共文化服务背景下非遗档案信息传播机制的建构思路

非遗档案信息传播机制的建设内容是要在公共文化服务的背景下，以科学的运转流程协调非遗档案信息传播过程中涉及的各个要素，形成协同而有效的关系。笔者认为，需要思考和把握两个关键节点：第一，背景分析，置于公共文化服务的背景之下，将会有哪些促进、引领非遗档案信息传播创新的契机与要求；第二，要素和作用方式的分析，影响非遗档案信息传播行为及结果的核心要素有哪些，各要素的作用机制如何，彼此间理应保持怎样的关系，该以何种举措协调并实现。

1. 公共文化服务的背景分析

公共文化服务体系是一项由政府主导的，由公益性基本文化单位为主要执行力量，以公共财政为主要资金来源，以全社会公众为对象，以文化产品、文化服务、文化设施为主要内容的制度体系。保障广大社会公众权益、满足广大社会公众基本文化需求是该体系建设的基本目标。① 吴理财曾指出，一个好的公共文化服务体系，应该具有价值性、公益性、均等性、普惠性、便利性和有效性六方面的特征。② 具体来说，应该始终坚持着社会主义先进文化的前进方向，以社会主义核心价值体系为引领，以满足人民群众的精神文化需求、促进文化公平为宗旨，以普遍实现公民文化权益、追求社会效益最大化为准则，紧扣人民群众的需求，保证全社会公民能够无差别、方便而高效的享受公共文化服务。这些也该成为开展非遗档案信息传播时所要始终坚持并力争达到的标准与目标。

我国在长期的公共文化服务体系建设实践中，已经积累了丰富的经验，这些经验可被总结为六个方面，分别为以政府为主导、以制度建设为保障、以创新运作手段为动力、以需求导向为前提、以文化惠民为目标和以社会参与为手段。③ 2015 年 1 月印发的《关于加快构建现代公共文化服务体系的意见》，将提升现代传播能力作为现代公共文化服务体系建设的重要内容，并将其细化为整合传播媒介、拓宽传播渠道、推广新型载体和构建多元传播主体四方面建

① 杨晓东，尹学梅. 当代我国公共文化服务体系建设论纲[M]. 天津：天津社会科学院出版社，2014：57.

② 吴理财. 公共文化服务机制的六个特性[J]. 人民论坛，2011(30).

③ 杨晓东，尹学梅. 当代我国公共文化服务体系建设论纲[M]. 天津：天津社会科学院出版社，2014：157-158.

设任务。① 已经积累起来的建设经验、一贯坚持的建设目标，以及新的建设要求，对于规划公共文化服务背景下非遗档案信息传播的建设进程，提炼非遗档案信息传播的发展方向有着引领和标杆的作用(如图5-2)。同样，我国现行的公共文化服务体系建设存在的问题与不足，如投入规模不大、管制型经营方式、文化管理体制和运行机制不健全、公共文化需求表达机制不健全、网络传播方式与传统服务方式融合不力等，也将成为非遗档案信息传播开展过程中要注意规避和改进的问题。

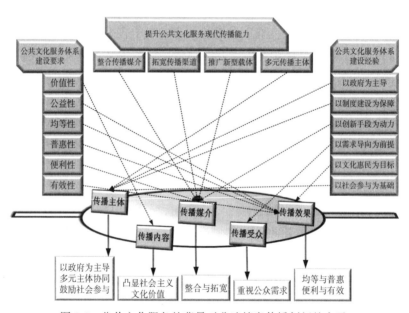

图5-2 公共文化服务的背景对非遗档案传播创新的启示

316

2. 非遗档案信息传播机制的要素组成及优化方向

如本章引言部分所论及的，"机制"的存在是以各要素的存在

① 戴珩. 现代公共文化服务体系 200 问[M]. 南京：南京师范大学出版社，2015：125-126.

为前提，没有这些不同属性与功能的要素，"机制"作为一个整体就不会存在。本研究中，笔者一直以"5W"传播模式理论作为理论基础，而该理论所提炼的"传播主体""传播内容""传播媒介""传播受众"和"传播效果"五个要素，及其所对应的"控制研究""内容分析""媒介研究""受众研究"和"效果分析"也成为开展非遗档案信息传播研究的五个主要方面。

前文研究中，笔者依据"要素提炼→现状总结→问题分析→优化方向"的研究思路，梳理了我国现行非遗档案信息传播在传播主体、传播内容、传播媒介、传播受众和传播效果五个方面的状况，发现了存在的主要问题，探索了优化和改进的方向，提出了具有可行性的改进举措。这对于凝练公共文化服务背景下非遗档案信息传播机制的主要组成及其相关关系有着重要的参考价值（如图5-3所示）。

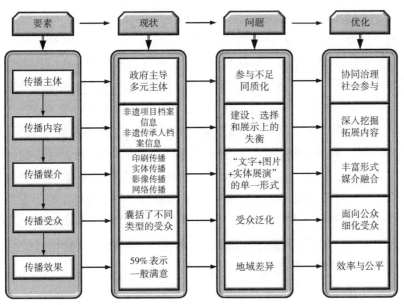

图5-3 非遗档案信息传播基本要素发展状况及优化方向分析

综合图5-2和图5-3的分析结果，公共文化服务背景下非遗档案信息传播五个方面要素的优化方向可分别总结如下：

第一，传播主体：公共文化服务背景下，继续坚持以政府为主导，构建多元主体协同治理的良好局面，鼓励更多社会力量的参与。

第二，传播内容：坚持社会主义先进文化的前进方向，将非遗档案信息的传播与前期的建档流程相协同，旨在深入挖掘、拓宽并丰富信息内容。

第三，传播媒介：整合现有的传播媒介，拓宽传播渠道，丰富传播载体，促进媒介融合。

第四，传播受众：以受众需求为向导，认识到不同类型的受众对传播中的信息所具有的不同需求，针对需求所开展的传播优化，将有助于提升传播的效果。

第五，传播效果：以公共文化服务体系的"效率与公平"为准则，提升非遗档案信息传播的质量与效果。

不同属性与功能的要素共同构成了"机制"，这些要素不是杂乱、随意、独立地存在于机制之中，而是以一定的内在逻辑，以一定的作用方式联系在一起的，只有要素相互协调、相互连接、共同作用，才是一个完整而有效的"机制"。[①]　"5W"传播模式理论将要素间的关系描绘为单向的线性关系，后续的传播学者们认为这种描述太过简单，未能客观反映要素间的关系，忽视了传播的反馈。1991年，我国学者邵培仁提出了"整体互动模式"理论，将传播理解为动态、循环、双向交流的活动，在保留了五个基本要素的同时，指出了信息的来源及形式、传播的技巧、受众的反馈等因素都会影响到传播的效果，显然，这更符合我国非遗档案信息传播的实际。为此，笔者以"整体互动模式"理论图为蓝本，绘制出非遗档案信息传播要素关系图，如图5-4所示。

318

---

① 李春阁. 政府信息公开的动力机制研究［D］. 长春：吉林大学，2011.

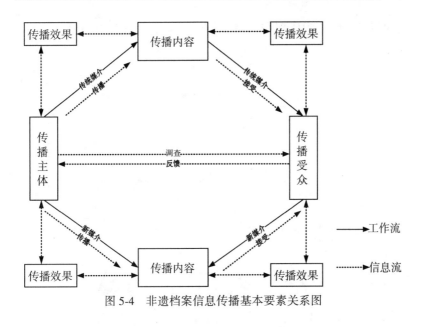

图 5-4　非遗档案信息传播基本要素关系图

(三)公共文化服务背景下非遗档案信息传播机制的基本框架

　　基于上述的认识与分析,笔者尝试构建起公共文化服务背景下非遗档案信息传播机制的基本框架,明确各要素在机制创新中的战略定位、任务层次、互动关系,分析影响机制创新的主导、能动因素,总结机制创新的实施保障,具体如图 5-5 所示。

　　图 5-5 所展示的机制框架囊括了宏观战略环境、中观政策环境和微观实施环境三个层次的战略定位,形成了以公共文化服务为背景、以面向公众需求为导向、以多元主体参与为核心、以非遗档案管理为协同、以提升整体效果为目标的非遗档案信息传播机制,传播主体、传播内容、传播媒介、传播受众和传播效果呈现出动态、循环和双向互动的关系。传播受众是传播主体通过传播媒介传播内容的对象,传播受众也直接影响并决定着传播主体、传播内容、传播媒介和传播效果。新的非遗档案信息传播机制中以公众需求为导

向的传播准则集中体现在"传播受众"要素的前移和中心化。

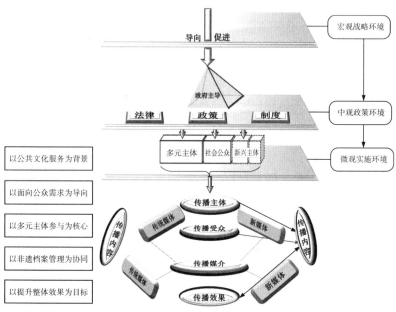

图 5-5　公共文化服务背景下非遗档案信息传播机制框架

（四）公共文化服务背景下非遗档案信息传播机制框架解析

在设计出公共文化服务背景下非遗档案信息传播的机制框架后，笔者将对框架中所描述的非遗档案信息传播的层级战略、规划的主要任务及其层次，以及公共文化服务背景下传播要素所应保持的关系加以解析。

1. 非遗档案信息传播机制的战略定位

置于公共文化服务背景下的非遗档案信息传播将是一项面向社会公众、政府主导，多主体协同，以健康、丰富的非遗档案信息满足不同公众多方面信息需求的工作。既要符合公共文化服务这一宏观时代背景的特色与要求，又要注重中观层面政府以法律、政策和制度创建的良好政策环境，以推动微观层面机制创新的具体落实。

（1）宏观战略环境

宏观层面的战略环境是指非遗档案信息传播运行的宏观时代背景和社会环境，即公共文化服务。将非遗档案信息传播置于公共文化服务背景之下，意味着将会视非遗档案信息传播为公共文化服务的一部分，公共文化服务的目标与建设要求也将成为非遗档案信息传播的目标与要求。事实上，两者的建设目标从一开始就有一致和兼容之处。因此，除了基本建设理念一致外，公共文化服务的背景还可为非遗档案信息传播带来两项工作的互促。但是，当在探讨和总结非遗档案信息传播的创新与优化时，更希望的是业务成熟、积累了丰富实践经验的公共文化服务能为非遗档案信息传播带来更多指引、要求，如对公众需求的重视、对传播体制的认识、对政府主导的坚持、对多元主体的协调，以及对社会力量的调动。公共文化服务为非遗档案信息传播内容的建设、传播媒介的应用提出了新的要求，也对非遗档案信息传播的传播效果设定了明确的标杆，公共文化服务的基础设施、硬件条件也将为非遗档案信息传播提供更为便利的条件、更为宽阔的空间。因此，宏观战略环境的设定，理念、方法、技术、资源多方面的引领和加持将使得非遗档案信息传播方向性和目标性更强。

（2）中观政策环境

中观层面的政策环境强调的是各级政府通过法律规范、政策约束和制度设计营造起来的良好外部环境。我国的公共文化服务体系从开始之初就被视为一项由政府主导的制度实践，政府主持了公共文化服务制度文本的建设，也亲身组织并参与了具体的公共文化服务活动。在我国已经开展的非遗档案信息传播实践中，政府同样是制度的制定者与实践的主导者。现有的多元主体是政府在制度设计过程中遴选检视出的合适且有能力的主体，政府以立法的形式对他们的主体地位进行确认，确保了他们在开展非遗档案信息传播时的顺畅。无论是公共文化服务体系建设，还是非遗档案信息传播，政府在行为规范、资源整合等方面的优越性都得到了极大的体现。因此，当探求公共文化服务背景下非遗档案信息传播的创新时，政府主导这些基本特征与经验是不可丢弃的；而要形成一个合理的传播机制，构筑一个良好的传播格局，没有政府的参与也是做不到的。笔者认为，各级政府是非遗档案信息传播的掌舵者和领航人，通过发布法律、制定政策、形成制度营造出一个良好的政策环境，强化对各主体传播意识形态和行为规范的引领，宣传新的传播理念，引入新的传播模式，指导各主体顺利完成传播策略的转向和传播问题的突破。

（3）微观实施环境

微观层面的实施环境具体地描述了非遗档案信息传播机制运行的内涵与任务，包括针对各要素需要开展的创新任务、所属层次，以及要素间的最佳关系。机制框架中，传播受众被提升至前端重要的位置，受众（公众）的需求成为引领其他要素创新、决定整体创新效果的关键因素。在保持政府主导地位的同时，多元主体的积极参与和协同治理成为传播有效实施的不竭动力，非遗档案信息传播要同非遗档案管理相协同，以提升非遗档案信息的质量，以传播引领前期的信息建设和管理；缩短城乡间的差距，提升整体效果成为非遗档案信息传播的目标与宗旨，指导非遗档案信息传播整体工作的运行与开展。

2. 非遗档案信息传播机制的任务层次

依据从宏观到微观、从意识到行动、从前沿到基础的思维逻辑，笔者提出了公共文化服务背景下非遗档案信息传播机制运行的五项任务，依次为"以公共文化服务为背景""以面向公众需求为导向""以多元主体参与为核心""以非遗档案管理为协同""以提升整体效果为目标"，这是一套在公共文化服务背景下非遗档案信息传播所要坚持的行为价值体系，只有从这五个方面开展非遗档案信息传播的创新，才能形成积极健康的要素间关系。鉴于前文已对"以公共文化服务为背景"进行过阐述，此处便不再赘述。

（1）以面向公众需求为导向

重视公众的信息需求，以公众信息需求为导向是运行非遗档案信息传播机制、创新非遗档案信息传播所要完成的首个任务，笔者将其理解为是对公众力量的重新认识与唤醒，也是对过往信息传播供需之间不对等关系的调整与重构。

满足公众文化需求一直被视为公共文化服务的出发点与落脚点。2015 年颁布的《关于加快构建现代公共文化服务体系的意见》提出了满足人民群众基本公共文化需求的构建目标；2016 年的《中华人民共和国公共文化服务保障法》也再度以立法的形式对这一目标和准则予以了强调。既然，"公众需求"已经在非遗档案信息传播机制的宏观战略环境中被尊重、重视和强调，那么它也应该成为开展非遗档案信息传播时首要坚持的价值取向。

在负责制度设计、意识更新和行为规范的中观政策环境中，以"服务主导逻辑"（Public Service-Dominant Logic）、"共同生产观"为内核的新公共治理（The New Public Governance）理论也被认为是最契合公共文化服务、非遗档案信息传播实践，最获认可的理论构想和管理范式。"服务主导逻辑"由 Stephen L. Vargo 和 Robert F. Lusch 于 2004 年首次提出，主张以其替代传统的"产品主导逻辑"，重新定义产品与服务的关系，实现从"以产品为中心、交换价值为基础"到"以服务为中心、使用功能为基础"的转向。① 2006 年，英国爱丁堡大学教授史蒂芬·奥斯本将"服务主导逻辑"应用于公共服务领域，提出了"新公共治理"的概念，将其作为克服传统公共行政和新公共管理的局限，应对公共产品及其提供者日渐多元化、复杂化和碎片化带来难题的"第三种体制"。② 在协调服务提供者（政府、公共部门、私人部门、第三方部门等）与服务使用者（公众）关系上，"服务主导逻辑"认为公共服务提供者需要尽可能地持续嵌入公共服务系统，各个公共服务提供主体需要不断地交互形成良好的合作关系，服务使用者们也应该以共同生产的方式参与公共

323

---

① Stephen L. Vargo, Robert F. Lusch. Evolving to a New Dominant Logic for Marketing[J]. Journal of Marketing, 2004, 68(1).

② Stephen P. Osborne. The New Public Governance? [J]. Public Management Review, 2006, 8(3): 379.

服务系统，以自身的知识与经验，共同设计、生产和评估公共服务。① 这一理论再度印证了"以公众需求为导向"的合理性与必要性，也为其在非遗档案信息传播中的具体执行提供了行为指南。

微观的实践环境中，已经开展的非遗档案信息传播实践反映出非遗档案信息的供给和需求之间存在着"缺位"和"错位"的现象。"缺位"是指非遗档案信息的需求者，即受众"不在场"或"不在位"的情况。现行的非遗档案信息传播，政府占据主导地位，独立决定非遗档案信息涵盖的范畴与基本内容，虽然让渡了一定的权利给其他主体，但传播内容、传播形式基本未曾偏移政府所设计的范式。受众在传播过程中大多处于被动接受的地位，他们很少有机会表达或反馈自身对信息的需求、对信息传播的体验，部分受众也会因此放弃参与或表达的愿望，这种在非遗档案信息传播过程中的"失声"和"缺位"直接导致非遗档案信息供与需之间的"错位"。正如前文实践调查所发现的，非遗档案信息传播内容雷同、缺乏创新，削减了受众接受的兴趣与热情；传播方式、路径与受众群体的不匹配，阻碍了受众对非遗档案信息的有效接受，受众个性化需求的满足存在着滞后甚至被完全忽略的现象，因此，即便政府及其他传播主体积极而又努力地投入非遗档案信息传播，但始终未能取得预期的效果，公众对所接受到信息的整体满意度依然不高。

基于上述的认识与分析，笔者将"以公众需求为导向"的内涵分解为两个方面：第一，重视公众的需求，以公众的个性化需求引领非遗档案信息传播活动的组织、内容的安排、媒介的选择，最大限度实现供需之间的精准匹配；第二，公众参与非遗档案信息传播活动的组织、生产与遴选，增加公众与传播主体间的对话与互动，改善传播主体的回应与反馈，在传播主体与传播受众间建立起良好的关系，提升公共服务的效率与效益。

（2）以多元主体参与为核心

全球范围内不同类型的非遗档案信息传播机制，对于传播主

---

① 张学本，孔竞．"服务主导逻辑"视角下的新公共治理理论探究［J］．理论界，2020（1）．

体力量所共同认可并坚持的，就是要调动社会力量，聚合多元主体。我国从事非遗档案信息传播的主体，囊括了政府及文化行政部门、档案部门、公共文化机构、非遗保护中心、财政拨款经营性单位、非遗社会组织、非遗传承人及社会公众等不同机构属性、不同社会职能以及不同工作特色的组织或个人。这些性质迥异、棱角不同的多元主体在非遗档案信息传播中具有不同的优势和特征。

①多元主体参与的政策导向。

2012 年以来，党和国家发布的工作报告、法规制度先后多次出现了"转变政府职能""社会管理""社会化发展""社会购买""社会力量"等字眼（见表 5-5），反映出党和政府在开展日常工作、公共服务过程中对社会组织、民间机构的日益重视，将其视为政府之外的又一重要力量，并尝试通过市场化的方式吸收这些组织、机构或个人的参与。对于非遗档案信息传播而言，这是一个积极而又正面的政策导向，既强化了多元主体参与非遗档案信息传播的合理性和必要性，也为多元主体的调动提供了很好的策略参考。

表 5-5 　　　　　　2012 年以来多元主体参与的政策导向

序号	提出时间	相关政策	政策内容	关键词
1	2012	党的十八大报告	要加强和创新社会管理，进一步转变政府职能，改进政府提供公共服务方式	社会管理；转变政府职能
2	2013	党的十八届三中全会报告	要完善文化管理体制，推动公共文化服务社会化发展	公共文化服务社会化
3	2013	国务院常务会议报告	推进政府向社会购买公共服务，明确将适合市场化方式提供的公共服务事项，交由具备条件、信誉良好的社会组织、机构和企业等承担	社会购买；市场化方式；社会组织、机构和企业承担

续表

序号	提出时间	相关政策	政策内容	关键词
4	2013	国务院办公厅关于政府向社会力量购买服务的指导意见	实践证明，推行政府向社会力量购买服务是创新公共服务提供方式、加快服务业发展、引导有效需求的重要途径，对于推动政府职能转变，整合利用社会资源，增强公众参与意识，激发经济社会活力，增加公共服务供给，提高公共服务水平和效率，都具有重要意义	政府向社会力量购买服务
5	2014	党的十八届四中全会报告	要深入推进依法行政，加快建设法治政府，依法加强和规范公共服务，规范和引导各类社会组织健康发展	引导社会组织发展
6	2017	政府工作报告	既要用好各类型的财政投入和政府投资，更要有效引导社会资金投入文化领域，形成文化"大众消费""大众投入"	引导社会资金投入文化领域
7	2016	公共文化服务保障法	推进公共图书馆、博物馆、文化馆等机构的管理工作；鼓励和支持公民、法人和其他组织参与公共文化服务	鼓励其他组织参与
8	2016	河南省关于做好政府向社会力量购买公共文化服务工作的实施意见	设立1亿元的专项资金用于购买21项公共文化服务内容，其中，购买国有和民营表演艺术团体的演出服务的资金为3000万元，主要对参加河南省"舞台艺术送农民"活动的省、市、县(市、区)级国有文艺院团及民营艺术院团给予补助；购买公共文化服务资金3000万元，其扶持对象包括省、市、县(市、区)、乡镇(街道)、村(社区)五级和社会力量主办的广场文化活动，各级各类图书馆以及民间组织或个人举办的各类专题讲座、公益阅读等读书活动	购买公共文化服务

②现行多元主体的类型划分。

我国现行的非遗档案信息传播主体，集合了政府部门、文化事业单位、公共文化机构、非政府组织、企业、社会公众等多种力量。笔者以机构属性、社会职能，及其在非遗档案信息传播中的作用，将上述主体划分为四大类型，如图5-6所示。

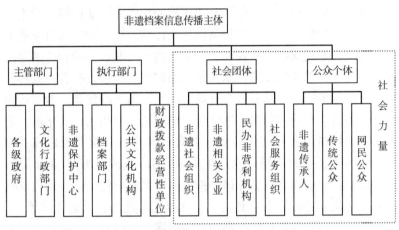

图5-6　公共文化服务背景下非遗档案信息传播主体类型

a. 主管部门。

从我国非遗保护工作启动开始，政府及文化行政部门就一直是负责非遗保护与传承行政管理的主要部门，作为非遗保护与传播工作的一部分，非遗档案信息传播也是在政府及文化行政部门的管理、规划下逐步展开的。《中华人民共和国非遗法》则明确规定了中央政府和地方各级政府在非遗保护、传播中各自肩负的职责，这也在我国现行的非遗保护、非遗建档和非遗档案信息传播中得以体现。中央政府负责全国非遗保护、传承，非遗档案信息传播相关法律法规的制定，地方各级人民政府负责本区域相关法规制度的颁布；中央级文化行政部门——文化与旅游部(原文化部)及其下属非遗司统筹全国非遗的保护和保存工作，组织全国范围内非遗信息的收集、整理、建档，负责全国非遗保护、传承、传播工作的规划、推行、示范和监督；地方各级文化行政部门则负责区域范围内非遗保护、建档、传承、传播工作的规划、组织、实施、审核与定期上报。

　　b. 执行部门。

　　在我国现行的非遗档案信息传播实践中，文化行政部门除了以主管部门的形象组织和安排传播工作外，其自身也是实施非遗档案信息传播的一支重要力量。我国早期具有影响力的，以及持续开展的传播活动，很多由文化行政部门以独立举办、联合举办或交办协办的方式开展。档案部门作为非遗建档的实施者、非遗档案的主要拥有者，也积极从事着非遗档案信息的传播。作为专门从事非遗工作的机构，非遗保护中心在非遗资源的拥有、非遗保护和传播专门人才的聚集，以及同非遗传承人之间的联络、集合上有着极大的优势，这使得他们同样具备着良好的资源与人力上的优势，能够传递出更为丰富、专业的非遗档案信息。图书馆、博物馆、文化馆、艺术馆和科技馆等公共文化机构一直肩负公共文化资源建设、保存、展示和服务的职能，他们在资源展示、陈列上的专业化及特长，使其在非遗档案信息传播中扮演着主要的角色，这一角色也将在公共文化服务背景下得到进一步的强化。此外，文艺表演团体、演出场所、经营性单位所举办的非遗展演，也以真实而鲜活的方式展示戏曲类、表演类非遗文化。

　　c. 社会团体。

　　我国的非遗资源是丰富且多样的，但凭一类机构或部门很难完成保护、建档和传播的任务，这一类机构或部门也不可能了解或胜任所有类型非遗的工作。因此，在我国颁布的非遗相关法律法规中，一直将社会力量作为上述主体之外的补充力量。在《国务院办公厅关于政府向社会力量购买服务的指导意见（国办发〔2013〕06号）》中，"社会力量"的范围被划定为"依法在民政部门登记成立或经国务院批准免予登记的社会组织"和"依法在工商管理或行业主管部门登记成立的企业、机构"。① 我国非遗相关的社会组织很多，

---

　　①　《国务院办公厅关于政府向社会力量购买服务的指导意见》国办发〔2013〕06 号［EB/OL］.［2013-9-30］.［2022-3-22］. http：//www.gov.cn/zwgk/2013-09/30/content_2498186.htm.

笔者选择性地列举了一部分(见表5-6)。① 从机构类型上看，非遗社会组织包括学会、协会、研究会等社会团体、基金会、民办非企业和涉外社会组织；从研究对象看，现有的非遗社会组织涉及戏曲表演、传统曲艺、手工技艺、宗教信仰、民间风俗、民间生活等多种非遗类型，包罗万象；从机构属性上看，有专业性较强的学术类组织，有以宣传、推广为主要目的的倡导型组织，还有基于共同旨趣建立起来的交流协作组织。这些组织有着较强的专业性，较之于综合性的组织与机构，他们往往能提供更为深入、系统和专业的信息。

表 5-6　　在文化部备案的非遗相关社会组织类型及数量

社会组织分类		社会组织名称及数量
社会团体	学会	中国汉画学会、中国壁画学会、中国雕塑学会、中国少数民族舞蹈学会、中国少数民族戏剧学会、中国戏曲学会、中国艺术档案学会、中国群众文化学会、中国民族管弦乐学会、中国木偶皮影艺术学会、中华曲艺学会等33个
	协会	中国非物质文化遗产保护协会、中国合唱协会、中国民俗摄影协会、中华妈祖文化交流协会、中国画报协会、中国话剧协会、中国音乐剧协会等22个
	研究会	张君秋京剧艺术研究会、中国京剧程派艺术研究会、中国歌剧研究会、中国昆剧古琴研究会、中国食文化研究会、中国服饰文化研究会、中国梅兰芳文化艺术研究会等28个
	促进会	中国传统文化促进会、中国文化艺术发展促进会等7个
	其他	中华文化联谊会、中国国际文化交流中心等5个

---

① 根据国家文化部网站"社会组织名录"栏目内容整理而成.

社会组织分类	社会组织名称及数量
基金会	中国孔子基金会、中国京剧艺术基金会、中国艺术节基金会、中国民族文化艺术基金会、中国华夏文化遗产基金会、田汉基金会等 14 个
民办非企业	当代书法艺术院、商联国际非营利组织服务中心、东方文化艺术院、现代工笔画院、东方华夏文化遗产保护中心 5 个
涉外社会组织	国际"二战"博物馆协会、星云文化教育公益基金会、世界运河历史文化城市合作组织、国际儒学联合会 4 个

　　除非政府组织外，部分具有非遗属性的企业也掌握着大量的非遗资料和非遗信息，他们也可以承担起非遗档案信息传播的任务。笔者对现有的非遗企业进行了调查，将其大致分为两类：一类是商业性非遗企业，主营非遗相关文创产品的制作与销售，如深圳贺贺文化艺术公司，主要经营对象为剪纸类文创产品；另一类是由传统中华老字号或是非遗传承人创办的非遗企业，旨在探求非遗产业化保护与传承之路，如东阿阿胶股份有限公司、河北易水砚有限公司、衡水习三内画艺术有限公司等，其中东阿阿胶股份有限公司是国家非遗唯一代表性传承人企业，河北易水砚有限公司由国家级易水砚技艺传承人张淑芬创办，衡水习三内画艺术有限公司则由国家级非遗衡水内画升级代表性传承人王自勇创办。传统中华老字号有着深厚的文化底蕴，企业所保存的历史资料、制作技艺、历代传承人等信息已融合成为企业文化的一部分。传承人在创办企业的同时，也积极进行了技艺的传播，他们录制技艺视频，与当地图书馆、博物馆合作开展培训，做到传播与销售兼顾。此外，民办非营利机构、社会服务组织也参与到非遗档案信息传播中，前者如山西非遗保护促进会，后者如浦东新区南码头社会组织服务中心，山西非遗保护促进会集合了山西省非遗研究人员、非遗传承人、民间艺人、公益人士等不同类型的主体，积极从事着非遗资料的收集、保存与研究，并以联合协作的方式，与其他机构举办非遗传播活动，

展示非遗信息。而浦东新区南码头社会组织服务中心则以更为亲民的方式，由当地志愿者组织开展非遗的普及性宣传活动。

d. 公众个体。

非遗档案信息的传播旨在助力公共文化服务，公众是公共文化服务背景下非遗档案信息传播必不可少的群体，既是传播主体，也是主要的传播受众。承担传播非遗档案信息传播任务的特定公众是非遗传承人，他们熟悉非遗的精髓、掌握着珍贵的非遗档案，同时也是这一领域最为优秀和卓越的技艺习得者，他们接受了国家的认定和资助，同时国家也要求他们必须承担和参与非遗档案信息的传播工作。截至目前，国家文化主管部门先后认定了五批共计 3057名国家非遗代表性项目代表性传承人。① 各省、市和县政府及其文化行政部门也结合《非遗法》和《国家级非遗代表性传承人认定与管理办法》自行认定省级、市级和县级非遗传承人，他们都成为了非遗档案信息传播活动中最为专业、不可缺少的公众力量。

除了传承人以外，非遗档案信息的传播也得到了很多社会公众的支持与参与。从参与目的来看，有的公众是基于对非遗的热爱，有的公众是为了更好地研究非遗这一事象，有的公众则完全是出于对珍贵非遗濒临消亡的担忧。从参与的方式来看，有的公众积极搜集非遗资料，或无偿捐献给档案部门、图书馆，或在家中开辟展馆，举办小型展览；有的公众以口头的方式，对非遗内涵与价值进行宣传和推荐；有的则利用互联网平台、智能手机设备等，进行非遗信息的上传、转发、分享和评价。随着信息技术和新媒体技术的广泛深入，利用网络开展的参与将逐渐成为主流。公众选择参与的方式，同公众的年龄、文化层次、对非遗的了解程度、对信息技术的掌握程度有着很大的关联。有的公众只能浅层次地参与，有的公众则可以深层次、专业化地参与，切切实实发挥出重要的作用。无论以何种方式参与，公众的热情值得肯定，公众的力量也都不可忽视。

---

① 中国非遗网. 国家级非遗代表性项目代表性传承人［EB/OL］.［2022-3-27］. http：//www. ihchina. cn/representative.

③多元主体的特征总结。

不同的主体因其社会属性、机构类型、职业分工的不同，使其在非遗档案信息传播中的方式和特征各不相同，传播的非遗档案信息也会有所差异，进而影响到非遗档案信息传播的效果。笔者尝试对现行四类主体的传播特征及传播差异进行区分，见表5-7。

表5-7　　　公共文化服务背景下非遗档案信息不同传播
主体的定位与特征比较

传播主体	传播定位	传播特征比较		
		传播优势	传播内容	传播效果
主管部门	主控型传播	传播渠道强势	具有权威性	传播效果的目的性
执行部门	主导型传播	传播方式专业	具有选择性	舆论引导的集中性
社会团体	主动型传播	传播范围宽泛	具有丰富性	舆论引导的集中性
公众个体	主动型传播	传播范围宽泛	具有丰富性	舆论表达的非理性

a. 主管部门——主控型传播

美国著名社会心理学家、传播学四大奠基人之一的库尔特·卢因（1947）曾提出，在群体传播中，存有一些搜集、过滤和处理传播信息的"把关人"，只将符合群体规范或自身价值标准的信息推入传播渠道，这就是"把关人"理论。作为非遗档案信息传播的主管部门，政府及文化行政部门也是非遗档案信息传播的把关人。凭借着对于公共文化宏观管理与调控的权利，政府及其文化行政部门对比并筛选出非遗档案信息传播适宜的传播形式和传播媒介，管理并协调着非遗档案信息其他的传播主体，规划并推介着非遗档案信息传播合理的传播范式。作为非遗保护、建档和传播的主管部门，政府及其文化行政部门往往掌握着最全面权威的信息来源，他们拥有集合非遗传承人、非遗专家的能力，也能调动和协调其他传播主体与之合作，因此，在非遗档案信息传播的起步阶段，几场具有代表性、影响力较大的传播活动都是由政府及其文化行政部门组织开展的。

除了在传播渠道、传播内容方面占有主控权外，在一些国际性或对外的传播活动中，主管部门还可以根据传播的目的与要求、传播活动的规格划定传播的对象和范围，例如，着重呈现何种主题、哪个方面的信息，以何种传播技术或传播手段来展示这些信息，是以简洁朴实的文字来描述这些信息，还是突出整个传播活动的文化性、艺术性、着力打造优雅、高品位的传播风格……这种背景下，传播不再仅仅是一种信息上的交流，而被赋予了更为浓厚的行政色彩。当然，将非遗档案信息传播置于公共文化服务的背景下，传播的对象应尽可能不被限定，以实现受到广大社会公众普遍青睐的目的。

b. 执行部门——主导型传播

公共文化服务背景下，以非遗保护中心、档案部门、公共文化机构为代表的执行部门在非遗档案信息传播中呈现出的是主导型传播的特征，在遵循政府及其文化行政部门制定的传播规范基础上，他们依据自身馆藏特色、专业优势，立足于现有非遗建档的基础，组织并向受众展示和传播他们掌握的非遗档案及其信息。

执行部门掌握的非遗档案信息更为丰富、更具特色，也各有侧重，他们可以有选择地组织传播内容，也可以依据本机构的优势与特长选择最科学的传播方式。如档案部门通过举办展览和编辑出版物的方式进行传播；博物馆则长期通过展览的方式展示非遗档案；新闻媒体则通过拍摄纪录片，以情景再现、动画制作相结合的方式记录和展示非遗档案。

如果说主管部门控制和规划了非遗档案信息传播的主要方向，那么执行部门就是传播活动的主要执行者。前期的实践调查发现，现有的非遗档案信息传播活动，大部分是由执行部门组织和开展的。在关于非遗价值、非遗保护和非遗传承的整体社会舆论中，他们在宣传和引导方面起到了重要作用。

c. 社会团体与公众个体——主动型传播

作为同属于社会力量的两类主体，社会团体与公众个体在传播非遗档案信息过程中采用的都是主动型传播。社会团体是指社会力量中的组织或团体力量。他们以积极主动的传播态度、专业化的传

333

播内容、颇具亲和力的传播方式，组织或参与着非遗档案信息的传播，满足公众的利用需求，影响公众对非遗的认知。公众个体是指社会力量中的个体力量，具有一种草根的属性。社会团体与公众个体开展的主动型传播有着传播范围宽泛、传播内容丰富的共同特点。

在政府的长期影响和鼓励下，很多社会团体、非遗传承人和社会公众积极参与非遗档案信息传播，他们的参与打破了传统媒体时代政府及其文化行政部门开展的单向线型传播模式，呈现出全社会交互式发展的趋势，形成了多人向多人传播的格局。一个组织或个体，它可能是非遗档案信息传播的受众，也可能是非遗档案信息的传播者，主客体之间的身份界限由清晰转向含混与模糊，社会团体与公众成为了非遗档案信息的"二传手"，非遗档案信息传播的范围变得日益宽泛。①

作为一个社会组织或是社会公众，他们积极投身于非遗档案信息传播这项公共文化事业，必然也是热心社会公益，有社会良知与社会道德的人，这也决定了他们在传播过程中勇于表达自己的观点，积极地开展互动、交流与反馈，这将有助于丰富非遗档案信息的传播内容，产生更多非遗档案信息的舆论点。互联网上拥有海量的非遗档案信息，也包罗着极其丰富的非遗档案信息传播内容，在利用网络传递非遗档案信息的同时，社会团体和公众也会不断发现新的内容，持续传递并分享他们认为具有重要意义和价值的信息。

（3）以非遗档案管理为协同

正如本书绪论中所论及的，非遗档案信息传播是非遗保护工作在经过非遗建档保存、管理整序之后持续推进的应有方向。正如档案保管要经过"收集—整理—鉴定—保管—编研—开发利用"六个基本流程一样，非遗档案同样会经过"收集—建档—管理—开发利用"的主要环节，传播就属于非遗档案信息开发利用的形式之一。作为非遗档案生命周期的环节之一，建档、管理和传播理应是相互

---

① 陶方林．突发事件中信息传播主体的特性分析[J]．情报杂志，2011(6)．

关联、相互影响着的，非遗资料收集得是否完整、建设质量的高低、真伪价值鉴定是否得宜，以及管理是否有序，都将直接影响到非遗档案信息传播的质量与效率。同样，非遗档案信息传播也是对前期工作的检验与衡量。"前端控制"思想告诉我们，要从关联的视角看待传播与建档、管理之间的关系，加强对非遗档案建设与管理诸环节的控制与把关，实现传播与建档、管理间的协同，才能有效地保证非遗档案信息传播的质量与效率。

①非遗实体档案的建设。

依据非遗档案的物理外形和信息存在的方式，笔者将非遗档案的管理划分为实体管理和信息开发两大类。现有的非遗档案以文本、图片、视频和音频为主，文本类和图片类档案的信息与物理实体是相互依存的，物理实体被破坏，信息也会随之丢失。音频和视频类档案信息的获取需要借助一定的中间设备，其信息也可复制和迁移，但从维护档案原始性来看，音频档案和视频档案的实体也应该尽可能被保存下来。非遗实体档案的建设是以非遗实物、非遗文本资料、非遗图片资料、非遗视频资料和音频资料为对象，所开展的资料收集、整理、鉴定和保管等系列工作。

在收集环节，散存于不同地域、不同机构、不同群体或个人手中的资料，通过捐赠、征收、购买、采录等方式，依据归档范围、归档时间、归档质量要求和归档手续等规定进行集中的收集。为确保非遗档案信息传播的质量，应尽可能选择价值较高、保存状况良好、内容较为新颖或具有代表性的非遗资源进行收集；为确保收集工作的规范和稳定，要采用定时归档和即时归档相结合的方式；为保证收集资料的系统与完整，单份的资料不能有漏页、缺页的现象，整份资料则要求完整齐全，主要文件与附加文件都能完整保存下来，信息备注具体详细。收集过程中，要严格履行档案移交手续，交接双方根据移交目录详细清点，确认无误。

非遗实体档案的物理载体有纸张、胶片、照片、磁带、光盘、不同材质的实物等，既有传统档案整理中经常面对的载体材料，也有一些特殊的材料，这将会增加整理的复杂度和工作量。非遗档案整理遵循"依项建档"和"依人建档"的基本原则。由于非遗资源的

335

分散性以及非遗资料收集的常态化，非遗档案也处于不断增补过程中，这也使得非遗档案整理工作成为一项持续性的工作。为避免出现"信息孤岛"，确保非遗档案信息共享与利用的顺畅，联合国教科文组织规定了图片、音频、视频类非遗档案的存储载体、保存格式与技术规范(见表5-8)。我国结合档案整理的基本原则和方法，对这些格式与规范予以了积极的吸收和采纳。

表5-8　　联合国教科文组织 ICH-11 表附加的图片、视频
与音频文件技术规格①

档案材料类型		载体	分辨率	格式
图片	数字格式（推荐）	CD 或 DVD	水平和垂直尺寸≥1800 像素	RAW、TIFF、JPEG（最小压缩）或 PNG（最小压缩）
	打印照片	正规相纸非普通纸张	打印分辨率不低于 300dpi　最小尺寸15厘米×20厘米或6英寸×8 英寸	
音频		CD 或 DVD	16 比特、44.1 千赫、立体声	CD 音频（兼容 hi-fi）、wav、ogg vorbis
视频		DVD、DV、MiniDV、DVCAM、数位Betacam、DVCPRO	最小尺寸＝720×576 像素（PAL）或 720×480 像素（NTSC）	DVD、. Dv、Mpeg1、theora
地图		CD 或 DVD	只接受电子地图。可用格式：SHP（Shapefile）、PDF、PSD、EPS、GIF、PNG	
书籍		鼓励提供与非遗项目直接相关的书籍或文集资料（总数不超过 3 本）		

鉴定是档案管理诸环节中重要的组成，对于非遗档案的鉴定同

① 文件汇编委员会. 联合国教科文组织《保护非物质文化遗产公约》基础文件汇编[G]. 北京：外文出版社，2012：18.

样如此。笔者认为,非遗档案的鉴定应该包括真伪和价值的鉴定。真伪的鉴定主要针对流传下来的手稿、唱本、代表性作品、工具等的原始性的判定;价值的鉴定则集中于对所获取资料价值的评估,非遗档案的鉴定是整个实体管理过程中至关重要的一环,鉴定工作的成效,也将成为后期非遗档案信息开发、非遗档案传播信息遴选的主要依据。传统的档案价值鉴定,需要遵循全面、历史、发展和效益的原则,以档案属性、形式特性、社会需求和相对价值作为判定档案价值的主要标准。非遗档案的鉴定,一方面,要遵从档案鉴定的普遍方法,即秉持全面、历史、发展和效益的原则与视角,综合考量档案来源与内容的重要性、独特性和时效性,档案的形成时间、外形特点,档案的完整程度、可替代程度、与其他档案之间的重复性,以及社会对这一类非遗或非遗档案的需要程度;另一方面,非遗与其所存续的文化空间有着密切的关联,同一大类的非遗,因其存续地域与空间的不同,有可能呈现出不同的特色,因此,很难以固定而统一的标准去笼统地鉴定和评估非遗档案价值,而是需要在深入了解非遗内容和历史的基础上,结合非遗所处文化空间评估其价值。这也决定了非遗档案价值的鉴定很难由档案部门独立完成,而是需要吸收非遗传承人等非遗专业人员的参与。现有的非遗档案中,非遗业务类档案,如非遗代表性项目和代表性传承人申报材料、非遗项目保护情况介绍、未来非遗代表性项目保护计划和非遗代表性传承人保护技术都可被列为长期保存的档案;而与非遗项目或非遗传承人基本情况、主要特征直接相关的档案,如传承谱系、代表作品、所获奖励,甚至历史手稿、经典剧本、表演视频等,都需要被永久保存,并作为重点展示和传播的内容。

　　鉴定之后,需要依据划定的保管期限,以及非遗档案自身的物理特征进行保管。非遗档案的类型是多样的,既有档案馆普遍保有的纸质文本类档案、图像类档案、照片类档案、胶片类档案、视频和音频档案,也有大量涉及不同质地、不同寿命的实物档案,这些实物档案也对保管提出了不同的要求。如皮影戏中的皮影作品、丝绸制品中的丝织品,需要认真做好防虫、防霉、防潮,而泥塑艺术中的泥塑作品,则既不能过分干燥,也不能因潮湿长霉。因此,在兼顾经济与效

337

率的基础上,尽可能创设出良好的库房环境,切实履行"十防一安全"的保管原则,将是非遗档案保管必须坚持的基本理念。同时,针对存储于可分离载体上的档案,如视频档案、音频档案、数字档案,除了保护其物理载体外,还需要对其信息加以保存和备份,切实履行多套备份和异地备份,为后期的信息资源开发做好扎实的资料储备。

保管之后的编研、统计等环节,既是对前期收集、整理、鉴定、保管工作的总结,也是对最终的开发利用进行信息的整序和准备。切实做好非遗档案的编研、统计,对于非遗档案信息传播有着重要的影响。现有的非遗档案信息传播活动中,非遗档案编纂成果也是展示和传播的主要内容之一。而在非遗档案的统计上,笔者认为应根据非遗档案整理"依项建档""依人建档"的原则,以项目和传播人作为统计的第一个类目,以档案类型为第二个类目,以档案内容或主题作为第三个类目进行统计,时间期限上,将定期统计与实时统计相结合,每年固定统计一次,有大量新进非遗档案时,整理鉴定完毕后也可以进行一次统计,避免因延误而导致数据更新不及时,重要档案未得到及时统计和传播。

②非遗档案信息的开发。

除实体管理外,对非遗档案信息的开发也直接影响着非遗档案信息传播的效果。从非遗档案信息建设角度看,影响非遗档案信息高质、高效传播主要有三个方面原因:第一,非遗档案来源的广泛、存续的庞杂,使得非遗档案呈现出零散、无序的状态,高质量的信息难以突出,信息之间的关联没有建立,进而影响到非遗档案信息的整体价值;第二,为数不少的非遗档案是历史遗留物,年代的久远和自然的老化,有些信息可能已漫漶不清,影响了信息的完整获取;第三,部分高龄、珍稀的档案,出于保护的目的,很难随意取出示之于公众,造成包含重要信息的非遗档案不能用于传播,传播活动的整体质量降低,传播效果也自然会因之降低。基于上述三个方面的原因,非遗档案信息的开发是必须也是紧迫的,笔者认为,针对三个方面的问题与需求,非遗档案的信息开发应从信息整序、信息挖掘和信息转换三方面加以改进。

非遗档案信息的整序包括对非遗档案信息的序化和重组两方面

含义。序化应依据非遗档案所涉及的对象、反映的主题,档案中的关键词语、信息特征来区分;重组则是在序化基础上依据形成时间、重要程度、相互关联加以排序。非遗档案信息的挖掘则是对非遗档案中无法识别、漫漶的信息进行人工识别,邀请专业人员对所涉及的背景信息加以解析,校正勘误,以确保信息的完整与准确。这两方面的工作最终是为了信息转换、数字化和资源库建设做准备。

开发非遗档案信息资源,建设非遗档案信息系统,需要利用现代信息技术。我国档案信息化建设、数字档案馆建设的成果为非遗档案信息数据库和非遗档案信息系统的建设奠定了基础;文化领域、图书馆领域掀起的"记忆工程项目"也为非遗档案信息系统的建设提供了很好的示范。当前,一些非遗专题数据库、非遗数字展示平台和数字博物馆已经陆续建成并上线,其中一些已产生了较大的影响力。一些非遗题材的档案文化节目也成为展示非遗档案信息、开展非遗档案信息传播的新媒体、新形式,如北京卫视的《档案》节目先后介绍了北京同仁堂、京韵大鼓、相声等非遗及其代表性传承人,如骆玉笙、侯宝林、马季、侯耀文等,以原始的纸质、视频、音频档案,形象生动地展示非遗档案信息,诠释了非遗的文化内涵,取得了很好的传播效果。

(4)以提升整体效果为目标

前文的研究,已总结出我国现行的非遗档案信息传播在效果上存在着地域差距,那么缩短地域之间、城乡之间的差距,实现非遗档案信息传播的效率与公平,全面提升传播的整体效果,是非遗档案信息传播中迫切需要解决的问题,也应该是公共文化服务背景下非遗档案信息传播的最终目标。

①强化传播的配套设施建设。

工欲善其事,必先利其器。性能优良、科技化水平高的传播设施,必定会提升非遗档案信息传播的效率,给公众以良好的接受体验,进而获得高质量的传播效果。但是,也正因为在设备配置上的不均衡,才使得经济发展相对滞后的区域、省份以及贫困的乡镇农村无法享受非遗档案信息传播的红利,同经济发达、配套设施齐全的地域相比,这些地区传播活动举办的频次较少、形式较为单一、现代技术和新媒介应用得较少。

在 2016 年发布的政府工作报告中,将公共文化资源向基层倾斜,让每一户都开通数字广播电视成为年度文化发展的重点工作。①2017 年,原文化部加大了对边疆地区、革命老区、民族地区等经济相对落后地区的文化扶贫,加大资金投入力度,重点强化公共文化服务配套设施的建设,制定颁布了《"十三五"时期文化扶贫工作实施方案》,提出了八项建设任务(见表 5-9),其中为贫困地区购置设备,推进县、村文化服务中心全覆盖,加强非遗普查,推进非遗建档和建设非遗数据库等举措,都将切切实实地从资源建设、设施完善等方面推进非遗档案信息的传播②。

表 5-9　《"十三五"时期文化扶贫工作实施方案》对贫困地区的扶持措施

主要任务	实施举措	预期效果
推动贫困地区艺术创作生产	鼓励开展主题作品创作;鼓励文化部直属院团与贫困地区基层文艺团体结对帮扶	提升贫困地区艺术创作水平
推动贫困地区公共文化服务体系建设	实施贫困地区民族自治县、边境县村综合文化服务中心覆盖工程;实施贫困地区设备购置项目	改善贫困地区非遗档案信息传播配套设施条件
提升贫困地区文化遗产保护利用水平	推动与新型城镇化建设、扶贫开发、产业转型升级相结合;充分挖掘革命老区红色文化内涵,利用资源优势;提升保护利用水平,加强对贫困地区非遗的调查、研究、记录,建立非遗产档案和数据库	建立形成非遗档案信息传播资源优势
加快贫困地区文化产业发展	鼓励贫困地区依托特色文化资源发展特色文化产业;支持建设文化产业集聚区和特色项目	促进特色文化产业发展良性循环

---

① 李克强 2016 年政府工作报告 [EB/OL]. [2016-3-5]. [2021-7-22]. http://news. xinhuanet. com/fortune/2016-03/05/c_128775704. htm.

② 欣闻. 文化部发布《"十三五"时期文化扶贫工作实施方案》[N]. 中国文化报,2017-6-8(1).

续表

主要任务	实施举措	预期效果
促进贫困地区文化市场健康发展	加强贫困地区文化市场综合执法队伍建设；开展文化市场专项整治；深入推进贫困地区上网服务行业转型升级	建设稳定和谐的非遗档案信息传播市场环境
推动贫困地区文化交流互通	充分利用海外中国文化中心平台，支持贫困地区优秀文化资源走出国门，走向世界；实施文化睦邻工程，支持边境贫困地区与周边国家开展文化交流活动	扩大贫困地区非遗档案信息传播范围
加大贫困地区人才队伍建设力度	选派20名同志到新疆、西藏、青海和西部地区、革命老区和中央苏区等贫困地区挂职帮扶；继续实施"三区计划"文化工作者专项；实施干部教育培训计划；加强文化科教扶贫兴边	壮大贫困地区非遗档案信息传播人才队伍
落实文化部定点扶贫工作	坚持"文化扶贫为重点、多种扶贫方式并举"的思路，支持山西省娄烦县、静乐县公共文化服务体系建设，有效提高两县人民群众享受基本公共文化服务水平	树立典型，推广非遗档案信息传播配套设施建设经验

　　置身于公共文化服务背景之下，想要快速破解非遗档案信息传播配套设施上的不足，搭乘公共文化服务的快车，利用公共文化服务设施与资源，实现非遗档案信息传播与公共文化服务设施共建共享，可以成为一条高效且可行的策略。公共文化服务设施的建设与不断完善一直是我国公共文化服务体系建设的重要工作内容。2016年，国务院提出将广播电视村村通向户户通升级推进的要求，制定了2020年广播电视升级改造的五大目标，明确了传播媒介向数字化、智能化、双向化发展的方向（如图5-7所示），① 硬件设施的建成与完善，将为非遗档案信息提供更为丰富的传播平台，数字化、

────────────

　　① 《国务院办公厅关于加快推进广播电视村村通向户户通升级工作的通知》国办发〔2016〕20号〔EB/OL〕. 〔2016-4-21〕. 〔2022-3-12〕. http：//www.gov.cn/zhengce/content/2016-04/21/content_5066526.htm.

智能化的展示也将提升非遗档案信息传播展示的观感体验。

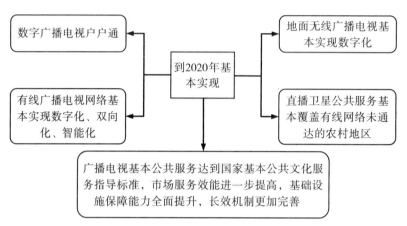

图 5-7　广播电视户户通升级工作树立的目标

　　除了广播电视，其他的公共文化服务设施的建设与完善也在着力推进和完善。云南大理一方面积极开展文化场馆的改建扩建工作，拓宽服务场所面积，确保可以容纳更多的公众，举办规模更大的文化传习活动；另一方面，先后建立了群众文化活动中心，民间文化培训基地，曲艺、音乐、器乐等非遗项目的培训中心等机构，开展非遗技艺的宣传与培训工作。此外，云南大理还将基层文化站设施配套与改善工作落到实处，除场地配置外，还对互联网、计算机、终端服务器等技术与设备的配套予以了保障，这些同样有助于非遗档案信息传播的扩大。①

　　②科学组织非遗档案信息传播活动规划

　　全面提升非遗档案信息的传播效果，除了从配套设施这一外部因素入手外，还需要从非遗活动自身加以改进。笔者认为，应该从转变传播方式、做好传播规划和打造精品化传播三方面入手。

　　我国现行的非遗档案信息传播，传播主体决定着传播的内容、

---

　　① 任维东．云南大理公共文化服务体系日臻完善［N］．光明日报，2017-6-18（4）．

方式，这是一种"以传者为中心"的单向输入型传播方式，传播主体单方面输入的信息未必能完全契合传播受众的需求，供需之间的不匹配带来的是传播受众满意度的降低，传播效果不尽如人意。公共文化服务的背景强调以公众需求为导向，同样，健康科学的非遗档案信息传播也应该是"以受众为中心"、重视内容建设的传播模式。笔者将这一模式称为"种植型"传播，即改变"输入型"传播漫无目的、散弹式的信息传输方式，而是以"种文化"的方式将非遗文化、非遗信息孵化并扎根于受众的心中。我国已经有这方面的探索和实践。湖北省利川市是湖北省第二批公共文化服务示范区，该市将当地的非遗文化、民族文化元素发掘提炼出来，孵化加工成曲目、舞蹈，作为文化传播的"种子"，利川市先后培养和遴选出一批文化骨干和文化精英，让他们演习这些曲目、舞蹈，通过深入乡镇基层、边远贫困地区组织展演和服务的方式，让非遗文化、民族文化的"种子"深深扎根于民众的心中，① 非遗信息的传播得以落到实处。

传播方式的转变也需要全面有序的传播活动规划加以配合。在经济较为发达，文化建设相对繁荣的城市或区域，文化行政部门或各类传播主体大多对于非遗传播工作有总体的规划和基本的设想，据此有条不紊地展开。但在经济欠发达、人力资源有限的贫困地区，非遗的传播活动可能无法做到定期举行和各有侧重。因此，要提升传播的效果，缩短差距，联系实际做好传播规划，确保传播有序开展还是十分重要的。广西三江县就集合了专家和专业人士的力量，共同制定了非遗资源建设与发展规划，其中就包含非遗的传播与推广。②

除了缩短经济欠发达地区、边疆地区、民族地区同经济发达地

---

① "种文化"：华中师范大学师生赴我市开展湖北省第二批公共文化服务示范区创建调研［EB/OL］.［2016-8-16］.［2021-4-12］. http：//www.lc-news.com/art/2017/4/12/art_9212_306739.html.

② 陈炜，唐景薇.旅游开发对少数民族非物质文化遗产保护的影响研究——以广西三江侗族自治县为例［J］.前沿，2010(15).

区之间的差距外，笔者认为，还可以因势利导，开发这些地区独特的非遗文化优势，在非遗档案信息传播上形成特色、打造品牌。新疆维吾尔自治区有很多富有特色的民俗与节庆，维吾尔族也是一个善于用歌舞表达情感的民族，因此，当地政府鼓励在传统节日期间通过展演的方式传播非遗文化、传递非遗信息，并给予资金上的补助。这种传播方式符合维吾尔族的民族习惯，满足了维吾尔族民族的心理偏好，取得了很好的传播效果。

此外，传播的契机也直接影响着传播的效果。我国现行的非遗档案信息传播活动，大多会选择在"文化遗产周""文化遗产日""国际档案日"等节日举办。在特殊的节日里，公众了解文化遗产、接受档案传播的意识将会更强，对信息的接受度和认可度也会更高，因此，集中而持续的非遗档案信息展览、展演等传播活动有助于深化节日的主题，吸引公众的关注度，在短时间内增强公众对非遗的认知。

三、本章小结

机制是对非遗档案信息传播整体的规划。本章分析了我国当下所实行的政府主导型的非遗档案信息传播机制，结合存在的问题与不足，吸取其他政府主导型国家、市场主导型国家和分权共建型国家的建设经验与成功举措，形成了公共文化服务背景下我国非遗档案信息传播机制优化的方向。在明确非遗档案信息传播机制构建原则与基本思路的基础上，本章设计出了公共文化服务背景下非遗档案信息传播机制的框架。

公共文化服务背景下非遗档案信息传播机制涵盖了宏观、中观、微观三个层面的战略定位，宏观层面的定位是指非遗档案信息传播应置于公共文化服务的战略环境之下，中观层面的定位是指政府部门需要通过立法加强对非遗档案信息传播的规范与保障，形成一个稳定的政策环境，微观层面则指非遗档案信息传播的具体实施，具体包括机制运行的基本路径、任务层次以及各传播要素之间的关系。机制运行的基本路径包括以公共文化服务为背景、以面向公众需求为导向、以多元主体参与为核心、以非遗档案管理为协同和以提升整体效果为目标。非遗档案信息传播要素之间则是动态、循环、双向互动的关系。

第六章　分众传播：公共文化服务背景下非遗档案信息传播策略创新

在第五章的公共文化服务背景下非遗档案信息传播机制框架中，"公众需求"被视为非遗档案信息传播实施的导向，成为仅次于"以公共文化服务为背景"的第二大任务；而在传播要素间的关系中，传播受众也被前移至首位，成为影响并决定着其他要素发展方向和工作内容的重要因素。第五章的研究指出，"以面向公众需求为导向"包含两层含义：一是认识到不同公众对于传播中的非遗档案信息有不同需求；二是主张应结合公众需求设计并实施非遗档案信息传播。我国已经开展的非遗档案信息传播，乃至整个档案信息传播，主要采用的是人际传播、组织传播和大众传播，削平个性、无所不包的单向传播虽在一定范围、一定程度上提高了公众对非遗的认知，但公众的需求却未真正得到尊重和满足。该以何种举措强化对公众需求的认知，以何种方式密切传播实践与公众需求之间的关联，是迫切需要解决的问题。

互联网技术和新媒体技术创设出新的传播环境，形成了新的传播媒介，人类传播开始由"群体传播"向着"非群体传播"演进，而"群体传播"下的"大众传播"也逐渐为"非群体传播"中的"分众传播"所代替。这种以"细分受众""内容为王"和"整合传播渠道"为特征和原则的新型传播范式能否给非遗档案信息传播带来新的契机与动力？在改变传播行为模式化、传播内容套路化、传播形式固定化、传播受众泛化等问题的同时，将非遗档案信息传播引入"传播主体与受众双向互动""传播内容丰富且均衡""传播形式各异"的理想状态。本章，笔者将在总结"分众传播"理论阐释及其应用于非遗档案信息传播适切性的基础上，探讨分众传播下传播受众、传播主体、传播内容、传播媒介、传播效果改革与创新的路径。

一、分众传播的理论阐释及其在非遗档案信息传播中的适切性分析

分众传播的理念产生于 20 世纪 70 年代的西方。信息技术和通信技术的发展带来了新兴媒介的产生，"知识爆炸"使得传播的信息数量激增，单一、盲目、泛化的大众显然无法满足传播的需求，重视不同受众对信息的不同选择，有的放矢地开展传播被视为适应这一变化的科学转向。

(一) 分众传播的理论阐述

最早提出"分众传播"理念(1970)的是美国未来学家阿尔文·托夫勒，他也是对"分众传播"关注最多、研究最为深入的学者之一。在《未来的冲击》(1970)①、《第三次浪潮》②(1980)、《权力的转移》(1990)三部专著中，阿尔夫·托夫勒对分众传播进行了由浅入深的阐释。阿尔文指出，随着人类信息的需求由一致向着多样化的转变，非群体传播时代的到来成为了必然。③ 科学技术充分丰富了面向社会公众信息传播的渠道，传播受众也因此从整体而分化，

347

---

① Toffler A. Future Shock Random House[M]. Inc., New York, 1970: 241.

② Alvin Toffler. The Third Wave[M]. William Morrow and Company, Inc, 1980: 181.

③ [美]阿尔文·托夫勒. 第三次浪潮[M]. 朱志焱，等，译. 北京：新华出版社，1996: 173.

每个群体的兴趣和利益都值得被关注和定位，进而区别地开展传播。① 继阿尔文之后，弗雷德里克也认识到新的科学技术促成了人类传播由"大众"向着"分众"的转变。② 1985 年，日本博报堂生活综合研究所在《分众的诞生》一书中明确提出了"分众"一词，旋即获得社会各界的关注，并入选当年度日本流行语大赏，书中指出，分众就是将"划一"的"大众"分割成个别化、差异化的小型群体的现象。③ 20 世纪 90 年代以后，学者们对于"分众传播"的认识日益明确和笃定，Chamberlain（1994）明确提出人类已经进入了分众传播的时代；④ 尼古拉·尼葛洛庞帝（1995）指出大众传播的广播电视必将衰老，"窄播"和"定制化"的分众传播终将取而代之；⑤ 威廉姆斯和罗杰斯（1998）从信息控制的角度探讨了分众传播的概念；⑥ 麦奎尔（2005）则从传播技术的角度肯定了媒介分众化的趋势⑦（如图 6-1 所示）。

我国对于分众传播的关注始于 21 世纪初，杨凤娇（2001）率先探讨了电视媒体以多频道改革实现分众传播的发展趋势。熊澄宇（2004）从学理的角度对分众传播展开了研究，自此拉开了国内分众传播研究的帷幕。国内的学者们基于自身的认识与研究，阐述了分众传播的概念，笔者选择其中具有代表性的观点总结制图如图 6-1 所示。

---

① 徐耀新. 西方新闻理论评析［M］. 北京：新华出版社，1998：79.

② Frederick Williams. Curriculum Implications of New Technologies［J］. Association for Communication Administration Bulletin，1986，55(1).

③ 博报堂生活综合研究所. 分众的诞生［M］. 台北：远流出版事业股份有限公司，1987：5.

④ Chamberlain M. A New Technologies in Health Communication［J］American Behavior Scientist，1994.

⑤ ［美］尼葛洛庞帝. 数字化生存［M］. 胡泳，范海燕，译. 海南：海南出版社，1996：74.

⑥ Williams F, Rice R E, Rogers E. Research Methods and the New Media［M］. New York Free Press，1998：12.

⑦ ［美］斯坦利·J. 巴伦. 大众传播概论——媒介认知与文化(第三版)［M］. 刘鸿英，译. 北京：中国人民大学出版社，2005：32.

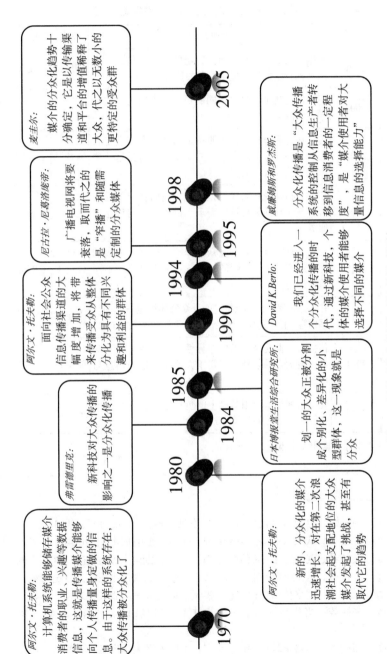

图6-1　国外"分众传播"理论发展时间轴

表 6-1　　　　　国内"分众传播"概念的代表性界定

序号	提出时间	主要观点	学者	来源
1	2001	根据受众的差异性，面向特定的受众群体或大众的某种特定需求，提供特定的信息与服务	杨凤娇	论文①
2	2004	不同的传播主体对着不同的对象用不同的方法传递不同的信息	熊澄宇	论文②
3	2005	传媒在传播过程中，按照特定的受众群体设定自己的传播内容，使之适应并满足该类对象这一要求的传播方式	廖梦君	专著③
4	2006	传播者根据受众需求的差异性，面向特定的受众群体或大众的某种特定需求，提供特定的信息与服务	王长潇	专著④
5	2010	根据受众的特点划分受众群体，而后划分不同的媒介组织，定制不同的媒介信息来满足这些不同群体的需要	杜骏飞	专著⑤
6	2010	在传播过程中，按照特定的受众群体设定自己的传播内容，使之适应并满足该类对象要求的传播方式	张桂芳	学位论文⑥
7	2011	传播者根据受众需求的差异性，面向特定的受众群体或大众的某种特定需求，提供特定的信息与服务	郭庆光	专著⑦
8	2017	在互联网技术应用基础上的传播主体多元化、传播受众分群化的传播方式和格局	王欢院	论文⑧

注：本表根据相关文献资料整理而成。

①　杨凤娇. 电视分众化传播趋势的发展策略[J]电视研究，2001(6).
②　熊澄宇. 从大众传播到分众传播[J]. 瞭望新闻周刊，2004(2).
③　廖梦君. 现代传媒的价值取向[M]. 长沙：湖南人民出版社，2005：136.
④　王长潇. 电视影响传播概论[M]. 广州：中山大学出版社，2006：244.
⑤　杜骏飞. 网络传播概论[M]. 福州：福建人民出版社，2010：154.
⑥　张桂芳. 当代传媒影响下的趣味群体研究[D]. 济南：山东大学，2010.
⑦　郭庆光. 传播学教程[M]. 北京：中国人民大学出版社，2011：161.
⑧　王欢院. 分众传播与媒介融合[J]. 新闻知识，2017(3).

由表 6-1 可知，国内学者对于"分众传播"的认识基本达成了共识，分众传播的基本内涵可以总结为以下四个方面：

第一，互联网技术等新传播技术的产生与变革推动了这次变革；

第二，受众信息需求的差异以及信息选择上的主动决定了要对受众进行细分；

第三，尊重并强调受众需求、传播内容、传播渠道（或服务）的"特定"性；

第四，依据是否对传播主体进行细分，分众可以是"一对多"，也可以是"多对多"。

据此，笔者将分众传播界定为：以传播受众的信息需求及差异为依据，区别并划分传播内容，针对性选择不同传播媒介、传播渠道和传播方式，将专门的信息以专门的方式传播给专门的受众，以受众对信息充分的接触和最大程度的满足提升传播的效果。

熊澄宇将人类的传播梳理为"小众传播""大众传播"和"分众传播"三个阶段，同时指出，如果说从小众传播到大众传播是人类传播史上的第一次飞跃，那么从大众传播转向分众传播必定是人类传播史上的第二次飞跃，从大众传播到分众传播是媒体功能发展的必然趋势。因此，在对分众传播的特性进行深入剖析时，需要联合大众传播进行。①

"大众传播"通常被译为"Mass Communication"，而在国外相关著作和文章中，"分众"多被译为"demassification"（名词）"demassify"（动词）和"demassified"（形容词）。阿尔文（1970）在提出受众传播这一现象时，就从构词的角度解析了大众传播被分众化了的现象，即"de（表示变反，反义）+mass→去掉大众"和"demass+ify（ified）（动词后缀，表示……化，使成为……，变成化）→分众化"。由此可见，分众传播理应呈现出与大众传播不同，甚至是相反的传播属性。

对于大众传播，传播学家麦奎尔将其特征总结为"数量众多、

351

---

① 熊澄宇.从大众传播到分众传播[J].瞭望新闻周刊，2004（2）.

广泛发布、单向性和匿名性、异质、无组织或自发的、受管理或控制的对象"①；国内学者李彬则将其总结为"规模庞大的传播机构""大批复制的传播内容"和"人数众多的传播对象"三方面特性，指出"大众传播是大规模的媒介组织向大范围的受众传递大批量信息的过程"。② 唐晓红曾绘制出分众传播的模式图（如图 6-2 所示），并将其与施拉姆的大众传播模式图进行比较（如图 6-3 所示）。笔者认为，分众传播与大众传播除同样采用多样而丰富的传播媒介外，在传播理念、传播目标、主体与受众间的关系、传播方式、传播内容和传播受众等方面都显示出明显的区别（见表 6-2）。这使得分众传播在准确定位受众目标、充分利用传播资源、提高传播效率、强化信息反馈等方面有着无可比拟的优势，对于突破当前非遗档案信息传播存在的不足、优化非遗档案信息传播有着积极的作用。

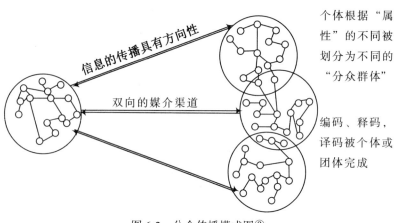

图 6-2　分众传播模式图③

①　Denis McQuail, McQuail's Mass Communication Theory, 5th edition[M].SAGE Publications Ltd, 2010：54.

②　李彬. 传播学引论[M]. 北京：新华出版社，2007：164.

③　唐晓红. 电视谈话类军事节目分众化传播研究[D]. 长春：东北师范大学，2016.

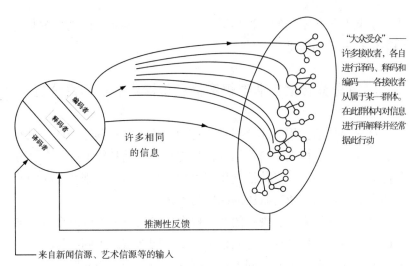

图 6-3　施拉姆大众传播模式图①

表 6-2　　　　　　　分众传播与大众传播传播特征比较

传播类型 传播特征	分众传播	大众传播
传播理念	以受众为中心	以传者为中心
传播目标	获取特定部分人的注意	获取绝大多数人的注意
主体与受众的关系	界限模糊	界限分明
传播方式	"多对多"的/双向、多向交流	"一对多"的/单向输出
传播内容	风格化、个性化	大批复制
传播受众	特定的、有清晰特征的受众群	数量众多的、特征模糊的受众群
传播渠道	多样化	多样化

注：本表根据相关文献资料整理而成。

　　基于上述认识，笔者将非遗档案信息分众传播的概念界定为：根据非遗档案信息传播受众的差异，选择特定的传播媒介和传播方

---

　　① ［英］丹尼斯·麦奎尔，［瑞典］斯文·温德尔. 大众传播模式论［M］. 祝建华，武伟，译. 上海：上海译文出版社，1987：46.

式，定制并传播不同的非遗档案信息内容，以满足不同受众对非遗档案信息的不同需求。

（二）分众传播在非遗档案信息传播中的适切性分析

将分众传播应用于非遗档案信息的传播，既有其适用性，也有其迫切性。适用性在于非遗档案信息与分众传播特征上的契合，分众传播对非遗档案信息传播优化需求的满足；迫切性则在于我国非遗档案信息传播中亟待解决的问题与不足。

从信息特征来看，现行的非遗档案信息具有典型的复合型、加工性、专门性和地域性。他们记录的是不同地域、不同类型、不同艺术形式的非遗，以及不同年龄、不同知识结构、不同性别、不同艺术水平的非遗传承人，这些内容是繁富、多样，更是个性化的，即便建档过程中设置了基本的编纂框架，但具体的内涵也是截然不同的。传播主体是非遗档案的建设主体，同时也是非遗档案信息的编纂主体，他们对非遗档案信息进行加工、整序、分类和细化，确保能为受众所接受。值得指出的是，非遗传承人档案信息是非遗档案信息传播的主要内容，而非遗传承人本身也是非遗档案信息的建设主体和传播主体，有着传者与受者的双重身份。这些特性与削平个性、无所不包却又泛化的大众传播相冲突，却与分众传播相契合。传受双方界限的打破，肯定了以非遗传承人为代表的双重身份主体存在的合理性，受众参与非遗档案信息的建设及传播，有助于更为精准地捕捉受众的需求，深层次地体现受众对传播信息的选择；而分众传播对风格化、个性化传播内容的重视，也更好地契合了非遗档案信息地域化、专门化的特征。从传播需求来看，公共文化服务的背景下，面对不同类型、不同特征的公众传播并推送非遗档案信息，"以传者为中心"的散弹式传播可能在一定程度上会提高公众的认知，但要在确保效率和效益的基础上进行深层次的信息推送，难度是很大的。只有"以受众为中心"，认识并区分不同类型受众对信息的不同需求，将特定的传播内容借由特定的传播渠道和传播方式传播给特定的传播受众，才能实现非遗档案信息传者与

受者之间的对称匹配，满足非遗档案信息高效、准确和针对传播的
需求。

除了适用性，将分众传播应用于非遗档案信息传播也是迫切
的。前文的研究表明，我国现行的非遗档案信息传播存在着不足，
如以传统媒介为主，传播手段和传播范围有限，传播形式单一和同
质化等。对非遗档案信息单纯的"宣传"和"展示"，如同传播主体
独自出演的一场"独角戏"，很难获得受众的共鸣与反馈。如何丰
富传播形式、活化传播形式、综合不同类型传播媒介的优势，是需
要认真对待和解决的问题。随着非遗保护和非遗建档工作的推进，
非遗档案及其信息的数量势必会进一步增加，以科学、经济和富有
效益的方式开展非遗档案信息传播，节约传播成本，提高非遗档案
资源的利用率，为各类非遗档案信息传播部门提供良好的行为范
式，是应对重要且大量非遗档案信息传播任务的迫切举措。

二、国内外分众传播经验的借鉴

国内外分众化传播都是从媒体的分化开始。美国是最早实施分
众传播的国家。20 世纪 50 年代，美国的部分杂志社和广播电台依
据市场的变化实行了"类型化"传播和"窄播"。20 世纪 70 年代，
美国的电视传媒也实行了分频道、分化传播，扩大了分众传播的作
用力和影响范围。我国的分众传播始于 20 世纪 80 年代，同样以电
视媒体分频道为开端。分频道传播依据内容和类型形成了专业化的
主题频道，凝聚了一批同质化程度和忠诚度很高的受众。成功的经
验增加了分众传播的社会影响力，进而在市场营销、广告投放、政
务信息共享，甚至高等教育中得到应用。

355

与本研究相关，能够为本研究提供范式参考和经验借鉴的实践
当属美国国家档案与文件署（National Archives and Records
Administration，简称 NARA）网站的信息分众服务和南京博物馆开
展的分众传播实践。

（一）国外：美国国家档案与文件署网站的分众信息服务

美国国家档案与文件署（NARA）十分重视信息服务，其官网首页的第一栏就是"信息服务"（Information for）。依据不同用户的不同需求，美国国家档案与文件署将信息服务的对象依次划分为公民档案员（Citizen Archivists）、联邦雇员（Federal Employees）、家谱学家（Genealogists）、国会议员（Members of Congress）、档案保护人员（Preservation）、文件管理者（Records Managers）和新闻记者（The Press）（如图6-4所示），囊括了档案信息用户的主要类型。

图 6-4　NARA 网站信息分众服务界面

面对不同的用户类型及其特定的服务需求，美国国家档案与文件署进一步设置了不同界面，相对应地提供不同信息（见表6-3）。"公民档案员"项目是美国国家档案与文件署自 2010 年提出的集中公众力量参与档案收集、管理和优化的众包项目，下设"注册并开始"（Register and Get Started）、"公民档案员的任务"（Citizen Archivist Missions）和"历史中心"（History Hub）三个板块。公民通过注册账户成为档案员，承担添加标签（Tag）和转录（Transcribe）的任务。"公民档案员的任务"（Citizen Archivist Missions）中罗列了公民档案员所要完成的具体任务。早期要求公民档案员添加标签的任务有六项，随着项目的推进，目前的任务仅有"美国风景优美的小道"（America's Scenic Byways）1项任务，转录的任务则有包括"阿拉斯加公路委员会文件"（Alaska Road Commission）、"富兰克林 D. 罗斯福演讲档案"（Franklin D. Roosevelt Master Speech Files）、"1937—1948年 TVA 家庭迁移和人口调整档案"（TVA Family Removal and Population Readjustment Case Files 1937—1948）等在内的10余项。美国国家档案与文件署还建成了"历史中心"（History Hub）这样一个试验性众包平台，用于档案资料的分享，同时设置讨论板和博客等以支持用户的在线交流、讨论与协作。

表 6-3　　　　NARA 网站信息用户分化及对应服务栏目

序号	类型	服务栏目
1	公民档案员 Citizen Archivists	①注册并开始 Register and Get Started
		②公民档案员的任务 Citizen Archivist Missions
		③历史中心 History Hub
2	联邦雇员 Federal Employees	①我想知道更多关于 I want to know more about…
		②快速链接 Quick Link
3	家谱学家 Genealogists	①开始你的家族研究 Start Your Family Research
		②浏览热门话题 Browse Popular Topics
		③活动 Events
		④家谱研究的工具 Tools for Genealogists
4	国会议员 Members of Congress	①免费文件存储 Complimentary Records Storage
		②参观国家档案馆 Tours of National Archives Locations
5	档案保护人员 Preservation	①你想保存什么？ What Do You Want to Preserve?
		②NARA 保护项目 NARA Preservation Strategies
		③保护策略 Preservation Programs
		④活动与特定计划 Events and Special Projects

续表

序号	类型	服务栏目
6	文件管理者 Records Managers	①文件管理门户 Records Management Portals
		②预约与提交 Scheduling and Transfer
		③监督与报告 Oversight and Reporting
		④培训与教育 Training and Education
		⑤政策与指导 Policy and Guidance
		⑥重要的主题 Important Topics
7	新闻记者 The Press	①最近的新闻发布会 Recent Press Release
		②按日期排列的新闻稿 Press Releases By Date

注：本表根据美国国家档案与文件署官网（www.archives.gov）总结而成。

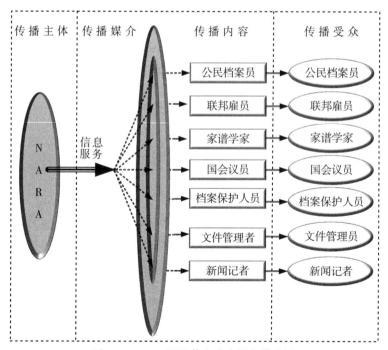

图 6-5　NARA 网站信息分众服务模式图

针对家谱学家，美国国家档案与文件署设置了家族研究、热门话题、代表性活动以及家谱研究工具四个板块；对于档案保护人员则设置了保存对象、NARA 保护项目、保护策略、活动四个项目。针对不同类型的用户针对性设置专门的网页，提供特定的信息服务，美国国家档案与文件署的分众信息服务堪称国外档案领域分众传播的典型案例。

(二)国内：南京博物院的分众传播服务

南京博物院为我国创建最早的博物馆，也是我国第一座由国家投资兴建的大型综合类博物馆，① 主要负责南京地区遗址遗迹、古代墓葬的考古挖掘、藏品保管、文物的征集与保护等工作，重点展示南京古都历史文化成就，是江苏省、南京市爱国主义教育基地。2005 年以后，南京博物院紧随博物馆发展趋势，将工作重心由关注藏品收集与保管转向提升观众服务上，"分众"成为了南京博物院优化和提升服务质量的核心理念和主要举措，具体体现在展馆功能设计、展览安排和分众教育三方面。

南京博物院原设有历史馆和艺术馆两馆。2009 年，南京博物院启动改建扩建工程，在保留历史馆、改建艺术馆的基础上，新建了特展馆、民国馆、数字馆和非遗馆四馆，形成了"一院六馆"的新格局。为满足不同类型观众对展品的不同需求，南京博物院认真划分并定位了六个展馆不同的展示功能与主题。历史馆继续坚持南京博物院一贯的内容特色和传播任务，其常年展陈的"江苏古代文明展"，以江苏古文明发展为主线，全面而详细地描述其主要发展历程和代表性成果；艺术馆以博物馆所收藏的珍贵艺术品为主要展示内容，定期轮流更换；特展馆以主题展览的形式，重点展示院藏或引进的精品展品；非遗馆以动态展示和传承人现场展示的方式，展示江苏省国家级、省级非遗名录项目；民国馆重点聚焦了在民国这一特定历史时期南京的日常生活、风土人情，以及风物民俗；数

359

---

① 王富林. 博物馆观众拓展研究[D]. 济南：山东大学, 2019.

字馆则集中于现代传播技术和情景化传播场域的创建与展示，将古代的科技文明以现代的科技手段生动而形象地展示出来。此外，南京博物院还专为残障人士设置了残障主题馆——"博爱馆"，手感触摸、语音解读和全自动导览车等技术和设备，满足残障人士的参展体验。南京博物院在保持自身综合属性的基础上，注意突出特色、凝练主题，对于满足不同受众需求、拓宽受众服务面发挥着积极作用。

在具体的展览活动上，南京博物院也注意结合不同的受众属性、不同的受众需求设置不同类型的展览活动，如文化对比类展览、传统文化当代观照类展览、宫廷元素原貌展，以满足不同层次、不同类型受众的参展需求。南京博物院还通过票价区分受众，除基本陈列对公众免费开放外，对部分临时展览收取不同阶梯的票价，借此圈定传播目标人群。①

在履行社会教育职能时，南京博物院也充分贯彻了"分众教育"的理念，对少年儿童和成年观众分别营造不同的参观体验。针对低龄儿童，南京博物院打造情景式、趣味性参观环境，设置儿童古代智慧体验室，供儿童亲手体验古代科技文明，开发设计游戏类教育软件，让儿童在游戏玩耍中了解古代文化知识。针对青少年观众，南京博物院依据历史分期分别设置了不同主题的教育活动，如史前陶器、汉代古乐汉舞、宋元书画等；针对成年观众，则以举办讲座的形式促进文化普及，以专业、互动性强的专题导览开展文化的深层次解析。此外，南京博物院还针对不同年龄层次、知识结构的观众定制不同主题的暑期研学，如小学低年级学生的"行走博物馆"、小学高年级的"透物见史"夏令营、中学生的"考古夏令营"和"文物修复夏令营"、家庭观众的"亲子导赏+亲子互动"体验活动，均得到了公众的普遍支持与欢迎。

---

① 刘文涛．从分众传播的角度思考博物馆展览——以南京博物院的展览实践为例[J]．中国博物馆，2019(4)．

三、公共文化服务背景下非遗档案信息分众传播的策略

国内外分众服务、分众传播的实践给本研究带来了有益的启示，也将对形成公共文化服务背景下非遗档案信息分众传播的策略提供示范。但也需要看到，美国国家档案与文件署和南京博物院开展的分众传播，仍是单个主体在局部范围内针对部分内容或部分活动进行的实践探索，而公共文化服务背景下的非遗档案信息分众传播，涉及的要素更多，考虑的内容也更多。

(一)非遗档案信息分众传播的主要思路

在勾画公共文化服务背景下非遗档案信息分众传播实施思路时，笔者将继续以"5W"传播模式为框架，探讨传播主体、传播内容、传播媒介、传播受众和传播效果五个要素在分众传播模式下的安排和发展走向。中国传媒大学曾祥敏教授曾系统研究了电视媒体的分众化传播。他从哲学思辨的角度，创造性地提出分众传播中的"分""合"思想。他指出"分"与"合"是辩证统一的关系，"合无不分，分无不合"，"分"与"合""可交、可轮"。① 传统的大众传播以整合混沌的姿态执行着传播的行为，既然无"分"，也就无谓谈"合"。但是，当分众传播以"分"的思维去替代大众化传播时，"分"与"合"的关系值得被研究和把握。简而言之，对"分"的突出不代表要完全与"合"相割裂，"合"是"分"的基础，"分"是"合"的手段。"分"的目的最终仍是为了"合"。笔者认为，这一思想值得被贯彻于公共文化服务背景下的非遗档案信息分众传播中。②

361

① 方立天.中国古代哲学(上)[M].北京：中国人民大学出版社，2012：226.

② 曾祥敏.新媒体背景下的电视分众化传播[M].北京：中国广播电视出版社，2010：31.

在对"分众传播"概念与特征的认知、"分合"关系的理解，以及相关实践经验的借鉴上，笔者梳理了公共文化服务背景下非遗档案信息分众传播的实施思路，并将其总结为以下五点：

第一，置顶受众，以受众分化引领分众传播；

第二，受众"分合"呼唤主体行为上的"分合"；

第三，以保护为目的的内容建设演变为面向分众需求的内容组织；

第四，传统媒介和新媒介的定位与融合；

第五，细分后的聚合，"碎片化"受众需求如何得到满足？

（二）基于"5W"的非遗档案信息分众传播策略实施

在上述研究思路的指导下，笔者将打破"5W"传播模式理论中以传播主体为先导，将传播内容借传播媒介传递给传播受众，产生传播效果的思维方式和传播序列，将"传播受众"移至最前端（如图6-6所示），以细分受众为先导，继而研究传播主体、传播内容、传播媒介和传播效果的调整和转向，形成公共文化服务背景下非遗档案信息分众传播的整体策略。

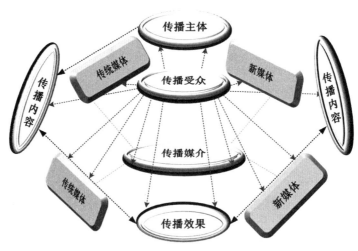

图6-6　分众传播下非遗档案信息传播要素关系图

1. 由模糊到清晰：传播受众的细分

"以受众为中心"是分众传播的基本原则，将原本模糊的大众分化定位为清晰的受众，是分众传播的起点与原动力。

(1)传播受众的需求调查及影响因素分析

受众是指接受信息的公众。笔者认为，公共文化服务背景下的非遗档案信息传播受众应是有能力或有意愿接受非遗档案信息的全体社会公众。因为公共文化服务是一项保障公众文化权利，实现文化公平与文化均等的系统工程，全体的社会公众是其服务的对象，能否提升公共文化服务的价值性、普惠性、便利性和有效性，是衡量公共文化服务质量的主要标准。

"公众"一词诞生于西方的民主社会，称为"public"，兼有"公共场所""社会"的含义。可见，"公众"是一个有着显著公共属性的词汇。与"公众"相关的概念有"公民"和"大众"。"公民"一般指"具有或取得某国国籍，享有权利并承担义务的个人"，而"大众"则通常指对事物无鲜明主体意识的、无差别特性的群体。相对于"公民"，"公众"多用指群体，更具有社会性；相对于"大众"，"公众"特指具有主动性、独立性和代表性的公民代表。① 公众是一个集合名词，是由自然人形成的合集，它可以是单个的自然人，可以是少数自然人组成的少众，也可以是多个自然人组成的团体(如图6-7所示)。

图6-7 "公众"概念图解②

---

① 陈强，尤建新."公众"内涵辨析与公众满意战略[J].上海管理科学，2006(4)．

② 周耀林，赵跃．面向公众需求的档案资源建设与服务研究[M]．武汉：武汉大学出版社，2017：29.

"公众"概念的明晰厘定了公共文化服务背景下非遗档案信息传播受众的组成与范畴，为与前后研究保持一致，笔者将继续使用"受众"这一词，表述公共文化服务背景下接受非遗档案信息传播的广大公众。

在第三章中，笔者曾对现行非遗档案信息传播受众及其信息接收意愿和选择偏好进行了调查与分析，调查对象涉及不同性别(男女比例为 49∶51)、不同年龄层(15 岁以上)、不同职业(政府工作人员、事业单位工作人员、企业工作人员、外来务工人员、农民和学生等)、不同地域(城市、城郊、乡镇和农村)，调查结果从不同方面显示出受众对非遗档案信息的不同需求。

①受众接受非遗档案信息传播的意愿。

53.32%的受众有着明确的接受非遗档案信息传播的意愿，34.1%的受众持中立态度，12.58%的受众没有接受非遗档案信息传播的意愿。总体而言，公众接受非遗档案信息传播的意愿较高。

②受众参与非遗档案信息传播的意愿。

50.9%的受众有着明确的参与非遗档案信息传播的意愿，他们很愿意同别人分享自己所接受到的非遗档案信息，40%的受众表示视情况而定，另有9.2%的受众表示没有这方面的意愿，导致这一情况的原因在于"不知道如何""没有渠道"去分享，或是身边人不感兴趣。

③受众接受非遗档案信息传播的目的。

35%的受众表示接受非遗档案信息传播旨在充实自身的文化生活，31%的受众表示是为了满足自身的文化需求，21%的受众是为了开阔眼界，10%的受众是为了行使文化权利。以实现自身文化权利为目的的传播占比较低，也从侧面反映出受众的文化权利意识较为淡薄。

④受众接受非遗档案信息传播的主体偏好。

在对非遗档案信息传播主体的选择和心理偏好上，公共文化机构所获得的偏好与信任最高，选择频次为235 次，占比35%；第二是文化行政部门，选择频次为112 次，占比17%；第三是政府，选择频次为78 次，占比11%；第四为社区、街道；第五为社会组织；

第六为企业。可见，公共文化机构、文化行政部门和政府是受众获取非遗档案信息的主要来源与平台。

⑤受众接受非遗档案信息传播的优选内容。

不同性别、不同年龄和不同职业的受众，对于非遗档案信息的传播内容表现出不同的偏好，学生类受众喜爱富有动感、以动作习得为要领的杂技竞技和传统舞蹈类非遗项目，如太极拳、武术、秧歌和孔雀舞等；公务员、事业单位工作人员则青睐静态的，以情境体验、文化沉浸为主的民俗、传统技艺类非遗项目，如春节、中秋、刺绣、茶道和酿酒等；农民类公众则喜欢富有生活气息，以说、唱娱乐身心的曲艺和戏剧类非遗，如相声、二人转、快板、川剧、汉剧等。

⑥受众接受非遗档案信息传播的优选媒介。

笔者在调查中列举了八种信息传播媒介或传播渠道，受众对其的选择频次由高到低依次是电脑或智能手机、民俗活动、广播或电视、现场表演、主题展览、书籍或报纸、课堂或培训、亲戚朋友介绍。其中，15～30岁年龄层的受众，很少选择书籍或报纸等传统媒介，明显偏向于电脑或智能手机等新媒介；56岁以上的公众则更愿意阅读书籍、报纸，听广播或看电视，选择电脑或智能手机的比例较低，即使选择，他们也很难游刃有余地获取相关信息。

⑦受众接受非遗档案信息传播的效果反馈。

3%的受众表示对接受非遗档案信息传播的效果很满意，59%的受众表示一般满意，19%的受众表示基本满意，19%表示不满意。受众结合自身接受体验提出了改进策略，依次为鼓励公众积极参与、丰富传播形式、创新传播内容、媒体加强宣传报道、档案部门整合信息、文化部门科学规划、引入民间资本协作和政府加大投资力度。

由上可知，受众对非遗档案信息的不同需求，首先最直接地表现在非遗档案信息的内容、数量和质量上；其次是对不同传播主体的信任、偏好；再次是对不同传播媒介的使用习惯、接受程度；最后是对自身利用目的的满足。

笔者认为，受众对非遗档案信息的需求、选择与偏好，受到内部、外部多方面因素的影响。内部因素可总结为客观与主观两个方面。受众的性别、年龄这些自身不可更改的属性与特征是客观因素，而受众在不同生命阶段、不同生命经历中的心理意志、信息需求、兴趣选择与喜爱偏好是会发生变化的，属于主观因素。外部因素主要是受众所处环境对其日积月累、潜移默化的影响，具体包括生活环境、受教育环境、工作环境和社会交往的环境等。笔者试列表对这些影响因素总结分析如下（见表6-4）：

表6-4　公共文化服务背景下非遗档案信息传播受众影响因素分析

分类	影响因素	分析及体现
客观因素	性别	"研究认为男性和女性来自不同的社会语言亚文化群，这种文化差异造成不同的信息接受特征。男性在网络环境中对信息接收、复制、传播贡献更大。"①性别影响受众对非遗档案信息的关注点、关注热情、媒介选择等
	年龄	受众年龄影响认知能力、兴趣和经验，对非遗档案信息接收也有影响，通常儿童和高龄老人对非遗档案信息的接受能力相对较弱，在新媒介环境更为明显。中间年龄段的受众对包括非遗档案信息在内的各类传播信息接受能力相对较强
	所属地域	不同地域的非遗种类和数量各不相同，非遗的地域性特征决定了非遗档案信息受众的差异，少数民族自治州、区、县、乡，因非遗种类数量多、传承人数量多、活动丰富，有更多的非遗档案信息受众，例如，湖北长阳土家族自治县全民参与的传承模式，不仅受众比率高，且受众接受的非遗档案信息集中在山歌、南曲、巴山舞等类型

---

① 李娜. 模因论视角下性别差异对网络用语传播的影响[J]. 课外阅读旬刊，2011(8).

续表

分类	影响因素	分析及体现
环境因素	受教育程度	受教育程度对非遗档案信息传播受众的影响主要体现在信息接收方式上，受过良好教育的受众更易掌握多种信息获取或接受方式。在传播内容方面，任何文化程度的受众都会有自己不同的感兴趣的信息内容
	从事职业	受众所从事职业与非遗档案相关更容易接受相关信息，职业与非遗档案关联程度高低与受众接受非遗档案信息成正比。不同职业所关注的非遗档案信息内容和程度也会有所不同，例如，农民、普通公众通常关注基本的非遗档案信息，非遗科研人员专业深度的非遗档案信息
	社会经济地位	受众的社会经济地位并不直接影响非遗档案信息接收，尤其在公共文化服务背景下，公众平等享有非遗档案信息接收权利，公共文化服务设施不断健全，公益性传播增多，更加弱化了社会经济地位对受众的影响。社会经济地位高的受众，在社团演出、图书等传统传播媒介下，间接影响非遗档案信息受众的接受
	社会关系	受众的复杂社会关系左右着他们对非遗档案信息的选择，影响受众非遗档案信息的接受。一般而言，受众更容易对自己所熟悉的、相近的非遗档案信息产生亲切感
主观因素	心理需求	英国学者丹尼斯·麦奎尔（Denis McQuail）认为："受众的行为，在很大程度上由个人的需求和兴趣来加以解释。"①受众的心理需求决定了非遗档案信息受众的接受行为。受众的心理需求千变万化，可以概括为5种类型：寻求信息、解决疑惑、强化信念、社交需要、消遣娱乐
	兴趣爱好	兴趣爱好影响受众是否愿意主动获取或被动接受非遗档案信息，这与受众心理需求息息相关，有非遗兴趣爱好的受众，属于专门型受众，其接受非遗档案信息意愿、接收范围、接收效果等，均明显优于其他受众

367

---

① DenisMcQuail. A Review of："Comparing Political Communication：Theories，Cases and Challenges"［J］. Political Communication, 2006, 23(3).

上述表格中列举的 9 个因素，共同影响着传播受众对非遗档案信息的接受意愿、接受数量、接受频率、接受内容和接受范围。

（2）传播受众的划分

基于上述分析，结合非遗档案信息传播的实践，笔者遴选出受众划分的四个依据，分别为对非遗档案信息的关注程度、对非遗档案信息传播的接受状况、对非遗档案信息传播媒介的使用习惯和对非遗档案信息的利用目的，参考这四个依据，笔者对非遗档案信息传播受众的类型划分如下：

第一，笔者认为，受众对非遗档案信息的关注大致可分为两类：一类为"泛"，另一类为"专"。"泛"是指因兴趣、好奇而开展的泛化、普及性的关注；"专"则是指因热爱、关心而开展的长期、专门性的关注。因此，依据受众对非遗档案信息关注程度的不同，笔者将传播受众划分为一般性受众和专门性受众。一般性受众特指"泛"一类的受众，他们有接受非遗档案信息的意愿，但无特定的需求，也无明确的指向，感知和了解可以说是他们接受非遗档案信息的目的，对于传播的非遗档案信息，他们可能只是盲目、被动或顺从地接受。专门性受众则对应"专"一类的受众，他们有着明确的接受目的、清晰的接受规划，他们之前可能有接受非遗档案信息传播的经验，即使没有，他们对于非遗、非遗档案的了解程度也会很高，因此，他们对于传播中的非遗档案信息有着一定的辨识度、评判力，会结合自己的需求和利用目的表达满意度。

第二，依据档案利用和档案服务的状况，档案学领域通常将档案用户划分为现实用户和潜在用户两大类。[①] 以此为参考，笔者将对非遗档案信息传播的接受状况作为划分受众的又一标准，将传播受众划分为基本受众和潜在受众两大类。基本受众是指已经有过或是频繁接受非遗档案信息传播的受众，他们对非遗档案信息的认可度与接受度较高，有着再次接受和分享给他人的意愿，具有良好的忠诚度和稳定性。潜在受众是指对非遗抱有好感，心理上有接受非遗档案信息传播的意愿，他们可能尚未有过或仅有一两次接受的经

---

① 李财富，杨静．档案"潜在用户"转化［J］．浙江档案，2011（9）．

历，并未获得十分满意的体验感受，因此尚未形成忠诚度和参与传播的意愿。从受众层面优化非遗档案信息传播，潜在受众是值得重点关注并调动的对象，要尽可能发现并包容更多的潜在受众，发现他们的特征以及未获得传播的原因，以期在后面加以改进。

第三，依据对非遗档案信息传播媒介的使用习惯，笔者将非遗档案信息的传播受众划分为传统受众和网络受众两大类。传统受众是指以传统传播媒介和大众媒介为主要传播媒介的受众。依据所使用媒介的不同，他们可能是阅读报纸、期刊、专著的读者，可能是收听广播的听众，也有可能是观看电视的观众。传统媒介的适应面较广，不同年龄段的受众均可选择其作为接受非遗档案信息的媒介，但从实践调查看，年龄较大或是有着良好阅读习惯、生活稳定、偏向深度阅读或学习的受众更青睐于传统媒介。网站受众则是以互联网、智能手机等虚拟平台、移动设备作为媒介接受非遗档案信息的受众。这一类受众以具有较好的计算机、智能手机操作能力的青年、中年人为主，从接受体验来说，他们更倾向于以方便、快捷、即时的方式获取简洁、实时和具有表现力的信息，接受的平台则有网站、微博、APP 和微信公众号等。他们通常愿意接受非遗档案信息，同时也很乐于分享信息，如实地对传播信息予以评价。

第四，依据对非遗档案信息的利用目的，笔者将非遗档案信息的传播受众分为学术型受众、实际型受众和普通型受众。① 学术型受众是指从事学术研究的非遗档案信息受众，旨在解决学术研究中遇到的问题。学术型受众的空间分布主要在非遗档案研究等相关部门、高等学校等组织机构。实际型受众是从事管理和技术工作的档案信息型受众，旨在解决实际工作中的具体问题，如档案管理机构人员、非遗保护机构工作人员。该类型受众在日常工作中通常需要直接而又详细的非遗档案，帮助他们解决相应的工作问题。普通型受众是指对非遗档案利用频率不高，却是日后非遗档案信息传播最广大的受众群体。这类受众的利用目的是为了满足个人兴趣爱好和

369

---

① 马晨璠，戴旸. 我国非物质文化遗产档案分众传播的若干思考[J].
档案与建设，2017(5).

维护权益的需要，根据个人的兴趣爱好对非遗档案信息简单浏览，对非遗档案信息的质量要求低、利用频率低。①

　　面对以上在不同分类依据下划分出的传播受众类型，需要注意的是，这四类传播受众彼此间绝不是对立和独立的关系，他们之间必定有着交叉与重合，也可能会相互转换（如图6-8所示）。例如，以传统媒介为信息接收主要渠道的传统受众，同样可因其对非遗档案信息关注程度的不同而分为一般性受众和专门性受众；有着丰富非遗档案信息传播体验的现实受众，也可依据其利用非遗档案信息目的的不同而再次划分为学术型受众、实际型受众和普通型受众。同样，对非遗档案信息抱有好感和好奇，但传播体验有限甚至没有体验的潜在用户也可在传播主体的激励下成长为现实受众；专门性受众也可能会因对传播效果的持续不满意而转为一般性受众。正因如此，优化传播效果、改进传播策略，在保持现有忠诚受众的基础上不断吸引新的受众，应是公共文化服务背景下非遗档案信息传播优化的目标之一。

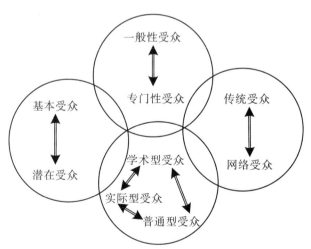

图6-8　公共文化服务背景下非遗档案信息传播受众关系图

----

① 贾冬月，谢海洋. 档案信息分众化传播试析[J]. 浙江档案，2009（9）.

2."以受众为中心"的传受互动

同公共文化服务中的提供者与需求者一样，传播主体与传播受众也是分众传播多重关系中的一对基本关系，其合理与否影响着其他关系的优劣，对于分众传播也有着直接而显性的影响。第四章的研究发现，无论是宏观的公共文化服务，还是具体的非遗档案信息传播，需求者或传播受众的"缺位"都是客观存在的现实问题，带来的是公共文化服务供需之间的不均衡，以及非遗档案信息传播传授之间的不匹配。王前和淳于森泠等学者曾调查过我国五大文化惠民工程之一的农家书屋工程，发现虽有攸县"五黄蛋"等先进案例，① 但多数出现的是"利用率过低""门前冷落"，②，甚至论文"农家书库"的情况。③ 李扬也以微信公众平台中内蒙古传统医药为例，发现并总结了医药信息传播与受众需求之间的偏差。微信公众平台中的信息偏重于成就、荣誉、历代蒙医的生平故事、社会评价等，而受众则更关注实际诊断的案例、擅长的领域、疗法适用范围、副作用及禁忌等具体实用信息。④ 面对这些问题，学者们认为表层的原因是传播受众、信息需求者的不在场、不在位，深层的原因则是以政府为代表的传播主体、信息提供者们所表现出的强势地位，因而主张重视信息提供、信息传播与信息需求之间的适用性，增强信息提供者与信息需求者、传播主体与传播受众之间的互动。

---

① 攸县"五黄蛋"是农村公共文化服务创新的成功案例。2011 年 7 月，湖南科技大学退休教授夏昭炎筹集资源在湖南省株洲市攸县石羊塘乡谭家垅村建成高桥农家书屋，吸引了附近 3 个乡 8 个村的村民来借书。为方便附近村民借阅图书，高桥书屋首先在五里远的界市设立 1 个借阅分点，其后又在陈家场和杏塘村各设 1 个借阅分点，最后在南田村设立 2 个分点，分点统一高桥书屋管理，极大提高了农家书屋的图书借阅率，这就是一只母鸡下五个蛋的"五黄蛋"模式。

② 淳于森泠，李春燕，兰庆庆. 新公共治理视角下公共文化服务供需关系的三重建构[J]. 图书情报工作，2019(2).

③ 王前. 农家书屋服务"可及性"评价研究[J]. 图书馆建设，2015(4).

④ 李扬. 微信公众平台中蒙医药信息的传播与受众需求之间的偏差研究[D]. 呼和浩特：内蒙古大学，2019.

（1）公共文化服务供需互动的实践经验

2015 年，公共文化服务领域逐步认识到信息提供与信息需求之间"错位"的弊端，国家及地方积极探索有效的解决方案，提出了"供需对接""精准对接"的建设构想与要求，并将其作为构建现代公共文化服务体系的核心内容。2015 年 5 月，文化部、财政部、新闻出版局等部委共同发布了《关于做好政府向社会力量购买公共文化服务工作的意见》，提出建立"自下而上、以需定供"的互动式、菜单式服务方式，以推动公共文化服务供给与人民群众文化需求的有效对接。① 2017 年 12 月，福建省和青岛市先后印发《关于进一步加强我省公共文化服务供需精准对接的实施方案》和《关于加强公共文化服务供需对接的实施意见》，再次重申并强调了"上下互动，以需促供"的菜单式服务模式。

在公共文化服务的现实实践中，各省、市也积极开展公共文化服务供需对接模式的探索，形成了各具特色的典型经验，笔者试对代表性实践总结如下。

①青岛城阳区的"文化超市"。

山东省城阳区的网上"文化超市"开通于 2011 年，起因是由于当地高标准的文化设施——城阳区全覆盖的社区文化中心始终未能调动群众参与的积极性。调查后发现，服务信息与公众的需求不一致，以及公众更希望参与文化建设是造成这一局面的主要原因。为解决这一问题，城阳区文化部门决定采用"网上购物"的模式，建立起网络"文化超市"，以文化演出、流动图书、公益电影、辅导培训为商品，公众注册后自行选购，由政府统一免费配送。目前，这家超市已服务超过 400 万人次，广受好评。除线上模式外，2012年起，城阳区还设立社区文化管理员岗位，1 位管理员专职负责 1个社区的文化管理工作，积极调查、接受社区公众的文化需求，上

---

① 国务院办公厅转发文化部等部门关于做好政府向社会力量购买公共文化服务工作意见的通知［EB/OL］．［2015-05-11］．［2022-05-04］．http：// www. gov. cn/zhengce/content/2015-05/11/content_9723. htm.

报给区文化部门，由区文化部门根据需求安排配送计划，按期集中配送。①

②上海公共文化的"精准配送"。

除青岛外，上海市也是较早探索公共文化服务供需对接的城市之一。从2016年起，上海市就启动了公共文化内容配送改革，逐渐形成了配送式公共文化服务模式。目前，上海市已构建起公共文化四级配送体系，上海市每个居委会均配有专属二维码，鼓励公众扫描二维码上传自己的信息需求，需求数据经上海市公共文化配送平台汇聚，经统计分析后，产生各街镇共性需求排序，形成一张不断细化的公共文化需求地图。2018年12月，上海市公共文化配送移动平台上线，实现了公众需求订单从点单到配送到完成，全程可随时随地进行，接受配送各方监督，更加透明的配送网络就此形成。2019年，上海公共文化内容配送全面向四级延伸，文艺演出、展览展示、特色活动都增加了居村定制，公共文化产品在完成标准化建设的同时，也逐步实现了个性化定制。②

③福建省公共文化服务供需对接平台建设。

福建省于2017年4月1日启动了公共文化服务平台供需对接信息平台，用于发布公共文化服务供给信息、登记发布公共文化服务需求信息、展示展播公共文化服务的活动情况。该平台还支持各组织机构之间公共文化产品供需信息的交流，以及重要文化活动、文化产品的在线展示、展播、直播和点播。③

④张家港的供需对接"清单化"。

"供需对接'清单化'、服务群众'精准化'"是张家港自2018年作为新时代文明实践中心建设试点城市以来在公共文化建设上坚持

① 青岛文化超市：轻点鼠标等好戏［EB/OL］.［2015-11-27］［2022-05-04］. http：//culture. people. com. cn/n/2015/1127/c172318-27862437. html.

② 上海公共文化服务实现精准配送［EB/OL］.［2019-02-14］［2022-05-04］. http：//cpc. people. com. cn/n1/2019/0214/c415067-30671274. html.

③ 福建将进一步推进公共文化服务供需对接信息发布平台建设［EB/OL］.［2017-08-09］.［2022-05-04］. http：//fj. wenming. cn/bmcz/201708/t20170809_4376822. htm.

的基本方针。张家港市建成新时代文明实践工作平台(后升级为"张家港市志愿服务综合门户网站友爱港城网")，专门设置"群众需求"模块，公众可进入模块填写表格，表达服务需求。张家港市一方面接单群众需求；另一方面也主动发布服务项目，如在"志愿项目"模块，发布文化文艺、理论宣讲的服务项目，提供文化实践、志愿服务的点单预约，这一形式受到公众的广泛青睐，很多活动的预约经常是瞬间爆满。[①]

（2）传受互动关系的构建

置身于公共文化服务下的非遗档案信息传播，传受关系上面临与公共文化服务同样的问题，当公共文化服务部门已转变认识，开展供需关系的对接时，非遗档案信息的传播理应与之保持一致。同时，当我们试图以分众传播创新非遗档案信息传播时，分众传播"以受众为中心"的核心理念也要求非遗档案信息传播将重构传受关系作为改革创新的第一步。

"以受众为中心"诠释的理想关系是：第一，传播受众得到了充分的重视与尊重；第二，传播主体要依据传播受众的需求设计并行使传播行为；第三，传播主体与传播受众合作生产、联合生产。遵循该理论，借鉴公共文化服务的实践经验，笔者构想出由政府、多元主体所构成的传播主体与传播受众之间的理想互动方式(如图6-9所示)。

笔者认为，非遗档案信息传播的传受互动关系中，传播受众与传播主体处于同等的地位，且不再"缺位"非遗档案信息的传播。传播主体层面，政府是传播的主导者，以政策规范多元传播主体的行为，同时也对传播受众的参与和互动予以规范。政府以组织或委托的方式安排文化行政部门、执行部门、社会团体、非遗传承人等主体负责或承办非遗档案信息的传播工作。这些主体的工作内容包括生产非遗档案信息(即建设非遗档案)、组织非遗档案信息传播、生产购买非遗档案信息产品与服务，他们将这些信息、活动、产品

---

①　张家港：供需对接"清单化"服务群众"精准化"[EB/OL].[2019-12-18].[2022-05-04]. http://www.dagzh.com/guonei/59.html.

以推送或服务的方式传递给不同的传播受众，传播受众一方面会利用、接收或消费这些信息、活动或产品；另一方面也将积极参与非遗档案信息、非遗档案信息传播、非遗档案信息产品与服务的生产、组织或购买，并将自身的信息需求反馈给主导传播活动的政府和执行传播活动的多元主体。

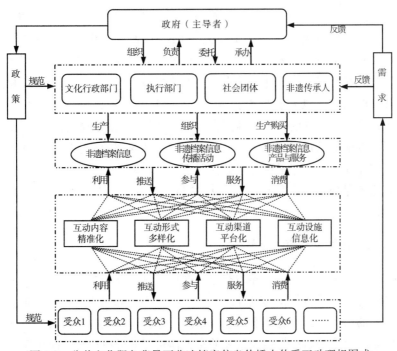

图 6-9　公共文化服务背景下非遗档案信息传播中传受互动理想图式

淳于淼泠等曾提出过公共文化供需主体同构的概念，并将其解析为供需主体双方角色的重新认定和彼此间关系的重新安排，[1] 非遗档案信息的传受互动也应同样如此。理想的传受关系中，传播主体与传播受众都拥有着非遗档案信息传播的主动权与影响力，双方

375

──────────

① 淳于淼泠，李春燕，兰庆庆．新公共治理视角下公共文化服务供需关系的三重建构[J]．图书情报工作，2019(2)．

的有序互动才能形成合力，才能获得良好的传播效果。

当然，良好传受关系的实现，除了主体与受众两个层面的认同和参与外，还需要为他们创设良好的互动环境，以确保互动过程的顺利开展。这样的环境和过程具体包括：①互动内容精准化：传播主体要简明、清晰而准确地了解不同类型传播受众的信息需求，传播受众也需要主动地表达需求，反馈传播体验；②互动形式多样化：以丰富多样的形式，如书面问卷、在线调查、二维码"点菜"等，满足个体或组织类传播主体，同不同年龄、文化层次、社会职业受众互动参与的需求；③互动渠道平台化：参照公共文化供需对接的经验，尽可能搭建组织平台、网络平台，在保障传受互动顺利开展的同时，也方便收集、整理、系统化分析不同受众的不同需求，形成清晰的受众需求地图，实现非遗档案信息的精准传播；④互动设施信息化：分众传播是信息技术、新媒体的产物，在保证传统传播环境、交流平台存续的情况下，尽可能引入先进技术，以信息化确保分众需求的调查、分众参与，以及传受互动的效率是必要的。

3. 传播内容的全面整合

内容丰富而类型多样的非遗档案信息是非遗档案信息传播的主要内容。如果将传播的过程比喻为人体由心脏通向全身各处的血液循环的话，那么非遗档案信息就是流淌穿行于系统中的血液，血液的新鲜、通畅与动力强劲带来的是人体机能的健康运转，而非遗档案信息的整体、系统和有序也势必会带来非遗档案信息传播力的提升。我国现行的非遗档案信息传播内容，因存储于不同的保管机构、传播主体中而呈现出分散和凌乱的状态，迫切需要通过资源的整合而呈现出系统化和有序化的格局，以充分挖掘和发挥非遗档案信息的潜在价值和作用，这是非遗档案信息共建共享和充分利用的必然要求，也是提升非遗档案信息传播效果的必要保证。

（1）档案实体与档案内容的整合

我国现有的非遗档案信息主要存储于非遗实体档案和非遗数字档案之上。非遗与生俱来广泛分布的特征，多元主体在非遗建档、非遗档案信息传播中各自独立、各自为政的现实局面，都造成了非遗档案信息无序、凌乱、分散的状态，内容交叉、信息冗余，原本具有的紧密的关联度也因此降低，笔者认为，非遗档案信息的整理，既要考虑非遗档案实体之间的整合，也要考虑非遗档案内容之间的融合。

非遗档案的实体是指非遗档案信息赖以存续的物理载体。文本类非遗档案、图片类非遗档案、照相类非遗档案，甚至实物类非遗档案，他们的信息与实体紧密黏合，不可分割，整合这些非遗档案的实体就是对其信息的整合。笔者认为，非遗档案实体整合的最佳局面，应该是依据项目和传承人，将分散的非遗档案统一归集在一个机构之内，由该机构负责这些档案的管理与传播。整合汇集后的非遗档案突破了空间上的界限，经过整理后有着更好的连续性与系统性，有助于提升非遗项目档案或非遗传承人的整体价值，也为传播内容的选择、传播主题的凝练提供了更大的选择范围与空间，非遗档案信息管理与传播的效率和效益得以提升。但是，在现实工作中，全面而彻底的实体归并与整合必定会面临组织制度、权责利益、管理水平、人力资源和实际工作量等多方面因素的制约，很难顺利实施，也不可能一蹴而就，在这样的情况下，内容整合也是另一条有效的途径。

如果说实体反映的是非遗档案客观而真实的存在，那么内容则是对非遗档案主观而抽象的描述。内容是非遗档案中所要表达或描述的信息元素。非遗档案内容的整合，是在结合传播主体的传播目的和传播受众的信息需求的基础上，依据内容上的联系对散存的非遗档案进行重新组合、加工的过程。这种重新组合与加工不是地理位置上的搬运和迁移，而是结合非遗档案在形成者、形成对象、形成时间、形成主题等方面的内在联系，将分离或割裂开的非遗档案之间的连接点重新搭建起来，使得这些档案虽处于不同机构和管理权限下，但内容是可以互联互通的。非遗档案内容的整合需要依赖缩微影像技术、数字化技术等信息处理技术，互联网技术等信息传输技术，以及数据库技术等信息整合技术。21世纪以来，我国一直推进档案文献的数字化转换、无纸化办公、数字资源建设，以及

377

数字档案馆、数字图书馆建设，很多传统形式的非遗档案被转换为数字形式，一些非遗资料直接以数字形式加以收集、存档，这些都使得非遗档案的内容整合与资源共享变得更加容易，部分非遗数据库的建设、非遗网上展馆的建设也是这方面的典型代表。

实体整合与内容整合，对于非遗档案传播内容的整合都很重要。实体整合需要体制改革与之相配合，内容整合需要技术相辅助，因此，对于具体的非遗档案，只能结合具体的情况遴选科学合理的整合方式。安徽省档案局曾于 2007 年开展了档案资源整合的尝试，形成了富有前瞻性的"徽式探索"经验。实践结果表明，市、县一级档案部门开展的档案资源整合是可行且有益的，但在省级、国家级部门之间开展尚有一定的难度，既有可能会侵犯档案形成部门的利益，也会造成管理的不善。因此，笔者认为，归属于不同层级、不同类型机构的非遗档案，可采用不同的整合方式。对于县、乡一级的机构所形成的非遗档案，其数量相对较少，部门间容易协调，可以实体整合为主，且实体整合有助于形成合力，集中管理，这些基层部门的软硬件设施、技术条件和专业人员有限，内容整合难以实施，且难以兼顾经济和效益。对于省、市一级机构，可采取实体整合与内容整合相结合的方式，少量存储非遗档案的部门可实施实体整合，对于省级档案馆、省级图书馆这些非遗档案存量丰富，且有着良好技术基础与人员队伍的机构，可实施内容整合。而对于地区级和国家级机构，则要以内容整合为主，实体整合作为补充。少量珍藏、珍稀的非遗档案可进行实体整合，集中保管和保护，大部分情况下，不改变原有体制、以信息共建共享为目的的内容整合更为科学和合理。此外，对于尚未收集进馆，但已经发现确有价值的非遗资料，也可以采用"先内容整合，逐步推进实体整合"的方式，确保重要的非遗档案信息不致丢失。

（2）公共资源与系统的整合

在对非遗档案，尤其是档案内容整合之后，这些内容的共建共享将借由两个渠道展开，一是自建新的资源库和资源平台；二是利用现有的公共资源库和资源平台，开展内容的展示与交流。从资源整合与传播效率的角度来看，利用已经建好并已取得一定量的忠诚用户的公共资源库与平台将是明智的选择。因此，整合传播内容，除了从实体与内容层面对非遗档案自身加以整合外，还需要对现有的公共资源库与资源平台加以整合，如果说前者是微观、本体层面的整合，那么后者就是宏观、环境层面的整合。

在公共文化服务的背景下推进和优化非遗档案信息的传播，公共文化服务方面优秀且成熟的资源是可以且值得被利用的。一些区域性的公共文化服务平台，集合了区域范围内文化部门、文化团体、公共文化机构的数字资源，实现了这些部门之间的融会贯通、一键登录，实现了公共文化资源的快速传播、快速推送、快速获取和快速利用。2016年投入使用的"文化上海云"就是这方面具有代表性的公共文化服务平台（如图6-10所示），它也是国内首个在省、直辖市范围内实现公共文化"一站式"服务的平台。除了公共文化资源的推送外，"文化上海云"还利用大数据技术，即时统计公众对公共文化信息的阅读偏好，分析公众对公共文化的信息需求，开展针对性、菜单式的信息服务，其中就包括很多上海市非遗、非遗传播活动的咨询，公众可以利用这一平台了解非遗信息，也可以通过这个平台了解即将举办的非遗传播活动，完成在线预约。① 这种良好的方式值得被进一步深化和拓宽。

为保障并提升公共文化服务的公益性和便利性，2017年，上海市松江区提出了一种新型的公共文化服务资源建设与共享的模式——"3+4+X+1"，并以此建立起基层综合文化服务中心作为试点。这一模式的具体内涵是：基层综合文化服务中心必须具有一个文化广场、一个演艺厅和一个宣传栏（"三个一"），用以开展公共文化展演，必须设有一个文化活动室、一个图书阅览室、一个老年活动室和一个健康卫生室（"四个室"），用于开展公共服务，各基层服务中心应该结合自身的特色，打造出体现本基层特色、有主题思想的"厅"或"室"（"X"），各基层服务中心还应该努力打造出一支优秀而精干的群众性文化团体，负责公共文化的展演、服务（如

379

① 洪伟成，黄艺芹．"文化上海云"——为百姓提供"云端"上的公共文化服务[N]．中国文化报，2016-3-29(1)．

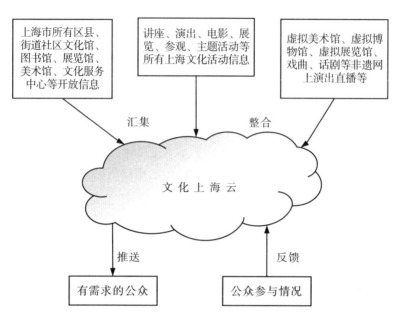

图 6-10　"文化上海云"整合公共文化资源满足公众非遗档案信息差异化需求

图 6-11 所示）。① 2017 年，文化部提出了"十三五"时期公共文化数字文化建设规划，列出了"十三五"时期需要建成投入使用的九大公共数字文化资源平台（见表 6-5），② 涉及数字资源推广、艺术类文化的普及、边疆地区数字文化建设与展陈、地方特色文化资源的整合等不同方面，服务对象兼顾了特殊公众和普通民众，跨越了东部、中部和西部经济发展水平不同的区域，真正实现资源建设与服务的公益性与均等性，这些资源库均同非遗有交叉重复，非遗档案资源完全可利用这一公共文化资源库加以展示和传播。

①　2016 年上海市公共文化服务发展报告［EB/OL］．［2017-4-21］．［2022-5-2］．http：//wgj. sh. gov. cn/node2/n2029/n2030/n2151/u1ai152750. html.

②　内容整理自：文化部关于印发《文化部"十三五"时期公共数字文化建设规划》的通知［EB/OL］．［2017-7-7］．［2022-5-2］．http：//zwgk. mcprc. gov. cn/auto255/201708/t20170801_688980. html.

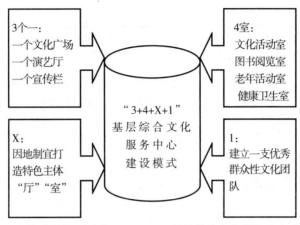

图 6-11　上海市松江区试点"3+4+X+1"基层综合文化服务中心建设模式

表 6-5　《文化部"十三五"时期公共数字文化建设规划》重点项目

重点任务	九大重点项目	重点项目目标和内容
构建互联互通的公共数字文化服务网络	国家公共文化数字支撑平台建设	以已建的 1 个国家平台和 33 个省级平台为基础，聚拢资源、应用、数据，提供"一站式"应用服务。加载汇集分散在图书馆、文化馆、美术馆、博物馆等公共文化机构中的数字文化资源，形成全国公共数字文化资源云目录，实现按需下载、个性化推送
	数字图书馆推广工程服务平台建设	到"十三五"末，实现 33 家省级公共图书馆和具备条件的市、县级公共图书馆纳入用户统一管理体系，移动阅读服务覆盖 500 家公共图书馆
	中西部贫困地区数字文化设施提档升级	把中西部贫困地区 22 个省份的 832 个贫困县县级公共图书馆、乡镇基层服务点纳入中央补助地方公共数字文化建设专项资金支持项目
	边疆万里数字文化长廊建设	在我国沿边沿海的 18 个省(自治区、直辖市)和新疆生产建设兵团，建成不少于 1 万个能够提供便捷服务的数字文化驿站

续表

重点任务	九大重点项目	重点项目目标和内容
打造公共数字文化资源库群，加强资源保障	全民艺术普及基础资源库	着眼于保障人民基本文化权益、提高全民艺术素养，规划和建设覆盖各艺术门类的全民艺术普及基础资源库，满足艺术鉴赏、艺术培训、艺术实践等艺术活动的基本资源需求
	地方特色文化资源库	以传承传播优秀传统文化为目标，以数字化、影像化等方式，生动形象地讲述中国文化、中国故事。深入挖掘地方特色文化，有重点地建设一批具有鲜明地方文化特点的数字文化资源
	公共图书馆基础资源库	建立包括精品电子书、主流期刊报纸、精品公开课的公共图书馆基础资源库，借助各级公共数字文化服务平台面向全民推广，充分利用移动互联网的优势和特点，满足不同群体的阅读需求
创新服务方式，提升服务效能	面向特殊群体的数字图书馆	为残障人士提供无障碍数字图书馆服务，保障残障人士获取信息、学习知识的文化权利。构建中华优秀传统文化网络教育平台，向青少年儿童推送经典文化资源，提供健康绿色的数字图书馆服务
	数字文化馆建设	"十三五"末，副省级以上文化馆普遍完成数字化建设，50%以上市县级文化馆提供数字文化服务，全民艺术普及云服务基本形成

4. 传播媒介的拓宽与融合

分众传播是以信息技术发展和新型传播媒介运用为技术背景的。我国现行的非遗档案信息传播，传统媒介依然占据主流，以"一对多"的方式开展的非遗档案展览和展演，更多是表达传播主体的传播意图。要将非遗档案信息传播由大众传播向分众传播转换，媒介层面的要求，应当是改变以传统媒介为主的局面，向支持用户细分、需求反馈的新媒介拓宽，在肯定传统媒介存在合理性与必要性的基础上，推进传统媒介与新媒介的融合，实现非遗档案信息传播由"一对一""一对多"向着"多对多"转变。

(1)传统媒介向新媒介的拓宽

由传统媒介向新媒介拓宽，这是任何一项传播活动在谋求发展推进之路时的共同选择，也是现代信息技术不断发展、新型传播技术与媒介不断更新、公众对新媒介接受度日益提升的必然趋势。数字化技术、网络技术、移动通信技术等现代信息技术共同催生了新媒介，通过数字电视媒体、手机媒体和网络媒体等输出端，不同的信息得以在数字电视、网络报纸、数字期刊、博客、手机图书、微信公众号、微博、抖音等平台上以不同的形式展示和传播出来。新媒介有着典型的海量性和交互性特征。信息发布操作的方便、快捷和简易，使得信息呈现出海量、多样，以及亲民的特征，既支持很多主体参与信息的传播，也能吸引不同类型的受众去获取信息，在新媒介的环境下，参与传播变得非常容易，公众可以获取信息，也可以随时发布、分享信息，成为信息的传播主体。新媒介极大地缩短了信息传播的时间，实现信息传播的即时性，也使得传受双方得以跨越空间的障碍进行互动。对于分众传播而言，新媒介可以在很大程度上为之提供助力，促其更好地实现。新媒介突破了地域上的限制，只要有网络，皆可实现传播，传播范围的拓宽带来的是传播受众的增加，不同类型的受众都可通过网络选择并获取自己需要的信息。如果运用大数据技术进行受众选择的追踪和分析，则可以据此细分受众，进而针对性地为不同的受众推送特定的信息。

从档案领域来看，早在20世纪的90年代，美国国家档案与文件署就利用Twitter、YouTube、Facebook和Flickr等社交媒体开展了档案的创新服务与传播。近十年来，我国的档案部门也开始利用微博、博客、微信公众号等进行档案资源的发布与共享。一些公共文化机构，如图书馆、博物馆、文化馆等也开展了新媒介的运用。当前，新媒介在非遗档案信息传播中应用的形式以公众号推送、数字展览、数字展馆为主，总体数量不多。笔者认为，拓宽新媒介的运用，一方面要增加新媒介应用的数量，丰富新媒介应用的形式；

另一方面也要努力增加新媒介在非遗档案信息传播中的专业度。

　　档案部门、公共文化机构、非遗保护中心等非遗档案信息主要传播主体可在微博、优酷、百度百科等新媒介平台上建立账户，与受众互动交流，开设视频专区，与受众协作开发非遗档案信息，开设即时通信平台，及时获取用户反馈。各传播主体可进一步挖掘新媒介平台的功能，如新浪微博除支持简短文字评论外，还支持上传图片、视频和组织话题，这些功能也可以被开发出来用于吸引受众参与非遗信息的收集和传播效果的反馈。各主体还可自主研发移动新媒介平台，如 APP、微信公众号等，拓宽传播的范围，定期向受众推送非遗档案信息，增加定制服务，在提升传播便捷、高效的同时，实现精准传播。

　　目前应用于非遗档案信息传播的新媒介多为通用、泛化的媒介，笔者认为，可以通过严格媒介规范的方式提升媒介的专业度。媒介规范是指媒介所应具备的传媒道德、所应承担的社会责任、所应履行的传播义务，这是对媒介行为的规范，也是对其传播活动和内容的管理与监督。[①] 公共文化服务背景下非遗档案信息传播的媒介规范，应该要坚持以社会主义和谐价值观为引领，以优秀、积极、正能量的非遗档案信息为传播内容，杜绝虚假和有害的信息，努力营造和谐的传播氛围。各类传播主体，尤其是文化行政部门、非遗保护中心、档案部门、图书馆、博物馆等公共文化机构在利用新媒介传播时，也需要加强与新媒介的沟通、协作与交流，以自身在非遗建档、非遗档案信息传播上的经验与专长指导新媒介，实现优势互补，以此提升非遗档案信息新媒介传播的专业度。

　　（2）传统媒介与新媒介的融合

　　在肯定将传统媒介向新媒介拓宽的同时，也需要认识到在公共文化服务背景下，传统媒介在非遗档案信息传播中存在的必要性与合理性。这一方面源于不同地域、不同层级的传播主体在技术条件、传播习惯上的差异；另一方面也在于不同类型的公众对于非遗档案信息接收习惯的不同。明确传统媒介与新媒介各自的优势与特

---

　　① 　郭庆光 . 传播学教程[M]. 北京：中国人民大学出版社，2011：143.

长，实现两者的融合互促才是优化非遗档案信息传播媒介的合理举措。

2008 年，"全媒体"的理念在传播学领域兴起。中国人民大学彭兰教授称其为"运用所有媒介开展传播的策略与模式"，"是运用多个平台对某个事象进行的多形态、多角度、多视角的报道"，以报纸、广播、电视为代表的传统媒介和以数字电视、网络为代表的新媒介都属于"全媒体"报道的范畴。① 百度百科中，"全媒体"被解释为融合文字、声音、图像、影片、动画与网页等多种传播手段，综合报纸、杂志、出版物、音像制品、广播、电视、网站等多种传播形式，集合广播电视网、互联网和电子通信网三大通信网络开展的信息传播。旨在以多样、全面的传播形式，突破时间、空间上的限制，让更多的受众获得更多、更全面的信息。这一理念，同样也是在公共文化服务背景下开展非遗档案信息传播所应坚持的。

我国现行的非遗档案信息传播也调动了多种传播媒介，集合了多种传播形式。报纸、广播、电视等媒介通过文字刊载、内容播报、录制专题片的形式进行了传播，实体的展览活动中，综合运用了文字、图片、音频、视频多种形式展示非遗和非遗档案的信息，新型的传播媒介，如网站、微博和微信公众号等也以数字展示平台、信息展示、视频播放的方式进行了传播。这些媒介中，既有专门从事非遗传播的媒介，也有综合性传播媒介，其传播的深度、广度，以及获取的受众关注度各不相同（见表6-6）。

2014 年 8 月召开的中央全面深化改革领导小组第四次会议上，习近平总书记提出了"推动传统媒体与新媒体融合发展"的主张。② 会议审议通过了《关于推动传统媒体与新兴媒体融合发展的指导意见》，将媒体融合、全媒体传播作为国家战略，形成了传播内容创

385

① 彭兰. 媒介融合方向下的四个关键变革［J］. 新闻研究导刊，2009（2）.

② 习近平主持召开中央全面深化改革领导小组第四次会议［EB/OL］.［2014-8-18］.［2022-5-2］. http：//news. sina. com. cn/c/2014-08-18/174730704694. shtml.

新、传播平台建设、传播渠道扩展、传媒技术拓展、管理机制完善和市场机制引入六个方面的建设任务。① 这也为实现非遗档案信息传播中传统媒介与新媒介的融合指明了方向和道路。

表 6-6　公共文化服务背景下非遗档案信息传播的主流媒体梳理

媒体类型	非遗档案信息传播的主流媒体名称
电视类	中央电视台戏剧频道、文化精品频道、综合频道、科教频道，各省级电视台文化、艺术频道等
广播类	中央人民广播电台、各省级人民广播电台的文艺广播、音乐广播、相声广播、戏曲广播、科技广播等
报纸类	光明日报、人民日报、中国文化报、中国书画报、美术报、中国艺术报、文艺报、中国中医药报、音乐生活报、齐鲁晚报等
门户网站	搜狐网、新浪文化、腾讯网、网易网、凤凰网文化、中华网文化频道、中国文化网、中国民族网、中国文化产业网、环球文化网、土家族文化网、西蜀文化网、中国茶文化传播联盟、尧文化、华夏遗产网、中华武术秘籍网、文化中国、法蓝瓷等
有影响力的自媒体	非遗志愿者微博、非遗文化传承志愿者微博、地大非遗守护者协会微博、河南师范大学非遗保护协会微博、长江非遗学社\非物质文化遗产保护志愿者社团微博、非遗青年微博、非遗交流 QQ 群、非遗社 QQ 空间、华大非遗微信、工艺非遗微信等

在探讨传统媒介与新媒介融合策略之前，笔者先从传播主体、传播受众、主受角色、传播模式、传播重心、传播内容、传播效果七个方面，对比了非遗档案信息传播中，传统媒介和新媒介呈现出的不同特点：

---

① 《关于推动传统媒体和新兴媒体融合发展的指导意见》新广发〔2015〕32 号〔EB/OL〕.〔2014-8-20〕.〔2022-3-18〕. http：//www. gapp. gov. cn/news/1656/223719. shtml.

表6-7　公共文化服务背景下非遗档案信息传播机制中的媒介对比

对比项	传统媒介	新媒介
非遗档案信息传播主体	信息优势	相对平等
非遗档案信息传播受众	相对固定	无限扩大
非遗档案信息主受角色	主受分明	主受一体
非遗档案信息传播模式	"1-N"模式	"N-N"模式
非遗档案信息传播重心	内容为主	用户为主
非遗档案信息传播内容	选择传播	自由传播
非遗档案信息传播效果	意见领袖	活跃用户

由表6-7可知，传统媒介下，传统主体与传播受众之间的地位是不平等的。传播主体因为掌握着传播信息而在传播活动中占有绝对的优势，他们是传播活动的核心与主导者，决定着传播的内容、传播的进度和传播所采取的形式。传播受众因为无法占有信息，只能被动地接受主体所传递的信息，没有对信息的选择权。新媒介下的海量信息，赋予了传播受众更多的主动权和选择权，他们可以选择接受某一个主体传播的信息，也可以选择阅读他们所感兴趣的内容。传播受众主动性的增强，以及传播主体部分权力的下放，使得传播主体与传播受众的位置相对平等一些。相对于传统媒介，新媒介在传播速度和传播效率上有着更好的表现；但从传播的稳定性和系统性来看，传统媒介可能更具优势。新媒介信息的海量与传播的广泛，扩宽了传播受众的面，更多的传播受众通过关注微博、公众号，登录网址的方式即可获取信息；而传统媒介所面对的受众则相对固定或狭窄，一份报纸只对购得者传递了信息，一档广播或电视节目也只能在固定的时间点对固定的听众或观众传达，一次展览也只能对举办期间参观者们进行信息传播。

在主受角色上，传统媒介所代表的大众传播是泾渭分明的。传播活动由文化行政部门、非遗保护中心、档案部门、公共文化机构、社会组织等主体组织开展，社会公众是传播的受众，只有很少的受众被吸纳参与非遗档案信息的建设、传播活动的组织。新媒介下，传播主体与传播受众之间的界限是模糊的，受众的需求获取了表达，并得到了尊重。传播受众在获取信息的同时，也可以参与对信息的编辑、修正与完善，也可以将认为满意的信息转发、传播给他人；同样，组织传播的机构及机构中的个人，在互联网络、电信网络、广电网络中也会成为受众，他们可以获得其他传播主体传播的非遗档案信息，也可以再度浏览本机构传播的信息，在比较中发现自身不足，总结自身优势，以求更好地传播非遗档案信息。

　　传播模式上，传统媒介是单向的"1-N"的传播模式，非遗档案信息从传播主体发出后，通过传播媒介扩散到传播受众手中；而新媒介则是"N-N"的传播模式，在主受角色模糊的情况下，非遗档案信息的流向并不清晰且难以固定，传播主体不是单一的，传播受众也不是固定的，因而是一种"多对多"的关系。

　　传播重心上，传统媒介重视的是传播内容的建设与组织，这是他们获取良好传播效果的关键，因此，为了赢得更多的关注与青睐，他们倾向于选用新奇、有趣或机密的传播内容，但是，这些内容的质量、深度未必适用于所有受众，这也是影响传统媒介传播效果的关键。新媒介除了重视传播内容外，更加重视传播的受众，他们以传播受众信息需求的调查和分析为先导，力争针对性地提供传播受众需要的信息，在提升传播效率的同时，最大限度地实现传播受众的普遍满意。

　　传播内容上，传统媒介传播的是传播主体自身所拥有和掌握的非遗档案信息，在遴选传播内容时，由传播主体基于传播目的、传播要求、价值取向进行综合的判断，传播信息量的多寡也受传播规模、活动时长等因素影响和制约。新媒介则是一个相对开放的平台，如果说一次传播是由传播主体选择并决定传播内容的话，那么以转载、转发、分享为主要形式的二次传播、三次传播就是实现传播内容的交融，转发的受众可以对这些内容进行编辑、增删，传播内容因此得以增减或更正。同时，新媒介可以容纳海量的传播内容，传播主体也不用受传播规模、时长的影响，可以定期推送并传播新的非遗档案信息。

　　传播效果上，传统媒介是由一个或几个传播主体组织开展的传播活动，传播受众的信息体验与信息感受在很大程度上受到了主办方的引导，同时，传播受众中少数个体可能会优先发表自己的感受与评价，其他受众也会选择赞同和依附，"意见领袖"的传播体验很大程度上决定了传统媒介的传播效果。而新媒介营造的则是一个更为开放、自由和活跃的舆论环境，一方面，传播受众的范围更广，少数频繁发表意见的"活跃用户"很难真正引领舆论的走向；另一方面，在虚拟的社区中，传播受众更愿意真实地表达自己对传播活动的体验和感受，依据自身的价值观和信息需求鉴别传播内容的质量和满意程度，传播效果的评价将更为真实和客观。

基于以上对传统媒介和新媒介核心特征的总结与比较，笔者认为，公共文化服务背景下非遗档案信息传播媒介的融合，可以做好以下五个方面的工作：

第一，内容融合。"内容为王"是公共文化服务背景下非遗档案信息传播始终需要坚持的传播理念。非遗档案信息传播效果的提升，内容建设始终是首要的。现有的非遗档案信息传播主体在内容建设上已经取得了一定的成果，只是在内容遴选和组织上有待进一步改进。传统媒介的传播内容偏重于具体、详细、有深度、有层次的信息，而新媒介传播的信息则简明、鲜活，与传播受众的需求匹配度高，如果将传统媒介中全面而深入的传播内容同新媒介中鲜活、精准的内容相结合，必将会提升非遗档案信息传播的效果。

第二，渠道融合。目前利用传统媒介开展传播的传播主体基本参与了非遗的建档与管理，他们有着资源上的优势；新媒介的传播主体可能更注重于信息的传播与展陈，对于信息本身的挖掘相对有限。传播渠道的融合更多是传统媒介、新媒介传播主体的融合。习惯于使用传统媒介的传播主体可以同新媒介传播主体联合，以新媒介创新传播手段，以高质量的内容丰富传播内涵。

第三，平台融合。依据全媒体战略思想，丰富和充实现有的传播平台，同一个非遗项目或非遗传承人，不再只由一个传播主体以一种传播形式从一个角度加以解析，而是由多个传播主体利用多个传播平台从多个角度对其进行描述，有文化行政部门对其遗产形式、传承人、保护等级的权威发布，有公共文化机构、档案部门利用馆藏资料举办的专题展览，有非遗传承人利用个人微博发布的艺术作品、家族谱系，也有热心的社会公众在社交平台发布的展演图片……多种传播平台的融合有助于塑造出更为形象和丰满的非遗项目、传承人形象。

第四，技术融合。传统媒介与新媒介的融合，更多是对其所支持技术的采纳与融合，更多科技元素的应用有助于提升整体的传播体验。如数字化技术丰富了传播的形式，网络技术突破了传播时间、空间的局限，大数据技术实现了对受众需求和选择偏好的实时获取与分析，人工智能技术、虚拟现实技术增加了用户在非遗档案信息展览中的亲身体验，通过非遗文化场域的塑造帮助受众更好地理解和感受非遗。

第五，管理融合。传播主体的各自为政、各行其是，带来的是传播活动的分散、传播内容的零散，以及传播资源的条块分割。传统媒介与新媒介的融合，需要做好的是媒介使用者之间的管理融合。要尽可能地避免因传播主体的独立带来的媒介使用的独立，在促使传播主体多元协同的基础上，实现传播媒介使用的合理安排、优势互补，以实现传统媒介与新媒介整体效果的最大化。

5. 传播效果的层次划分及综合评估

在从传播受众、传播主体、传播内容、传播媒介等方面探讨公共文化服务背景下非遗档案信息传播的优化时，无一将传播效果的提升作为形成策略的依据和归宿。传播效果是检验公共文化服务背景下非遗档案信息传播创新的成效，也是探求非遗档案信息传播优化的最终目标，因此，如何合理、客观而全面地评估公共文化服务背景下非遗档案信息传播的效果是需要研究的重要命题。

"使用与满足"传播效果理论从传播受众的角度出发，结合传播受众对传播信息的使用需求及其满足程度，综合衡量传播的效果。公共文化服务体系强调以公众需求为导向，分众传播同样尊重传播受众的信息需求，因此，在评估公共文化服务背景下非遗档案信息分众传播的效果时，同样应该基于传播受众的使用与满足来进行综合评估。

（1）传播效果的阶梯层次

在伊莱休·卡茨提出"使用与满足"传播效果理论（1974）之前，1961 年，拉维奇和斯坦纳就提出了传播效果阶梯模式，他们认为传播受众在获取传播信息后采取的行为就是传播效果的体现。他们将传播行为依次总结为获取、认知、喜爱、偏好、信任和忠诚六个方面（如图 6-12 所示）。这是一个由低层次到高层次依次递进、阶梯式上升的行为结构。高层次行为的实施以低层次行为的完成为前提。低层次行为完成后，开始逐级向高层次行为推进，不可跨越，也不可逆。①

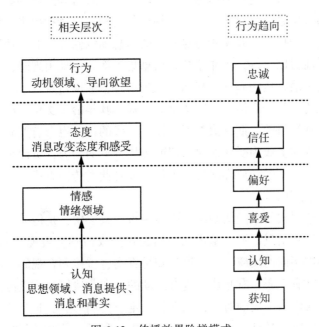

图 6-12　传播效果阶梯模式

1974 年，伊莱休·卡茨在提出"使用与满足"传播效果理论时，将公众使用媒体的动机与需求依次总结为信息获取、个人身份、社

---

① Lavidge R J, Steiner G A. A Model for Predictive Measurements of Advertising Effectiveness[J]. Journal of Marketing, 1961, 25(6).

会交流和娱乐，分属社会和心理两个方面。而更早的 1943 年，马斯洛在"需求层次理论"中将人类行为的动机依次归纳为生理需求、安全需求、社交需求、尊重需求和自我实现需求五个层次。① 这些理论对认识公共文化服务背景下非遗档案信息效果的层次有着良好的借鉴和参考。据此，笔者将公共文化服务背景下非遗档案信息的传播效果划分为四个递进的阶梯层次。

①认知层次。

认知是受众在接触并获取非遗档案信息后形成的第一印象、基本理解和初步认识，这是浅层次的反应，也是最为真实的表现。传播受众在接触非遗档案信息时，是以未知、好奇和期待的心态去面对并感知信息的，传播主体以何种形式何种内容传播出来，传播受众只有完全接受，并无能力对陌生的信息加以修改，非遗档案信息的原真性得以保持。当非遗档案信息集中而大量地出现时，受众会以最真实最直接的心理与状态去感知信息，形成自身对于信息真实而客观的评价。当然，不同类型的受众，其年龄、文化层次、兴趣偏好、感知目的、期待值都不一样，形成的认知也会有差异，正面肯定的认知会成为受众加深认识或传播分享的动力；负面否定的认知则可能会使受众放弃接受此类信息或是此类传播方式。

②情感层次。

情感层次是紧随认知层次的高一级效果层次，是传播受众在接触非遗档案信息、形成基本认知后，在个人情感上表现出的倾斜，这是心理层面的反应。如果说认知是真实、直接和客观的，那么情感则是富有色彩、有起伏，也有波动的。在非遗档案信息传播过程中，受众作为传播的对象，独立且自主。他们形成的非遗档案信息传播的情感也是基于自身的评估、分析和判断，具有显著的个人色彩和自主性。但是，情感的生成不是一蹴而就的，是在整个传播过程中随着获取非遗档案信息量逐步增加、传播氛围的不断烘托，加之受众本人吸收、体会、思考、回味后形成的最终情感归属，或者

---

①　Abraham Maslow. A Theory of Human Motivation [J]. Psychological Review, 1943, 50(4).

喜欢，或者漠然，或者厌倦，或者可以再加深一下体验。当然，受众接受非遗档案信息的初衷，依然是渴望能形成正面的情感回应，达到或超出自身的预期，因此，受众会尽可能选择与自身价值观、信息需求、审美品位相一致的信息去了解和认知，以此产生良好的情感共鸣。

③态度层次。

态度层次是指传播受众在认知信息、形成情感上对非遗档案信息及其传播个人态度上的变化，这是一种心理层面的倾向，可以是喜欢、青睐，以及不同程度的信任，也可以是漠视、认为无趣、反感或失望。心理倾向的形成可能对于后期的传播形成一种习惯性的反应，比如习惯性的肯定、接受，或是习惯性的否定、抵触。面对新的非遗档案信息传播活动，传播受众可能会依据自己的态度和习惯形成预判，肯定或积极的态度会使其更加欢迎和包容传播活动，而否定或消极的态度则会使其在无形中形成对非遗档案信息传播的隔膜，很难获得预期的传播效果。

④行为层次。

行为是传播受众在获取传播形式，基于认知、情感和态度之后最终付诸实施的结果，这是最高层次的传播效果，也是传播效果所希望和达到的最终结果。传播受众经过对非遗档案信息传播客观、全面的认知之后，形成了不同的情感，不同的情感表现出不同的态度，态度最终会引导受众实施不同的行为。对于非遗档案信息及其传播所表现出的喜爱、青睐和信任会使传播受众乐于接受更多的非遗档案信息，参加更多的非遗档案信息传播活动，同时鼓励和带动周围的人一起参加，在新媒介环境下，受众还可以积极踊跃地发表评论、上传信息，或是将认为珍贵有益的信息分享传播给他人，成为非遗档案信息传播的忠实受众。反之，失望、反感或是厌恶的情感和态度会使传播受众对进一步了解非遗档案信息、参与更多非遗档案信息传播活动了无兴趣，甚至直接拒绝。他们可能会给周围的人提出否定或反面的评价，也可能不愿意去分享或转发非遗档案信息，参与非遗档案信息传播。此外，还有介于积极行为和否定行为之间的消极行为，他们更多是一种观望态度，他们有进一步接受的

393

意愿，但尚不愿意影响周围的人去接受非遗档案信息传播活动，这一群受众需要通过进一步的传播去强化他们的认知。

（2）传播效果的综合评估

公共文化服务背景下非遗档案信息传播效果的好与坏、强与弱，需要经过认真的评估，才能形成清晰的结论，这是本次非遗档案信息传播活动的一个总结和鉴定，同时也是对下一次非遗档案信息传播活动的参考和启发，是继续沿用这一模式，还是需要有所改进，抑或采用另一种模式去传播，都要结合传播效果的正确评估来综合判断。传播效果的评估有赖于稳定的评估标准，也需要科学的方法才能施行。传播的标准应保持基本的一致，这样才能进行传播活动间的对比和比较，评估方法也需要兼顾多方面，综合评价是需要坚持的基本原理。

①公共文化服务背景下非遗档案信息传播效果的评估标准。

评估公共文化服务背景下非遗档案信息的传播效果，需要综合考量传播主体、传播内容、传播媒介、传播过程和传播方式多个要素。每一个要素的实施要求和评估标准是不一样的，每一个要素或每一个环节均会影响到最终效果的形成，唯有准确把握每一个要素的评估标准，才能确保非遗档案信息传播的整体效果。笔者以"5W"传播模式为依据，总结并提出了传播主体、传播内容、传播媒介、传播受众四个基本要素的评估标准（见表6-8）。

表6-8　公共文化服务背景下非遗档案信息传播效果的评估标准

标准要素	评估标准	评估标准说明
传播主体	目的是否明确、主题是否鲜明、筹备是否充足	以公共文化服务为非遗档案信息传播目的，以非遗档案信息为主题，做好传播策划和筹备
传播内容	内容是否丰富、信息是否真实完整、是否契合需求	传播内容同样是非遗档案信息，是否丰富、真实、完整直接影响传播效果，传播内容契合受众需求更容易达到传播目的，取得好的传播效果

标准要素	评估标准	评估标准说明
传播媒介	媒介是否合理、传播是否持续、传播是否连贯	根据传播内容选择合理的传播媒介，传播过程持续和连贯有利于吸纳更多的受众，扩大传播的范围和影响
传播受众	信息是否接收、受众是否满足、受众是否满意、是否产生影响	受众是否接收信息、接收到多少信息，是传播满足受众需求的程度；是否满足和满意，是非遗档案信息对受众认知、情感、态度、行为产生的影响
传播效果	渠道是否畅通、反馈是否及时、反馈是否有效	传播效果的反馈渠道是否畅通，是传播效果评估的前提，在渠道畅通的情况下，反馈是否及时、有效是衡量传播效果的重要标准

②公共文化服务背景下非遗档案信息传播效果的评估方法。

在明确公共文化服务背景下非遗档案信息传播的评估标准后，需要采用合适的方法进行传播效果的评估。笔者认为，可以从评估时间和评估范围两个方面实施。评估时间上，需要在传播前进行非遗档案信息传播效果的预测评估，在传播后进行非遗档案信息传播的检测评估；评估范围上，既需要对整体的非遗档案信息传播活动进行评估，也需要对非遗档案信息传播各阶段的效果进行评估（如图6-13所示）。

传播前的预测性评估是围绕即将开展的非遗档案信息传播活动，结合公共文化服务的特征与要求，针对制定的几个传播方案，就其合理性、全面性、可行性和可能取得的结果进行预测，从中选择出最佳的执行方案。本次评估活动一般由传播主体组织进行。传播后的验证性评估则以定性调查和定量分析为主，既有对传播主体实施情况的总结，也有对受众传播体验的调查，明确传播主体对先期传播方案的实施情况，受众对非遗档案信息传播的满意度，总结公众满意的主要方面、满意原因，是否形成了用户忠诚，是否与前期的预测效果相吻合，从而判定传播活动的影响范围和影响程度，

395

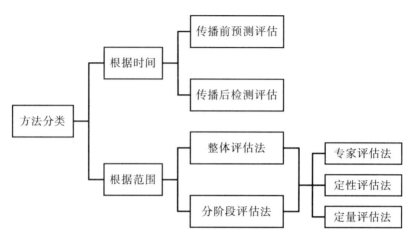

图 6-13　公共文化服务背景下非遗档案信息传播效果评估方法的分类

以及对传播目标的实现情况。

　　对非遗档案信息传播的整体评估，其评估内容同传播后的评估方法基本一致，重点考察的是公众对非遗档案信息传播的满意度，以及是否形成了用户忠诚。除整体评估外，还需要分阶段进行评估，考察非遗档案信息传播每个阶段的传播状况及取得效果。整体评估与分阶段评估之间是总与分的关系，分阶段的效果直接关系着整体的效果，整体的效果由分阶段效果共同影响和决定。

　　整体评估与分阶段评估所采用的评估方法基本相同，一般采用专家评估、定性评估和定量评估三种方法。专家评估是指邀请非遗领域、档案管理领域和传播领域的专家共同组成评估团队，依据前期制定的评估指标，结合所在领域的工作特色与业务要求，由专家对整体或分阶段的传播活动进行评价，给出分值，汇总后，依据分值明确其所对应的效果等级，形成传播效果评估。专家评估法由非遗、档案、信息传播相关领域的专家依据评估标准和专业知识给出分值，由分值判断等级，这是一种简单明了的评估方式，唯一的缺点在于标准的好坏很大程度上受到专家个人主观意志的影响，专家的好恶、专业化程度会影响效果的评估。

　　定性评估法以详细的资料为评估依据，一定程度上规避了专家评估主观的缺陷。定性评估是结合资料总结并分析非遗档案信息传播的内容，辨析非遗档案信息传播的媒介，对传播活动和取得的效果进行合理的描述。定性评估一般是以形成结论的方式对非遗档案信息传播活动进行总结，言简意赅，重点突出；不足之处在于缺乏数据的支撑，说服力略显不足。

相对于定性评估的以描述为主，定量评估则是切切实实地建立在非遗档案信息传播的系统数据之上，通过绝对数、相对数和比值的核算，形成一定的比率，直观地展示和表达传播的状况。定量评估以数据为依据，是三种方法中最为客观的一种方法。目前，可以用定量方法评估的指标有非遗档案信息公众知晓率、非遗档案信息公众接受率和非遗档案信息传递率三种。

非遗档案信息的公众知晓率是指在特定公众范围内，知晓非遗档案信息的公众在总人数中所占比率。比率越高，反映出传播的效果越好，传播活动带来的传播受众中的信息普及率越高。其计算公式为：

$$非遗档案信息公众知晓率 = \frac{知晓非遗档案信息传播的人数}{一定范围的公众总人数} \times 100\%$$

非遗档案信息的公众接受率是指公众接受到的非遗档案信息量与该项非遗档案信息传播活动信息总量之间的比例。接受率越高，同样说明非遗档案信息传播活动中信息的普及率高，传播效果越好。计算接受率，需要对信息量进行计算，相对来说有难度，很难精确计算出来，因此，一般计算"传播活动中所发出的具体特点含义的符号的量"，[1] 即"模糊信息量"，例如，文本传播中的字符数、视音频传播中的时长、数字化传播中的数字非遗档案的存储容量等。非遗档案信息公众接受率的计算公式如下：

$$非遗档案信息的公众接受率 = \frac{公众收到的非遗档案信息量}{传播主体传播的信息量} \times 100\%$$

非遗档案信息的传递率是指传播媒介在单位时间内传递出的非

---

① 田启华，肖人彬，钟毅芳，等．基于信息公理和模糊数学的设计方案评价方法[J]．农业机械学报，2008(12)．

遗信息量。信息量越多，传递率越高，同样说明传播效果越好，信息普及率越大，其计算公式如下：

$$非遗档案信息传递率=\frac{传播的非遗档案信息量}{传播时间}\times100\%$$

针对定性和定量这两种关系密切的评估方法，笔者对两者的特征进行了比较（见表 6-9），定性的结论建立在定量分析的基础上，定量的分析也需要定性的方法对其加以描述，当然，定量与定性的结果最终也需要专家的确认与肯定，三者缺一不可。公共文化服务背景下非遗档案信息传播是一项系统、复杂、涉及面广的工作，为确保传播效果评估的全面性、严谨性和准确性，应将上述三种方法结合起来使用。

表 6-9　公共文化服务背景下非遗档案信息传播效果定性和定量评估比较

比较项	传播效果定性评估	传播效果定量评估
选择对象	非遗档案信息传播每个环节均是评估对象	非遗档案信息传播每个环节均是评估对象
评估形式	专题组讨论、选题组讨论、参与性观察、个案调查、文献综述等	公众满意度问卷、抽样调查、普查、函询、采访登记等
分析方法	图文描述、说明、概括等	数理算法工具、统计分析、物理模型等
评估结论	结论性较强，适用面广，集体协作性强	客观性强，直观
常用指标	分认知、情感、态度、行为四个阶段	公众知晓率、信息接收率、信息传递率等

四、本章小结

本章专门探讨了非遗档案信息传播要素的创新策略。秉持"以面向公众需求为导向"的原则，笔者引入了分众传播的新模式，在借鉴国内外分众传播科学实施经验的基础上，提出了公共文化服务背景下非遗档案信息分众传播的主要思路与实施策略。非遗档案信息传播的五要素中，笔者将传播受众移至前段，提出了细分受众的主张，传播主体上提出构建传受互动的良好关系，全面整合传播内容、提升传播媒介的专业度，推动传统媒介与新媒介的融合，分层评估传播效果，设计并构建出传播效果的评估标准和评估方法。

第七章 公共文化服务背景下非遗档案信息传播实施的保障

公共文化服务背景下非遗档案信息传播是一项系统、复杂、涉及面广的工作，需要切实有力的保障才能维护并推进其顺利的实施。笔者认为，非遗档案信息传播的保障有三方面的含义，第一，对非遗档案信息传播的保护；第二，对非遗档案信息传播顺利实施的保证；第三，构建一道屏障以更好地维护非遗档案信息传播。一般而言，保障常常从法规、政策、制度、技术、人才、资源、环境等方面进行。本章无法对上述层面一一进行研究，将从中选择最重要、最核心也最为迫切的保障举措，探讨如何以此去促进并维护非遗档案信息传播的开展和实施。

第四章的研究表明，无论是政府主导、市场主导还是分权共建的非遗档案信息传播，完善的法律法规都发挥着重要的指导和规范作用，因此，我国公共文化服务背景下的非遗档案信息传播，同样需要严格、完整而全面的政策加以保障。在此基础上，稳定而持续的资金保障将有助于保持非遗档案信息传播运行的活力，权益保障有助于规整非遗档案信息传播运行的秩序，安全保障可为传播提供安全和正常的内外部环境，动力保障则可增加非遗档案信息传播运行的力量，以确保公共文化服务背景下非遗档案信息传播的创新与推进。

一、建立传播规则的政策保障

非遗档案是公共文化的重要组成，传播其承载的信息是对公民文化权利的履行和保护，而传播工作本身也是政府在文化领域的重要职责。国内外非遗档案信息传播的实践表明，国家与地方层面政策的规范是非遗档案信息传播顺利且持续开展的基础及前提。

（一）政策保障的类型

我国尚未有专门针对非遗档案信息传播或是非遗档案传播的政策，因此，政策层面对实施方式、主要流程和注意事项等内容的规范大多借鉴相关领域的政策。公共文化服务背景下非遗档案信息传播的相关领域主要有公共文化服务领域、非遗传播领域和信息传播领域，这三个领域已有一定的成文法规和政策，可为非遗档案信息传播的实施提供一定的指导和规范。

1. 公共文化服务领域相关政策

第二章中，笔者曾回溯了我国公共文化服务的政策历程，可以说从 2002 年提出重视并推进文化事业的发展，将文化公益事业作为政府重要工作时，传承优秀传统文化，认真做好优秀传统文化资源建设、公共文化服务设施建设就被作为工作内容而提出。2007 年，"非物质文化遗产"一词正式出现于公共文化服务政策中，凸显了政府在构建公共文化服务体系、强化公共文化服务建设过程中对非遗的重视，非遗成为具有代表性的传统优秀文化和民俗文化。

表 7-1 列举了 2002—2015 年我国国家和地方层面具有代表性的公共文化服务政策，以及政策中涉及传播工作的内容。对公共文化服务背景下非遗档案信息传播有涉及、指导和保障作用的内容有：

401

　　第一，意识和导向层面，国家鼓励、支持并扶持包括非遗档案信息在内的优秀传统文化传播活动，将其作为丰富人民群众精神文化生活、提升人民群众精神文化水平的重要举措。

　　第二，目标和方向层面，非遗档案信息传播应当面向公众，传播的范围也应该向着覆盖全社会努力。

　　第三，内容层面，强调了对体现民族特色、地域特征信息的传播，优先传播国家水准的重要非遗档案信息。非遗档案的类型则包括实物作品、出版物、广播节目、影视节目、数字节目等。

　　第四，形式和手段层面，鼓励并支持以图书报刊、公益性演出、低价商业性演出、公共文化场所活动、公共文化设施免费开放、数字信息平台、网络数字展馆等进行传播，综合运用传统和新型多种传播媒介和传播技术。

　　第五，主体层面，以图书馆、博物馆、美术馆、文化馆等为代表的公共文化服务机构是承担传播工作的核心主体，需要不断强化设施建设与技术投入，以提升传播的效果。文化事业单位、科研机构、学校和新闻媒体是政府扶持开展传播的对象，同时鼓励专业人士、各界群众、经营性演出团体等主体的参与。

表 7-1　　　　　　　我国公共文化服务领域相关政策

序号	时间	政策名称	内　　容
1	2002	全面建设小康社会，开创中国特色社会主义事业新局面	扶持党和国家重要的新闻媒体和社会科学研究机构，扶持体现民族特色和国家水准的重大文化项目和艺术院团，扶持对重要文化遗产和优秀民间艺术的保护工作，扶持老少边穷地区和中西部地区的文化发展
2	2005	中共中央关于制定国民经济和社会发展第十一个五年规划的建设	丰富人民群众精神文化生活，积极发展文化事业和文化产业，加大政府对文化事业的投入，逐步形成覆盖全社会的比较完备的公共文化服务体系

续表

序号	时间	政策名称	内　　容
3	2006	国家"十一五"时期文化发展规划纲要	加强图书馆、博物馆、文化馆、美术馆、电台、电视台、广播电视发射转播台(站)、互联网公共信息服务点等公共文化基础设施建设；完善国有博物馆、美术馆等公共文化设施对未成年人等免费或者优惠开放制度，有条件的爱国主义教育基地的公共文化设施可向社会免费开放；促进数字和网络技术在公共文化服务领域的应用，建设数字广播电视信息平台、数字电影放映网络系统、网上图书馆、网上博物馆、网上剧场和群众文化活动远程指导网络
4	2007	关于加强公共文化服务体系建设的若干意见	广泛开展公益性文化艺术活动，培养健康向上的文艺爱好，扩大和提升文化消费需求。鼓励有条件的公共文化机构挖掘特色资源，加强文化创意产品研发，创新文化产品和服务内容。完善公益性演出补贴制度，通过票价补贴、剧场运营补贴等方式，支持艺术表演团体提供公益性演出。鼓励在商业演出和电影放映中安排低价场次或门票，鼓励出版适应群众购买能力的图书报刊，鼓励网络文化运营商开发更多低收费业务，推动经营性文化设施、非物质文化遗产传习场所和传统民俗文化活动场所等向公众提供优惠或免费的公益性文化服务
5	2011	党的十七届六中全会精神	提出"满足人民基本文化需求是社会主义建设的基本任务"，"加强公共文化服务是实现人民基本文化权益的主要途径"，要求构建"覆盖城乡、结构合理、实用高效的公共文化服务体系"，公共文化服务体系建设的方针政策日益完善

续表

序号	时间	政策名称	内　　容
6	2013	中共中央关于全面深化改革若干重大问题的决定	构建现代公共文化服务体系。建立公共文化服务体系建设协调机制，统筹服务设施网络建设，促进基本公共文化服务标准化、均等化。建立群众评价和反馈机制，推动文化惠民项目与群众文化需求有效对接。整合基层宣传文化、党员教育、科学普及、体育健身等设施，建设综合性文化服务中心。明确不同文化事业单位功能定位，建立法人治理结构，完善绩效考核机制。推动公共图书馆、博物馆、文化馆、科技馆等组建理事会，吸纳有关方面代表、专业人士、各界群众参与管理。引入竞争机制，推动公共文化服务社会化发展。鼓励社会力量、社会资本参与公共文化服务体系建设，培育文化非营利组织
7	2015	关于加快构建现代公共文化服务体系的意见	鼓励在商业演出和电影放映中安排低价场次或门票，鼓励出版适应群众购买能力的图书报刊，鼓励网络文化运营商开发更多低收费业务，推动经营性文化设施、非物质文化遗产传习场所和传统民俗文化活动场所等向公众提供优惠或免费的公益性文化服务
8	2016	中华人民共和国公共文化服务保障法	各级人民政府应当充分利用公共文化设施，促进优秀公共文化产品的提供和传播，支持开展全民阅读、全民普法、全民健身、全民科普和艺术普及、优秀传统文化传承活动；国家鼓励和支持机关、学校、企业事业单位的文化体育设施向公众开放；国家统筹规划公共数字化建设，构建标准统一、互联互通的公共数字文化服务网络，建设公共文化信息资源库，实现基层网络服务共建共享

序号	时间	政策名称	内　　容
9	2011	广东省公共文化服务促进条例	公共文化设施包括图书馆、博物馆、文化馆(站、室)、纪念馆、美术馆、非物质文化遗产馆(传习所)、科技馆、青少年宫、文物保护单位、文化广场、广播电视台(站)等；公益性文化产品包括文艺作品、藏书藏品、出版物、影视广播节目等
10	2015	浙江省关于加快构建现代公共文化服务体系的实施意见	完善公益演出补贴措施，推动更多文艺表演团体、演出场所开展公益性演出。探索建立适度竞争、择优扶持新机制，鼓励有条件的地方补贴居民文化消费，推动在更多的商业演出和电影放映中安排低价场次和门票，出版更多适应群众购买能力的图书报刊，鼓励网络文化运营商开发更多的低收费业务。鼓励有条件的公共文化机构挖掘特色资源，加强文化创意产品研发，创新产品和服务内容。推动经营性文化设施、非物质文化遗产传习场所和传统民俗文化活动场所等向公众提供优惠或免费的公益性文化服务

注：本表依据相关文献资料整理而成。

2. 非遗传播相关政策

在我国现行的非遗相关法律法规中，无论是《中华人民共和国非遗法》，还是国家、地方层面的行政法规，抑或原文化部出台的部级规章，"传播"一直被视为非遗保护和传承的重要任务而得到强调(见表7-2)。这些内容对于非遗档案信息传播也有着普遍的指导和规范作用，指导和规范的层面主要包括以下四个方面：

第一，认定了我国非遗、非遗档案传播主体应包括各级政府及其文化行政部门、非遗保护中心、公共文化机构、新闻媒体、教育部门、非遗传承人或传承群体、公民、法人等。

第二，推荐了采用展览、展演、观摩、节日活动、教育、宣传、培训和专业性研讨等形式开展非遗、非遗档案的传播。

第三，列举了以图书报刊、广播电视、音像制品、互联网站、数据库、电子信息库等媒介开展非遗、非遗档案的传播。

第四，提出了开展非遗、非遗档案传播的目的旨在加深公众对非遗的了解和认识，促进非遗的传承和信息的社会共享。

表 7-2　　　　　　　　　我国非遗传播相关政策

序号	政策名称	颁布时间	相关内容
1	云南省民族民间传统文化保护条例	2000	各级人民政府应当重视对民族民间传统文化研究人才的培养，发挥各级文化艺术馆在征集、收藏、研究、展示本地区的民族民间传统文化中的作用
2	贵州省民族民间文化保护条例	2002	各级人民政府应当支持开展健康有益的、具有代表性的民族民间文化活动，宣传和弘扬本地区本民族优秀的民族民间文化，发展民族文化产业；民族文化生态博物馆、民族文化村寨博物馆、民族民间文化之乡开展有关文化艺术活动，当地人民政府应当提供必要的条件；各级人民政府文化行政部门应当有计划地组织开展优秀民族民间文化的展演及其他活动，深入挖掘、整理、开发、提高有本地特色的、健康的民俗活动表演项目，增强其艺术性和观赏性；鼓励以弘扬优秀民族民间文化为目的的文学艺术创作活动，有重点、有选择地做好民族民间原始文献、典籍、戏剧、音乐等的记录、翻译、校订、出版、研究和开发利用等工作
3	福建省民族民间文化保护条例	2004	图书报刊、广播电视、互联网络、音像制品等公共传媒应当介绍、宣传优秀的民族民间文化，提高全社会自觉保护民族民间文化的意识

续表

序号	政策名称	颁布时间	相关内容
4	广西壮族自治区民族民间传统文化条例	2005	宣传、传承和振兴民族民间优秀传统文化，弘扬民族精神，促进民族团结；报刊、出版社、电台、电视台、网站等公共传媒采取各种形式介绍、宣传民族民间优秀传统文化。各级各类学校根据实际情况，开展民族民间优秀传统文化教育活动
5	关于加强我国非物质文化遗产保护工作的意见	2005	充分发挥各级图书馆、文化馆、博物馆、科技馆等公共文化机构的作用，有条件的地方可设立专题博物馆或展示中心；各级图书馆、文化馆、博物馆、科技馆等公共文化机构要积极开展对非物质文化遗产的传播和展示；教育部门和各级各类学校要逐步将优秀的、体现民族精神与民间特色的非物质文化遗产内容编入有关教材，开展教学活动；鼓励和支持新闻出版、广播电视、互联网等媒体对非物质文化遗产及其保护工作进行宣传展示，普及保护知识，培养保护意识，努力在全社会形成共识，营造保护非物质文化遗产的良好氛围
6	国家级非物质文化遗产代表作申报评定暂行办法	2005	利用节日活动、展览、观摩、培训、专业性研讨等形式，通过大众传媒和互联网的宣传，加深公众对该项遗产的了解和认识，促进社会共享
7	国家级非物质文化遗产保护与管理暂行办法	2006	国家级非物质文化遗产项目保护单位应当积极开展该项目的展示活动；县级以上人民政府文化行政部门应当鼓励、支持通过节日活动、展览、培训、教育、大众传媒等手段，宣传、普及国家级非物质文化遗产知识，促进其传承和社会共享

407

续表

序号	政策名称	颁布时间	相关内容
8	国家级非物质文化遗产项目代表性传承人认定与管理暂行办法	2008	国家级非物质文化遗产项目代表性传承人应积极参与展览、演示、研讨、交流等活动
9	宁夏回族自治区非物质文化遗产保护条例	2006	传承人和传承单位应当依法展示、传播、宣传、弘扬和振兴传承技艺；鼓励、支持公民、法人和其他组织依法开展非物质文化遗产保护、传承、传播活动；鼓励、支持社会资金参与非物质文化遗产的保护。鼓励、支持大中专院校开展非物质文化遗产保护的研究和专业人才的培养；教育行政部门可以把优秀的非物质文化遗产列入教育教学内容；县级以上人民政府文化行政部门应当有计划地组织开展优秀非物质文化遗产的展演和其他展示活动；挖掘、开发健康的、有地区特色的民俗活动表演项目，增强其艺术性和观赏性；图书馆、文化馆、博物馆、科技馆、展览馆等公共文化机构，应当展示、传播非物质文化遗产；报刊、广播电视、网络、音像制品等媒体应当介绍、宣传和弘扬优秀非物质文化遗产，普及非物质文化遗产保护知识
10	江苏省非物质文化遗产保护条例	2006	县级以上地方人民政府及其有关部门应当支持非物质文化遗产代表性项目的传承、传播活动；县级以上地方人民政府应当采取有效措施，组织文化主管部门和其他有关部门宣传、展示非物质文化遗产代表性项目，可以结合节庆、当地民间习俗等开展相关的展示、表演、比赛等活动；县级以上地方人民政府应当根据需要，建立非物质文化遗产专题的公共文化设施，或者在公共文化机构内设立专门展室，用于非物质文化遗产代表性项目的展示、传承、收藏和研究；非物质文化遗产学术研究机构、保护工作机构，以及图书馆、文化馆、群众艺术馆、文化艺术中心、文化站、博物馆、档案馆、科技馆等应当有计划地传播非物质文化遗产代表性项目

序号	政策名称	颁布时间	相关内容
11	新疆维吾尔自治区非物质文化遗产保护条例	2008	代表性传承单位应当坚持开展以弘扬非物质文化遗产为宗旨的传承、展示活动；代表性传承人和代表性传承单位应当依法开展非物质文化遗产的传播、展示等活动；县级以上人民政府可以支持杰出传承人和优秀传承单位开展非物质文化遗产传承活动，开展相应的宣传；鼓励有条件的单位和个人成立研究机构，兴办专题博物馆，开设专门展室，开展对非物质文化遗产的研究工作，展示有代表性的非物质文化遗产；县级以上人民政府文化行政部门应当组织开展优秀非物质文化遗产的展示、展演等活动，挖掘、整理、开发、展示具有民族特色的、健康的民俗活动表演项目；图书馆、文化馆、博物馆、科技馆等公共文化机构应当依法展示和传播本地有代表性的非物质文化遗产。有条件的应当向社会免费开放。县级以上人民政府应当支持重点非物质文化遗产原始文献、典籍的记录、翻译、校订、出版、研究和开发利用等工作
12	安徽省省级非物质文化遗产项目代表性传承人认定与管理暂行办法	2008	国家级非物质文化遗产代表性项目补助费，主要补助国家级非物质文化遗产代表性项目相关的调查研究、抢救性记录和保存、传承活动、理论及技艺研究、出版、展示推广、民俗活动支出等
13	上海市非物质文化遗产项目代表性传承人认定与管理暂行办法	2009	上海市非物质文化遗产项目代表性传承人应积极参与展览、演示、研讨、交流等活动，定期向各级文化行政部门提交项目传承情况报告

续表

序号	政策名称	颁布时间	相关内容
14	河北省省级非物质文化遗产项目代表性传承人认定与管理暂行办法	2009	省级非物质文化遗产项目代表性传承人应积极参与展览、演示、教育、研讨、交流等活动，定期向所在地文化行政部门提交项目传承情况报告
15	福建省非物质文化遗产项目代表性传承人认定与管理暂行办法	2010	受资助的省级非物质文化遗产项目代表性传承人根据协议的目标任务及资助数额，应积极参与展览、演示、教育、研讨、交流等活动
16	中华人民共和国非物质文化遗产法	2011	县级以上人民政府应当结合实际情况，采取有效措施，组织文化主管部门和其他有关部门宣传、展示非物质文化遗产代表性项目；国家鼓励开展与非物质文化遗产有关的科学技术研究和非物质文化遗产保护、保存方法研究，鼓励开展非物质文化遗产的记录和非物质文化遗产代表性项目的整理、出版等活动；学校应当按照国务院教育主管部门的规定，开展相关的非物质文化遗产教育；新闻媒体应当开展非物质文化遗产代表性项目的宣传，普及非物质文化遗产知识；图书馆、文化馆、博物馆、科技馆等公共文化机构和非物质文化遗产学术研究机构、保护机构以及利用财政性资金举办的文艺表演团体、演出场所经营单位等，应当根据各自业务范围，开展非物质文化遗产的整理、研究、学术交流和非物质文化遗产代表性项目的宣传、展示；国家鼓励和支持公民、法人和其他组织依法设立非物质文化遗产展示场所和传承场所，展示和传承非物质文化遗产代表性项目

续表

序号	政策名称	颁布时间	相关内容
17	浙江省非物质文化遗产保护条例	2006	县级以上人民政府文化行政部门应当组织开展非物质文化遗产展示、交流活动；县级以上人民政府根据需要设立非物质文化遗产保护专项资金，主要用于：非物质文化遗产的展示、展演；非物质文化遗产保护的宣传、培训、研究；代表性传承人和代表性传承单位应当积极开展展示、传播等活动；对列入非物质文化遗产名录的项目，县级以上人民政府文化行政部门应当及时跟踪调查保护情况，建立专门档案，并采取有效措施，使非物质文化遗产得到传承、弘扬；非物质文化遗产丰富的地方，县级以上人民政府应当建立专题博物馆，收藏、保存和展示当地的非物质文化遗产；鼓励单位和个人兴办专题博物馆、展示室等，展示非物质文化遗产；文化馆(群艺馆)、图书馆、博物馆等文化机构，应当组织开展相关非物质文化遗产的展示活动
18	武汉市非物质文化遗产保护条例	2016	对省级非物质文化遗产代表性项目可以设立专题展示场所或者博物馆，可以为省级代表性传承人设立工作室；文化主管部门应当根据需要，为非物质文化遗产代表性项目的代表性传承人提供必要的展示场所，资助其开展授徒、传艺、交流和传统节庆表演等活动，支持其参与社会公益性活动；市、区人民政府应当根据本级文化发展规划，统筹建设非物质文化遗产收藏、展示、研究和传承等公共文化设施；各类公共文化场所应当依法组织开展非物质文化遗产展示和传播活动；鼓励和支持公民、法人和其他组织依法设立非物质文化遗产展示场所或者传承场所；鼓励、支持建立非物质文化遗产传承基地(园区)，为非物质文化遗产代表性项目的代表性传承人设立工作室，开展传承、传播活动。鼓励、支持公民、法人和其他组织开展非物质文化遗产文献、典籍、资料的整理、翻译、出版；开展以弘扬优秀非物质文化遗产为目的的文化艺术创作

411

续表

序号	政策名称	颁布时间	相关内容
19	南京市非物质文化遗产保护条例	2016	代表性项目保护单位、代表性传承人不得以与其资格不符的名义开展传承、传播活动；列入国家级代表性项目的，实行重点保护。文化行政主管部门和相关保护单位应当编制专项规划；保护单位应当设立专题展示场所或者博物馆，并为国家级代表性传承人设立工作室；鼓励和扶持保护单位或者个人建立数字化的展览馆、博物馆、体验馆等展示平台；市、区人民政府应当组织做好非物质文化遗产的宣传、展示、展演工作； 各级文化场馆应当参与非物质文化遗产的调查、收集、整理、研究、宣传、展演和交流活动；广播、电视、报刊、网络等媒体应当做好非物质文化遗产保护的宣传工作，普及保护知识，提高全社会的保护意识；鼓励公园和有条件的公共场所宣传、展示、展演代表性项目

注：本表依据相关文献资料整理而成。

3. 信息传播领域政策

公共文化服务背景下的非遗档案信息传播，信息是主要的传播内容，因此，信息传播类的政策对于非遗档案信息传播也有着普遍的指导作用。我国信息传播类政策，很大程度上受到国外信息传播法规政策的影响。20 世纪 60 年代中叶，美国出台了《信息自由法》，规定了档案归档保存的去向，同时强调了公民所具有的借阅档案、利用信息的自由。20 世纪 80 年代初，加拿大也颁布了《信息获取法》，明确了信息公开的必要性。20 世纪末，英国颁布《公民知情权》白皮书，后又出台了《信息自由法》同样保障了公民利用信息的自由。

同样在 20 世纪末，我国制定并发布了《中华人民共和国著作

权法》，明确了传播和利用的义务与权利。21世纪以来，我国陆续
颁发了信息传播类相关政策（见表7-3），对于非遗档案信息传播的
执行所具有一定的指导作用：

第一，肯定了非遗档案信息作为大众文化的产物，进行信息传
播和信息网络传播的合法性与可行性。

第二，强调了对于著作权的保护，划定了传播主体实施传播过
程中合理的传播权限。如传播活动需正确著作权人统一，可以复制
信息用于传播，但不得用于经济牟利。

第三，专门规范了互联网、移动网络等传播平台的信息传播规
范，如传播内容的选择、传播信息的发布等，对方兴未艾的新媒介
传播提供了行为指南。

表7-3　　　　　　　　国内外信息传播领域代表性政策

序号	政策名称	时间	国别	相关内容
1	信息自由法	1966	美国	由档案形成部门归档，后移交美国国家档案馆永久保管的档案文件，公众可依据《信息自由法》申请借阅浏览
2	信息获取法	1982	加拿大	确立了信息必须公开的原则，豁免公开信息只能是有限而且特定的，除国家安全、刑事调查、商业机密、个人隐私等十三种信息可以不公开外，其他信息都必须公开
3	公民知情权	1997	英国	制定信息自由法提案
4	信息自由法	2000	英国	公民有获取公共部门所保存的记录式信息的权利
5	中华人民共和国著作权法	1990	中国	信息网络传播权，即以有线或无线方式向公众提供作品，使公众可以在其个人选定时间和地点获得作品的权利
6	互联网等信息网络传播视听节目管理办法	2004	中国	获得《信息网络传播视听节目许可证》的机构（以下简称持证机构）应当按照《信息网络传播视听节目许可证》载明的开办主体、业务类别、标识、传播方式、传输网络、传播载体、传播范围、接收终端、节目类别和集成内容等事项从事信息网络传播视听节目业务

续表

序号	政策名称	时间	国别	相关内容
7	互联网新闻信息服务管理规定	2005	中国	互联网新闻信息服务提供者对用户身份信息和日志信息负有保密的义务，不得泄露、篡改、毁损，不得出售或非法向他人提供 互联网新闻信息服务提供者及其从业人员不得通过采编、发布、转载、删除新闻信息，干预新闻信息呈现或搜索结果等手段谋取不正当利益 互联网新闻信息服务提供者和用户不得制作、复制、发布、传播法律、行政法规禁止的信息内容
8	信息网络传播权保护条例	2006	中国	图书馆、档案馆、纪念馆、博物馆、美术馆等可以不经著作权人许可，通过信息网络向本馆馆舍内服务对象提供本馆收藏的合法出版的数字作品和依法为陈列或者保存版本的需要以数字化形式复制的作品，不向其支付报酬，但不得直接或者间接获得经济利益。当事人另有约定的除外
9	移动互联网应用程序信息服务管理规定	2016	中国	移动互联网应用程序提供者和互联网应用商店服务提供者不得利用移动互联网应用程序从事危害国家安全、扰乱社会秩序、侵犯他人合法权益等法律法规禁止的活动，不得利用移动互联网应用程序制作、复制、发布、传播法律法规禁止的信息内容

注：本表依据相关文献资料整理而成。

（二）政策保障的构建

虽然公共文化服务领域、非遗领域和信息传播领域的政策为公共文化服务背景下非遗档案信息传播的实施和执行提供了规范和参考。但是，政策层面的保障仍不止于此，出台非遗档案信息传播的专门政策，同时整合协调专门政策与相关政策的内容，才能实施具体而深入的保障。

1. 以专门的政策保障公众的权利

研究结果表明，现行的政策以笼统、宏观的规范为主，依然需要制定专门针对非遗档案信息传播的政策，以保障其实施。笔者认为，公共文化服务强调对公众需求的尊重，因此，公共文化服务背景下非遗档案信息传播的政策首要重视并保证的是公众对信息的利用权利和参与权利，这既是公民文化权利实现的保证，也是公众参与非遗档案信息建设及传播的刚性依据。

政策的制定是一个复杂而持续推进的过程，需要多个主体的参与，也需要考虑到多方面的需求和目标。公共文化服务背景下非遗档案信息传播的专门政策，应当是《中华人民共和国公共文化服务保障法》和《中华人民共和国非遗法》的下位法，需要遵守这两部法规的规定，建设理念、基本方针与建设目标均需与其保持一致，不能有相悖、相互矛盾或相互抵触的内容。笔者认为，专门政策应该就不同传播主体的角色划分和任务分解、传播内容的遴选依据、知识产权的保护、传统媒介和新媒介的选择、互联网下信息传播的规范等实操性和技术性问题进行细致的规范，以确保非遗档案信息的传播有法可依，有政策可查。

2. 由政府出面实施政策的整合

专门政策的制定不是一件一蹴而就的事情，同时，即使有专门的政策，相关领域的政策也依然值得被参考和借鉴。专门政策与上述三个领域的相关政策可以形成一个公共文化服务背景下非遗档案信息传播的政策体系，对其进行综合性的指导。只是在构建综合政策体系时，需要对相关政策及其具体内容进行梳理、整合、排序与协调，当政策出现冲突时，优先适用何种政策，这项工作需要由处于非遗档案信息传播机制的中观环境，负责政策环境营造的政府来主导完成。

415

整合协调政策的工作不是由政府这一个主体来完成的，因为政府不是从事非遗档案信息传播的唯一主体，政府需要集合并强化各主体之间的沟通，探知各类主体在开展非遗档案信息传播过程中面临的问题与需求，了解公众对非遗档案信息传播的满意度及影响因素，确保形成的政策体系符合我国公共文化服务背景下非遗档案信息传播实践，能切实指导并解决传播过程中存在的问题。

二、保持传播活力的资金保障

国外在开展公共文化服务、遗产保护与传播时，不同程度地借助了市场的力量。在我国加快构建公共文化服务体系的背景下，原本由政府一手包办的局面将会逐步改变，引入市场的力量将会是保持公共文化服务动力与活力的必然选择。市场力量有着更多的灵活性、独立性和自主性，可以组织更多形式更多内容的服务活动，市场力量的加入将使公共文化服务工作获得更多资金上的来源。但是，市场力量的介入犹如一柄双刃剑，过度的市场化也会在一定程度上降低公共文化服务的公益性，政府承担文化发展和财政支持的职能被削弱，当公共文化服务资金更多依赖于市场获得时，国家财政拨付的比例必定会相应减少。

置身于公共文化服务背景之下，非遗档案信息传播的顺利实施同样受到了资金的影响和制约，传播主体日常传播工作的开展、传播内容的建设、对传播受众的调动、传播媒介的选用、传播设施的建设，乃至高科技传播技术的引入，都需要资金这一强大后盾，因此，资金是维持非遗档案信息传播持续活力的重要保障。

(一) 保证资金投入与财政收入联动

对于非遗档案信息传播而言，政府的投入依然是资金持续而稳定的来源。作为传统优秀文化资源的代表，公共文化服务体系可将非遗档案信息传播作为公共文化服务的项目纳入其中，依据预算调查、财政拨付等流程进行资金的正常申请、获得与支出。政府也在积极争取和加大公共文化服务的投入。2007 年，中共中央办公厅和国务院办公厅提出城市规划应涵盖社区公共文化设施建设，规定将 1% 的城市住房开发资金用于社区公共文化设施的建设。① 公共文化服务体系建设，尤其是公共文化设施建设获得了更多且稳定的资金来源，有助于公共文化服务体系的发展，非遗档案信息传播也将同样获益。

2007 年以后，我国国家、部际和地方层面持续发布了政策，开辟了公共文化服务的资金渠道，增加了公共文化服务的专项资金。2013 年，原文化部提出确保公共财政中文化建设资金投入的增幅必须始终高于经常性投入的增幅；② 2016 年的《中华人民共和国公共文化服务保障法》规定各级政府需要在本级财政预算中专门设置公共文化服务预算，做到专款专用。③ 地方层面，广西柳州市持续增加对公共文化服务资金的投入，其中 2012 年投入的资金比 2011 年增加了 24.55%；其他省市也制定了公共文化服务的资金保障制度，明确提出了经费投入的目标。④ 公共文化财政资金的持续投入，公共文化软硬件设施的不断完善，也将会为非遗档案信息传播提供可靠的资金保障。

① 中共中央办公厅 国务院办公厅关于加强公共文化服务体系建设的若干意见［EB/OL］.［2007-8-21］.［2022-2-15］. http：//www. cpll. cn/law8430. shtml.

② 文化部关于印发《文化部"十二五"时期公共文化服务体系建设实施纲要》的通知［EB/OL］.［2013-1-14］.［2022-2-18］. http：//zwgk. mcprc. gov. cn/auto255/201301/t20130121_29512. html.

③ 中华人民共和国公共文化服务保障法［EB/OL］.［2016-12-26］.［2022-2-15］. http：//news. xinhuanet. com/2016-12/26/c_129419435. htm.

④ 关于促进柳州市公益性文化事业发展的建议［EB/OL］.［2013-2-5］.［2022-2-15］. http：//lzzx. liuzhou. gov. cn/dpgsl/jsxslzsw/201302/t20130205_574033. htm.

(二) 建立多级财政投入分担模式

国外市场主导与分权共建的非遗档案信息传播机制在资金扶持上采取的是中央与地方，联邦与州、地方共同投入的模式。在我国，仅仅依赖单一级别的资金投入同样难以保证非遗档案信息传播的顺利推行。我国的公共文化服务体系采取的是中央与地方按比例拨付的财政政策，其中"文化遗产展示的支出责任由中央和地方按比例共同负担"。[①] 依据行政级别的不同，我国的财政支出依次可分为中央、省、地市、县市和乡镇五级，每一级均设有公共文化服务资金，这就是多级财政投入分担模式。吴理财专门计算了各级财政在公共文化服务资金上的支出比例，建议由中央财政支出 35% ~ 40%，省级财政支出 45% ~ 50%，县级财政支出 10% ~ 20%。[②] 江光华则建议乡镇级财政也应该参与进来，由中央财政负担 10% ~ 20%，省级财政负担 50%，县级和乡级各负担 30% ~ 40%。如果县级或乡镇级财政无力承担的话，可由中央财政和省级财政以转移支付的方式弥补资金缺口。[③]

公共文化服务资金的多级财政投入分担模式值得在非遗档案信息传播资金安排中进行借鉴。中央、地方、县和乡镇共同承担非遗档案信息传播的经费(如图 7-1 所示)，在具体的支出比例上，可根据各省、县和乡镇的地方财政状况、经济发展水平，以及当地公共文化服务、非遗档案建设状况来整体衡量确定。

---

① 国务院关于印发国家基本公共服务体系"十二五"规划的通知[EB/OL]. [2012-7-20]. [2022-2-18]. http：//www. gov. cn/zwgk/2012-07/20/content_2187242. htm.

② 吴理财. 非均等化的农村文化服务及其改进对策[J]. 华中师范大学学报(人文社会科学版)，2008(3).

③ 江光华. 公共文化服务财政投入机制初探[J]. 科技智囊，2011(1).

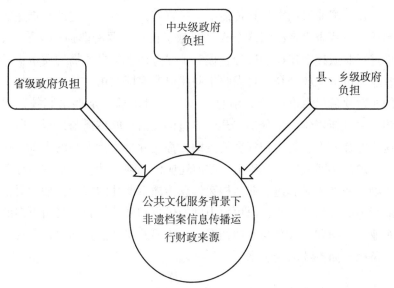

图 7-1　公共文化服务背景下非遗档案信息传播运行财政投入分级模式

(三)鼓励社会资金多渠道投入

除了中央和地方各级财政的投入外,还可吸纳和鼓励来自社会团体和个人的资金捐助。国外非遗档案信息传播实践中,社会资金一直是一个重要来源,各国的政府也出台了相关政策,对捐助的组织和个人予以奖励、倾斜和优惠。2015 年发布的《关于加快构建现代公共文化服务体系的意见》明确号召"吸收社会资本""推广政府和社会资本合作的模式"和"建立健全公开透明的社会捐赠管理制度"。[①] 2016 年颁布的《中华人民共和国公共文化服务保障法》再次对"公民、法人和其他组织的兴建与捐建"进行了鼓励和强调。[②]

419

---

① 中共中央办公厅　国务院办公厅印发《关于加快构建现代公共文化服务体系的意见》(全文)[EB/OL].［2015-1-14］.［2022-2-15］. http：//news. xinhuanet. com/zgjx/2015-01/15/c_133920319_2. htm.

② 中华人民共和国公共文化服务保障法［EB/OL］.［2016-12-26］.［2022-2-15］. http：//news. xinhuanet. com/2016-12/26/c_129419435. htm.

在我国非遗档案信息传播中，一直有公众参与、捐助和捐建的实践。一些志愿者组织或个人，捐献了很多重要的非遗档案资料，推进了非遗档案建设的进程，提升了非遗档案信息传播的质量；一些非遗传承人或公众，自发收集并建成非遗博物馆，长期展示特定的非遗项目信息和传承人信息；一些非遗传承人定期录制技艺视频，通过新媒体上传分享，开展非遗档案信息的传播与传承，所有这些综合人力、物力和资金的援助，都是社会力量参与的表现。在肯定现行实践成果的基础上，政府还应该加强对社会力量的引导和激励，如加大对非遗、非遗档案信息传播重要性的宣传，加大对捐助行为的表彰和奖励，以更大力度的优惠和减免措施，吸引更多的企业、组织和个人参与非遗档案信息传播，将社会资本孵化孕育成一条稳定而持续的资金来源。

三、规整传播秩序的权益保障

如前文研究所得的结论，置身于公共文化服务背景之下，非遗档案信息传播将获得更广的发展空间，更多的发展机遇。尤其是在移动互联网广泛普及、新型传播媒介日益被采用的情况下，每一个公众都是非遗档案信息传播的对象，同时也可能成为非遗档案信息传播的主体。但是，在信息传播的过程中，最容易被侵犯或影响的是信息所有者的权益。海量的非遗档案信息、泛化的信息来源、瞬间的传播速度，甚至传播受众的即时评价与反馈，都有可能会带来这一结果。在诸项权益中，知识产权和隐私权是最容易被侵犯也最需要保护的权益。

（一）知识产权的保障

20世纪60年代，伴随世界知识产权组织的成立，"知识产权"作为一个专门的术语被频繁提及，对知识产权的保护也日益得到了重视。知识产权特指人类对其在生产、生活、工作中创造的智力劳动成果的专有权利。具体包括著作权、专利权、商标权、发现权、发明权和其他科技成果权。保护知识产权是对个人创新成果的维护，更是为了营造规范有序的科技知识环境，进一步促进科技创新与知识创新。在公共文化服务领域、现行的非遗档案信息传播工作中，知识产权保护意识淡薄、保护不力、信息复制过程不规范、信息所有者个人权益得不到尊重的情况时有发生，这些必将影响非遗档案信息传播工作合法规范地推进，因此，从权益的角度保障公共文化服务背景下的非遗档案信息传播，知识产权的保障是重要且必要的。

1. 非遗档案信息传播中的知识产权问题

信息是无形的，它是创造者的智力成果和精神财富。非遗档案信息的形成经历了一个从无形到有形，继而以无形状态输出的过程。非遗是无形的，为非遗建档是一个将无形遗产有形化的过程。但是档案的原真性、唯一性，以及传播地域、传播形式和传播范围的局限性，决定了其很难实现面向所有公众的传播。只有对其信息进行复制、迁移和转换，以更为丰富、便捷和有效的方式进行传播，才能最大限度地拓宽传播的范围。在这个过程中，非遗的建档和非遗档案信息的抽取、复制、迁移与转换都会涉及知识产权。第一个环节主要涉及非遗传承人、传承群体、采集对象的知识产权；第二个环节除了涉及非遗传承人、传承群体外，还涉及非遗建档主体的知识产权。

非遗档案信息传播中侵犯知识产权的情况有：在遴选、整合和安排传播内容时，传播主体拆分、重组原有的非遗档案，改变了非遗档案信息的原始性和完整性；在制定非遗档案数字信息用于传播时，除了复制、转移之外，对其中的内容进行重新的编辑；编辑非遗档案信息时，没有标注非遗信息的提供者、非遗技艺的展示者，以及非遗档案的建设者和编纂者；非遗档案信息在移交至其他传播主体，供他们举办某次传播活动后，该传播主体擅自将其刊载或上载于其他传统媒体或新媒体上，且用于其他用途等。

421

2. 非遗档案信息传播知识产权的保障措施

针对公共文化服务背景下非遗档案信息传播中侵犯知识产权的问题，需要采用有力的措施对传播行为加以规范，进而规避侵权行为的再次发生。具体可从政策规范和相关操作经验借鉴两方面展开。

（1）《信息网络传播权保护条例》的规范

从政策层面对传播行为进行约束和规范，是必要且有力的举措。现有规范中，2006 年颁布、2013 年修订的《信息网络传播权保护条例》可对公共文化服务背景下非遗档案信息传播中知识产权的保护起到很好的作用。该条例从以下几个方面对我国非遗档案信息传播中的知识产权保护进行了规范：

第一，非遗档案信息的知识产权权利人包括非遗信息的生产者、表演者、非遗档案的建设者、照片的拍摄者、音频视频的制作者等，他们享有传播权，其他组织或个人如果要将这些信息向公众提供或传播，需取得权利人的同意，并支付报酬。

第二，可以合法采用，不属于侵犯权利人知识产权的传播行为有：

①为了更好地向公众传播或展示某一项非遗、某一位非遗传承人及代表性作品，适当援引了一篇公开发表的评论性文章。

②学校以教学或培训的方式，向少数人提供一定量的非遗档案信息作为教学支撑。

③为方便传播，同意对非遗档案进行合理的信息复制与迁移；原有非遗档案信息在存储载体老化、格式陈旧、难以识别的情况下，也可以由本单位实施迁移、复制与转换。

④针对特殊群体，如盲人等，在不以营利为目的的前提下以其能够感知的独特方式向盲人提供已经发表的文字作品。

⑤档案馆、图书馆、博物馆等机构以实体展览或网络展示的方式为馆内传播对象提供本馆收藏的非遗档案信息。

⑥为实现非遗档案信息传播的均等化，在征得权利人同意的情

况下，向贫困、边远农村或山区提供非遗档案信息，组织非遗档案信息传播活动。

第三，属于侵犯权利人知识产权的行为有：

①将非遗档案信息提供给其他组织、机构或个人，用以获取经济利益。

②未征得权利人同意，将用于某次传播活动的非遗档案信息用于其他传播活动，或通过信息网络面向社会公众传播。

③传播过程中，任何改变、节选、剪辑或重组原有的文本、照片、音频或视频信息的行为。

上述条文划定了非遗档案信息传播中知识产权保护的行为边界，对于维护权利人的合法权利，保障非遗档案信息传播合理、合法、顺利地推进有着重要意义。

（2）国内外文化项目保护经验的借鉴

除了遵循政策层面的行为规范外，公共文化服务背景下非遗档案信息传播的知识产权保护，还可以借鉴或参照国内外相关经验和做法，以此作为行为的示范。

国外有重要参考价值的莫过于 1971 年发起的"古登堡计划"，这是由 Michael Hart 发起的，以公共文化服务领域文化产品为对象开展数字化和信息传播项目。① 数字化就是对原有信息进行存储载体迁移、信息复制与转存的过程，信息的传播则是一个信息展示、公开与共享的过程，两项工作均涉及权利人的知识产权保护。美国一贯重视知识产权的保护，在遴选数字化对象时，计划执行方会先验证数据库中电子书、电子资源的版权，只选择版权过期或容易过期的信息进行转换和传播，同时完整记录并保存版权验证的过程，以此作为凭证。

同样，在人类口头与非遗代表作名录申报过程中，联合国教科文组织也专门规范了申报资料填写过程中的知识版权，针对资料、

423

———————————

① Wikipedia. Project Gutenberg ［EB/OL］. ［2022-2-19］. https：//en. wikipedia. org/wiki/Project_Gutenberg.

图片和视频录像三种不同类型的非遗资料，提供了三种版权转让表格，详细统计了文件名、说明、日期、作者名和版权信息等基本信息（见表7-4），要求提供的所有资料都附带权利让与声明，允许且授予联合国教科文组织在全球范围内使用这些资料的权利，以明确权利的转让与归属。

表 7-4　联合国教科文组织《权利让与和资料登记》ICH-07 表填写示例

标识 （如文件名）	简要说明（英文或法文，不超过 40 个单词）	日期	作者姓名	版权信息 ⓒ［年份］ ［权属人］
照片 ES-01	贝尔加帕图姆的巨人，高 3.5 米至 4 米，重 70 至 100 公斤	2005 年 3 月	Z. Wolton	ⓒ 2005 Z. Wolton/ 文化部
2007-IQ-01. tif	阿里·穆哈迈德，左，向祖父学习演奏四弦琴（典型的伊拉克玛卡姆乐器）	2007 年 4 月 23 日	Lamya el Nassoun	ⓒ 2007 Lamya el Nassoun
ID-349-03	在巴迪克布上精美的手绘艺术，用铜质的笔形工具小心地在布上涂上蜡	2009 年	Liana Koenintjak	ⓒ 2009 印尼北加浪岸的巴迪克博物馆

　　国内值得借鉴的经验来自"全国文化信息资源共享工程"。对于该工程所涉及的文化信息及其传播权利，主管部门原文化部和财政部做出了明确的规定，改革开放前由国家投资生产的电影等资源，可以无偿使用，此后由政府及有关部门主持、投资创作的各类作品，均需签订著作权归属问题的协议，只有协议中明确著作权归政府及有关部门所有的作品，才可以无偿使用，否则需事先征求权利人的同意，并支付报酬。同时，原文化部、财政部也主张动员并鼓励权利人捐赠作品使用权，以支持这项公益性文化事业的发展，

对于必须以付费方式获得的作品或信息，也建议通过著作权集体管理的方式取得使用许可。① 这些做法为非遗档案信息传播中信息的获取、传播提供了很好的借鉴与参考。

(二) 隐私权的保障

1890 年，美国法学家沃伦（Samuel Warren）和布兰蒂斯（Louis Brandeis）发表《论隐私权》一文，最早从法律角度将隐私权作为一种独立的法律权利进行论述，认为："隐私权是个人依自己的意愿决定是否对别人透露自己的隐私的权利。"②美国侵权法专家普罗塞确定了侵害隐私权的四种类型："侵扰侵权（Intrusion Upon Seclusion or Solitude）、公开披露侵权（Public Disclosure of Private Facts）、公开丑化他人形象的侵权（False Light in the Public Eye）、擅自使用他人姓名和肖像侵权（Appropriation）。"奠定了学术界和法律界研究隐私权的基础。③ 随着互联网和新媒体的飞速发展，隐私权保护的问题越来越突出，隐私权包含的内容也在不断更新和扩展，"不限于家庭地址、电话号码、私人空间等，网络 IP 地址、电子邮箱、博客空间、网络浏览记录等也加入隐私的行列"。④ 保护隐私权不仅是对公众个人安全感和人格尊严进行维护的必要手段，更是应当遵守的法律规定。

---

① 文化部、国家文物局各司（局）、直属单位贯彻落实《文化部、财政部关于进一步加强全国文化信息资源共享工程建设的意见》[EB/OL].［2005-4-13］.［2022-2-15］. http://govinfo.nlc.gov.cn/shanxsfz/xxgk/sxswht/201209/t20120904_2515344.shtml? classid=428.

② Warren S D, Brandeis L D. The Right to Privacy [J]. Harvard Law Review, 1890, 4(5).

③ 张民安. 隐私权的比较研究——法国、德国、美国及其他国家的隐私权[M]. 广州：中山大学出版社，2013：277.

④ 李婷婷. 论自媒体环境下的隐私权保护[D]. 南京：南京师范大学，2016.

1. 非遗档案信息传播中存在的隐私权问题

公共文化服务背景下的非遗档案信息传播，可能存在的隐私权侵犯主要是对传播内容、传播范围把握不准而导致的侵犯，如"非遗档案信息中可能包含个人和商业秘密，一旦泄露不仅对传承人造成损失，还有可能对国家或民族的文化造成伤害，抢注商标和申请'地理标志保护产品'等措施可以有效防止侵权行为"。① 非遗档案信息传播的内容涉及大量传承人档案信息，有些传承人因知名度高而被公众熟知，也可以称这些传承人为公众人物，"公众人物这一特殊主体，在社会领域中因为拥有一定影响力的地位和成就，基于此公众人物的隐私也随之逐渐地成为了人们茶余饭后的谈资"。② 非遗传承人中高知名度的公众人物，其出生、种族、宗教信仰、家庭住地、联系方式、生活情况、日常行程等隐私，在档案信息传播过程中尤其容易被侵犯。传承人和受众的隐私除了可能被侵犯外，也有可能会在不知觉的情况下"主动地"泄露。大数据时代，个人对信息的选择与偏好可以很轻松地被获取和捕捉，如个人在搜索或浏览过某一种商品、某一类主题的信息后，系统会在后台标记用户对其的敏感度，进而对该类型商品或新闻进行重点推送。

2. 非遗档案信息传播中隐私权的保障措施

公共文化服务背景下非遗档案信息传播的权益保障，除了知识产权，还有隐私权。非遗是个人或群体智力的成果和智慧的结晶。如果说知识产权是个人或群体同意展示或分享这些成果与结晶后对其所有权的保障，那么隐私权应该是在分享与展示过程中对个人、私密信息的尊重与回避，这同样是对权利人信息与权利的保障。同知识产权保护一样，隐私权的保障需要相关法律政策的规范，同样也需要在实际行为中自我约束。唯有准确地把握尺度，才能确保非

426

---

① 胡郑丽."互联网+"时代非物质文化遗产"档案式保护"的重构与阐释[J].浙江档案，2017(1).

② 梁军.浅论公众人物的隐私权保护[J].电大理工，2016(3).

遗档案信息传播的顺利推进。

（1）隐私权相关法律的规范

在个人隐私权的尊重与保护上，西方国家认识与起步得更早。20世纪70年代，美国首先颁布了《隐私权法》。美国将隐私权笼统归纳为个人记录存储的安全、信息存储的安全和不被丢失，指出隐私权的泄露将会导致被记录者被损害，进而要求从行政、技术以及物质等方面实施隐私权的保护。① 20世纪80年代，加拿大也颁布了《隐私权法》，该法律从行政的角度规范公众信息的发布，以及政府在保护公众隐私权上所应尽的职责。② 21世纪初，加拿大进一步制定了《个人信息保护与电子文件法》，专门探讨了电子政务背景下，电子文件数量激增、网络技术发展的情况下，个人隐私的泄露及其保护的问题。③ 1995年，欧盟通过了《个人数据保护指令》，这是欧盟最重要的隐私权保护法规。该法规要求欧盟各国需要以此指令为依据制定或修改本国的个人数据保护法，以确保欧盟各国之间数据的安全流转、管理、交互与传递。④ 该法规有助于在欧盟这个区域范围内就隐私权的保护、个人信息的公开达成基本的共识和行为尺度。

在我国，《中华人民共和国宪法》首先确认并保护了公民的隐私权，具体涉及人格尊严基本权利、住宅权利、通信自由和通信秘

① Privacy Act of 1974 ［EB/OL］. ［2015-7-17］. ［2022-2-24］. https：//www. justice. gov/opcl/privacy-act-1974.

② Wikipedia. Privacy Act（Canada）［EB/OL］. ［2017-2-24］. https：//en. wikipedia. org/wiki/Privacy_Act_（Canada）.

③ Canada amends federal data protection law, PIPEDA［EB/OL］. ［2015-6-29］. ［2022-2-24］. http：//www. dataprotectionreport. com/2015/06/canada-amends-federal-data-protection-law-pipeda/.

④ Olsen J, Bréart G, Feskens E, et al. Directive of the European Parliament and of the Council on the Protection of Individuals with Regard to the Processing of Personal Data and on The Free Movement of Such Data. The International Epidemiological Association-IEA European Epidemiological Group［J］. International Journal of Epidemiology, 1995, 24（2）.

密权利。① 2009 年，全国人大常委会发布《侵权责任法》，再次强调了隐私权作为独立人格权的法律地位，提出了公民在医疗过程中的隐私权，以及医疗机构对就诊公民个人隐私权的保护。② 在后续颁布的一些行业条例中，如《出版管理条例》《广播电视管理条例》和《电影管理条例中》，均提出了在出版物、广播电视制作和电影拍摄过程中对公民个人隐私权的保护。

随着互联网的兴起、网络信息的海量增加、信息流转速度的提高，1998 年，国务院颁布《计算机信息网络国际联网管理暂行规定实施办法》，提出网络用户不得擅自进入计算机系统，修改他人信息，不得在互联网上随意发布他人信息、恶意散布不良信息，侵犯他人隐私。③ 2017 年颁布的《中华人民共和国网络安全法》，推动着我国正式进入了互联网法治时代。该法规强调了网络运营者有责任对获取的用户信息进行保密，同时也明确了侵犯隐私的惩罚措施和法律责任。④ 2016 年，全国信标委发布了《大数据标准化白皮书(2016)》，规范了大数据环境下的个人隐私保护和数据安全。这些规范对于传统媒体和新媒体下非遗档案信息传播中的隐私权保护有着重要的指导作用。

（2）传播主体和传播受众的自我约束

隐私权的保护，除了在立法层面对行政管理、技术应用、物质提供进行规范和完善外，更需要公民个人对自身行为的规范。这里的公民既包括信息的所有者、个人权利人，也包括信息的使用者。对于非遗档案信息传播而言，非遗信息的提供者、非遗技

---

① 国务院公报. 中华人民共和国宪法[EB/OL]. [2004-3-14]. [2017-3-1]. http：//www. gov. cn/gongbao/content/2004/content_62714. htm.

② 中华人民共和国侵权责任法[EB/OL]. [2009-12-26]. [2022-2-27]. http：//www. law-lib. com/law/law_view. asp? id=305260.

③ 中华人民共和国计算机信息网络国际联网管理暂行规定实施办法[EB/OL]. [1998-3-6]. [2022-2-24]. http：//www. law-lib. com/law/law_view. asp? id=13818.

④ 中华人民共和国网络安全法[EB/OL]. [2016-11-7]. [2022-3-21]. http：//www. npc. gov. cn/npc/xinwen/2016-11/07/content_2001605. htm.

艺的展示者，以及非遗档案的建设者和编纂者应该有清醒的隐私保护意识，并在信息提供和分享过程中时刻强调；非遗档案信息的传播主体和传播受众也应该对自身的行为进行约束，明确行为的尺度与边界，不侵犯、不获取他人的隐私，以免对权利人造成无法估量的损害，自身承担法律责任，影响非遗档案信息传播的进程。

　　具体来说，传播主体要坚持合法传播的原则，恪守职业道德与传播规范，秉持良好的信息素养，尽可能规避涉及隐私的非遗档案信息；同时，认真把握和监督非遗档案信息传播的各环节与各流程，树立岗位责任意识，认真审核、定期复查传播内容，确保传播信息的合法性、公开性；传播受众也需要加强自身意识和行为的约束，有良好的信息选择和信息识别能力，不接触不合法、不文明的信息，不去探知隐私信息，坚持在进行二次传播前先征得信息提供者同意，同时备注信息源，确保行为合理合法；传播主体也要加强与信息提供者的沟通，吸引他们加入传播信息审核队伍，加强对传播信息的管理与监控。

四、维持传播稳定的安全保障

　　非遗档案信息传播的内容是丰富且广泛的，他们通过报纸、出版物、广播、电视、互联网、数字电视和社交媒体等传播媒介和传播渠道，被传递给不同的受众。这是一张相互交织、复杂而庞大的信息传播网络。传播效果的获得要以非遗档案信息真实、完整、准确地送达受众为前提，但是，无论是传统媒介还是新媒介，都要遭遇来自各方面的安全威胁，影响着非遗档案信息的传播，进而降低非遗档案信息传播的效果。为此，为保障非遗档案信息传播效果的获得、非遗档案信息传播的稳定，必须强化对其传播过程中安全的保障。

（一）完善非遗档案信息安全传播的基础设施

设施保障是安全保障的基础与前提。现有的非遗档案信息传播的基础设施，主要包括硬件设施和软件设施两大类。同样，公共文化服务体系中的基础设施也可被用于非遗档案信息传播中。

1. 硬件基础设施

依据传播媒介的不同，非遗档案信息传播的硬件基础设施有所不同。传统的以展示、展览和展演为主要形式的非遗档案信息传播硬件基础设施，是指肉眼可见的场馆面积、容载量、展位、舞台面积、光通量、光照度，甚至防火、防盗、温湿度调控等设施，这些是决定非遗档案信息传播规模、非遗档案信息传播过程中安全防护的重要因素。以广播、电视、互联网等为主要传播媒介的非遗档案信息传播的硬件基础设施则是指保障非遗档案信息传播安全的信息存储设备、信息处理设备、信息终端、传播信号以及虚拟传播场域。信息存储设备的不稳定、互联网上信息易于被篡改或删除、广电信号不稳定、无法顺利送达等，这些问题同样会影响非遗档案信息的安全传播。

当前，档案馆、图书馆、博物馆的场馆设施建设项目不断增加，场馆环境不断改善。作为爱国主义教育实践基地，档案馆、图书馆等也十分注重馆内展示功能的发挥，因而展示区域的硬件设施配备也日益完善。在公共文化服务体系建设上，公共文化服务的基础设施建设也一再得到重视和强调，公共文化服务活动资金很大一部分用于支持公共文化设施的建设，社区活动中心、社区文化广场等扩建和改善，都为展览、展演类非遗档案信息的传播提供了更安全、更优良的硬件环境。而在信息安全硬件基础设施上，各地建设进度不一致、发展水平参差不齐的情况仍较为突出。过时的信息安全设施、单一的信息传播媒介，无形中增加了公众获取非遗档案信息的难度，非遗档案信息在传播过程中的安全隐患也会增加。因此，需要坚持"更主动、多投入、有重点"的建设原则，切实加强信息安全基础设施的建设，以隔绝物理和网络上的攻击。

2. 软件基础设施

强化公共文化服务软件设施的建设是现代公共文化服务体系建设的重要任务，这同样影响着非遗档案信息传播。以科技创新引领现代传播，以科技元素助力非遗档案信息传播，成为规避和减少安全风险、提升非遗档案信息传播效率的重要举措。2014年2月的中央网络安全和信息化领导小组第一次全体会议上，习近平总书记再三强调了信息安全与网络安全对国家安全与发展的重要意义，提出了建设网络强国的目标。① 2015年修订的《中华人民共和国国家安全法》中，将保障信息安全的工作集于核心技术研发、信息系统与数据库安全可控等方面。② 此后的"互联网+"理念，更是为非遗档案信息安全软件基础设施的建设提供了良好的技术环境。

保障非遗档案信息传播安全的软件基础设施，一方面有安全技术环境的营造、网络平台的监管；另一方面还有各种软件的开发，以确保传播受众对非遗档案信息的准确获取、及时过滤。例如，开发精准、智能的搜索引擎，帮助受众在海量信息中查找到高匹配度、高质量的非遗档案信息，开发专门的程序，以"议程设置"的形式演示搜索过程，展示搜索内容，进而引导公众对非遗档案信息的整体偏好。③ 除了对具备单项功能的软件进行开发外，还可以做好区域范围内软件基础设施的建设与完善工作，目前，非遗档案信息传播、非遗传播领域尚未有此类实践，但是其他领域的实践却可提供很好的示范与借鉴。如北京市秉承"一心一网一库"的建设宗

---

① 围绕网络强国建设完善信息安全保障体系［EB/OL］．［2014-12-22］．［2022-3-7］．http：//www.chinairn.com/news/20141222/140445703.shtml.

② 新国家安全法明确建设网络与信息安全保障体系［EB/OL］．［2015-7-2］．［2022-3-7］．http：//www.scio.gov.cn/zhzc/8/5/Document/1439744/1439744.htm.

③ 议程设置是重要的传播效果理论之一，该理论认为"大众媒介通常不能决定人们对某一事件或意见的具体看法，但是可以通过提供信息和安排相关的议题来有效地左右人们关注某些事实和意见，以及他们对议论的先后顺序"。

旨，建起了信息安全应急保障系统，囊括北京市信息安全应急中心（一心）、北京市信息安全应急社会网络（一网）和北京市信息安全资源数据库（一库），充分强化了信息安全的软件基础设施。

（二）制定非遗档案信息安全传播的防护策略

除了技术和设备上的保障外，非遗档案信息传播的安全还需要管理上的维护。传播主体与传播受众的交互、现代传播技术与传播平台的构建，使得非遗档案信息的发布、获取变得更加方便、快捷。互联网、微博、微信等一方面成为人类精神生活的主要园地；另一方面也很容易造成信息管理的失范。非遗档案信息传播安全上的管理，不仅在于健康、良好传播环境的营造与维护，还包括对传播行为的约束和规范，主要传播流程、传播环节的跟踪与监督，以保证非遗档案信息传播整体上健康运行。为此，需要切实做好以下四个方面的工作：

1. 成立安全防护组织

公共文化服务背景下的非遗档案信息传播，依旧坚持的是"政府主导"，政府在非遗档案信息传播的安全防护上理应居于主导地位，且政府的干预往往是最有力也最有效的。美国就是由国家控制信息的安全问题，其专门的管理机构信息安全监控机构体系由总统担任最高领导，网络安全办公室也直接接受总统的管理。① 我国早期的网络信息安全监管机构是"中国互联网络信息中心"，这是一个由中国科学院主管的非政府组织。2014 年，"中国互联网络信息中心"的主管部门改为中央网络安全和信息化领导小组办公室、国家互联网信息办公室，"中国互联网络信息中心"也转而成为政府部门，这体现了国家对信息安全的重视，以及亲自负责管理的决心。国家信息安全部门对于信息安全的管理建议对非遗档案信息的

---

① 张弛. 互联网信息安全问题及其对策[J]. 北京邮电大学学报（社会科学版），2009(5).

安全传播有着普遍的指导作用。但是，专门负责非遗工作的文化行政部门——文化与旅游部，及其下属的非遗司也需要联合国家档案局、国家图书馆等部门，对非遗传播、非遗档案信息传播的安全进行专门的研究和管理。

2. 建立安全防御体系

公共文化服务背景下非遗档案信息传播的安全，"防"大于"治"，政府通过颁布法规或制度的方式，明确了破坏信息安全所应受的处罚，但是，作为一种无形的资产，信息的外泄和受损是不可逆的，因此，需要从一开始就建立一个良好的安全防御体系，尽可能减少信息安全受损现象的出现。笔者认为，安全防御体系也应该从技术与管理两方面展开。技术层面，应对公共文化服务背景下的非遗档案信息传播进行综合防范，重点强化基础网络的建设，以及重要系统的管控；管理层面，要加强对传播主体、传播受众安全意识的教育和引导，同时建立起稳妥的信息安全有效机制和应急处理机制，尽可能降低非遗档案信息传播的安全风险。

3. 建立安全预警机制

在日常的安全管理和安全防御的基础上，还需要有高效的安全预警机制，能及时识别潜在的安全风险，科学评估风险等级，优先解决高风险隐患，准备妥善的风险处理方案，最大限度地避免安全风险的发生，尽可能降低安全风险造成的损失。笔者认为，风险识别与风险评估是非遗档案信息传播安全预警机制的两个重要组成。《中华人民共和国网络安全法》提出了"监测预警和应急处置"两方面举措，形成了"监测—预警—通报"的工作流程。非遗档案信息传播的安全预警同样遵循这一做法。风险识别建立在日常监控，安全信息收集、分析的基础上，除了人力上的管理外，还需要配备相应设备，如非遗档案展示环境中的温湿度监控、防火等级监控、防盗监控等，非遗档案数字化展示平台中的漏洞监控、防篡改设备等。一旦出现安全风险，则及时发出报警信息，综合人力与技术双重举措尽快解除安全隐患，确保非遗档案信息的安全。

4. 建立安全应急机制

在管理、防控的基础上，还需要建立妥善的安全应急机制，确保出现重大或紧急情况时能迅速响应，及时处理。公共文化服务背景下非遗档案信息传播的安全应急机制，应以有利于社会稳定和谐为前提，以营造安全、良好的非遗档案信息传播环境为目的。应急机制的构建应遵循政府信息安全的相关规定，同时符合非遗、非遗传播、档案管理的相关特征与实际。鉴于非遗档案信息是珍贵而稀缺的精神财富与智慧结晶，应急机制应最大限度地保证非遗档案信息的真实、完整、有效，尽可能减少信息的丢失与湮灭。

(三) 培养非遗档案信息安全传播的人才队伍

公共文化服务背景下非遗档案信息传播的安全管理、防御、预警和应急都需要人力的支持，培养一支有责任感、使命感，具备专业知识、高效、精干的人才队伍，对于切实开展非遗档案信息传播的安全保障有着重要意义。

1. 吸纳志愿者拓宽安全维护人员队伍的来源

在国外非遗档案信息传播的主体力量中，志愿者占据着重要的地位。各国政府及相关组织都很重视这支力量，将不断壮大志愿服务队伍作为主体建设的重要内容。在我国的非遗档案信息传播中，吸收社会力量的参与，不仅是参与非遗档案信息的建设，还是非遗档案信息传播的安全保障，而志愿者也应该成为被吸收被拓宽的社会力量之一。近年来，我国的公共文化服务体系建设就已经关注到志愿者力量，并在相关法律法规中提出吸引和壮大志愿者力量的主张，如《关于加快构建现代公共文化服务体系的意见》(2015)中"……吸引有实力的社会组织或企业参与公共文化设施的运营"；①《中华

---

① 中共中央办公厅　国务院办公厅印发《关于加快构建现代公共文化服务体系的意见》(全文)[EB/OL].[2015-1-14].[2022-2-15]. http://news.xinhuanet.com/zgjx/2015-01/15/c_133920319_2.htm.

人民共和国公共文化服务保障法》(2016)也倡导并鼓励"公民、法人和其他组织参与文化志愿服务"。① 目前，志愿者团队已经开始在非遗档案信息传播中发挥作用，也逐渐承担其安全保障的责任。如杭州大学生志愿者群体先后加入非遗传播工作中，承担非遗信息的收集、非遗信息的宣传、传播现场秩序的维护，以及传播受众反馈的收集与调查等。除了加大这部分志愿者的参与外，还可吸收一些具有专业知识与技术能力的志愿者加入，做好非遗档案信息传播的安全保障。

2. 提升安全维护人员队伍的技术能力

非遗档案信息传播的安全保障，有行政层面的管控，但更多是技术层面的防御和处理，这里的技术，既有对非遗档案保存环境的维护技术、传播场域的控制和监测技术，更多是新媒体环境下的信息安全技术。因此，非遗档案信息传播安全保障人员的技术能力和技能储备显得十分重要。现有的非遗档案信息传播安全保障人员，大部分是非遗档案信息传播的主体，他们是文化工作人员、档案工作人员、公共文化机构工作人员等，他们的特长与优势是文化资源的整合、收藏与传播，而技术方面的能力有所欠缺。为尽快解决这一问题，一方面要吸纳和引进相关领域技术人员；另一方面也需要加大对现有工作人员的培训力度。笔者认为，技术的培训应契合非遗档案信息传播的特色与实际情况进行。从地域上看，不同地域使用的传播基础设施和传播渠道是不同的，所应采取的信息安全防护方法和技术也有不同，应结合所在地域的实际情况，有重点、针对性地开展培训。技术人员应具有非遗档案信息传播安全差异化处理的能力，同时也应该对环境管控、信息安全等常见问题和常用技术有普遍的了解，如温湿度调控、库房防盗、展厅光电调适、数字签名验证、身份验证、密码设置、数据恢复、信息过滤等，以保证可以解决普遍的安全问题。

435

---

① 中华人民共和国公共文化服务保障法 [EB/OL]. [2016-12-26]. [2022-2-15]. http://news.xinhuanet.com/2016/12/26/c_129419435.htm.

3. 提高安全维护人员队伍的职业素养

有赖于专业的技术能力，才能保障公共文化服务背景下非遗档案信息传播的安全，而要持续保障非遗档案信息传播的安全，使其始终沿着正确的方向推进，还需要培养人员的职业素养。传播主体、传播受众或相关人员都应该具有良好的安全意识，这是防护非遗档案信息传播安全风险的第一道屏障，只有具备良好的安全意识才会重视整个传播过程中的安全问题，以谨慎的态度、严谨的作风完成非遗档案信息传播中的每一个环节。传播主体、传播受众及相关主体应该清楚地认识到自身的岗位职责、承担角色以及应履行的任务，从自身做起，树立以小我顾全局的思想，认真完成自身的岗位职责，杜绝玩忽职守。传播主体、传播受众及相关人员还应积极加强自身的学习，在接受日常培训的同时，积极主动地创造学习机会，增强业务能力，深化工作认识，以专业、健康、向上的态度开展工作。

五、增进传播力量的动力保障

我国非遗资源是丰富且多样的，非遗保护、建档的任务不可能一蹴而就，而对于非遗档案信息的展示与传播也将随着非遗建档的推进而逐步展开。非遗档案信息的传播是对中华优秀传统文化的展示与弘扬，置身于公共文化服务背景之下，这项工作也值得有条不紊地持续展开，因此，需要采取措施使其始终保持不竭的动力与活力。笔者认为，在公共文化服务这一积极而正面的背景下，驱动着非遗档案信息传播持续开展的力量主要来自三个方面：第一，以传承引领传播，旨在提升文化的自信；第二，以共享推进传播，丰富非遗档案的利用；第三，以技术推动传播，以技术创新提升传播效率。第一个方面是非遗档案信息传播的前驱动力，非遗保护与传承的既得成果为非遗档案信息传播奠定了坚实的基础，保护与传承非遗的宏伟目标也将牵引着非遗档案信息传播前进；第二个方面是非遗档案信息传播的引擎动力，共享非遗档案信息、非遗档案信息开发利用的直接目的敦促着非遗档案信息传播持续不懈；第三个方面是非遗档案信息传播的后驱动力，网络传播技术的创新有助于提升非遗档案信息传播的效果与效率，坚定其坚持的信心，也增加其坚持的动力。

（一）以非遗保护传承为前驱动力

非遗是无形的文化遗产，它是人类智慧的结晶，也是人类精神的财富。各种类型的非遗是特定国家、民族、区域文化特征的体现，也是对民族文化、区域文化的展现与诠释。保护并传播这些珍贵的文化遗产和文化元素，是一个国家、民族或区域应当履行的职责，这是对历史记忆的追溯，也是对民族文化的传承。展示和传播非遗档案信息，一方面是对非遗文化内涵、非遗文化魅力的展示；另一方面也是为提高社会对非遗的认知，营造出非遗保护与传承的良好氛围。

1. 非遗保护传承前驱动力的形成

对于"前驱动力"，笔者将其理解为在前方引领和带动非遗档案信息传播的力量。21世纪以来我国开展的非遗工作是在非遗保护与传承的目标下逐步进行的，从普查到建档再到传播。传播是保护与传承的一部分，一方面，只要坚持保护与传承非遗，非遗档案信息的传播工作就不能停滞；另一方面，我国已经开展的非遗保护与传承工作是传播的前期工作，为其奠定了坚实的基础，助其持续前进。

在我国，非遗建档乃至非遗档案信息传播都是由政府主导的。政府理所应当成为前驱动力的发力者。得益于政府的主导与推进，我国已经在非遗保护上取得了一定的进展，奠定了良好的基础，具体体现在非遗项目的申报、非遗传承人的认定、非遗相关法律法规的制定、非遗保护机构的建立、非遗从业人员的安排，以及非遗保

437

护资金的定期划拨(见表 7-5①)。

表 7-5 　　我国非遗项目、传承人、保护机构基本情况
(统计截至 2021 年年底)

统计类型	类目	数量
非遗项目	世界级非遗名录项目	42 个
	国家级非遗名录项目	1557 项
	省级非遗代表性项目	15777 项
非遗传承人	国家级非遗项目代表性传承人	3063 名
非遗保护法律	《非物质文化遗产法》	1 部
	24 个省(自治区、直辖市)颁布非遗地方性法规	72 部
非遗保护机构	全国各级非遗保护机构②	2431 个
	从业人员	16554 人
非遗保护资金	省、直辖市、自治区设立非遗保护专项资金	37 个

注：本表依据相关网站数据统计而成。

在非遗保护资金上，政府除资助非遗项目保护外，还设立了专门的资金用以扶持非遗传承人，从 2008 年的一年 8000 元，到 2011 年的一年 1 万元，再到 2016 年的一年 2 万元，扶持力度不断增强。政府一方面对非遗传承人进行扶助；另一方面也要求传承人必须参与或组织非遗的传播活动。非遗传承人的参与确保了非遗建档和非遗档案信息遴选的效果与质量，非遗传承人的亲身示范。

同时，从产业化角度开展非遗保护与传承也为非遗档案信息的传播创设出很好的条件。旅游部门为吸引更多公众的注意力而举办的很多节庆活动、专题网、影视剧制作等，可以成为展示非遗档案

① 　数据来源于：中华人民共和国文化和旅游部 2017 年文化发展统计公报[N]. 中国文化报，2017-5-31(4).

② 　非遗保护机构是指各级非物质文化遗产保护中心或非物质文化遗产保护办公室.

信息的平台、承载非遗档案信息的载体。传播主体可以利用节庆活动的契机，举办非遗档案信息专题展，也可以在网站或影视剧中注入非遗档案的信息、添加非遗的元素，在潜移默化中实现非遗档案信息的传播。

2. 非遗保护传承前驱动力的驱动体现

为清晰描述政府主导的基于非遗保护传承的前驱动力，笔者选择以新疆维吾尔自治区为例，总结其近年所开展的非遗保护与传承活动，分析这些活动对非遗档案信息传播所产生的驱动作用（见表7-6）。

表 7-6　新疆非遗保护传承前驱动力对非遗档案信息传播的驱动体现

措施	非遗保护传承的成效①	对传播的驱动体现
配套法规	2008 年和 2010 年颁布实施了《新疆维吾尔自治区非物质文化遗产保护条例》和《新疆维吾尔自治区维吾尔木卡姆艺术保护条例》。	配套法规为非遗档案信息传播实施提供法规政策指引
投入资金	自治区设立专项资金，2011—2015 年累计投入 3165 万元；全区 14 个地(州、市)的 93 个县(市、区)设立专项资金，2011—2015 年地方财政累计投入资金 920 万元	保护传承资金是非遗档案信息传播实施资金来源之一，丰富资金来源渠道
全面普查	普查范围覆盖全区各地所辖街道、乡镇、村(社区)。获得线索 1.1 万余条，普查非遗 3772 项，形成文字记录 5964 万字，拍摄照片 11 万张，录音记录 1339 小时、摄像记录 1506 小时，建立资源档案 1806 册文字资料、2081 盒音像资料、869GB 电子资料	全面普查形成的非遗档案信息是传播实施的宝贵资源库，为传播实施准备扎实的传播内容

439

---

① 该部分数据来源于：新疆维吾尔自治区文化厅．《关于非物质文化遗产法贯彻落实情况的报告》新文字〔2016〕88 号〔EB/OL〕．（2016-8-31）〔2022-3-1〕．http：//www.xjwh.gov.cn/html/2016/gongscx_0831/16320.html.

续表

措施	非遗保护传承的成效①	对传播的驱动体现
建立名录	入选国家级名录 83 项、自治区级名录 293 项、市级名录 1388 项。新疆维吾尔木卡姆艺术、玛纳斯列入世界级非遗名录，麦西热甫列入急需保护的非遗名录	庞大的非遗项目名录是非遗档案信息传播内容的来源，是公众文化需求一部分
传承人	全区各级文化行政部门共认定了 6132 位非物质文化遗产代表性传承人，其中国家级 64 人、自治区级 473 人、市级 1526 人、县级 4069 人	传承人是专业的非遗档案信息传播主体，也可以成为传播受众
传承场所	全区各地以文化馆、文化站、博物馆、民俗展览馆和各类展示传承基地等为依托，建成一批非遗展示传承场所，如哈密木卡姆传承中心、和布克赛尔蒙古自治县江格尔宫等。其中省级 28 个，市级 62 个，县级 146 个。江格尔、麦西热甫、阿依特斯等 13 个传承中心已列入"十三五"时期国家非遗保护利用设施建设项目储备库	为公共文化服务背景下非遗档案信息传播实施提供必备基础设施条件，同时这些场所也是非遗档案信息传播的重要渠道
基地建设	全疆命名了传承基地、生产性保护基地、展示传播基地、民族传统节庆活动保护基地、教育普及基地、研究培训基地、特色景区景点基地 7 类非遗保护传承基地共 91 个	为公共文化服务背景下非遗档案信息传播实施提供可持续发展环境
整体保护	设立莎车维吾尔木卡姆、新源哈萨克族、察布查尔锡伯族、塔什库尔干塔吉克族 4 个区级文化生态保护区	为传播实施提供良好生态环境
表演传承	新疆木卡姆艺术团的《木卡姆的春天》、阿勒泰地区的《阿嘎加依》、昌吉州的《哈哈泉子的户儿家》、阿合奇县的《玛纳斯的传人》、新疆杂技团推出的大型音乐杂技剧《你好，阿凡提》取得了显著成效	表演传承本身即是非遗档案信息传播的渠道，是非遗档案信息传播实施的体现

续表

措施	非遗保护传承的成效①	对传播的驱动体现
展示宣传	连续举办3届"天山南北贺新春—非遗"春节习俗展、11个"文化遗产日"和4届"新疆非遗周"活动，持续举办"新疆曲子文化节"、非遗进校园、进乡村等系列活动	展示宣传是非遗档案信息传播的渠道，是非遗档案信息传播实施的体现
国际宣传	多次选派新疆各地民间班社参与赴联合国总部和英、日、法及周边国家以及港澳台等地的文化交流活动	国际宣传是非遗档案信息传播国际化的过程
研究出版	举办了"第六届国际木卡姆研讨会""中国新疆新源阿依特斯论坛""中国新疆玛纳斯学术研讨会"，翻译出版《江格尔》《玛纳斯》《新疆维吾尔木卡姆艺术》等专著，出版了《新疆非物质文化遗产图典(一)》《新疆服饰》图册，编纂出版各类丛书120多种	研究出版将非遗档案信息开发成图册、专著等方便传播的媒介形式，为传播准备丰富的传播内容
教育培训	委托新疆大学、新疆师范大学开展10期整建制普及培训班。部分高校开设了非遗学历教育，大部分中小学开设了具有地方特色的乡土课程	教育和培训是公共文化服务背景下非遗档案信息传播的重要渠道之一

　　由上表可知，新疆维吾尔自治区政府及其文化行政部门从法规建设、资金投入、非遗普查、非遗名录申报、非遗传承人认定、系列传承展示基地建设、文化生态保护区建设、非遗技艺表演、节庆日和节庆周的设立、相关资料的出版，以及教育培训等方面开展起对本地区非遗的保护与传承工作。这些活动对于非遗档案信息的传播也产生了积极的作用。如法规和资金为非遗档案信息传播提供了普遍的规范和专门的支持，普查和名录申报提供了非遗档案信息传播的素材，传承人既是传播的内容，也是传播的主体，基地、文化生态保护区、节庆日和节庆周设定了非遗档案信息传播的空间与时间，节庆展示和表演、出版发行、教育培训成为非遗档案信息传播的主要渠道。

（二）以档案信息共享为引擎动力

任何一种档案，其建设与管理的最终目的是为了共享、开发与利用。各级各类机构立足于全面的普查、广泛的资料收集，建立起非遗档案，这是对濒危非遗的抢救性保护。非遗产生于民间，各类机构与主体将零散、濒危的非遗资料整序加工后，让他们以崭新的面貌回馈重现于公众的面前，面向公众的非遗档案信息传播就是对这种回馈的践行，同时也是对非遗档案建设与管理成果的检验，利用是建档的必由之路，共享则是传播的内在引擎。

1. 档案信息共享引擎动力的形成

对于非遗档案工作而言，共享是其最终的归宿；而对全社会公众而言，要求共享则体现了他们精神层面的文化需求。相比于物质层面的需求，这种需求更加高级。因此，档案信息共享这一引擎动力应该是由内部和外部两方面因素共同促成。内部因素来自开展非遗档案工作的主体，如档案馆、图书馆、非遗保护中心等，他们要高质量、高效率地完成非遗档案工作，共享是必须完成的环节。这也是一个循环的过程，非遗档案建成后，通过传播实现共享，在传播过程中检验建设的状况，进而在后续的建设中加以改善，非遗保护、非遗建档工作的持续必将带动着非遗档案信息共享的坚持，建档主体需要以积极、主动的态度去认识和开展共享工作。外部环境来自非遗档案信息传播的受众。他们对非遗档案信息的获取需求也将成为非遗档案建设与共享的动力。伴随公共文化服务体系建设的逐步深入与完善，传播受众的文化自信将会进一步增强，他们对于中华优秀传统文化获知的兴趣和热情也将会持续高涨，其中就包括非遗档案信息，因此，公众的信息需求也成为非遗档案信息共享与传播的引擎动力。

2. 档案信息共享引擎动力的驱动流程

动力源自需求，非遗建档主体完善非遗建档工作的需求，以及公众对非遗档案信息的需求越强烈，产生的引擎动力将会越大。非遗建档主体在非遗档案信息共享与传播过程中居于主动施行的地位，需求的强弱决定了其主动性的大小。而公众需求对非遗档案信息共享与传播的驱动则因需求的强弱有着不同的表现。笔者将这两种不同的表现总结为正向驱动和反向驱动。正向驱动源于强烈的公众需求。公众有着强烈的获取非遗档案信息的需求，进而形成一种正向的敦促和呼求，在被传播媒介发现并关注后，提醒传播主体依据公众需求和偏好准备相应的内容，传播内容准备完毕后，通过更多传播媒介向着社会公众传播，公众会因为传播的内容正是他们渴望获得的而产生积极的传播效果。反向驱动则主要由非遗建档和传播主体主动实施，鉴于公众薄弱的信息需求，传播主体渴望通过传播以增加公众的认识，同时检验非遗建档的成果，他们在对公众需求和心理预期进行评估后，有选择地共享和传播非遗档案信息，吸引公众的参与，如果传播的信息激发了公众的传播兴趣，可以进一步充实传播内容，扩大传播规模；反之，则需要调整传播内容和传播方式，确保能与公众的需求相匹配，这也是对后期建档内容、建档形式的参考与借鉴。在公共文化服务背景下的非遗档案信息传播中，正向驱动和反向驱动将会同时存在，并贯穿于传播过程中的始终。

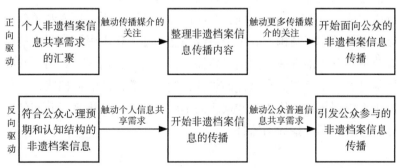

图 7-2 档案信息共享对公共文化服务背景下非遗档案信息传播的驱动

(三) 以网络传播技术为后驱动力

如果说非遗的保护与传播，以及提升文化自信心的强烈愿望是引领非遗档案信息传播的前驱动力，非遗建档主体共享与传播非遗档案成果、公众对非遗档案信息的需求是非遗档案信息传播的引擎动力，那么技术的发展与创新则是推动非遗档案信息传播的后驱动力。所有的目标、构想与愿望都需要最终归于实践，而技术的研发与创新则是实践的重要保证。正如加拿大传播学者马歇尔·麦克卢汉所肯定的，技术与媒介将对人类的传播活动产生重要的影响与作用。① 当我们在探究公共文化服务背景下的非遗档案信息分众传播，总结传播媒介应由传统媒介向着新媒介迁移，实现两者的融合时，我们清楚地意识到网络传播技术将逐渐在非遗档案信息传播技术中居于主流，网络传播技术的应用与发展将成为非遗档案信息传播持续前进的重要推动力。

1. 网络传播技术后驱动力的形成

技术后驱力的形成源自政府及相关部门对网络传播技术的重视与研发。一直以来，政府都很重视信息传播网站的建设，对一些重点信息网站建设的扶持力度也很大，实行了分级管理、分级负责的制度。依据管辖范围的不同，我国已经形成了中央、地方和单位三级信息传播层级结构。其中中央级信息传播工作由国家互联网信息办公室负责；地方一级的信息传播工作由省、自治区、直辖市互联网信息办公室负责。在这样的管理机制下，我国的非遗档案信息传播工作依据传播主体类型和层级的不同得到了不同层级互联网信息办公室的管理、指导与监督。

---

① ［法］菲利浦·马拉沃，让·马克·德高丹，克里斯朵夫·本纳罗亚，雅克·迪古. 五维传播：制胜互联网时代需要的流行传播营销工具［M］. 钟萍，孙利玲，译. 北京：机械工业出版社，2016：7.

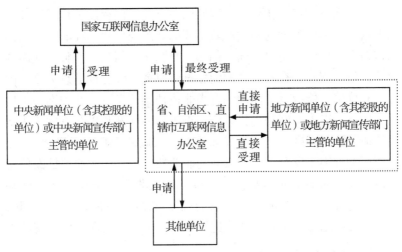

图 7-3　我国互联网信息传播许可申请和办理示意图

除了专门机构的管理与监督外，现代公共文化服务体系构建进程中对文化科技创新的鼓励，积极探求公共文化服务与科技创新的融合，也对非遗档案信息传播中的技术创新提供了强大的推进与支撑。也为非遗档案信息传播的技术提供了良好的保障与支撑。科技标准规范的制定，文化传播方面专用软件、系统的研发，科研院所、高科技企业对关键传播技术的研究，"宽带中国""智慧城市"等重点公共文化数字化建设工程的建设，都涵盖并影响了网络传播技术，科技创新的浪潮必将形成强大的技术后驱动力，推动非遗档案信息传播的前进。

2. 网络传播技术后驱动的体现

国外利用现代网络传播技术优化非遗传播的成功实践，在于对 Flickr 等拥有广泛受众的网站的利用，以及专门性网站的建设。笔者认为，网络传播技术对我国非遗档案信息传播的推进与驱动，首先是成熟网站、平台的采纳，其次是移动互联网技术的研发。我国现行发展较为成熟的网站主要包括商业性门户网站、新闻网站和视频共享网站，这些网站的典型代表、主要特征见表 7-7。

由表 7-7 可知，三种类型的网站均可为非遗档案信息传播所采

445

纳，且在现行的传播实践中，这些网站已经不同程度地传播了非遗档案信息。不同类型的网站有着不同的特点与优势，在非遗档案信息传播中发挥的作用也不同。例如，以腾讯、新浪、搜狐为代表的商业性门户网站，有着较大的浏览量，以展示综合性信息为主，因此，有价值、能吸引关注的综合类非遗档案信息可在此类网站上展示并传播；以人民网等为代表的中央级新闻网站和以北方网等为代表的地方级新闻网站，主要发布官方、权威的信息，以资讯为主，这类网站可用于发布重大、权威的非遗档案信息，或非遗档案信息传播活动，如某项非遗数据库上线、某次非遗节庆及宣传周活动等；以爱奇艺、土豆网等为代表的视频网站主要播放视频、音频，这类网站可用于展示和传播非遗视音频档案，开展深入而丰富的内容展示。

表 7-7　　主要的网站类型及其适合的非遗档案信息传播内容

网站类型	主流代表	特征	非遗档案信息传播
商业门户网站	腾讯、新浪、搜狐、网易、百度等	足够大的浏览量，盈利模式在广告、付费搜索、电子商务这几方面，所提供的应用全面	适合有价值、能吸引眼球的综合类非遗档案信息内容
新闻网站	中央级新闻网站：人民网、新华网、中国网等	中央级宣传部门主管，全国范围权威、全面的信息	适合主管部门发布的官方、权威的非遗档案信息内容
	地方级新闻网站：北方网、东方网、荆楚网等	地方级宣传部门主管，地域范围权威、全面的信息	适合地方非遗主管部门发布权威内容
视频网站	土豆网、优酷、爱奇艺、酷6网、腾讯视频等	完善的技术平台支持，网民能够在线流畅发布、浏览和分享视频资源的网站	适合各类传播主体发布非遗档案信息视频类型的资源

除了互联网，在当前及未来很长一段时间，顺应移动互联网而产生的移动网络传播技术在公共文化服务背景下非遗档案信息传播中都会扮演重要的角色。近年来，智能手机、平板电脑已经成为公众主流的通信设备或信息获取的主要平台。公众每天使用移动设备的时间越来越长，关注的信息量和信息类型也越来越多。针对这一状况，利用移动网络传播技术丰富非遗档案信息的传播渠道、建设个性化的传播内容是非遗档案信息传播优化的主要举措。目前，一些非遗传播的主要机构、组织纷纷将传播手段转移至移动 APP 的开发，有某一类非遗的专项 APP，如北京故宫博物院开发的融入非遗南音的"韩熙载夜宴图"；也有综合性 APP，如安徽省合肥市档案局主持开发以合肥市非遗为主要内容的"档案今拾"等。

同时，非遗专项多媒体数据库建设水平也在不断提高，一方面，更多的非遗项目获得了网络传播的许可；另一方面，这些非遗信息被加工转化为多种视频格式，可满足 PC、手机和 PAD 的多个端口的传播需求，传播渠道进一步拓宽，传播形式进一步丰富，传播效率得到进一步提高。

此外，利用抖音等视频网站开展的非遗直播也逐渐兴起，增加了传播的亲和力、真实性和互动性。融合动画制作与网络传播技术的非遗动漫制作，以生动诙谐、趣味个性的方式展示非遗信息，同样也获得了广泛好评。

六、本章小结

本章分别探讨了公共文化服务背景下非遗档案信息传播的政策保障、资金保障、权益保障、安全保障和动力保障，这是非遗档案信息传播保障体系的重要组成，也是非遗档案信息传播顺利持续推进的重要因素。政策保障建立传播实施的规则，既要借鉴公共文化服务、非遗、信息传播相关领域的成熟政策，也要制定适合非遗档案信息传播的专门政策，以政府力量为主导整合协调相关政策。资金保障保证传播实施的活力，主要从保证资金投入与财政收入联

447

动、建立多级财政投入分担模式、鼓励社会资金多渠道投入三个方面构建资金保障。权益保障规整传播实施的秩序，主要论述了知识产权和隐私权两类在非遗档案信息传播过程中最易受到侵犯权益，分别分析了知识产权和隐私权在非遗档案信息传播中的问题及其应对措施。安全保障维持传播实施的稳定，一是通过硬件和软件基础设施的完善，形成安全基础设施体系；二是通过成立安全防护组织、建立安全防御体系、建立安全预警机制、建立安全应急机制，健全安全防护管理策略；三是借鉴国外非遗档案信息传播机制的经验，通过吸纳志愿者拓宽队伍的来源、提升技术能力、提高职业素养，培养非遗档案信息传播安全维护人员队伍。动力保障增进传播实施的动力，其中，非遗保护与传承是前期引领的力量，共享非遗档案信息是内在引擎的力量，技术的发展与传播是后续推动的力量。

第八章　总结与展望

　　非遗档案信息正随着非遗保护和传承的步伐而快速积累，公共文化服务体系建设从法律、政策、实践多层面全方位推进，2016年12月25日全国人大通过《公共文化服务保障法》，日益增强的文化权利和意识加剧了公众对非遗档案信息的需求，非遗档案信息传播的理论研究也随着时代的发展不断向纵向延伸。

　　非遗档案信息是国家档案资源中的璀璨明珠，传播、共享这些珍贵的信息，是保护与传承非遗这一中华优秀传统文化的应有之义。作为改革发展稳定最需要、社会民生最期待的领域和服务之一，公共文化服务与非遗档案信息传播在目标、内容和需求上有着许多兼容之处。非遗档案信息理应成为最具特色和价值的公共文化资源，而公共文化服务也将为非遗档案信息传播创设更为开阔、更为深远的发展环境和发展机遇。

一、研究结论

　　本书的研究建立在国内外非遗、非遗传播、非遗档案、非遗档案传播以及公共文化下非遗传播研究进展的广泛调研和全面梳理之上，以明确"公共文化服务""非遗档案信息""非遗档案信息传播"等基本概念为前提，以"档案双元价值论""'5W'传播模式""整体互动传播模式""'使用与满足'传播效果"等档案学、传播学领域成熟理论为指导，在总结并发现我国非遗档案信息传播现状与不足、国外非遗档案信息传播实践，尤其是将非遗档案信息传播与公共文化服务紧密结合的科学经验的基础上，形成了一些研究结论，主要集中在以下四个方面：

第一，档案双元价值理论中的档案工具价值证明：联合国教科文组织及我国开展的非遗建档、非遗档案管理是科学且不可替代的；而档案双元价值理论中的档案信息价值则表明，非遗档案信息价值的全面实现必然以非遗档案信息资源的全面共享为前提，因此，将非遗档案工作由非遗建档、非遗档案管理推进到非遗档案信息传播，这是非遗档案工作发展的必然趋势。

第二，在公共文化服务的背景下开展非遗档案信息传播的研究，这是合理的选择，也是科学的方法。公共文化服务与非遗档案信息传播的融合必将带来彼此间的互促。公共文化服务为非遗档案信息传播创设更开阔的发展环境、提供更优质的发展资源、传授更成熟的发展经验；而非遗档案信息传播的发展必将反哺公共文化服务，以更具价值、更富特色的传统文化资源，最大限度满足公众的文化需求。

第三，非遗档案信息传播是一个前后连贯积极互动的过程。公共文化服务背景创设的新机遇，我国非遗档案信息传播存在的不足，要求革新现行的非遗档案信息传播机制，形成"自上而下"分层次的战略定位，划分机制运行的主要任务，协调传播各要素间的关系，以实现非遗档案信息传播在公共文化服务背景下的健康、良性互动。

第四，"面向公众需求"是公共文化服务体系建设的基本原则。现行的非遗档案信息传播受众的泛化、受众需求认识的模糊，直接影响着非遗档案信息传播的整体满意度。变革现行的大众传播模式，代之以分众传播的模式，树立以受众为中心的传播理念，从传播主体、传播受众、传播内容、传播媒介、传播效果五个方面探索传播策略的创新，实现非遗档案信息传播的优化与进步。

二、主要贡献

本书从公共文化服务的时代背景出发，运用档案学、传播学、文化遗产学、社会学等多学科的理论与方法，从传播机制、传播模式和实施保障三个方面展开非遗档案信息传播理论与应用层面的系统化研究，取得的理论贡献主要集中在以下五个方面：

第一，梳理了国内外的研究进展与实践成果。

本书以中国知网和 Web of Science 数据库为数据源，全面、详尽地梳理并比较了国内外非遗、非遗传播、非遗档案、非遗档案传播、公共文化下非遗传播的研究进展，勾画出清晰而全面的非遗、非遗传播理论研究图景。其中，非遗传播、非遗档案传播、公共文化下非遗传播研究主题与主流观点的总结，将成为国内非遗档案信息传播文献综述类研究的重要成果。研究发现，现有的国内外非遗传播、非遗档案传播研究，大多始于 2005 年，研究的主题主要集中于典型传播实践、传播主体、传播形式、传播技术，国内还阐述了传播的意义，评估了传播的效果。学者们普遍认为非遗档案信息传播是非遗开发利用的重要形式，是非遗保护的最终目的。一些学者认为非遗档案信息传播原本就是公共文化服务体系的组成；另一些学者则认为公共文化服务与非遗档案信息传播理应相互融合，互相促进。

在全面了解国内外研究进展的同时，本书还调查了国内外非遗档案信息传播的现状，在肯定国内取得的成就的同时，分析了在传播主体、传播内容、传播形式、传播受众和传播效果上的不足，对比国外非遗档案信息传播经验，尤其是将公共文化与非遗档案信息传播融合的做法，总结出公共文化服务背景下非遗档案信息传播优化与推进的方向。

第二，遴选出科学的档案学、传播学指导理论。

本书认真梳理了档案学、传播学经典理论，遴选出与本书研究相契合，富有指导力的理论，作为研究开展的依据和支撑。本书以

"档案双元价值"理论论证了非遗建档与传播的必要性和重要性；以哈罗德·D.拉斯韦尔的"5W"传播模式理论作为研究非遗档案信息传播活动的理论框架；以"整体互动传播模式理论"修正"5W"传播模式理论中过于简单的要素关系，指导形成科学的非遗档案信息传播要素间的关系；以"使用与满足"传播模式理论指导受众需求的划分和传播效果的评估；以新公共治理理论指导传播主体间协同关系的构建；以分众传播理论指导非遗档案信息传播要素创新的策略。

第三，构建了一种传播机制，设计其运行的任务。

本书从"顶层设计"出发，构建了公共文化服务背景下非遗档案信息传播机制，并从战略定位、任务层次和要素关系三个方面设计了传播机制运行的程序。本书提出，公共文化服务背景下的非遗档案信息传播机制应涵盖宏观、中观、微观三个层面的战略定位，宏观层面的定位是指非遗档案信息传播应置于公共文化服务的战略环境之下，中观层面的定位是指政府部门需要以立法和法规体系建设的方式创造出良好的政策环境，微观层面是指非遗档案信息传播的具体实施，集中于公共文化服务背景下非遗档案信息传播机制的重构，机制运行路径的总结，各要素之间关系的明确。以公共文化服务为背景、以面向公众需求为导向、以多元主体参与为核心、以非遗档案管理为协同和以提升整体效果为目标是机制运行的任务层次，传播要素之间应保持动态、循环、双向互动的关系。

第四，引入了一项传播模式，探索其策略上的创新。

针对大众传播存在的缺陷与不足，遵循"以面向公众需求为导向"的原则，本书引入了分众传播的新模式，探索分众传播下非遗档案信息传播策略的创新。本书改变了"5W"传播模式理论中传播要素间的单向线性关系，将传播受众移至前段，以受众细分为起点，提出了重构传受互动关系、全面整合传播内容、提升传播媒介的专业度，推动传统媒介与新媒介的统合，分层评估传播效果，设计并构建传播效果的评估标准和评估方法的主张。

第五，形成了一套保障体系，阐明其实施的方式。

本书提出了一套公共文化服务背景下非遗档案信息传播持续推

进的保障体系，具体是：以政策保障建立传播实施规则，以资金保障保证传播实施的活力，以权益保障规整传播实施的秩序，以安全保障维持传播实施的稳定，以动力保障增进传播实施的力量。政策保障由政府整合协调相关政策实现；资金保障从保证资金投入与财政收入联动、建立多级财政投入分担模式、鼓励社会资金多渠道投入三个方面构建；安全保障要求形成安全基础设施体系、建立安全防御体系、建立安全预警机制、建立安全应急机制、健全安全防护管理策略；动力保障坚持以非遗保护传承为前驱引导，以非遗档案信息共享为内在引擎，以网络传播技术为后驱推动。

三、研究展望

本书研究涵盖了非遗档案信息的传播主体、传播内容、传播媒介、传播受众、传播效果等方面的内容，属于传播学、文化遗产学、档案学的跨学科研究。未来的研究中，笔者将认真做好以下三个方面的工作：

其一，传播机制的个性应用研究。本书所设计的非遗档案信息传播机制，能普遍适用于所有非遗档案信息传播。由于非遗有着多种类型，不同类型的非遗档案信息传播有其各自的特征，可以结合机制应用情况加以修订，同时衍生出适合不同类型非遗、不同类型传播机构的个性化机制。

其二，传播媒介的融合平台研究。技术是推进非遗档案信息传播的后驱动力。媒介融合始终是非遗档案信息传播研究中的重要命题。笔者提出了传统媒介与新媒介融合发展的主要方式，如内容融合、渠道融合、平台融合、技术融合和管理融合，每一种方式都将派生出新的研究分支和研究观点，也都直接关系到公共文化服务背景下非遗档案信息传播的顺利进行。未来，笔者将对这个方向开展持续的关注与研究。

其三，传播效果评估的系统研究。笔者认为，公共文化服务背景下非遗档案信息传播是一个循环的过程，传播效果的评估将是决定下一次或下一轮传播活动方向和重点的关键。只有认真评估传播效果，总结影响因素，发现存在问题，才有可能在下一次活动中加以纠正和改观，更好地进行传播。传播效果的评估是一项主观性较强的工作，同时也是动态发展和变化的，笔者将秉持与时俱进的研究态度，紧随非遗档案信息传播的进展，系统深入地开展非遗档案信息传播效果的研究。

附　　录

公共文化服务背景下非物质文化遗产
档案信息传播调查问卷

亲爱的朋友：

　　您好！我们是国家社科基金青年项目"公共文化服务背景下我国非物质文化遗产档案信息传播研究"课题组，为了解您对公共文化服务和非物质文化遗产（以下简称"非遗"）档案信息共享情况，以及您对我国非遗档案信息传播的满意程度和建议，我们组织了这次问卷调查，希望能够得到您的支持和帮助。

　　本次调查仅作学术研究使用，不要求填写姓名，您只需根据自己了解的情况，如实选择即可。衷心感谢您在百忙中抽空填写本问卷！祝您幸福快乐！

1. 您的性别是
   ①男　　②女
2. 您的年龄是
   ①15~30 岁　　②31~45 岁　　③46~55 岁
   ④56 岁以上
3. 您现在住在
   ①省城　　②小城市　　③城郊（县城）

④乡镇　　　　　⑤农村

4. 您的职业是

①学生　　　　　　　②公务员和事业单位职员

③个体工商户　　　　④企业员工

⑤外来务工者　　　　⑥农民

⑦离退休人员　　　　⑧自由职业及其他

5. 您经常去(每月至少一次)的公共文化场所有哪些(多选)

①运动场或操场　　　②公园或文化广场

③公共图书馆　　　　④社区阅览室或农村书屋

⑤文化宫或文化活动室　⑥阅报栏

⑦电影院　　　　　　⑧博物馆

⑨美术馆　　　　　　⑩纪念馆

⑪群众艺术馆　　　　⑫其他

6. 您平均每个月参加公共文化活动的次数为

①20 次以上　　　　②16~20 次

③11~15 次　　　　④5~10 次

⑤0~4 次

7. 您获取公共文化服务最主要目的是

①满足自己的文化需求　②行使自己的文化权利

③丰富充实生活内容　　④开阔眼界和见识

⑤其他

8. 您愿意了解非遗档案信息吗?

①愿意　　　　②无所谓　　　　③不愿意

9. 您曾接触或喜欢哪些种类的非遗档案信息传播(多选)

①民间文学(神话、传说、故事、歌谣等)

②传统音乐(古琴、山歌、民歌等)

③传统舞蹈(秧歌、孔雀舞等)

④传统戏剧(昆曲、川剧、汉剧等)

⑤曲艺(相声、二人转、快板等)

⑥杂技竞技(太极拳、杂技、武术等)

⑦民间美术(年画、剪纸、风筝等)

⑧传统技艺(刺绣、茶道、酿酒等)

⑨传统医药(凉茶、三伏贴、针灸等)

⑩民俗(春节、清明、中秋、信俗等)

10. 您认为目前我国非遗档案信息传播的主体是(多选)

　　①政府　　　　　　　　②文化事业管理部门

　　③公共文化机构　　　　④企业

　　⑤社会组织　　　　　　⑥社区、街道

　　⑦其他

11. 您愿意将自己了解到的非遗档案信息与他人分享吗?

　　①愿意　　　　②看情况　　　　③不愿意

12. 您喜欢通过哪些渠道来了解非遗档案信息(多选)

　　①亲戚朋友介绍　　　　②课堂或培训

　　③书籍或报纸　　　　　④广播或电视

　　⑤电脑或智能手机　　　⑥主题展览

　　⑦现场表演　　　　　　⑧民俗活动

13. 哪些因素会影响您参与非遗档案信息传播的积极性(多选)

　　①是否免费(费用多少)　②是否方便

　　③内容是否有用　　　　④信息是否权威

　　⑤形式是否有趣　　　　⑥时间是否合适

　　⑦不好说

14. 您对我国目前非遗档案信息传播效果满意吗?

　　①很满意　　　　　　　②基本满意

　　③一般　　　　　　　　④不满意

15. 您认为怎样才能改善当前非遗档案信息传播现状(多选)

　　①政府加大投资力度　　　②引入民间资本协作

　　③文化部门科学规划　　　④档案部门整合信息

　　⑤媒体加强宣传报道　　　⑥传播内容不断创新

　　⑦传播形式丰富多样　　　⑧鼓励公众积极参与

参 考 文 献

[1]冯天瑜. 中国文化生成史（上）[M]. 武汉：武汉大学出版社，2013.

[2]张青仁. 社会动员、民族志方法及全球社会的重建——墨西哥非遗保护的经验与启示[J]. 民族文学研究，2018(3).

[3]钱永平. UNESCO《保护非物质文化遗产公约》述论[M]. 广州：中山大学出版社，2013.

[4]高丙中. 作为公共文化的非物质文化遗产[J]. 文艺研究，2008(2).

[5]文化部副部长项兆伦在全国非物质文化遗产保护工作会议上的讲话［EB/OL］.［2017-6-8］.［2021-9-3］. http://www.sdsysyjy.com/info.aspx? ai_id=1093.

[6]Susan Keitumetse. UNESCO 2003 Convention on Intangible Heritage：Practical Implications for Heritage Management Approaches in Africa［C］. South African Archaeological Bulletin，2006,61(184).

[7]Selcan Gurcayir Teke. Living Heritages and Fixed Traditions in the Lists of the Convention for the Safeguarding of Intangible Cultural Heritage[J].Milli Folklor,2018(120).

[8]Inge Kral，Jennifer Green，Elizabeth Marrkilyi Ellis. Communication and the Verbal，Arts of Australia's Western Desert[J].International Journal of Intangible Heritage,2019(14).

［9］Katharina Massing. Safeguarding Intangible Cultural Heritage in An Ethnic Theme Park Setting — The Case of Binglanggu in Hainan Province，China［J］.International Journal of Heritage Studies,2018, 24(1).

［10］Takuya Soma, Battulga Sukhee. Altai Kazakh Falconry as "Heritage Tourism"：The Golden Eagle Festivals of Western Mongolia［J］.International Journal of Intangible Heritage,2014(9).

［11］Laura Jeffery, Rebecca Rotter. Safeguarding Sega：Transmission, Inscription, and Appropriation of Chagossian Intangible Cultural Heritage［J］. International Journal of Heritage Studies, 2019, 25 (10).

［12］Sheenagh Pietrobruno. Youtube Flow and The Transmission of Heritage：The Interplay of Users, Content, And Algorithms［J］. Convergence—The International Journal of Research into New Media Technologies,2018,24(6).

［13］EunSok Bae, Yoon Ok. Park. Sokcho Saja Noreum：Transition and Transmission of A North Korean Community's Intangible Cultural Heritage［J］. International Journal of Intangible Heritage, 2018 (13).

［14］Lonardi Serena, Yvonne Unterpertinger. The Relevance of Intangible Cultural Heritage and Traditional Languages for The Tourism Experience：The Case of Ladin in South Tyrol［J］. Sustainability,2022,14(5).

［15］Shinde Kiran. "Imported Buddhism" or "Co-Creation"? Buddhist Cultural Heritage and Sustainability of Tourism at The World Heritage Site of Lumbini, Nepal［J］. Sustainability,2021,13(11).

［16］郭琳. 皮影戏的艺术特色及传播［J］. 河南社会科学，2020 (2).

［17］路敏. 土家族曲艺类非物质文化遗产传播特征研究——以恩施三棒鼓为例［D］. 武汉：华中师范大学，2017.

［18］吴希捷. 少数民族非物质文化遗产保护中的政府角色探究

[D].上海：华东政法大学，2015.

[19]陈洁贞.博物馆青少年非遗文创与服务及开发分析[J].中国民族博览，2019(4).

[20]夏有军.公共图书馆在非遗保护与传承中的创新服务研究——以浙江省衢州市为例[J].图书馆研究与工作，2019(2).

[21]柳林子，柳叶，赵力.公共图书馆非物质文化遗产保存与传播调研——以古琴为例[J].图书馆研究，2019(4).

[22]夏洞明，蒋倩.公共图书馆对地方非物质文化遗产宣传和保护的实践与思考——以金陵图书馆为例[J].图书情报研究，2018(4).

[23]刘建.文化记忆视角下的公共图书馆与非物质文化遗产传播策略研究[J].东南传播，2017(8).

[24]赵燕玲.高校图书馆在非物质文化遗产保护中的角色定位与实践[J].重庆文理学院学报(自然科学版)，2011(5).

[25]陈淑君.论高校图书馆在非遗保护中的参与路径[J].广西民族大学学报(哲学社会科学版)，2018(1).

[26]韩业庭.光明日报非遗传播专家委员会成立[N].光明日报，2018-11-09(12).

[27]王明，程冠华."读图时代"非遗绘本的创意编辑探析[J].编辑学刊，2022(2).

[28]蔡哲.符号视野下赣南非遗文化在影视作品中表现[J].文化创新比较研究，2019(24).

[29]张衡.互联网时代非虚构影像的传播策略研究[D].武汉：武汉纺织大学，2017.

[30]蔡莹莹.《造物者说》系列微纪录片创作研究[D].南京：南京航空航天大学，2018.

[31]张卓然.纪录片《味之传承》的非遗文化传承与传播[D].大连：辽宁师范大学，2017.

[32]洪诗莹.网络传播视域下的山东泰山皮影手机应用设计研究[D].济南：山东大学，2019.

[33]尹静.博物馆体验式展示设计在非物质文化遗产保护中的研究

［D］. 杭州：浙江工业大学, 2017.

［34］关鑫. 基于 SECI 模型的非物质文化遗产传播策略研究［D］. 哈尔滨：哈尔滨工业大学, 2015.

［35］陈思穗. 江苏省国家级非物质文化遗产信息可视化设计研究［D］. 南京：南京航空航天大学, 2018.

［36］陈路遥, 许鑫. 基于关键事件技术的非物质文化遗产形成及演化分析——以两岸同源"歌仔戏"为例［J］. 图书情报工作, 2015（14）.

［37］王伟, 许鑫, 周凯琪. 非遗数字资源中基于时空维度的传承可视化研究——以湖口青阳腔为例［J］. 图书情报工作, 2014（21）.

［38］杨佳慧. 基于非物质文化遗产保护与传承的手机 APP 的设计研究［D］. 武汉：武汉纺织大学, 2018.

［39］谢欣, 梁国伟. 基于网络体感游戏空间技术的京剧传播研究［J］. 文化遗产, 2015（2）.

［40］翟姗姗, 许鑫, 夏立新, 等. 语义出版技术在非遗数字资源共享中的应用研究［J］. 图书情报工作, 2017（2）.

［41］潘光繁. 贵州省国家级非物质文化遗产数字人文发展战略路径研究［J］. 贵州民族研究, 2022（3）.

［42］薛梦晨. 基于孔子学院平台的非物质文化遗产传播效果研究［D］. 济南：山东大学, 2019.

［43］楼圆玲. 大众传媒对非物质文化遗产传播的研究——以端午节的传播为例［D］. 杭州：浙江大学, 2010.

［44］王富林. 博物馆观众拓展研究［D］. 济南：山东大学, 2019.

［45］刘斌. 基于 G/S 模式的非物质文化遗产异构数据可视化共享机制研究与实现［D］. 成都：成都理工大学, 2011.

［46］宋佳, 王翠玉. 基于纺织类"非遗+"的精准扶贫路径研究［J］. 文化创新比较研究, 2019（24）.

［47］任塘珂. 英国体育非物质文化遗产保护路径、成功经验及本土化启示［J］. 体育与科学, 2019（3）.

［48］柴昊, 赵跃. 非物质文化遗产信息传播策略研究——基于

461

SMCR 模型的分析[J]. 河南大学学报(社会科学版),2020
(5).

[49] Igor Marcio Correa Fernandes Da Cunha, Luiz Renato. Vieira,
Luiz Carlos. Vieira Tavares, Tania Mara. Vieira Sampaio,
Capoeira:The Social Memory Constructed through the Body[J].
Movimento,2014,20(2).

[50] Guha Shankar. From Subject to Producer:Reframing the
Indigenous Heritage Through Cultural Documentation Training[J].
International Journal of Intangible Heritage,2010(5).

[51] Tutchener David, Turnbull Dan. Aboriginal Cultural Values
Framework:Producing and Communicating Bunurong Values and
Meanings within Bunurong Country[J].Cultural Geographies,2022.

[52] Laura Solanilla. The Internet as a Tool for Communicating Life
Stories:A New Challenge for 'Memory Institutions' [J].
International Journal of Intangible Heritage,2008(3).

[53] Robert A. Haubt. Virtual Heritage Archives:Building A
Centralized Australian Rock Art Archive [C]. Grussenmeyer
P. XXIV International CIPA Symposium,2013,40-5(W2).

[54] Yunxia Wang, Lyndel V. Prott. Cultural Revitalisation after
Catastrophe:The Qiang Culture in A'er[J].International Journal of
Heritage Studies,2016,22(1).

[55] YoonOk Park, EunSok Bae. Creating Immersive Experiences in the
Sokcho Museum[C].Advanced Science Letters,2017,23(10).

[56] Cecilia Bembibre, Matija Strlic. Smell of Heritage:A Framework
for the Identification, Analysis and Archival of Historic Odours[J].
Heritage Science,2017,5(5).

[57] Almo Farina, Rural Sanctuary:An Ecosemiotic Agency to Preserve
Human Cultural Heritage and Biodiversity[J]. Biosemiotics,2018,
11(1).

[58] Antonella Salucci, Giuseppe Marino. Photography and Video for A
Representation of the Intangible Cultural Heritage of Abruzzo[C].

Amoruso G. Putting Tradition into Practice：Heritage，Place and Design，2018.

［59］Griffiths Hywelm，Tooth Stephen. Remembering and Forgetting Floods and Droughts：Lessons from the Welsh Colony in Patagonia ［J］.Cultural Geographies，2021，28（2）.

［60］Maureen Thomas. Digitality and Immaterial Culture：What Did Viking Women Think？［J］.International Journal of Digital Culture and Electronic Tourism，2008，1（2-3）.

［61］Celia M. Q. Ramos， Joao M. F. Rodrigues. Tourism and Technology：A Religious Tourist Experience Framework［J］.Rosa Dos Ventos-Turismo E Hospitalidade，2017，9（1）.

［62］Myungjin Lee. An Effect of Intangible Cultural Heritage System on the Transmission of Pansori-Concerning Gwangjund Jeollanam-Do Area［J］.Journal of Pansori，2015（40）.

［63］JungSo Kim. The Necessity and Building Plan for the Archive of Folk Museum ［J］. Yeol-Sang Journal of Classical Studies，2016（51）.

［64］宋夏南. 非物质文化遗产档案收集的若干思考［J］. 浙江档案，2014（9）.

［65］陈祖芬. 现存妈祖信俗非物质文化遗产档案的特点［J］. 文化遗产，2014（3）.

［66］赵雪芹，路鑫雯，李天娥，陈瑞. 领域知识图谱在非遗档案资源知识组织中的应用探索［J］. 档案学通讯，2021（3）.

［67］朱伶杰，朱娅妮，张倩. 非遗档案的价值理解与主体确认——基于抖音短视频的分析［J］. 档案管理，2021（6）.

［68］周耀林，程齐凯. 论基于群体智慧的非物质文化遗产档案管理体制的创新［J］. 信息资源管理学报，2011（2）.

［69］李姗姗，周耀林，戴旸. 非物质文化遗产信息资源档案式管理的瓶颈与突破［J］. 信息资源管理学报，2011（3）.

［70］王云庆，陈建. 保护非物质文化遗产：警惕档案机构边缘化［J］. 档案学通讯，2011（1）.

463

[71] 罗宗奎，王芳. 知识产权法体系下开发利用非物质文化遗产档案的优势和基本原则[J]. 档案学通讯，2012(2).

[72] 杨红. 非物质文化遗产档案管理法律政策背景研究[J]. 中国档案，2012(12).

[73] 戴旸. 应然与实然：对我国非物质文化遗产建档主体的思考[J]. 档案学通讯，2014(4).

[74] 王云庆. 图书馆等文化事业机构保护非物质文化遗产的措施[J]. 图书情报工作，2007(8).

[75] 俞仲英. 非物质文化遗产的记录和保存——档案管理与非遗保护[J]. 浙江档案，2009(12).

[76] 胡怀莲. 公共图书馆参与非物质文化遗产保护的角色辨析[J]. 四川图书馆学报，2013(2).

[77] 王玉平. 论档案馆对非物质文化遗产档案的管理[J]. 东岳论丛，2010(7).

[78] 陶少华. 民族精英收集整理民族非物质文化遗产档案的人类学考察——以杨ZB搜集新院子花灯"唢呐皮"档案为例[J]. 四川民族学院学报，2013(2).

[79] 孟俊峰. 传承人在"非遗"档案管理与保护中的优势及作用——以吴鲁衡罗经老店传人为例[J]. 山西档案，2016(4).

[80] 潘彬彬. 非物质文化遗产博物馆非遗档案工作刍议——以南京市非物质文化遗产馆为例[J]. 档案与建设，2017(7).

[81] 马千里. 非物质文化遗产清单编制中的社区参与问题[J]. 民族艺术，2017(3).

[82] 储蕾. 非物质文化遗产档案化保护研究[D]. 苏州：苏州大学，2012.

[83] 戴旸，胡冰倩，冯丽. 国外公众参与非物质文化遗产建档实践及其借鉴[J]. 中州大学学报，2015(1).

[84] 杨红. 档案部门与非物质文化遗产数据库建设[J]. 北京档案，2011(3).

[85] 陈祖芬. 非物质文化遗产档案管理主体研究——以妈祖信俗档案管理为例[J]. 档案学通讯，2011(1).

[86] 韩娟. 非物质文化遗产数字化的著作权保护——集体管理模式的设想[J]. 法制与社会, 2012(35).

[87] 黄志强, 于宁宁, 张园园. 论博物馆在齐齐哈尔非物质文化遗产保护与传承中的作用[J]. 齐齐哈尔大学学报(哲学社会科学版), 2012(4).

[88] 王巧玲, 孙爱萍. 非物质文化遗产档案工作相关主体分析[J]. 山西档案, 2013(2).

[89] 王春华. "非遗"档案文化的精准传播模式研究[J]. 山西档案, 2017(4).

[90] 锅艳玲, 郑艳菊. "后申遗时代"非遗档案化保护的公众参与研究[J]. 档案与建设, 2018(8).

[91] 黄体杨. 非物质文化遗产传承人建档保护: 文本分析与田野调查[J]. 档案学研究, 2018(3).

[92] 王云庆, 赵林林. 论非物质文化遗产档案及其保护原则[J]. 档案学通讯, 2008(1).

[93] 吕鸿. 非物质文化遗产保护视野中的口述档案[J]. 甘肃社会科学, 2008(3).

[94] 王云庆, 陈建. 非物质文化遗产档案展览研究[J]. 档案学通讯, 2012(4).

[95] 彭伟. 国家级非遗传承人张宇档案资料征集记[J]. 档案与建设, 2013(8).

[96] 叶鹏, 周耀林. 论我国非物质文化遗产档案元数据的创立思路与语意标准[J]. 忻州师范学院学报, 2014(2).

[97] 戴旸. 非物质文化遗产建档标准的建设: 国外经验与中国对策[J]. 档案学通讯, 2016(6).

[98] 侯西龙, 谈国新, 庄文杰, 唐铭. 基于关联数据的非物质文化遗产知识管理研究[J]. 中国图书馆学报, 2019(2).

[99] 戴旸, 周耀林. 论非物质文化遗产档案信息化建设的原则与方法[J]. 图书情报知识, 2011(5).

[100] 覃凤琴. 从"非物质"到"外化物质再现"——非物质文化遗产档案式保护及其价值考察[J]. 档案与建设, 2007(10).

[101]朴原模.韩国非物质文化遗产的记录工程与数码档案的构建[J].河南社会科学,2009(4).

[102]戴旸,李财富.我国非物质文化遗产建档标准体系的若干思考[J].档案学研究,2014(5).

[103]周耀林,李丛林.我国非物质文化遗产资源长期保存标准体系建设[J].信息资源管理学报,2016(1).

[104]黄怡鹏.数字化时代广西壮剧艺术的保护与传承[J].广西社会科学,2008(9).

[105]彭毅.非物质文化遗产档案的数字化保护[J].档案与建设,2009(1).

[106]彭纲.非物质文化遗产的数字化保护[J].非物质文化遗产研究集刊,2009.

[107]吴林娟,瞿辉.基于 XML/Metadata 的非物质文化数字图书馆建设[J].图书馆界,2010(3).

[108]徐勤勤.浙江省市县级地区非物质文化遗产数据库建设研究[J].图书馆学研究,2011(24).

[109]陈彬强.闽台非物质文化遗产信息资源建设与共同保护研究[J].图书馆工作与研究,2013(9).

[110]杨项讷.手工技艺类非物质文化遗产数字化档案建立原则的思考[J].非物质文化遗产研究集刊,2015(1).

[111]冯丽,戴旸.Web2.0 技术下我国非物质文化遗产建档保护促进研究[J].北京档案,2015(5).

[112]杨红.非物质文化遗产数字化记录的利弊与策略[J].文化遗产,2015(2).

[113]张玮玲.基于"参与式数字化保护"理念的西部民族地区非物质文化遗产数据库建设——以宁夏地区为例[J].图书馆理论与实践,2016(12).

[114]刘鹏茹,锅艳玲.我国非物质文化遗产档案资源数据库系统建设研究[J].浙江档案,2017(6).

[115]王巧玲,辛文琪.我国国家层面非物质文化遗产建档正式制度研究[J].浙江档案,2020(12).

[116]陈子丹，谯丹，廖可佳.云南少数民族档案资源开发利用的思考[J].档案学通讯，2018(1).

[117]华林，段睿辉，李婧楠.云南少数民族传统手工艺非遗档案活态性开发研究[J].档案学研究，2019(4).

[118]杜其蓁，丛佳，邱雨晖.国家级非遗项目：云南剑川木雕非遗档案新媒体开发研究[J].档案管理，2020(4).

[119]伍婉华，苏日娜，王蕾.协同治理理论视角下非遗档案管理研究[J].图书馆建设，2022(1).

[120]马晨璠，戴旸.我国非物质文化遗产档案传播主体研究[J].档案学通讯，2017(2).

[121]倪晓春，张蓉.关于非物质文化遗产档案数字资源库建设的思考[J].档案学通讯，2017(2).

[122]方凌超，戴旸.我国非物质文化遗产档案科技化传播分析[J].档案与建设，2018(9).

[123]马晨璠.新媒体视域下非物质文化遗产档案传播研究[D].合肥：安徽大学，2018.

[124]马晨璠，戴旸.垂直网站下我国非物质文化档案传播研究[J].档案与建设，2017(12).

[125]马晨璠，戴旸.我国非物质文化遗产档案分众传播的若干思考[J].档案与建设，2017(5).

[126]高扬元，梁星.公共文化视角下梁平木版年画整体性保护研究[J].重庆大学学报(社会科学版)，2018(5).

[127]刘晓春.非物质文化遗产的地方性与公共性[J].广西民族大学学报(哲学社会科学版)，2008(3).

[128]耿波."后申遗"时代的公共性发生与文化再生产[J].中南民族大学学报(人文社会科学版)，2012(1).

[129]李刚.非物质文化"申遗"与文化重构——以云南弥渡花灯为例[J].大理大学学报，2017(7).

[130]杨洪林.非物质文化的历史境遇与公共文化重塑——以恩施土家女儿会为考察中心[J].中南民族大学学报(人文社会科学版)，2018(1).

[131]高小康.非物质文化遗产的保护与公共文化服务[J].文化遗产,2009(1).

[132]张红英.略论非物质文化遗产保护与公共文化服务[J].图书馆理论与实践,2009(12).

[133]金昱彤.国家、市场、社会三维视角下的非物质文化遗产研究[D].兰州:兰州大学,2014.

[134]张青仁.在社会变迁中重构公共文化:对非物质文化遗产属性与保护路径的再思考——基于宁波市非物质文化遗产保护实践的案例观照[J].浙江师范大学学报(社会科学版),2016(4).

[135]金昱彤.扩展公共性——当代非物质文化遗产研究的新范式[J].青海社会科学,2018(1).

[136]袁年兴.文化的人本寓意与非物质文化遗产的本真性[J].中国人民大学学报,2011(2).

[137]谢林刚,赵艳喜.文化生态保护区依托公共文化资源建设的考察[J].广西师范大学学报(哲学社会科学版),2016(2).

[138]赵艳喜.文化生态保护区的公共性及其发展方向[J].文化遗产,2018(4).

[139]刘妤.群众文化视域下非物质文化遗产保护与传承研究——以重庆市九龙坡区为例[J].重庆文理学院学报(社会科学版),2018(6).

[140]王前.非物质文化遗产服务性保护研究——陕西省渭南市的调查与思考[J].湘潭大学学报(哲学社会科学版),2014(4).

[141]王云庆.山东非物质文化遗产项目及传承人立档保护研究[J].档案学通讯,2018(2).

[142][美]克莱德·克鲁克洪,等.文化与个人[M].高佳,等,译.杭州:浙江人民出版社,1986.

[143][德]哈贝马斯.公共领域的结构转型[M].曹卫东,等,译.上海:学林出版社,1999.

[144]丁煌.西方行政学说史[M].武汉:武汉大学出版社,2017.

［145］陶东风. 公共文化服务：从民生概念到民权概念［J］. 中国政法大学学报，2015(3).

［146］Recommendation on the Safeguarding of Traditional Culture and Folklore：UNESCO［EB/OL］.［2014-12-4］.［2021-10-17］. http://portal. unesco. org/en/ev. php-URL _ ID = 13141&URL _ DO = DO_TOPIC&URL_SECTION = 201.html.

［147］Convention for the Safeguarding of the Intangible Cultural Heritage［EB/OL］.［2014-12-10］.［2021-10-19］. http://portal. unesco. org/en/ev.php-URL_ID = 17716&URL_DO = DO_TOPIC&URL_SECTION = 201.html.

［148］何嘉荪. 后保管时代档案学基础理论研究之四——档案化问题研究［J］. 档案学研究，2016(3).

［149］周耀林，戴旸，程齐凯. 非物质文化遗产档案管理理论与实践［M］. 武汉：武汉大学出版社，2013.

［150］郭庆光. 传播学教程［M］. 北京：中国人民大学出版社，2011.

［151］邵培仁. 传播学［M］. 北京：高等教育出版社，2015.

［152］覃兆刿. 中国档案事业的传统与现代化［M］. 北京：中国档案出版社，2003.

［153］任越. 双重价值论与双元价值论——两个时代档案学基础理论的对话——双重价值论与双元价值论的比较研究［J］. 山西档案，2009(2).

［154］Lasswell Harold D.The Structure and Function of Communication in Society［J］.The Communication of Ideas，New York，Harper and Brothers，1948.

［155］Claude E. Shannon，Warren Weaver. The Mathematical Theory of Communication［M］.Illinois：University of Illinois Press，1949.

［156］［英］丹尼斯·麦奎尔，［瑞典］斯文·温德尔. 大众传播模式论［M］. 祝建华，武伟，译. 上海：上海译文出版社，1987.

［157］邵培仁. 政治传播学［M］. 南京：江苏人民出版社，1991.

［158］肖沛雄. 新编传播学［M］. 广州：广东人民出版社，2006.

[159]戴元光，金冠军. 传播学通论[M]. 上海：上海交通大学出版社，2000.

[160][美]马克斯韦尔·麦库姆斯. 议程设置：大众媒介与舆论[M]. 郭镇之，徐培喜，译. 北京：北京大学出版社，2008.

[161][美]希伦·A. 洛厄里，等. 大众传播效果研究的里程碑(第三版)[M]. 刘海龙，等，译. 北京：中国人民大学出版社，2009.

[162][美]王文章. 非物质文化遗产概论[M]. 北京：文化艺术出版社，2006.

[163]王兆鹏. 宋代文学传播探原[M]. 武汉：武汉大学出版社，2013.

[164][美]韦尔伯·施拉姆. 大众传播媒介与社会发展[M]. 金燕宁，等，译. 北京：华夏出版社，1990.

[165]徐拥军，王薇. 美国、日本和台湾地区文化遗产档案数据库资源建设的经验借鉴[J]. 档案学通讯，2013(5).

[166]张瑞民. 年画民俗文化及其传承与保护创新机制研究[M]. 上海：复旦大学出版社，2017.

[167]郭玉军，司文. 英国非物质文化遗产保护特色及其启示[J]. 文化遗产，2015(4).

[168]李昕. 非物质文化遗产进入文化产业的评估研究[J]. 东岳论坛，2011(4).

[169]高小康. 非物质文化遗产：保护与利用的再思考[J]. 探索与争鸣，2008(4).

[170]潘开灵，白列湖. 管理协同机制研究[J]. 系统科学学报，2006(1).

[171]任维东. 云南大理公共文化服务体系日臻完善[N]. 光明日报，2017-6-18(4).

[172][美]斯坦利·J. 巴伦. 大众传播概论——媒介认知与文化(第三版)[M]. 刘鸿英，译. 北京：中国人民大学出版社，2005.

[173]刘文涛. 从分众传播的角度思考博物馆展览——以南京博物

院的展览实践为例[J]. 中国博物馆，2019(4).

[174]周耀林，赵跃. 面向公众需求的档案资源建设与服务研究[M]. 武汉：武汉大学出版社，2017.

[175]贾冬月，谢海洋. 档案信息分众化传播试析[J]. 浙江档案，2009(9).

[176]吴理财. 非均等化的农村文化服务及其改进对策[J]. 华中师范大学学报(人文社会科学版)，2008(3).

致　谢

　　本书是国家社会科学基金青年项目《公共文化服务背景下我国非物质文化遗产档案信息传播研究》(项目批准号：16CTQ033)的最终成果。

　　2003年10月联合国教科文组织通过的《保护非物质文化遗产公约》将保护非物质文化遗产的宗旨依次总结为"保护""尊重""相互欣赏"和"援助"。习近平总书记于2020年提出要"让收藏在博物馆里的文物、陈列在广阔大地上的遗产、书写在古籍里的文字都活起来"。可见，"传播"从一开始就是非物质文化遗产系列工作中不可缺少的重要组成，也是非物质文化遗产、非物质文化遗产档案珍贵价值的体现和依归。公共文化服务体系是建设、发展和服务我国公共文化的重要工程，作为中华优秀传统文化代表的非物质文化遗产理应被纳入公共文化服务体系之下。本书肯定了非物质文化遗产档案信息传播与公共文化服务之间紧密互利、休戚与共的"共同体"关系，将非物质文化遗产档案信息传播置于公共文化服务背景之下，以公共文化服务的建设要求、建设经验指导我国非物质文化遗产档案信息传播，以公共文化服务的建设资源助推我国非物质文化遗产档案信息传播，以期开拓非物质文化遗产档案信息传播发展视野，创设非物质文化遗产档案信息传播更高发展平台，克服非物质文化遗产档案信息传播不足，推动非物质文化遗产档案信息传播持续发展、日益完善。

　　本书由安徽大学戴旸、华中师范大学刘婧撰著。戴旸制定了本书的总体写作框架，并对各章内容写作提出了建议。各章写作分工如下：第 1 章、第 5 章、第 6 章、第 8 章由戴旸执笔，第 4 章、第 7 章由刘婧执笔，第 2 章、第 3 章由戴旸、刘婧执笔。叶青、刘欣悦、唐亮亮、祝庆雪参与了相关资料的搜集，王亚婷、魏明倩、凌梦源、荣莉、孙冰冉、赵潇、王琛、章媛参与了本书的校对工作。

本书旨在抛砖引玉，希望更多的专家学者加入这一研究行列。近年来，国内外非物质文化遗产建档和管理领域发展很快，加之著者学术水平有限，文中难免有错误和不妥之处，敬请各位读者批评指正。